L'ARRONDISSEMENT DE NYONS

L'ARRONDISSEMENT

DE

NYONS

Archéologie, Histoire et Statistique

PAR

A. LACROIX

Chevalier de la Légion d'honneur

Archiviste départemental, Secrétaire de la Société d'Archéologie et de Statistique de la Drôme, Officier de l'Instruction Publique

Correspondant honoraire du Ministère pour les travaux historiques

---

(*Publié dans le Bulletin de la Société d'Archéologie de la Drôme*)

TOME II

(DE MOLLANS A VINSOBRES)

VALENCE

IMPRIMERIE DE JULES CÉAS ET FILS

—

1901

MOLLANS

I. — Les Seigneurs.

Sur les Alpes de France et dans leur embouchure,
Molan est situé sur une roche dure ;
En forme d'une meule, il s'agrandit en rond.
Le Tolorenc rapide, en truite fort fécond,
Se jette dans l'Ouvèze, au-dessous de son pont.

(Boyer de Sainte-Marthe, *Histoire de l'église de Vaison*).

Bâti sur la rive droite de l'Ouvèze, affluent du Rhône, dans un val étroit du côté du Buis, son chef-lieu de canton, large et gracieux du côté de Vaison et de Malaucène, ce bourg passait au moyen âge pour être la clef des Baronnies. Effectivement, la configuration du sol s'y prêtait à merveille, avant l'invention de l'artillerie, à une défense stratégique. D'une crête de rochers descendant à la rivière, on fit une citadelle aux abords escarpés qui couvrait tout le plan incliné de ses magasins et de ses salles d'armes ; puis, une ceinture de remparts entoura l'ensemble des maisons agglomérées en amphithéâtre entre deux châteaux forts, le *supérieur* et l'*inférieur*.

D'après une description du XVe siècle, le fort inférieur défendait la place du côté de l'Ouvèze par une tour ronde à l'angle gauche, flanquée d'un mur épais, par deux grosses tours, vis-à-vis du pont de pierre, par une tour et un pont-levis du côté du Comtat ; quant au fort supérieur, il avait la forme d'une grosse tour carrée, longue de plus de 23 mètres et large de près de 16 (1).

(1) *Choix de documents inédits.*

Depuis trois siècles environ, ces forts ont vu peu à peu leurs créneaux et leurs meurtrières tomber en ruines, et les chevaliers armés de fer, chargés de les défendre, dorment leur sommeil ; aussi le bourg s'est-il étendu modestement, sans crainte de surprise, le long de l'Ouvèze et des routes du Buis à Carpentras et à Nyons.

Il est à 21,150 mètres S.-E. de cette dernière ville, à 9,665 du Buis et à 110,942 de Valence, dans un site agréable où l'olivier et le mûrier prospèrent.

« Un beau pont décoré d'une superbe fontaine sert d'avenue à la porte principale. La rivière d'Ouvèze passe sous ce pont, traverse et fertilise le territoire et va recevoir les eaux du Thoulourenc, sorti d'Aulan, et d'Aigues-Marses, venant de Propiac », à l'extrémité sud-ouest de son territoire (1).

Aux portes Major, du Pont et Portalet, aboutissaient à l'intérieur les principales rues, dont l'étroitesse et la pente ne permettaient pas la circulation des voitures. De petits carrefours y prenaient jadis le nom de places ; il y avait celle de l'Eglise, celle de la Banche-de-Cour ou auditoire de justice (2) et celle du Jeu-de-Paume, ainsi appelée d'un local appartenant à la commune, où la jeunesse se livrait à ses exercices favoris.

Peu à peu le faubourg du pont, en se développant, porta un réel préjudice à la partie intérieure, à ses rues tortueuses et à ses maisons basses et sans architecture.

Seuls, les archéologues et les touristes vont rechercher encore, non loin du château, au quartier St-Estève, un édifice en style roman byzantin qui est orné de curieuses co-

---

(1) *Essai sur la statistique de la Drôme. — Tableau officiel des distances.*

(2) En 1788, Martinet, lieutenant de juge, Brusset, procureur juridictionnel, Marre, greffier et Farre, châtelain, formaient cette cour qui jugeait toutes les causes civiles et criminelles en première instance. (*Almanach du Palais* de 1788.)

lonnes à la cheminée et aux fenêtres, et, à côté des restes informes de la citadelle, une salle immense voûtée avec peintures murales, une cheminée de 3 mètres de large sculptée avec art, et une porte à sommet trilobé.

Après la Notice fort littéraire de M. l'abbé Vincent, il reste peu de renseignements nouveaux à publier sur Mollans ; essayons néanmoins de faire revivre les anciens seigneurs, les prieurs et les habitants de ce bourg pittoresque (1).

M. Delacroix le range parmi les dix-neuf villes innommées des Vocontiens, bien qu'à cette heure on ne connaisse aucun fragment d'inscription découvert sur son territoire : c'est donc là, nous le craignons, une assertion tout à fait hasardée.

Vers 1778, il est vrai, des médailles, des urnes et des couteaux de pierre dure se rencontrèrent dans les ruines de St-Pierre de Thoulourenc ; mais peut-on voir là une preuve suffisante de l'antiquité préhistorique, gauloise, romaine ou gallo-romaine de la contrée, alors que pareils objets ont été découverts sur tant d'autres points de la région ?

L'étymologie, à son tour, apporte peu de lumière sur l'origine de Mollans, *Castrum de Molanis* ou de *Mollanis*, puisque son radical *moles*, *mol*, *maol*, *mull*, *mollan*, indique simplement une montagne ou une colline.

L'agglomération se forma, sans doute, vers la fin du royaume de Bourgogne (1032), lorsque chaque fonctionnaire militaire ou civil se rendit indépendant, et pour se défendre construisit çà et là, en des lieux escarpés, les châteaux aujourd'hui en ruines que l'on rencontre si nombreux dans le Dauphiné et les Baronnies.

Fornery, Polycarpe de La Rivière et Massilian font donner, en 1014, l'église de St-Pierre, construite dans le bourg fortifié (*in Castro*, au monastère de St-André de Villeneuve-lès-Avignon par les époux Constantin, dont les chartes ul-

(1) *Notice historique sur Mollans*. (Valence, Marc-Aurel, 1860.)

térieures ne font plus aucune mention. D'autre part, le *Cartulaire de St-Victor*, de Marseille, signale une famille du nom de Mollans, un instant puissante à la cour des Dauphins, qui n'a pas été remarquée par les historiens. Malgré cela, il est fort probable que les barons de Mévouillon, maîtres du Buis et de la partie méridionale des Baronnies, furent les véritables fondateurs de Mollans.

Nous avons esquissé déjà leur histoire. Selon Guy Allard, Raymond, l'un d'eux, s'en réservait la seigneurie en 1243, et son fils, en 1263, alors religieux dominicain, imitait son exemple (1).

Ce dernier, avant de prendre l'habit, avait été marié et père de deux fils de même prénom que lui, dont l'un continua la postérité et l'autre ayant embrassé la vie monastique devint archevêque d'Embrun. C'est le prélat, alors frère prêcheur, qui vendit le 22 juillet 1281, la terre de Mollans à Raymond de Mévouillon au prix de 2,000 livres, à la charge de la tenir de lui et des autres exécuteurs testamentaires du défunt baron. Au dire de Fornery, ces 2,000 livres étaient dues aux Dominicains d'Avignon.

D'un autre côté, afin de se libérer envers Bertrand de Baux, comte d'Avellin, frère du prince d'Orange, Raymond, obéré de dettes, engagea Albert Medici, noble émigré de Florence, seigneur de Mérindol, en partie, à lui prêter 500 livres, sous la garantie des château et territoire de Mollans, et ensuite à lui acheter le tout, par traité du 7 novembre 1293, conclu devant le portail de la forteresse. Il y était stipulé, entre autres choses, que l'acquéreur se reconnaîtrait vassal de Raymond et lui laisserait arborer son étendard aux forts du lieu, en signe de suzeraineté, que les milices locales seraient employées exclusivement à son service ou à celui du Dauphin ; qu'Albert jouirait de la juridiction et de tous les

(1) Voir la Monographie de Mévouillon. De Coston, *Etymologies des noms de lieu de la Drôme.*

droits utiles du fief, avec pouvoir de les aliéner et de n'être arrêté que pour crime de félonie ou d'hérésie. « En cas de mutation du seigneur ou du vassal, il ne pouvoit être assigné pour rendre les devoirs du fief que dans son château de Mollans et n'étoit obligé de se présenter qu'après le terme d'une année. Il ne pouvoit être contraint, en aucun cas, de répondre pour le baron de Mévouillon, ni de se rendre caution envers ses créanciers », selon l'usage alors suivi. Enfin il n'était tenu, si le baron mourait sans enfants, de reconnaître ses successeurs qu'après ratification des clauses de l'acte de vente. Le prix était de 8,000 livres.

Cette même année, Raymond de Mévouillon cédait ses droits de suzeraineté à Humbert, dauphin, qui vint à son secours lors du siège de Mérindol, en 1302.

Giraud ou Geraud de Medici, fils d'Albert, mourut avant son père, laissant Giraud II, dit du Poet, Albert II et Béatrix, mariée avec Pons Reynier, seigneur d'Oze.

Albert Ier, seigneur de Mollans, avait cessé de vivre en 1299, et la défense qu'il avait faite à ses enfants d'aliéner les terres de sa succession, suscita une guerre déjà connue, entre Raymond de Mévouillon et Bertrand de Baux, acquéreur de Mérindol.

En 1323, Giraud II possédait encore Mollans et il le vendit à Hugues Adhémar au prix de 4,932 livres. « Comme il n'est plus fait mention de sa famille dans le pays depuis ce temps, on peut croire, avec Valbonnais, que les conjonctures étant devenues plus favorables, elle s'était retirée dans le lieu de son origine », où elle devint illustre à la Renaissance comme protectrice éclairée des lettres et des arts (1).

Hugues Adhémar, le nouveau seigneur, descendait de la puissante famille qui donna son nom à Montélimar et à la Garde-Adhémar et remonte, sans conteste, à Guillaume

(1) Valbonnais, *Histoire de Dauphiné*, II, 106, 107; I, 256-7.

Hugues, frère d'Aimar, évêque du Puy et légat du pape à la première croisade.

Il reconnut tenir en fief franc du dauphin la moitié de Mollans, c'est-à-dire le fort inférieur, à l'exemple de Giraud Medici, le 5 juillet 1334.

Cette distinction de fort supérieur et de fort inférieur, déjà connue en 1313, avait été consacrée par un partage de 1335 entre Giraud Medici et Reynier d'Oze.

Jusqu'en 1488, les Adhémar restèrent vassaux des dauphins, témoin les hommages d'Hugues ou de ses successeurs en 1329, 1334, 1350 et 1362, de Louis en 1423 et de Christophe, chambellan du roi-dauphin en 1487. Cependant, à la suite de difficultés avec les de Baux, le château de Mollans leur fut confisqué et mis sous la main delphinale jusqu'en 1358 que Charles V le leur rendit (1).

Ne pouvant retracer ici, même sommairement, l'histoire de la famille, nous rappellerons qu'Hugues Adhémar laissa en mourant, vers 1336, une nombreuse postérité ; que Lambert lui succéda et que Hugues, fils de Lambert, eut de Mabille Dupuy Louis, père d'Hugues ou Gonon ; que Charles, né du mariage d'Hugues avec Catherine d'Agoult, fit héritiers Christophe, Anne et ses autres enfants (2).

M. le marquis de Boisgelin, dans sa judicieuse et savante *Généalogie des Adhémar*, fait épouser Anne Adhémar, fille de Charles, alors veuve de Philippe de Robiac ou de Rubiac, de Crest par Antoine Bosches, seigneur de Vers, le 9 août 1505, et l'Inventaire de la Chambre des Comptes affirme qu'Antoine vendit, le 9 novembre 1515, leur part de Mollans à Dominique Parpaille et à Jeanne de Robiac, sa femme.

Il y a là une petite difficulté ; en effet, le même inventaire fait aliéner la même seigneurie, en 1488, par Christophe Adhémar au profit de Louis de Thollon, seigneur de Ste-

---

(1) Inventaire de la Chambre des Comptes et notes de Guy Allard.

(2) *L'arrondissement de Montélimar*, t. IV.

Jalle, moyennant 2,200 florins. Le frère et la sœur auraient donc possédé chacun une part du fief, ce qui n'a rien d'invraisemblable.

Quoi qu'il en soit, Dominique Parpaille sortait d'une ancienne maison de Moncalieri en Piémont, illustrée par un professeur, un président du Sénat, un archevêque de Tarentaise et un secrétaire d'Etat.

Arnoul s'établit à Carpentras et fut père du nouveau seigneur de Mollans. Dominique eut deux fils : Charles et Claude (1). Julie, fille de Charles, s'unit avec René de Vérone et échangea, en 1601, sa part de Mollans avec Jacques de La Tour, seigneur de St-Sauveur, contre certains droits féodaux à Laborel et une soulte de 4,500 écus. D'après un état des immeubles cédés, il y avait 250 sétérées de fonds, 25 faucherées de prés, 100 hommes de vigne et 12 maisons inhabitées ; les lods qui s'élevaient pour Mollans et La Bâtie-Verdun à 3,050 livres furent réduits à 1,100.

Selon Guy Allard, Jacques du Bousquet aurait acquis les droits des Parpaille, et sa fille les aurait portés en dot à Guigues de la Tour, seigneur de Gouvernet. Mais nos recherches nous ont simplement révélé une alliance de Jacques du Bousquet avec Catherine de Vérone en 1542 et une de Jacques de Baron avec Lucrèce de Vérone vers 1630, ce qui permit à l'un et à l'autre de se qualifier seigneur et dame de Mollans ; un dénombrement de Jeanne Adhémar de Robiac, en 1540, évaluant ses revenus et droits seigneuriaux à 40 livres tournois et un hommage de 1585 par Charles de Parpaille-Adhémar (2).

---

(1) Claude fut guidon du duc d'Uzès en 1577. (E. 3,866. Archives de la Drôme.)

(2) Invent. de la Chambre des Comptes. — Notes de Guy Allard. — *Inventaire sommaire des Archives de la Drôme*, t. III. — *Inventaire des Archives* de M. Morin-Pons au mot Bousquet-Sigone, où il est dit qu'Esprite du Bousquet, fille de Jacques, épousa Guigues de La Tour-Gouvernet.

Il sera question des La Tour-du-Pin dans la monographie de St-Sauveur ; notons ici seulement que Marie de Martin de Joyes, femme d'Alexandre, seigneur de Lemps, aliéna ses droits sur Mollans, en 1667, en faveur de Jacques d'Urre, frère utérin de Charles de Simiane-Esparron, deux familles qui possédèrent tour à tour le fort supérieur.

Celui-là était échu de Pons Reynier d'Oze à Pierre, son fils, et de Pierre au dauphin Jean, qui le donna à Barthélemy et à Augier Moroce, enfants de Léonard, originaire d'Albe, mais domicilié à Marseille, le 30 juillet 1323.

L'Inventaire de la Chambre des Comptes appelle cette famille Morane ; M. Roman, dans son *Tableau historique du département des Hautes-Alpes*, *de Amorosio* ; M. l'abbé Vincent, *Moroc* ; l'*Inventaire des Archives des dauphins*, publié par M. le chanoine Chevalier, *de Morocio*, et une copie d'acte aux archives de Mollans, *de Moronco* ; nous adoptons, avec Guy Allard et l'*Armorial du Dauphiné*, le nom de Moroce, porté par les seigneurs de Montaux, Sigottier et Montrond.

Les nouveaux maîtres en partie de Mollans avaient rendu de grands services au dauphin et, en vertu de leur concession, ils devaient, au premier signal, lui fournir un homme d'armes.

D'après les notes de Guy Allard, Hugonet et Draconet de Moroce auraient succédé à Barthélemy, et la fille unique d'Hugonet serait entrée chez les Achard-Ferrus.

Les documents consultés contredisent de tout point ces renseignements résultant d'une mauvaise lecture. En effet, Sibylle de Moroce, fille de Barthélemy, porta le fort supérieur de Mollans à Baudon ou Baudoin de Grolée-Mévouillon et Pierre, leur fils, le vendit en 1407, pour 4,000 florins, à Bernardin ou Bernardon de Serres (et non Ferrus), gentilhomme né à Agen, d'une famille d'origine génoise, gratifié par le pape Clément VII du port de Noves sur la Durance et, en 1386, de la seigneurie de Malaucène.

Marié, en 1412, avec Romaine de Baschi, d'une ancienne maison de l'Ombrie établie dans le Comtat et illustrée au XVIIe siècle par le marquis d'Aubais, il mourut sans enfant, peu de temps après son alliance, car sa veuve rendait hommage au dauphin en 1413 et céda ses droits sur Mollans, pour 3,000 florins, en 1425, à Jean d'Urre, coseigneur de Vinsobres.

La famille de l'acquéreur tirait son nom d'Eurre, près de Crest, et remontait fort loin dans les annales de la féodalité. L'intendant de Sève, en 1614, reconnut la noblesse de la branche de Jean Ier, mari de Draconette de Veynes, fille de Raymond ou de Rolland.

Guillaume, un de leurs enfants, fut chargé, en 1447, de rendre hommage au Dauphin pour Mollans et reçut de sa mère, en 1451, la même seigneurie. Il laissa Jean II, qui s'unit avec Madeleine de Thollon et eut Jean III et Germain, guerrier distingué, mort célibataire, après avoir commandé au Mont-St-Michel en 1524, combattu Charles-Quint, en 1537, remplacé le comte de Teude en Provence et gouverné Auxonne.

Jacques d'Urre, fils de Jean III, hérita de Germain et François recueillit par substitution les biens du même gentilhomme, qui était son frère. Claudie de Poisieu et François eurent un fils appelé Pierre, qualifié *illustre* et seigneur de Mollans, dans son testament de 1611. Une attestation des consuls du Buis, datée de 1618, établit que le bourg, en 1589, ayant été pris d'assaut par les réformés, il s'ensuivit : « meur« tres, saccagement et brulement des papiers tant audit lieu « qu'au château du seigneur (1) ».

Marthe de Calignon, petite-fille du chancelier de Navarre, accorda sa main, en 1604, à Jean IV, fils de Pierre, et hérita de ses droits. Elle se remaria avec Charles de Simiane-Esparron, colonel des vieilles bandes du duc de Savoie, d'une ancienne famille comtadine établie en Dauphiné et illustrée

(1) L'*Arrondissement de Montélimar*.

par de Gordes, gouverneur de cette province au XVIe siècle.

Leur fils, appelé aussi Charles, acquit, en 1653, pour 61,000 livres, la part de Jacques d'Urre, son frère utérin et devint ainsi maître unique de Mollans.

Charles Ier de Simiane testa, en 1668, en faveur de Charles II et de Joseph, capitaine au régiment de Sault. Charles II épousa Jeanne-Françoise de Camaret et alla mourir à Caromb en 1687 : son fils aîné, Claude-Ignace-Joseph, devint, en 1717, évêque de St-Paul-Trois-Châteaux, et Alexis-Elzéar, le cadet, s'allia d'abord avec N. du Faur de La Motte et ensuite avec Catherine de Sabatier, de Valréas. Les baptêmes à Mollans de plusieurs de leurs enfants prouvent qu'ils habitaient ce bourg de 1710 à 1726.

Charles-Antoine, Balthazar, Louis-Joseph et Alexis héritèrent d'Alexis-Elzéar : le premier, en 1792, possédait les châteaux, terrasses et basses-cours de Mollans, un verger et un bâtiment au faubourg, un pré à la Sablière, un autre au pont, une terre aux Prayaux, une autre à la porte Major, une grange derrière les remparts, un verger au Portalet et 48 charges de blé de censes foncières. En 1735, les droits seigneuriaux du fief s'élevaient, avec le péage et les four et moulin banaux, à 1,050 livres (1).

Charles-Antoine, dit le Comte de Mollans, épousa d'abord Anne-Marie Turpin de Sanzai et ensuite Marie-Louise de St-Quentin, comtesse de Blet, et laissa *Alexis-Charles-Alexandre*, marquis de Simiane, et Louis-Joseph, comte de Simiane, derniers représentants de leur branche.

Ajoutons, en terminant, que vers 1701, la commune voulut acquérir la seigneurie et n'y réussit pas, et qu'à la même époque, Antoine d'Urre, seigneur des Baumettes-lès-Faucon et le seigneur de Propiac avaient des propriétés à Mollans.

---

(1) Anselme, *Histoire généalogique de la maison de France*, t. II. — Borel d'Hauterive, *Annuaire de la noblesse*, 1860. — Archives de la Drôme, Série Q.

II. — Le Clergé.

Partout, dans le territoire de Mollans,
la religion avait empreint son sceau.
(L'abbé VINCENT, *Notice historique*).

Aujourd'hui simple succursale, depuis 1807, du diocèse de Valence, Mollans dépendait, avant 1790, du diocèse de Vaison.

Lorsque le bourg se forma, vers 1014, l'église de St-Pierre, placée dans le château fort *(in castro)*, fut confiée aux religieux bénédictins du mont Andaon, qui domine Villeneuve-lès-Avignon, sur la rive droite du Rhône. Leur monastère, construit en l'an 600, sur la grotte même de Ste-Césarie et ruiné par les Sarrasins dans le siècle suivant, se releva seulement en 987 (1). A ces époques lointaines, le clergé régulier avait à peu près seul la direction des paroisses rurales, où il assurait le service du culte à l'aide de quatre à cinq moines, sous la conduite d'un prieur : de là le nom de prieuré donné à leur établissement.

Il y en avait deux à Mollans : le prieuré de St-Pierre et celui de St-Michel. Cette division est certaine, bien que les documents conservés ne soient ni assez clairs, ni assez explicites sur la priorité de l'un par rapport à l'autre et sur la dépendance de St-Michel.

Quoi qu'il en soit, les offices se célébraient, avant la Révolution, dans l'église de Notre-Dame de La Lauze, reconstruite de 1787 à 1790 à l'aide du prix de vente d'un terrain communal (6,387 livres), de dons volontaires (2,000 livres) et d'un dégrèvement accordé en 1785 (500 livres). Ce nouvel édifice, étranger aux traditions de l'architecture religieuse, présente cependant un ensemble harmonieux et une symétrie par-

(1) Académie du Gard 1876, p. 333.

faite. On y remarque un maître-autel en marbres variés et une belle chaire, tirés l'un et l'autre de l'église de Villeneuve-lès-Avignon, lors de la suppression des ordres monastiques. De chaque côté s'ouvrent trois chapelles, dont l'élégant arceau touche à la naissance de la voûte de la nef. On y voit des tableaux et des peintures à fresque d'artistes habiles. La porte carrée de la façade est de mauvais goût et les tons clairs du clocher jurent avec les teintes grises ou noirâtres des maisons et des rochers voisins.

Cette église en remplaça une autre de style ogival, trop petite, à moitié démolie pendant les guerres du XVIe siècle et réparée sous Louis XIII.

D'après M. l'abbé Vincent, les prieurs de St-Michel remplirent pendant quatre siècles les fonctions curiales, avec le titulaire de Notre-Dame de La Lauze ; ce fait n'est point établi.

Le même auteur voit à St-Pierre-de-Thoulourenc une grande métairie à l'origine, habitée par quelques moines et dotée d'une église. Peu à peu les terres voisines se couvrirent de récoltes, la population rurale s'accrut et une paroisse y naquit. Longtemps desservie par le prieur lui-même et ensuite par un curé, lorsque les conciles eurent défendu aux religieux le service paroissial, le bénéfice tomba en commende en 1503.

Un Mémoire imprimé du XVIIIe siècle prétend que l'exercice du culte fut transféré de St-Pierre dans le bourg à une époque indéterminée et il ajoute : « Le curé, qui avait les « habitants autour de lui, ne manquait pas de faire préju- « dice au curé de St-Michel, soit dans l'exercice de ses fonc- « tions, soit à l'égard de ses droits casuels. On laissa aux « habitants le choix de faire baptiser les enfants et de faire « bénir les mariages dans celle des églises qu'ils voudraient. » Toutes ces affirmations sont loin d'être prouvées.

Quoi qu'il en soit, le prieuré de St-Michel, qui dépendait à l'origine de l'ordre de S. Benoît, fut sécularisé de bonne heure, et son église, dévastée au XVIe siècle, demeura longtemps à l'état de ruine, malgré un legs de 300 livres fait au siècle suivant par Pierre d'Urre. Elle fut reconstruite vers 1710 avec du mauvais mortier, et l'évêque de Vaison, en tournée, ordonna en 1750 de la réparer ; ce qui s'exécuta, grâce au concours des fidèles, en 1753, car elle fut bénite le 12 mai 1759.

Une inscription latine ainsi conçue atteste le fait :

Straverat impia gens, pietas reparavit avorum,
Moxque labans stat nunc, posteritatis opus.

(Des impies l'avaient abattue, la piété des aïeux la releva ; elle tombait en ruine de nouveau, et maintenant elle est debout, œuvre de la postérité.)

Il y avait là un caveau pour la sépulture de la famille d'Urre et on y voit encore un fragment de boiserie représentant S. Michel qui terrasse le démon.

Comme en 1764, Beraud, prieur de St-Pierre-de-Thoulourenc, voulut obliger le prieur de St-Michel, Favier, à fournir sa part de la portion congrue assurée au curé de Mollans, un procès s'engagea devant le Parlement de Grenoble et des Mémoires furent publiés de part et d'autre.

Celui de Favier, le seul que nous ayons vu, renferme des notes historiques générales utiles à connaître pour l'intelligence de l'organisation ecclésiastique dans les temps anciens, mais fort peu de détails sur le passé des divers bénéfices de Mollans.

D'après ce travail, les clercs, à l'origine, se croyaient tenus à la résidence et il n'y avait pas d'ordinations absolues, le concile de Chalcédoine ayant exigé qu'elles ne fussent pas faites sans titre. Au VIe siècle, les biens de clergé se divisèrent en quatre parts, dont une pour son entretien, et chacun de ses membres reçut ainsi une distribution proportionnée à son grade ; quelquefois pourtant, les évêques donnaient, en plus, des bénéfices formés avec l'usufruit de fonds détachés de la masse commune, mais c'étaient là des dons révocables et viagers. Aux Xe et XIe siècles, il y eut des tentatives pour rétablir la vie commune et la communauté des biens, usitées trois ou quatre siècles plus tôt ; l'esprit de propriété privée les fit échouer et amena des partages dans les chapitres, les abbayes et les biens ruraux : de là naquit la législation des bénéfices ou droits perpétuels de percevoir certains revenus à titre de rétribution d'un office.

La résidence fut un premier devoir et le service personnel un autre ; puis, lorsqu'un chanoine ou dignitaire ecclésiastique devint en même temps curé d'une église de campagne, il s'y fit remplacer par un curé à portion congrue ; pareille faculté resta aux moines, quand le service paroissial leur eut été interdit par les conciles.

De cet exposé sommaire résultent les distinctions adoptées par les canonistes entre les bénéfices réguliers et les séculiers, les bénéfices à charge d'âmes et les bénéfices simples ou en commende. Il explique aussi la condition des prieurs de Mollans, à l'époque du procès.

Beraud, prieur commendataire de St-Pierre, bénéfice régulier et simple, jouit des deux tiers de la dîme, un tiers pour lui et un tiers pour le curé, son remplaçant ; Favier, titulaire du prieuré séculier de St-Michel, perçoit l'autre tiers.

Or, « Beraud, pour gagner ce revenu, n'a aucune fonction « à remplir, ni messe à dire, ni confession à entendre, ni « prédication, ni catéchisme à faire ; il doit seulement, dans « le for intérieur, dire l'office, et c'est un devoir auquel il « est d'ailleurs soumis comme prêtre et comme chanoine. « Au contraire, Favier est obligé de dire la messe et de faire « un service qui exige résidence, et à raison d'un tel devoir, « il n'a que le tiers de la dîme : l'un a la peine et le travail « sans plus de revenu ; celui-là ne dit rien ; l'autre réclame « et fait un procès (1). »

---

(1) Archives de la Drôme : évêché de Vaison (Mollans).

Si nos documents ne font pas connaître le résultat de ce différend, ils permettent d'entrevoir l'organisation religieuse à Mollans, où d'autres recherches vont la montrer plus en détail.

Un acte de 1334 appelle curés les deux prieurs d'alors et leur attribue les dîmes de leurs paroisses et les redevances foncières. D'après une visite du maître des œuvres pies en Dauphiné, en 1401, il y avait un prieur régulier, un curé régulier, un vicaire et un clerc. Jacques Chanu, dans son testament du 6 janvier 1479, charge les deux curés de dire des messes à son intention. Un accord de 1502 règle les droits curiaux et, en 1536, Jean d'Urre veut être enseveli « dans « l'église paroissiale de St-Michel ». Enfin, un projet d'union des deux bénéfices, en 1538, stipule formellement la célébration de trois messes et, en 1600, Chabert, religieux, donne à Vallais, curé de St-Pierre, la moitié de ses dîmes, comprenant les deux tiers de celles de la paroisse, l'autre tiers étant dévolu au prieur de St-Michel.

Le Mémoire de Favier rappelle, en outre, des sentences de l'ordinaire de 1700 et 1741 obligeant à la résidence le même prieur, et une enquête ordonnée par l'évêque de Vaison, en 1639, dans laquelle les consuls déclarent avoir toujours vu les prieurs de St-Michel et de St-Pierre prêcher et célébrer la messe les dimanches et fêtes dans l'église ancienne et dans la nouvelle.

Les archives de la Drôme et l'*Histoire de l'église de Vaison* nous révèlent quelques autres faits utiles à constater. Ainsi, en 1290 et en 1348, l'évêque approuve la nomination du prieur de St-Pierre-de-Thoulourenc faite par l'abbé de Villeneuve-lès-Avignon, et un acte de délibération consulaire du 2 septembre 1604 rappelle :

1° L'obligation consentie par les habitants, le 6 septembre 1334, de payer à Olivier de Mérindol, prieur de St-Pierre, autorisé par Rostaing de Mérindol, abbé de Villeneuve et mandataire du prieur de St-Michel, la dîme du millet, des légumes, du chanvre, du blé, du seigle, de l'orge et de l'avoine en gerbes, après avis préalable, celle du vin à la tine, sans diminution ni distraction, un agneau de 16 à 22 têtes, demi-denier de 1 à 11 têtes et 1 denier, de 11 à 16, avec exemption totale en faveur de ceux qui devaient déjà un quarton, un cinquain, un sizain ou dizain, un service ou une cense au bénéfice pour seigneurie directe ;

2° L'autorisation de chasser, pâquerer, bûcherer et faire des fours dans la montagne au quartier de Thoulourenc, octroyée aux habitants par sentence arbitrale du 27 mars 1403, et l'engagement pris alors par les prieurs de contribuer aux fortifications du bourg, à raison d'une canne sur dix ;

3° Une délimitation, fixée par accord du 5 avril 1614, du quartier de Thoulourenc, au moyen de bornes au Saut des Porcs ou du Moutier... au chemin de Malaucène où est l'oratoire de Notre-Dame... au Thoulourenc et à l'Ouvèze et la réduction de la dîme à la cote 19e pour les cheneviers, les vignes et les olivettes, la cote 10e restant imposée sur les autres cultures ;

4° Une transaction du 11 novembre 1655 qui fixe la dîme de l'iscle du Vif, de l'iscle de Sagnas et du devès communal, de 30 sommées de semence, à la cote 19e, à la condition de défricher l'iscle et sous réserve de la directe seigneurie et du droit de prélation.

Delorme, curé de Mollans, le mandataire de Laprade, prieur de St-Pierre-de-Thoulourenc, de St-André, de St-Marcel et de Notre-Dame de La Lauze, et Michel d'Astier, de Cromessières, prieur de St-Michel, à l'exemple des consuls, ratifièrent, en 1694, toutes les clauses des actes précédemment intervenus.

Le 28 juin 1699, Maurin, maire perpétuel, Monier et Bremond, consuls, assistés de leurs conseillers, représentent aux mêmes prieurs et à Robin, curé, l'acte de 1614 relatif à la dîme et ajoutent que depuis lors, les vignes du quartier de Thoulourenc, à cause des grands froids, ont cessé de produire, qu'il faut y changer le mode de culture, d'où ressort la nécessité d'y réduire la dîme de la cote 10ᵉ à la cote 18ᵉ pour les céréales et les récoltes pendantes par racines, en laissant les olives et la vendange à la cote 19ᵉ. Satisfaction fut donnée aux habitants, à la condition que tout possesseur de plus de 8 sommées de semence au même quartier serait tenu d'y faire bâtir une grange et que les habitants non tenanciers des prieurs et curé, ainsi que le seigneur, ne jouiraient pas du bénéfice de cette réduction.

Les mêmes prieurs transigeaient, en 1709, avec Alexis-Elzéar de Simiane, à la suite d'un procès en appel de sentence arbitrale du 5 mai 1697, engagé par Jeanne-Françoise de Camaret, sa mère, et le seigneur s'obligeait à payer la dîme, à la cote 23, de tous les grains, des légumes et du chanvre de ses biens, sauf en certains endroits déterminés, où la cote 19ᵉ était maintenue, celle des agneaux et des chevreaux comme les autres habitants, se départant de sa directe sur divers fonds à St-André, clos St-Michel, l'Aucelet, etc. (1).

D'après les déclarations faites en 1790, le prieur-curé de St-Michel retirait 50 livres des immeubles de son bénéfice, environ 200 de son terrier ou livre de ses redevances foncières et 1,200 de la dîme, total 1,450, sur lequel il payait 408 livres de portion congrue au vicaire, 36 livres au clerc, 30 au prédicateur du carême, 29 pour le luminaire et l'entretien de la sacristie, 68 pour autres charges.

Le prieur de St-Pierre évaluait à 100 livres le produit de ses rentes foncières et à 600 celui de la dîme, total 700, dont il fallait retrancher 30 livres pour le luminaire, les prédications du carême et la sacristie (2).

Quant au curé de Notre-Dame de La Lauze, ses droits fonciers et la dîme lui rapportaient 1,458 livres, sur lesquelles

---

(1) Archives de la Drôme : évêché de Vaison (Mollans).

(2) Drôme : Série V (Mollans).

408 revenaient au vicaire, 30 au prédicateur du carême, 36 au clerc, 23 au luminaire et à l'entretien de la sacristie, 16 aux fondations et impositions.

Maurin était alors curé de Notre-Dame et prieur de St-Michel (1), Béraud, prieur de St-Pierre et Bérard, vicaire. Ajoutons que le prieur-curé de Vaulx percevait sur Mollans 18 livres de dîmes et que le chapelain de Notre-Dame de Fenouillet, dans l'église, avait droit à 39 livres 12 sols de pensions pour 6 messes par an.

Il nous resterait à parler des monastères et des chapelles de la paroisse, si nous avions des renseignements certains sur les unes et les autres et si M. l'abbé Vincent n'avait épuisé le sujet.

Au delà d'Aiguemarse, un ancien couvent dit de Saint-Martin avait été uni à l'abbaye de Saint-Victor de Marseille en 1111 par l'évêque de Vaison ; mais le silence du cartulaire de cette abbaye n'est pas fait pour nous convaincre. Seule la tradition et la découverte de tombeaux en briques nous révèlent cet établissement religieux sans histoire.

On ne connaît pas mieux Ste-Marie, au pied de la montagne de Bluye, habitée par des religieuses, que des soldats poursuivirent jusqu'au sentier du *Pas des Nonnes*, après avoir incendié leurs bâtiments claustraux, à une époque indéterminée, mais antérieure aux troubles du XVIe siècle, puisqu'en 1348, un évêque de Vaison léguait 10 florins, pour les relever.

L'église de St-Marcel, sur la route de Nyons, annexe de St-Pierre, présente encore des blocs de maçonnerie fort anciens qui servent d'éperon contre l'Ouvèze. La chapelle voisine, remplaçant l'ancienne, remonte seulement à 1841.

---

(1) Des lettres patentes de Louis XVI, en 1790, avaient approuvé une ordonnance du promoteur de Vaison supprimant le titre de la cure de Notre-Dame de la Lauze et unissant ses biens au prieuré-cure de Saint-Michel, Isère, *Invent. somm.* B, 2542.

Celle de St-André, au sommet d'un coteau vers le Thoulourenc relevait aussi de St-Pierre et n'a pas d'annales.

Saint-Estève ou Saint-Etienne près du château servait au seigneur et à ses hommes d'armes. Notre-Dame du Pont, mentionnée en 1357, la chapelle des Pénitents avec ses boiseries et balustrades remarquables, Notre-Dame de Consolation, bâtie en 1852 sur l'emplacement d'un oratoire plus ancien, Saint-Joseph près du Pont, Notre-Dame des Lumières sur la route de Malaucène, Notre-Dame de la Blanche (1), Notre-Dame des Anges, gardée par des ermites, voisine d'un Calvaire érigé en 1739, ont chacune leur légende et rendent un éclatant témoignage de la piété des fidèles.

Outre les chapelles diverses, l'église paroissiale en avait d'autres, comme Notre-Dame de Fenouillet fondée en 1400 par Jean Coursier et dotée en 1484 par un seigneur de St-Léger, et Ste-Anne, entretenue par les d'Urre, où le 26 juillet, les femmes, sur le point d'être mères, se disputaient les grains d'un raisin blanc et d'un raisin noir offerts par la confrérie de ce nom.

A l'histoire du clergé se rattachent les écoles et les établissements de bienfaisance ; les écoles seront étudiées dans un travail d'ensemble pour l'arrondissement ; quant à la Confrérie de Charité, elle avait, dès 1357, une dotation en censes et en rentes, réduite, en 1685, à six émines de blé et quelques mesures de vin. Un hôpital recevait les passants pauvres et les indigents de la paroisse. En 1709, le bureau de charité lui fut uni et ce bureau, créé pour secourir la population que la disette menaçait, recueillit un premier fonds sagement administré et sans cesse grossi, qui produisit jusqu'à 250 livres de revenu par an, sans y comprendre la 24e

(1) Il y avait deux chapelles de ce nom, une sur chaque rive du Thoulourenc; celle de la rive droite servait de chapelle funéraire aux habitants de Vaulx et l'autre d'oratoire. Les hérétiers de Pierre d'Urre, après plusieurs apparitions de ce seigneur, firent rebâtir la première.

partie de la dîme qui se distribuait en pain. Les charges du bureau, telles que entretien des bâtiments hospitaliers, fondations, etc., arrivaient à 110 livres.

Noble Olivier de Valserres avait aussi donné un capital pour doter et marier les filles pauvres, et en 1789, on affectait 51 livres à cette fondation ou à l'apprentissage d'un métier en faveur d'un garçon pauvre (1).

III. — Le Tiers Etat.

> « Parmi les villes les plus obscures, il n'en est peut-être pas une qui n'ait eu ses jours d'énergie. »
>
> *Album du Dauphiné*, IV, 16.

On ne sait rien des conditions d'existence des habitants de Mollans aux époques préhistorique, gauloise, romaine et gallo-romaine ; bien plus, la perte des archives ne permet pas même d'y étudier l'organisation féodale dans ses détails intimes, ni de suivre les étapes franchies en passant de l'esclavage au servage, du servage à la main-morte et de la main-morte à la liberté.

Une transaction de 1303 entre Pierre Reynier d'Oze, Giraud de Médici et leurs vassaux défend l'introduction du bétail étranger dans le territoire, déclare libre la vente des grains, du vin et des fruits, limite le privilège exclusif du seigneur de vendre du vin, à huit jours en avril et à huit en septembre (2), et oblige les habitants à leur planter 40 fosserées de vigne.

Jean d'Urre, en 1520, confirma ces anciennes franchises et permit aux consuls de vendre les herbages, pâturages et

(1) Drôme C. 4. — *Notice historique sur Mollans*. — *Invent. sommaire des archives de la Drôme*, III, 59 et suiv.

(2) C'était là le droit de *ban-vin* ; il durait un mois et même deux mois en certains lieux.

glandages, de tarifer le passage du bétail étranger dans le mandement (1), avec son autorisation ou celle de ses officiers, et sous réserve de la moitié du produit des ventes, d'ébrancher les arbres et de couper les bois verts ou secs, d'ouvrir des carrières dans tout le territoire, d'y tirer la pierre de taille et de la vendre, de cultiver et défricher toute terre inculte et sans propriétaire, en payant au seigneur la quinzième partie des récoltes.

Cette concession ne fut pas gratuite, car les habitants s'engagèrent alors à moudre leurs grains à son moulin, qu'il promit de tenir en bon état et de confier à un meunier habile, en payant pour droit de mouture la cote 30e, de Noël à la Saint-Jean, et 20e, de la Saint-Jean à Noël, et de plus, à lui fournir une journée de travail pour le curage de son béal, étant nourris et pourvus de bon vin.

Huit ans plus tard, Robert, vibailli du Buis, condamnait Jean de Follaquier ou de Forcalquier, mari de Jeanne Adhémar (2) à laisser les habitants chasser, couper du bois et jouir en commun des herbages sans contradiction.

Malgré ces libertés purement pastorales et agricoles, la veuve de Charles de Simiane-Esparron suscita, vers 1700, des difficultés à la population pour le droit de chasse, la banalité du four et la propriété du pré Sagnas et de la montagne de Bluye, entre l'Ouvèze et le Thoulourenc. Un *advertissement* imprimé *pour les consuls et communauté... contre dame Jeanne-Françoise de Camaret...* accuse même cette dernière d'avoir établi, à l'aide de menaces, la banalité de son four, divisé les habitants et payé les condamnations encourues par les fauteurs de désordres.

---

(1) On appelait ce droit *pulvérage*, à cause de la poussière soulevée par les troupeaux.

(2) On trouve, en 1416, Guilhem de Forcalquier, seigneur de Viens, marié en secondes noces avec Romaine Baschi, veuve de Bernardon de Serres, qualifiée dame de Mollans ; était-ce la même famille ?

Les *factums* ne sont pas des documents assez impartiaux pour servir de base à l'histoire ; ils constatent néanmoins l'état des esprits au moment de leur publication.

Au reste, telle était l'importance des bois et pâturages aux siècles derniers que Mollans eut à défendre les siens non seulement contre les seigneurs, mais encore, en 1277, contre Malaucène, en 1748, contre le procureur juridictionnel de Pierrelongue, et, en 1701, contre les habitants des granges de Vaulx. Il avait été décidé, en 1617, que les consuls de Malaucène, avec quatre notables, feraient chaque année l'inspection de leurs bois, pour empêcher les abus et les usurpations. Mollans, de son côté, veillait activement à la conservation de ses privilèges. Un procès naquit de cette compétition d'intérêts et faillit même troubler les bons rapports de la France avec le Saint-Siège, Mollans étant du Dauphiné et Malaucène du Comtat. Le 30 avril 1641, un congrès se réunit à Malaucène : Rabot d'Aurillac y représentait le roi, Salomon Liverane, abbé de Notre-Dame des Anges, à Mollans, y défendait le pape ; chacun d'eux était assisté de nombreux conseillers. Après force discussions et examen des lieux, Malaucène fut déclaré propriétaire des bois contestés et le territoire de Vaulx lui demeura uni. Cette décision ne plut pas à Mollans ; aussi le 21 août de la même année, une main criminelle mit-elle le feu aux coupes de bois faites par un adjudicataire d'Apt et l'incendie occasionna de grands dégâts. De leur côté, les habitants de Vaulx prétendirent participer encore aux droits d'usage de Mollans, à cause d'une redevance qu'ils payaient au possesseur de cette seigneurie ; les défendeurs, en 1697, obtinrent une autorisation régulière de s'opposer à de semblables prétentions et nous ignorons les suites de l'instance.

Quoi qu'il en soit, depuis le XVIIIe siècle, Mollans et Malaucène, séparés par le Thoulourenc, vivent en bonne intelligence, avec une enclave « de l'un en l'autre », à la hauteur de Vaulx et la part de Malaucène sur Mollans, à la

Ponchonière, ne comprend pas moins de 87 hectares, 92 ares.

Au point de vue militaire, la population dut concourir, en 1302, au siège de Mérindol, à la lutte des Adhémar contre les de Baux, qui amena la mainmise sur Mollans et Pierrelongue par le gouverneur du Dauphiné, et à toutes les expéditions des barons de Mévouillon et des dauphins, leurs successeurs.

Pendant les courses des grandes Compagnies et de Raymond de Turenne, après l'annexion de la province à la France, effectuée en 1349, l'histoire garde le silence sur Mollans où, toutefois, de 1377 à 1378, était conduit le trésorier de Salvestre Binges, capitaine de bandes de Bretons.

On n'est guère mieux renseigné sur les souffrances et les *foules* (1) du bourg, pendant les guerres de la fin du XVIe siècle, sous Montbrun, des Adrets et Lesdiguières.

Dès le début, vers 1560, Montbrun s'en empare et le rançonne ; puis, La Motte-Gondrin et le comte de Suze rencontrent, près de là, le chef protestant, lui livrent bataille et l'obligent à s'enfuir, laissant ses compagnons d'armes blessés, morts ou prisonniers.

Sous des Adrets, en 1562, Mollans subit toutes les angoisses d'un qui-vive général et un siège marqué « par la « cruauté du baron, qui força un grand nombre d'habitants « réfugiés dans le vieux château à se précipiter eux-mêmes « dans le faubourg ».

Les auteurs anciens ne parlent pas de ce siège et les affirmations peu précises de l'auteur de la *Statistique de la Drôme* paraissent reposer uniquement sur la tradition.

Plus tard, en 1566, catholiques et réformés allaient en venir aux mains dans les Baronnies quand de Gordes, gouverneur de la province, s'aboucha, près de Mollans, avec

---

(1) Oppressions, contributions forcées qui faisaient ressembler les villages au raisin sous le pressoir.

Montbrun et St-Auban pour rétablir le calme. Toutefois, l'année suivante, le Buis fut surpris et la lutte recommença.

On croit qu'en 1570, après le siège de Loriol par le comte de Suze, les Réformés s'avancèrent jusqu'à Nyons et au Buis, et que, chemin faisant, ils se rendirent maîtres de Mollans, livrant aux flammes les archives du clergé et de l'hôpital, et massacrant les habitants. La tradition appelle cette année-là l'*année du massacre ;* mais l'histoire couvre d'un voile impénétrable les détails de cette campagne.

Adversaire à la fois des Réformés et des ligueurs, Maugiron, en 1580, confie la garde du bourg et de Mérindol à François d'Urre, ce qui ne les empêche pas, à sept ans de là, de tomber l'un et l'autre en la possession de Lesdiguières, successeur de Montbrun (17 et 18 juin 1587). Ramefort, capitaine ligueur, essaya vainement de reprendre Mollans avec 120 cavaliers et 400 arquebusiers, ce qui fait dire à Videl qu'il *muguetta* Mollans, Venterol et quelques lieux voisins ; ce fut un autre chef qui s'en rendit maître et ce fut Lesdiguières lui-même qui, le 18 juin 1589, y rentra victorieux. Déjà, le 6 août précédent, il écrivait que Mollans et le Buis demandaient de se garder sans garnison, et qu'il leur serait fait des conditions un peu dures.

Voici la narration officielle de la reprise : « Le 18 juin « Moulans fut emporté d'assault, ayant esté battu de trois « couleuvrines et de deux pièces de campagne, depuis 7 « heures du matin jusques à 3 heures du soir. L'assault dura « une heure et y eut six vingts morts de l'ennemy ; la bres- « che n'estoit guère raisonnable. Le chasteau se rendit à « discrétion, le bas estant desia gaigné. Vassieux (du parti « réformé) y fut tué et trois ou quatre autres et une dou- « zaine de blessés. »

Dans le mémoire du capitaine Arabin le fait est rapporté sans détails : « Du despuis, sans grande résistance, prismes « Aubignan, le Rasteau, St-Morice, Villedieu, Mirabeau et « Piedmeira ; Melans (pour Mollans) attendit la bresche et « l'emportasmes d'assaut. »

Videl confirme ces renseignements et ajoute que les assiégés se défendirent avec courage et que leur opiniâtreté leur coûta 120 morts ; le P. Justin dit 160. En effet, au témoignage de l'auteur de la *Statistique de la Drôme*, Lesdiguières, émerveillé de l'héroïsme de Constantin Consolin, combattant seul sur la brêche, s'écria plusieurs fois : *Sauve, sauve le Vaillant !*

Un dernier épisode des guerres du XVIe siècle se rapporte au 9 octobre 1621 et il est ainsi raconté dans les anciens registres de la paroisse, par Méric, curé : « La religion « prétandue réformée, le chef, M. de Montbrun et autres « se sont saisis de Mollans ; chascun a fuy d'un cousté et « d'autre, et moy et les pauvres païsans avons tenu bon dans « le chasteau de M. de Mollans d'Urre, luy ayant conservé « sa maison. Les pauvres païsans ont esté saccagés et moy, « comme curé, ne les ey vollu laisser, croyant mourir avec « eux, ayant demeuré cinq mois dehors, depuis le 9 octobre « jusques au mois de février. »

Une ordonnance du 9 décembre 1621, promettant l'oubli du passé à tous les révoltés qui mettraient bas les armes, ajoute que « les lieux et chasteaux de Molans, Reilhanette, « Puygiron, la Baume-Cornillane seroient rendus ès mains « et au pouvoir des propriétaires d'iceux, en l'estat qu'ils « sont à présent, à la charge toutefois que les nouvelles « fortifications, qui pourraient avoir esté faites despuis la « prinse desdits lieux et chasteaux, seroient démolies. »

Lesdiguières, alors catholique et gouverneur de la province, ne tarda pas à exiger le licenciement de l'armée de Montbrun ; puis, le siège de Mévouillon et la démolition par ordre de Louis XIII, en date du 13 novembre 1623, du fort supérieur ou citadelle de Mollans, fermèrent la période tourmentée comprise entre 1560 et 1626 et connue sous le nom de *guerres de religion*.

On ne trouve plus que la mention, vers 1650, d'une déclaration du roi obtenue par l'évêque de Vaison contre la dame de Mollans, qui faisait prêcher dans son château par des ministres du voisinage, et contre les réformés de Mirabel, coupables d'avoir tourné en ridicule les cérémonies catholiques.

Après tant de prises et reprises, de passages de troupes et de logements militaires, le bourg avait un pressant besoin de calme pour réparer ses pertes et liquider ses dettes contractées aux moments périlleux. Ce repos lui fut refusé d'abord, car un état de frais de logements, de 1628 à 1630, s'élève à 1,403 livres, un autre de 1636-37 à 1,855 et un troisième, de 1627 à 16 3, à 13,836 ; la perte des comptes communaux et de leurs pièces justificatives ne permet pas d'aller plus avant sur ce point. Mais on sait que Henri IV, par lettres patentes du 25 juillet 1599, octroya trois foires à Mollans : à St-Marc (25 avril), St-Jacques et St-Christophe (25 juillet) et St-Rambert (3 octobre), « en considération des « grandes pertes et ruynes que les habitants avoient souffer- « tes durant les derniers troubles, tant en la prinse du lieu, « où la plus part des habitants furent tuez et leurs biens « saccagez, que depuis, par le passage et séjour des gens « de guerre, lesquels, avec les excessives tailles et imposi- « tions qui leur ont été mises sus, les ont presque accablez. » Le document royal ajoute que Mollans est « situé et assis « en païs fertil et abondant en bleds, vins, bestial et autres « choses nécessaires, et commode, bien édifié d'un bon « nombre de maisons et habitans traffiquans par les lieux « circonvoisins. »

L'affiche imprimée annonçant les foires ajoute qu'elles dureraient trois jours chacune, et que Mollans « est la clef « du Dauphiné, limitrophe du Comtat, à la gorge des mon- « tagnes où la charrette va facilement ; » que « l'on peut s'y « rendre pour vendre et achepter sans être obligé de payer « aucuns droits » et sans crainte « d'être arrêté en route, « puisque c'est le premier bureau d'entrée et de sortie, n'es- « tant pas obligé de se détourner ny arrêter pour billet « d'acquit, le pouvant faire aisément audit lieu. »

Les avantages énumérés dans cette affiche n'étaient sans doute pas suffisants pour convaincre les populations du voisinage, car la première foire acquit seule quelque importance, et encore, en 1789, ne s'y faisait-il pas pour 100 livres d'affaires.

Quant à la date de création du bureau des fermes, nous ne l'avons pas trouvée ; toutefois, un arrêt de la cour des aides de Vienne du 16 octobre 1647, rendu à la requête de La Ruelle, fermier général des cinq grosses fermes et de la douane de Lyon, le rétablit avec ceux de Mirabel, Venterol, Le Buis, Nyons, St-Maurice, Tulette, Suze-la-Rousse, Baume-Transit, St-Paul, Pierrelatte, Montélimar et Châteauneuf-de-Mazenc.

Outre le bureau des fermes, Mollans avait un péage, supprimé le 8 octobre 1754, où il se levait depuis 1310 6 deniers par personne, 1 sol par bête et 3 sols par char.

L'arrêt du Conseil d'Etat de 1754 cite effectivement les lettres de 1310 et une ordonnance de 1553 en faveur de Jacques d'Urre ; mais le seigneur de Mollans ne justifia pas « plus amplement de la possession et quotité de son droit de « péage, ensemble de l'acquit des charges dont il étoit tenu « pour raison d'icelui ; » et ce fut la cause de la suppression ordonnée.

Au moyen âge, le commerce n'était pas facile et les seigneurs qui exigeaient des péages n'entretenaient pas mieux pour cela les chemins publics.

En 1281, quatre marchands de Malaucène furent, à leur retour des foires de Ste-Jalle, arrêtés sur la route du col d'Ollon, par une troupe de gens armés d'après les ordres de la cour de justice de Mollans, et durent acquitter les droits réclamés ou fournir des cautions. Pareille innovation amena une enquête de la part du viguier de Malaucène, et 43 témoins entendus déposèrent en faveur de la liberté du passage ; à son tour, le juge du Comtat ne manqua pas d'intervenir dans l'affaire, qui fut résolue, au bout de 12 ans, en faveur des communautés réclamantes.

On ne trouve pas d'autres détails sur le péage de Mollans.

L'atelier monétaire, s'il avait eu quelque durée, eût été plus favorable à l'extension de ce bourg ; mais, si après le traité de juillet 1344, qui abandonnait Visan au Saint-Siège, les monnayers delphinaux quittaient ce lieu, un mois plus tard ou plus tôt, pour se fixer à Mollans, ils n'y étaient déjà plus au bout de quelques semaines ou de quelques mois, c'est-à-dire avant le 23 juillet 1345, date de leur présence à Mirabel, où ils restèrent jusqu'à 1424.

Il nous faut signaler encore divers faits particuliers intimement liés à notre sujet, comme la perte des oliviers causée par le froid, vers 1665, et, en 1788-89 ; les dégâts des vents, de la grêle et de la pluie les 1er et 4 septembre 1698 ; la mortalité des mûriers vers 1700, la sécheresse de mars et avril 1760 ; les brouillards, vents, bruines et chenilles de 1764 ; la grêle de 1768 et de 1770 ; les gelée de 1771 et 1772 ; les pluies et la sécheresse de 1780 ; les rosées, la manne, les insectes et la grêle de 1781 ; les vents et la sécheresse de 1784 ; les inondations de l'Ouvèze, d'Aigues-Marses et du Thoulourenc en octobre 1725 ; celles du Thoulourenc en 1784 et de l'Ouvèze, le 21 septembre 1760, et enfin celle du 15 septembre 1745. Les registres de l'état civil décrivent ainsi cette dernière : « On vit descendre de nos montagnes « une si grande quantité d'eau qu'elle faisoit en plusieurs « endroits des espèces de rivières, dont plusieurs creusées « jusqu'à 5 ou 6 pieds, et tout le reste se divisoit en forme « de petits sillons qui, emportant le suc des terres, laissoient « les arbres tout décharnés et couvroient en certains en- « droits, un peu en plaine, jusqu'à la pointe des sarments de « nos vignes. La rivière ne pouvant plus se contenir dans « son lit s'extravasa de chaque côté des bas fonds de nos « campagnes, au point que les plus anciens assurèrent qu'en « 1684, époque d'une inondation sans exemple, les eaux « ne montèrent pas si haut d'environ 20 pas. Toutes les « fortifications défensives ont été emportées et plusieurs

« fonds aussi. Tous les jardins du faubourg ne sont plus « qu'un tas de gravier et les plus hauts sont couverts de « limon. »

Nous rappellerons aussi la mort de 46 enfants, en 1638, causée par la petite vérole, et l'établissement de la ligne de santé vers 1720, cause de ruine et de vexations sans nombre. « Chaque corps de garde consommant journellement 14 « quintaux de bois, les forêts de la commune disparaissaient « sous le gaspillage et l'ardeur obligée des bûcherons. Les « officiers et les soldats peu satisfaits d'un logement offert « avec spontanéité, agissaient comme en pays ennemi. Toute « réclamation demeurait sans résultat ; toute justice était « refusée aux plaignants. L'Ouvèze ayant été adoptée pour « point de démarcation, une barrière s'élevait à l'autre « extrémité du pont, et rendait impossible la culture des « champs situés au delà. L'habitant qui, séduit par l'appât « du gain, eût tenté, en franchissant la barricade, de nouer « avec le Comtat des rapports de commerce et d'industrie, « était condamné à la peine capitale ; cependant les soldats, « se mettant au dessus des règlements imposés à la popu- « lation, trafiquaient impunément par l'exercice de la « contrebande et ajoutaient ainsi, aux fruits des exactions « quotidiennes, les fruits d'un bénéfice illicite et con- « damné.... » Cette situation, plus onéreuse au bourg que la peste elle-même, dura 27 mois et ne prit fin qu'aux 1er et 8 décembre 1722, au départ des régiments du Nivernais et du Boulonnais (1).

Des réponses faites, en 1789, à la Commission intermédiaire nous apprennent que les principales récoltes d'alors comprenaient les céréales, le vin, les cocons, le chanvre, le fourrage et l'huile d'olive ; que le peuple vivait de pain de méteil, seigle, blé sarrasin et légumes, auxquels on mêlait quelquefois du gland ; qu'un sixième du vin non consommé

---

(1) *Notice sur Mollans* d'après les notes de M. Ginoux.

se vendait à vil prix, faute de débouchés et que l'huile d'olive s'expédiait à Genève et à Lyon ; que la commune était administrée par des assemblées générales des chefs de familles, parfois tumultueuses et « le plus souvent désertes » ; qu'en 1775, il fut demandé un conseil politique composé du châtelain, des consuls, du receveur des revenus et de 12 conseillers, mais sans succès ; que les ressources communales provenaient du pré Sagnas (250 livres), d'un terrain et cloaque (55), de la maison de la boucherie (18), du mesurage du vin et pesage de l'huile (69), de redevances foncières (50), de pensions (31), d'un moulin à huile (776), et d'un moulin à grignons (102), total 1.384 livres ; que les charges, non compris les frais de milice, des fontaines, des moulins à huile, des portes, de la nef de l'église, etc., arrivaient seulement à 863 livres, savoir 228 au garde, 150 au régent des écoles, 39 pour l'horloge, 14 aux 3 portiers, 30 au valet de ville, 6 au sonneur de cloches, 175 au peseur du moulin, 53 au secrétaire-greffier, 3 pour les registres paroissiaux, 18 pour les gages et dépenses des consuls, 24 sols pour fondations pies.

Vers 1760, les impositions publiques se composaient de 1.210 livres de tailles, de 921 des accessoires, de 1.180 de la capitation (cote personnelle), de 765 des dixième et vingtième (revenu), total 4.076 livres.

En 1835, la commune avait 500 hectares de bois de l'Etat, 200 de bois communaux, 600 de terres labourables, 150 de vignes, 15 de prairies, 350 de pâturages, 80 de routes, chemins et rivières, 20 de terres incultes, 4 d'édifices publics, total 1.919. Quatre ans plus tard, le revenu de ses 1.892 hectares imposables atteignait 56.760 fr. et celui de ses 304 maisons 6.894, soit en tout 63.654 fr.

Voici, pour 1873, le montant des contributions directes :

Etat.	8.636 fr. 96 cent.	16.511 fr. 66
Département. .	3.602 — 39 —	
Commune. . .	3.929 — 18 —	
Non-valeurs . .	343 — 13 —	

Quant à la population, de 1.150 âmes en 1820, 1.158 en 1840, 1.240 en 1850, 1.194 en 1860, elle est descendue à 946 en 1889: elle était de 350 en 1538 en multipliant par 5 ses 70 ménages et de 907 vers 1740.

IV. — Dernières notes : curiosités et illustrations.

La montagne du Châtelard sert d'abri au village contre les vents du nord, sans nuire à la salubrité de l'air; on remarque à son sommet un bassin d'eau douce. Dans le vallon, formé par cette montagne et par celle de *Soutein*, se trouve une fontaine d'eau minérale, indiquée sur la carte de Cassini et qualifiée *phologistique* et *sulfureuse* par Nicolas, qui guérit annuellement beaucoup de malades herpétiques ou poitrinaires. Le Soutein possède plusieurs sources salées, des bélemnites, des ammonites, des dents de requin, des coquillages et diverses autres singularités.

Vis-à-vis du Châtelard, la montagne de Bluye couverte au midi de chênes verts, présente au nord toutes sortes d'arbres et de bois pour la teinture et la marqueterie, des fleurs rares et des plantes médicinales.

Guettard fait sortir le Thoulourenc de cette montagne, alors qu'il prend naissance à Aulan, passe à Montbrun et Reilhanette et reçoit seulement à Mollans un appoint avec les eaux de la Baume ou de la Grotte. Le même auteur parle d'un ermitage adossé à la montagne de Moleuse qui semble placé là comme « une borne au séjour des hommes », et signale dans la gorge du Thoulourenc, sur sa rive méridionale, un rocher de 2 toises de haut, au pied duquel sort une fontaine très limpide et « tout auprès, plusieurs rameaux d'eau poussent au travers du gravier avec une certaine vivacité »; cette eau est légère et excellente à boire. Sur ce rocher, où l'on grimpe avec quelque difficulté, existe une sorte de plate-forme naturelle de quelques toises et l'on découvre au midi une grotte dont l'ouverture a 2 toises de large sur 3 de haut. A l'entrée, une pierre isolée forme une espèce de table ; en bas, une porte naturelle cintrée conduit dans une caverne profonde, terminée par un lac. L'auteur donne 80 toises à cette excavation dans la roche vive et dit la voûte chargée de stalactites partout couverte d'un vernis jaune « qui forme un ouvrage ondé et guilloché ».

Au-dessus de cette grotte s'en ouvre une seconde à laquelle on ne parvient qu'avec des échelles.

Lorsque la fonte des neiges est très considérable, le trou servant d'issue à la fontaine devient trop étroit et les eaux du fond de la caverne s'exhaussent au point de s'échapper avec autant de rapidité que d'abondance par la bouche qu'elle a dans la grotte extérieure et forment une belle cascade dans le Thoulourenc, dont le nom, suivant Guettard signifie creux (*toul*), eau (*lu* ou *lou*) et cours d'eau (*ren*) (1).

Le même naturaliste a vu encore au-dessous et de chaque côté de Saint-Léger, bâti sur le roc au bas de la montagne de Bluye « des pierres à fusil en petites masses enchâssées « dans les rochers calcaires et dispersées çà et là irrégulièrement, et de grosseur variable ; plusieurs affectent une « figure arrondie et oblongue approchant de celle d'un « citron ; elles se détachent du rocher ordinairement en« tières ; mais l'eau et la gelée les séparent en parties ».

La *Statistique de la Drôme* ajoute que les habitants de Mollans vont dans la belle saison en parties de plaisir à la grotte de la Baume, et que sa voûte irrégulière et fort élevée présente une architecture naturelle et quelques cristallisations. M. Scipion Gras lui donne la forme d'une longue galerie dont les parois sont usées par le frottement continuel des eaux qui, en tout temps, en sortent avec abondance.

Mollans n'a pas seulement une histoire et des curiosités ; quelques-uns de ses habitants ou de ses enfants ont acquis de la renommée par leurs écrits, leur courage ou leurs vertus.

---

(1) M. Montier tire ce nom de *toul*, cavité et d'*Ouron*, eau. *L'Alouette dauphinoise*, II, 260. — Guettard, *Minéralogie du Dauphiné*.

Astier de Cromessières (Michel d'), prieur de St-Michel, en 1686, cessa de résider dans son bénéfice en 1701 et s'y fit remplacer par un vicaire, sous prétexte que ses lettres de provisions ne l'obligeaient pas à un service personnel et, malgré l'évêque de Vaison et malgré le Parlement de Grenoble, s'établit dans son château de Cromessières près St-Raphaël, où il cultivait les belles-lettres et la poésie.

Bérard, vicaire à la Révolution, refusa le serment et exposa sa vie pour consoler les fidèles. Dénoncé un jour aux commissaires lancés à sa poursuite, il allait être pris, lorsque, par son attitude énergique, il parvint à leur en imposer et à s'échapper.

Appelé à la cure de Malaucène, il y mourut en 1841, léguant ses biens à la fabrique de son église et aux pauvres.

Consolin (Jean), qui se fixa, en 1505, à Malaucène, venait du Piémont : son petit-fils, Scipion, excita par sa valeur l'admiration de Lesdiguières (1589). Quant à Jean-François, né à Mollans en 1719 et décédé à Paris en 1788, il fut vicaire de Mirabel et de Saint-Denis, curé de Ville-Thierry, au diocèse de Sens et chanoine de Sainte-Opportune, à Paris. Durant son séjour à St-Denis, il mérita l'estime des Carmélites de cette ville et, en 1770, Louise de France, fille de Louis XV, le choisit pour aumônier et lui légua en mourant une montre, montée sur cuivre jaune, à cinq cadrans, un pour les heures, un pour les jours du mois, un pour les signes du zodiaque, un pour le lever et le coucher du soleil et un pour les quartiers de la lune, sortie des ateliers d'Adanson, horloger suédois, et une tabatière sur laquelle est sculpté le portrait de la donatrice.

Fabre (Jacques), quitta Mollans pour Malaucène en 1680. Sa famille, établie plus tard à Carpentras, a donné un écrivain agricole, Louis, directeur de la ferme-école de Vaucluse.

Gérente (Joseph-Fiacre-Olivier), figure dans le *Moniteur universel* sous le nom d'Olivier-Gérente et le procès-verbal de l'assemblée électorale de 1792 l'appelle simplement Olivier, citoyen de Pernes. Il naquit à Mollans le 30 août 1744 et mourut à Avignon le 21 juin 1837.

A la Convention, il vota pour la détention de Louis XVI, signa le 6 juin 1793 la protestation en faveur des Girondins et fut compris parmi les 73 députés arrêtés pour ce fait. Rappelé après Thermidor au sein de la Convention, il réclama la poursuite des terroristes et l'institution d'une fête commémorative de la chute de Robespierre, fit décréter le déploiement de la force armée et la permanence de l'assemblée, dans la journée du 12 germinal (1795) et fut envoyé en mission dans le Gard et l'Hérault. Devenu membre du conseil des Anciens, il en fut élu secrétaire le 1er prairial an V.

Son fils a été député de Vaucluse en 1838.

Ginoux (Jean-Thomas), notaire royal de 1703 à 1745, a laissé des notes historiques dans ses protocoles et une histoire de Notre-Dame-du-Pont. Il concourut efficacement avec Jean-Baptiste d'Urre, en 1709, à la reconstruction de l'hôpital et, en 1721, avec le marquis d'Autane, au maintien de la santé publique. Léonard, né à Mollans en 1708, s'établit à Malaucène et y fut notaire. Cette famille, originaire de St-Ambroix (Gard), se fixa à Mollans vers la fin du XVIe siècle et le savant historien de Malaucène, M. le chanoine Saurel, lui attribue une partie des droits seigneuriaux du château inférieur.

Landone (Louise), jeune bergère, vit plusieurs fois en 1640, Pierre d'Urre, « le visage couvert de poussière et le corps enveloppé d'un linceul en lambeaux, » réclamant la prompte construction de la chapelle de Ste-Marie de Vaux, « pour le tirer des feux du purgatoire. »

Maurin, curé, émigra en 1791 et ne quitta l'Italie qu'en 1797.

Méric, aussi curé en 1622, montra du courage en résistant à Montbrun.

Mollans (Jean de), chevalier et lieutenant du garde de

la monnaie de Visan, en 1338, descendait de Pons, mentionné en 1060, dans le *Cartulaire de St-Victoir*, de Marseille.

Torcat (Benoît), professeur d'humanités et directeur des écoles de Malaucène, dressa en 1761, avec les Aubery, l'inventaire des archives de cette localité. Sa famille venait des Basses-Alpes et de Mollans.

Urre (Esprit d'), capitaine de Mollans, se réfugia à Malaucène pendant la peste, et y acquit une maison, en 1565.

Veynes (de). Outre Draconette, en 1451, dame de Mollans, on y trouve Pons, en 1606.

Il nous reste à mentionner un hommage en 1253 par Raymond de Mévouillon au comte de Toulouse, l'acquisition en 1293 du domaine direct de Mollans, Le Buis, etc., par Jean de Genève, évêque de Valence et Die, et la donation, en 1317, de la baronnie de Mévouillon au Dauphin, événements sans conséquences appréciables pour notre sujet.

Nous en dirons autant du chef-lieu canton, qui y fut établi à la Révolution, pendant quelques années, et nous continuerons notre course dans les Baronnies (1).

MONTAUBAN

I. — Topographie.

De Mollans à la commune que nous allons étudier, la route suivie longe constamment l'Ouvèze. Cette rivière sort en effet au pied de la montagne de Chamouze, si connue des

(1) *Notice historique sur Mollans.* — *Inventaire sommaire des archives de la Drôme*, t. III et de celles *de Vaucluse.* — Le P. Justin, *Histoire des guerres du Comtat* — *Actes et correspondance de Lesdiguières.* — Videl, *Histoire du connétable de Lesdiguières.* — Columbi, *De rebus gestis episcop. Valent. et Diens.* — *Histoire de Malaucène*, par M. le chanoine Saurel, 2 vol. in-8°. — *Statistique de la Drôme.*

botanistes ; elle a dans la Drôme un parcours de 38 kilomètres et demi, une largeur moyenne de 25 mètres, un débit de 5 mètres cubes et un débit extraordinaire de 340. Après avoir uni ses eaux à la Sorgue, vers Bédarrides, elle se jette dans le Rhône, à un kilomètre nord d'Avignon. D'*Ovidia* et *Ovitia*, en latin, on a fait aisément Ouvèze qui, en sanscrit, veut dire *eau* (1)

Montauban, entre Laborel, Chauvac, Mévouillon, Rioms et St-Auban présente une vallée spacieuse, mais peu fertile, puisque les anciens documents l'appellent vallée ruinée, *in valle ruina*, nom conservé dans Ruègne, un de ses hameaux. Les bords de l'Ouvèze sont verts et gracieux ; le versant des collines élevées, pour ne pas dire des montagnes, qui forment les deux rives, est sillonné de cours d'eau et raviné par les pluies (2)

Le chemin de grande communication n° 15, du Buis à Orpierre, traverse son territoire, pour arriver au sommet du col de Perty, couvert de neige une grande partie de l'année, et de 1304 mètres d'élévation ; ses lacets commencent au hameau de Ruissas, en face de *Somecure* plus au midi ; Bons ou Bons-Bagnols possède la mairie et l'église, au centre de la commune ; *la Combe*, comme lui sur la route et près de l'Ouvèze, se rapproche de Montguers et Ruègne au nord de la Combe, est la dernière des cinq agglomérations de la commune.

Elle comprenait, en 1835, en bois communaux 72 hectares, en bois particuliers 204, en terres labourables 1021, en vignes 43, en prairies 47, en pâturages 1703, en routes, chemins et rivières 95, en terres incultes 41, en édifices publics 3, en tout 3,229. Quatre ans plus tard, le directeur des Contribu-

---

(1) *L'Alouette dauphinoise*, II, 246 ; — M. de Coston *Etymologies des noms de lieu de la Drôme*, p. 85.

(2) Vallée elliptique, formée des lambeaux de craie isolés à l'intérieur (*Statistique de la Drôme*), p. 82.

tions directes évaluait le revenu de ses 3,133 hectares imposables à 19,188 fr. et celui de ses 137 maisons à 1,609 fr., total 20,797. Il n'a pas dû sensiblement augmenter depuis lors.

En 1873, les quatre contributions directes y produisaient 2,227 fr. 64, à l'Etat, et 1,005 fr. 30, au département, plus 2,638 fr. 75, à la caisse municipale et 113 fr. 25 pour les non-valeurs. Total 5,984 fr. 94.

La population actuelle y est descendue de 503 habitants en 1820, de 523 en 1840, de 502 en 1850, à 404 en 1860, à 457 en 1870, à 445 en 1880, à 413 en 1886 (1)

Quelle histoire peut avoir une commune purement agricole placée au fond du département, à 24,536 mètres de Séderon son chef-lieu de canton, à 43,448 de Nyons et à 133,240 de Valence ?

Nos recherches vont le dire.

Tout d'abord, déclarons que l'époque préhistorique n'y a pas été étudiée, et que les époques gauloises, romaines et gallo-romaines n'y sont représentées par aucun monument connu.

Son nom de *Mons Albanus* est susceptible de plusieurs interprétations : Alb et Albainn signifiant montagne on aurait d'abord mont de la montagne ; avec *Albanus* pris pour *Albus*, on arrive à montagne blanche, à cause sans doute des neiges du col de Perty, et enfin si l'on voit dans *Albanus*, soit un nom d'homme, soit un adjectif révélateur d'origine exotique, Montauban signifie montagne d'Alban ou montagne de l'étranger (2).

Une charte de Cluny, de l'an 1082, vient encore aggraver la difficulté en donnant à Montauban, le nom de *Mons Albionis* ; mais, il n'est pas clairement prouvé qu'elle s'applique à Montauban, et d'ailleurs Albon, appelé aussi *Albio* en latin

---

(1) Archives de la Drôme. Série M, *Statistique de la Drôme* et *Annuaire officiel*.

(2) M. de Coston, *Etymologies des noms de lieu*, p. 35 et 9.

signifie également montagne ou pâturage de la montagne (1).

On sait que l'arrondissement de Nyons a été formé avec le territoire des Baronnies et que la plus ancienne des deux, dite de Mévouillon, précéda ou suivit de près la mort de Rodolphe III dit le Fainéant (1032) et la chute du royaume de Bourgogne fondé à Mantaille en 879. Chez les Romains, on appelait barons les valets des soldats, et chez les Francs, toutes sortes d'hommes, sans distinction. Grégoire de Tours entend par barons ou farons de véritables seigneurs, et dès lors, les serviteurs du roi donnent à leurs fiefs le nom de baronnies. Au témoignage de Frédégaire, des grands du premier royaume de Bourgogne prenaient, au VIe siècle, la qualification de *barons* et au IXe ce nom n'indiquait pas encore un ordre particulier de noblesse, mais seulement des personnages d'importance. De 1000 à 1200, la baronnie devint une seigneurie souveraine après la royauté, et son possesseur, dans l'esprit du temps, résuma la plus haute dignité et la plus haute noblesse connue. Ce titre perdit de son lustre aux XIVe et XVe siècles.

Il a été déjà question des Mévouillon ; il nous reste à parler des Montauban, sortis de la maison de Montdragon et héritiers par alliance des Mévouillon.

II. — Les premiers Montauban.

La Revue des Sociétés savantes a publié, en 1871, une charte, non datée, contenant le partage des biens de Draconet de Montdragon entre ses fils : Draconet II, Raymond et Pons ; les deux premiers obtiennent Cairane, Suze, St-Marcellin près Vaison, et des portions de Bauzon, St-Paul, St-Restitut, Albagnanet, la Garde-Paréol et Pierrelate ; le troisième garde Montdragon, en partie, Derboux, Mornas et les vignes et condamines de Pierrelate.

---

(1) *Recueil des chartes de Cluny*, par M. de Bruel, IV ; 734.

Montdragon, dans la vallée du Rhône, entre Orange, Bollène et la Croizière, est un village fameux, au dire de Papon, à cause de l'atelier monétaire des Archevêques d'Arles ; l'auteur aurait bien pu ajouter aussi à cette illustration le souvenir des premiers possesseurs du fief. Effectivement, les Montdragon paraissent avoir tenu un rang considérable au XIIe siècle et pendant la première moitié du XIIIe. En 1160, 1173, 1194 et jusque vers l'an 1250, nous les voyons figurer comme témoins dans des actes importants.

« Le *Draconetus* de 1160 et de 1173 est sans doute l'auteur « du partage dont l'acte nous est communiqué par l'abbé « Chevalier. Dans la pièce de 1173, il est appelé *Drachonetus, Drachoneti filius*. Le *Draconetus* de la pièce de « 1194 est plus probablement l'aîné des trois fils, mentionnés « dans l'acte de partage. Celui-là a joué un certain rôle « dans la guerre des Albigeois. Tout d'abord, il paraît avoir « suivi la fortune de Raymond VI, comte de Toulouse. En « 1210, il figure parmi les témoins de l'accord passé entre « ce prince et Guillaume de Baux. Il est l'un des barons à « qui Raymond V, partant pour l'Espagne, 1216, recom« mande son fils. C'est lui qui négocie la capitulation du « château de Beaucaire entre le jeune comte et Simon de « Montfort. Il paraît même avoir porté la peine de son « dévouement, car son château fut assiégé et détruit par le « chef de la croisade... Pons de Mondragon figure aussi dans « le poème de la croisade à côté de son frère aîné et de « R. de Montalban, l'un des personnages mentionnés dans « l'acte de partage. » (1)

Or, en 1214, à la suite de difficultés survenues entre les Mévouillon et les Montauban, Guillaume de Baux, choisi pour arbitre, parvint à les réconcilier, et sa décision, conservée aux archives de l'Isère, nous apprend que Raymond III de Mévouillon, mari de Saure, fille de Guillaume-Jourdain

---

(1) *Revue des Sociétés savantes*, 5e série, t. II, p. 365.

de Fay et de Mételine de Clérieu, réclamait à Draconet de Mondragon et à Raymond de Montauban, son fils, la moitié des châteaux de Valréas, Montbrison, Grillon, Roussieu, le quart de Cairane, le fief de Guillaume de Mirabel, et quelques autres terres plus petites, comme ayant appartenu à Mételine de Clérieu et à Guillaume Jourdain, ainsi que la terre de Pègue, ancienne propriété de Roger de Clérieu, père de Mételine ; que, d'autre part, Draconet de Mondragon et Raymond de Montauban, revendiquaient les châteaux et terres dont ils s'étaient emparés comme faisant partie de la dot de *Sibuida*, sœur de Raymond III de Mévouillon, et aïeule de Raymond de Montauban *(avia Raimundi de Monte Albano)* qui n'avait jamais rien reçu de ses parents.

Cet acte publié dans le *Bulletin de la Société d'archéologie de la Drôme*, par M. le chanoine Jules Chevalier (1), éclaire d'un jour lumineux l'origine des Montauban.

Ce n'est pas tout : Draconet II de Mondragon *(Draconetus de Monte Dracone)*, dans un testament de 1236, également conservé aux archives de l'Isère, se dépouille de tous ses biens en faveur de Draconet III, son petit-fils, fils de Raymond de Montauban et frère de Draconette mariée avec Isoard d'Aix.

Par conséquent la généalogie des premiers Montauban peut être ainsi établie :

I. — Draconet (pour Mondraconet) I, mari de *Sibuida* de Mévouillon, est l'auteur probable du partage publié dans la *Revue des Sociétés savantes*.

II. — Draconet II et Raymond de Montauban, son fils, sont mentionnés l'un et l'autre dans le poème de la croisade contre les Albigeois :

> En Guiraut Azémar et son filhs Guiraudos
> R. de Montalba en Draconetz la pros.

---

(1) *Bulletin* XXIIe année, p. 444, art. de M. Jules Chevalier.

On a encore de Draconet II et de Raymond de Montauban son fils, une cession que leur fit, en 1206, Eldiarde, abbesse de St-Césaire d'Arles, et l'inféodation d'Esclans par Guillaume de Baux en 1215. (1)

III. — Raymond de Montauban avait cessé de vivre en 1236. Sa fille Bonafos devint prieure de Nyons et Draconet III, son fils, un des grands seigneurs de son temps, garantit les promesses du comte de Toulouse au mariage d'Amédée de Savoie avec Cécile de Baux, en 1244.

Quatre ans auparavant Zoen Trencari, vicaire du cardinal-légat, l'avait excommunié avec d'autres soutiens des ennemis de l'Eglise, pour avoir attaqué l'archevêque d'Arles et le comte de Provence, et commis plusieurs désordres dans le Comtat.

On a vu déjà que Draconet II, en 1236, l'avait institué son héritier universel au préjudice de Draconette, femme d'Isoard d'Aix.

Cet Isoard se voyant privé de terres et de droits espérés ou promis, se mit sans doute en possession de ce qui était à sa convenance, et pour se créer un allié puissant, maria sa fille Malbérione à Raymond de Baux, prince d'Orange.

Draconet III, au lieu de s'effrayer, arme ses vassaux, entre en campagne et assiège le château de Condorcet, propriété des de Baux, où Isoard s'était réfugié. Celui-ci, craignant de tomber entre les mains de son parent, alors son ennemi, se hâte de fuir, et de mettre ses amis à contribution pour régler le différend. Raymond de Mévouillon, dit l'ancien arbitre commun, appelle les parties à Treschenu, le 3 mai 1242. Isoard et le prince d'Orange comparaissent en personne, mais Draconet se fait représenter. Après examen attentif de la cause, Raymond de Mévouillon se prononce

(1) *Archives de St-Césaire de Nyons* : Copie de Charte. — Barthélemy, *Inventaire des titres des de Baux. Poème de la Croisade* dans la collection des *documents inédits*.

en faveur de Draconet, et aussitôt Raymond de Montauban, Draconette de Montauban, femme du seigneur d'Aix et Malbérione, princesse d'Orange, lui abandonnent les châteaux de Montjoux, Teyssières, Aubres, Venterol, Rocheblave, Noveysan et la Bâtie de Pierre Roux. (1)

Draconnet III avait épousé Almuse de Mévouillon, fille de Raymond III et de Saure de Fay, avec dispense de parenté au 4e degré, que le délégué du pape lui accorda le 13 décembre 1241.

Il fait une enquête, en 1248, contre les Juifs de Valréas, accusés du meurtre d'une jeune fille ; reçoit, en 1252, de Raymond IV de Mévouillon divers châteaux pour la dot d'Almuse ; confirme en 1251, à l'abbaye de St-Victor de Marseille les possessions du prieuré de St-Pierre d'Achais, par acte passé à Montguers et, en 1264, se reconnaît débiteur d'Alphonse, comte de Poitiers.

Il meurt en 1278, et ses biens échoient à Randone et à Draconette, ses filles. La dernière épouse d'abord Bertrand de Baux, seigneur de Pertuis, mort jeune, et ensuite Giraud Adhémar, seigneur de Montélimar, en partie, et de Rochemaure.

Quant à Randone, on a d'elle, en 1278 même, un hommage rendu au Dauphin comme héritière de la baronnie de Montauban, avec Raymond Geoffroy de Castellane son mari, pour Vercoiran, Ste-Euphémie, Montguers, Montauban, St-Auban et Rioms.

Une généalogie des Castellane dit Raymond Geoffroy, fils de Boniface de Castellane-Galbert, seigneur de Salernes et le fait tester en 1304. Marié d'abord avec Randone de Montauban, il s'unit ensuite avec Alissende de Voisins et laissa un fils Boniface, qui fut la tige des Castellane de Salernes.

On trouve cités Randone et Raymond Geoffroy dans plu-

(1) *Bulletin de la Société*, T. XXII, art. de M. Jules Chevalier.

sieurs actes de 1273 à 1278, sans importance pour notre sujet ; ce qui l'est davantage c'est le premier mariage contracté par Randone avec Gaucelin de Lunel. Comme elle était veuve en 1284, elle donna sa baronnie au fils qu'elle avait eu de cette première union et qui s'appelait Ronsolin de Lunel.

D'après l'acte publié par Valbonnais, la donation comprenait, sous la réserve de l'usufruit, les châteaux de Ban Chauvac, Mirabel, Montauban, Nyons et Valréas, et des droits sur les châteaux forts et habitants d'Aubres, Autane, Bâtie-Côte-Chaude, Bâtie-Gouvernet, Bâtie-Verdun, Baume-Rison, Bécone, Cairane, Château-Ratier, Châteauneuf-de-Bordette, Derboux, Durfort, La Fare, Giniac, Lemps, Linseuil, Lion, Marcen, Montauban, Montaulieu, Montbrison, Monferrand, Montguers, Montjoux, Montréal, Noveysan, Odeffred, Ollon, Pennafort, Piégon, Rimbert ? Rioms, Rocheblave, Rochebrune, Rosans, Roussieu, Sahune, St-André, Ste-Euphémie, Ste-Jalle, Tarendol, Taulignan, Teyssières et Vercoiran.

Le nouveau baron, Ronsolin, se reconnut vassal du Dauphin, en 1292, épousa Béatrix de Genève, sœur d'Amédée, évêque de Valence et Die, et se voyant sans enfants, testa en 1294 et 1295, pour Lunel, en faveur de Raymond de Gaucelin, seigneur d'Uzès, son cousin, et pour Montauban, en faveur d'Hugues Adhémar, seigneur de Lombers, au diocèse d'Agde, son oncle. Les évêques de Vaison et de St-Paul-trois-Châteaux furent nommés exécuteurs des dernières volontés du testateur.

Mais, comme des dettes grevaient sa succession et que l'héritier de la partie située en Dauphiné ne pouvait pas les acquitter aisément, il traita, en 1302, avec le Dauphin, très désireux d'étendre ses possessions de ce côté, et reçut diverses sommes destinées aux créanciers de Ronsolin.

Deux ans plus tard, Hugues Adhémar, en pressant l'évêque de St-Paul de remettre au Dauphin les terres cédées, révéla un traité avec le prince, jusqu'alors tenu secret, et le comte de Provence, Charles II, également envieux de la baronnie de Montauban, sollicita l'archevêque d'Arles, d'interdire à son suffragant de St-Paul l'accomplissement des conventions passées avec le Dauphin. Le prince n'en continua pas moins ses démarches et finit par rester possesseur de l'héritage convoité. (1)

Fils de Bérengère de Lautrec et de Lambert, seigneur de Lombers par héritage de Briande, sa sœur, et petit-fils d'un autre Lambert, seigneur de La Garde, Hugues Adhémar ne joua d'autre rôle dans la baronnie que celui d'héritier de Ronsolin de Lunel et de vendeur à Humbert Ier, dauphin de Viennois, puis il mourut en 1307, comme ce dernier prince.

Ainsi périt la première dynastie des Montauban, illustrée par les Montdragon, Randone, « très puissante et très altière baronne », qui fit construire à Nyons la haute tour convertie actuellement en oratoire, et par Draconet III, son père, décédé à Mirabel, où il laissa d'excellents souvenirs. (2)

III. — Les Dauphins et les engagistes.

De simples comtes d'Albon, les Dauphins à force d'habileté, étaient parvenus à joindre la possession des Baronnies à celle du Viennois, de la Valloire et du Graisivaudan ; mais leur histoire ne saurait trouver place dans cette monographie, même après l'acquisition de Montauban. Humbert Ier de la Tour, mari d'Anne d'Albon, fille de Guigues VIII, laissa Jean II, qui lui succéda, Hugues, baron de Faucigny, Guy, baron de Montauban, Henry, élu évêque de Metz et plusieurs filles.

(1) Valbonnais, *Hist. du Dauphiné.*

(2) M. de Pisançon, de l'*Allodialité dans la Drôme*, p. 272. — *Hist. généal. de la maison royale de France*, par le P. Anselme, T. II, p. 13-32.

Guy accompagna jeune encore le Dauphin Jean à la guerre de Flandre ; plus tard il fut nommé capitaine général des troupes du roi Robert en Lombardie ; son testament date de 1317 et sa mort de 1319.

Béatrix de Baux ne lui donna pas de postérité et Montauban revint au dauphin Jean, qui le céda à Henri, son autre frère, élu évêque de Metz en 1319, puis résignataire de son bénéfice en faveur de Louis de Poitiers, son parent.

Il quitta dès lors l'habit ecclésiastique et prit le titre de baron de Montauban et de Mévouillon (1325). Après avoir combattu à Cassel en 1328, il testa l'année suivante en faveur d'Humbert II, son neveu, dont il avait été le tuteur, ainsi que de Guigues VIII.

Ce dernier prince mourut jeune et Humbert II, en 1349, donna ses Etats à la France, après avoir uni au Dauphiné, en 1327, les deux baronnies de Mévouillon et de Montauban. Les Dauphins n'habitèrent jamais la dernière seigneurie, et son château déjà en ruines en 1543, fut totalement rasé pendant les guerres de la fin du XVIe siècle.

Après eux, sous les rois de France, des châtelains gouvernèrent la baronnie, comme avaient fait précédemment en 1319 et 1321, Hugues de Vesc, Pierre de la Tour, en 1324, Guigues de Morges, en 1331, Guigues Rosset, en 1334, etc.... (1)

Elle fut aussi donnée, en 1424, par le roi Charles VII, à Raymond de Montauban, dit de Montmaur, en récompense de ses services. Ce Raymond descendait par les femmes de Raymond, fils d'Isoard d'Aix, contre lequel il ne craignit pas de porter les armes. Déshérité pour ce fait, il obtint cependant par sentence arbitrale, les châteaux de Montmaur et de Volvent, accompagna saint Louis à la croisade, en 1270 et perdit en Tunisie la matrice de son sceau, retrouvée dernièrement appendue en guise d'amulette aux harnais du cheval d'un chef arabe. Raynaud, fils de ce Raymond, eut des diffi-

(1) *Invent. de la Chambre des comptes, manuscrit.*

cultés avec les Chartreux de Durbon et laissa 1° Raymond II, seigneur de Montmaur; 2° Draconet, évêque de Gap; 3° Mabille, femme de Guillaume Artaud, seigneur d'Aix et quelques autres enfants.

Guillaume Artaud ou son fils hérite du nom et des armes de Montauban et forme quatre branches selon Guy Allard : celle des barons de Montauban éteinte avec Raymond en 1429 ; celle des barons de St-André en Beauchêne et des derniers comtes de Sault ; celle des seigneurs de Jarjayes et celle des seigneurs de Villard (1).

Raymond qui suivit en Flandre le roi Charles VI, ne laissa pas d'enfants, et la baronnie de Montauban fit retour au domaine royal jusqu'en 1543. A cette date, elle fut aliénée au profit de Pierre Plovier, seigneur de Châteaudouble et de Quaix, premier président de la Chambre des comptes de Savoie et de Piémont; et celui-ci la rétrocéda à Gabriel Vachier, écuyer, de Mérindol. Le nouveau maître devait 3,000 livres au roi, comme châtelain de Serres, et 1800 pour les munitions de l'armée d'Italie ; il fut emprisonné et renonça à ses droits sur Montauban.

En 1551, les habitants rachetèrent la seigneurie en indemnisant Pierre Plovier et en laissant au Roi la justice et le péage moyennant une rente annuelle de 20 livres, l'engagement de faire renouveler les terriers, de fournir à la Chambre des comptes un état du revenu annuel, de respecter le bois de Saussac (2), de construire une maison pour la justice, l'habitation du châtelain et la recette des grains, comme aussi de payer ce représentant de l'autorité royale.

Sept ans plus tard, à la suite de nouvelles enchères, Pierre Bon s'en rendit adjudicataire pour 4,669 livres dont 2,077 à restituer aux habitants.

---

(2) *Bulletin de la Société*, T. XXII, art. de M. Jules Chevalier.

(1) Ce bois de 20 sommées fut albergé, en 1623, à Etienne Marchand, pour 25 émines de blé.

Nous avons déjà rencontré ce personnage à Mévouillon, et il fut éconduit, en 1593, par René de la Tour Gouvernet qui offrit de la seigneurie 2,400 écus, sous la réserve de l'hommage et de la souveraineté.

En 1615, Hector de la Tour Gouvernet, fils de René et d'Isabeau Artaud de Montauban, gentilhomme ordinaire de la chambre du roi Louis XIII, en obtenait la jouissance pour 9 ans, et ce terme lui fut confirmé en 1618, malgré la Chambre des comptes qui l'avait réduit à 6 ans.

Réunie de nouveau à la couronne, cette terre fut mise aux enchères en 1642 et les consuls et habitants la rachetèrent au prix de 13,200 livres, les 660 du sol par livre non comprises. Ils se subrogèrent aussitôt François de Pingré, originaire de Picardie, receveur des tailles à Montélimar et celui-ci, en 1648, paya 2,000 livres de plus-value. (1)

Il épousa Anne de Cheisolme de Crombis et eut d'elle Philippe-François, capitaine de cavalerie, mort célibataire en 1696 ; Catherine, femme de Louis-César de Thollon et Jeanne, mariée en 1671 à Charles-Jacques du Faure de Vieux, seigneur de la Motte, à Mirmande, dont la fille unique épousa Alexis-Elzéar de Simiane, seigneur de Mollans.

D'après les notes de Moulinet, Bertrand de Cheisolme, originaire de Vaison, et demeurant à Paris, fit ses preuves de noblesse en 1674 et elles furent enregistrées à Grenoble le 7 mars 1724. M. de Coston nous apprend que les armes des Pingré, d'Amiens, ennoblis en 1594, formaient un mauvais jeu de mots en représentant *un pin de sinople sommé* (surmonté) *d'un gré ou grive de sable.* En 1790 les Simiane et les Crombis levaient encore les droits seigneuriaux. (2)

Telle est l'histoire du fief.

---

(1) *Invent. de la Chambre des Comptes*, M. de Coston, *Hist. de Montélimar*, III, 60.

(2) *Hist. généal de la maison de France*, T. II, *art. Simiane.*

IV. — Le clergé et les habitants.

On sait que Montauban dépendait au spirituel de l'évêché de Gap et de l'ordre de Cluny ; mais la charte de 1082 portant donation à cette célèbre abbaye par Ripert, fils de Percipie, par sa femme et ses enfants Ripert, Isnard, Pierre, Raimbaud et Hugues, des territoires de Lebaret et de Vorze à Mont Albion, évêché de Sisteron, s'applique-t-elle à notre commune ou à Revest de Bion ? (1)

Si *Leboret* répond à Laborel, *Vorze* à Vers, il s'agit de Montauban ; mais St-Trinit, également cité dans la charte, est voisin de Revest de Bion. Nous ignorons l'emplacement de Mélacère, de Villesèche, de Pierre Brousse, de Ville-Petote, de Derre-Dorter et de Barret, autres localités mentionnées.

Quoi qu'il en soit, le prieur de Cluny se fit remplacer par un curé, dans la suite, et la trop grande étendue de la paroisse, composée de 5 hameaux et habitée par 1000 ou 1100 habitants, engagea ce prêtre à réclamer une portion congrue et un vicaire. Il trouvait effectivement le revenu de sa cure trop minime et celui du prieur trop élevé (2). Une enquête eut lieu : mais le plaignant récusa les témoins comme serviteurs ou amis du prieur et l'évêque de Gap obligea ce dernier à envoyer à Montauban un 2e prêtre tous les dimanches pour y dire la messe. Cette ordonnance fut confirmée le 16 janvier 1642 par l'archevêque d'Arles.

Déjà, en 1612, le prieur Valaurie avait eu des difficultés avec ses paroissiens, témoin la menace qu'il faisait de leur envoyer un prêtre « qui sauroit bien rechercher ses droits ».

A la même époque, l'évêque de Gap avait enjoint au prieur de fournir dans six mois les ornements sacerdotaux néces-

(1) *Recueil des Chartes de Cluny*, par M. Bruel.
(2) *Invent. somm. des Archives de la Drôme*, T. II.

saires et aux fidèles de réparer l'église dans un an. Les ravages « des rebelles à Sa Majesté au dernier soulèvement » arrêtèrent l'exécution de l'ordonnance épiscopale

On trouve plus tard, en 1662, une transaction du curé avec les consuls au sujet du presbytère et une défense de tenir les assemblées consulaires devant l'église, « les regales de celle-ci étant lieu sacré, » et en 1713 la revendication des dîmes novales.

Les pauvres de Montauban recevaient à Pâques, du prieur, 4 émines de blé et la 24e partie de la dîme ; quant aux écoles, nous en trouvons d'établies dans la commune, jusqu'à deux au XVIIe siècle. (1)

Dire quelle était exactement la condition des habitants de la commune avant 1790, n'est pas chose facile, faute de documents explicites. Un dénombrement du 19 décembre 1687, énumère ainsi les charges féodales : 1 émine d'avoine par personne pour droit d'hospice et de chevalage et 1 sol 6 deniers pour droit de fournage ; le vingtain de tous les grains et légumes produisant 35 charges de 8 émines chacune ; le vingtain du vin s'élevant à 24 charges ; un sol 6 deniers des possesseurs d'un seul bœuf et 3 sols de ceux qui en ont plusieurs, 25 émines de blé du bois de Saussac et 5 émines du moulin. De plus, le seigneur avait le droit d'inféoder les terres vacantes et d'interdire la chasse et la pêche. (2)

Il n'y a rien là qui s'écarte des lois et usages du temps. Quant aux guerres du moyen-âge et du XVIe siècle, les auteurs n'en font aucune mention. Toutefois, si les renseignements fournis par les archives, au XVIIe, peuvent permettre, par induction, de juger la condition malheureuse des habitants dans les siècles antérieurs, on peut s'en faire une idée véritable.

En effet, un état des foules (contributions forcées) de 1585

---

(1) *Invent. somm. des Archives de la Drôme,* T. II.

(2) *Inventaire de la Chambre des Comptes.*

à 1591 s'élève à 1,706 écus ou 5,118 livres et d'autres documents de 1591 à 1599 y signalent la présence de 200 hommes du capitaine La Place pendant 2 mois (600 écus), la démolition d'un fort « qui ruine le pays » (200 écus), la construction d'un autre fort (400 écus), le passage et séjour de la gendarmerie (960 écus), l'envoi de pionniers à Izon, Lachau, St-Sauveur, etc, (700 écus), des fournitures diverses au fort de Mévouillon (500 écus), les dommages soufferts durant le siège de cette dernière place (840 écus); total, 7,967 écus, etc.

Après quelques années d'accalmie, les vexations recommencent en 1625 et un député va représenter à Lesdiguières le malheureux état du lieu à la suite des logements militaires antérieurs et actuels.

Il y avait alors un gîte d'étape à Montauban, et à cause de la dispersion des maisons, les vols de fruits et les méfaits de toute sorte s'y renouvelaient sans cesse. Les frais de cette année-là atteignaient 5,021 livres. Le 23 août 1626, La Motte-Verdeyer écrit aux consuls : « Les soldats de l'armée campée autour de Mévouillon vont à la picourée en plusieurs endroits et principalement au vostre ; vous me ferez très grand plaisir de leur faire courir sus, de vous en saisir et de me les emmener. »

Vers 1630 une requête des consuls au parlement de Grenoble porte :

« Des quarante départements qu'il y a en ceste province « pour l'entretien et le logement des gens de guerre qui pas- « sent ou y séjournent, trois d'entre eux, Montélimar, le « Buis et Nyons (duquel les suppliants sont) ont souffert le « logement de toutes les gens de guerre que M. le mareschal « de La Force a envoyées du Languedoc en cette province, « tellement que la dépense revient à plus de 1,400 livres pour « chacun feu. »

De leur côté les consuls de Nyons ajoutaient : « Nous avons « eu deux fois de suite sur les bras toute l'armée bien long- « temps, l'une, alors que le roi voulait la faire passer en

« Languedoc et l'autre maintenant qu'il la voulait faire « filler en Province, sans qu'en ayons eu aucun rembour- « sement. »

Outre l'étape, Montauban logeait encore, en 1637, une compagnie de gens de pied. Les frais de cette année-là, atteignaient 5,021 livres.

Si la levée de boucliers d'Hector La Tour de Montauban, et le siège de Mévouillon en 1626 expliquent un peu les surcharges de guerre ; comment justifier celles de 1639, de 2,487 livres ; celles de 1640, de 4,596 livres ; celles de 1641, de 8,914 livres ; celles de 1642, de 11,458 livres ; celles de 1643, de 12,534 livres et celles de 1645, de 4,028 livres ? Il y avait là certainement un vice d'organisation que les aides ou secours exigés des communes voisines n'atténuaient pas assez.

En 1647, il est question de faire ôter l'étape ; mais les démarches faites aboutissent uniquement à avoir le paiement des fournitures. En 1650, les soldats n'y trouvant aucuns vivres sont contraints d'aller coucher à la Bâtie-Verdun, et, dans leur colère, incendient une maison à Somecure.

L'année suivante, M. de Pingré obtient du lieutenant-général la promesse de changer l'étape ; le changement eut lieu quelques années plus tard, vers 1681. Cependant, en 1690, des contrôles de logements y accusent 10 colonels, 149 capitaines, 262 lieutenants, 36 cornettes, 13 majors, 5 aumôniers, 346 sergents et 7,803 soldats.

Aussi leur seigneur écrit-il, le 1er novembre :

« J'ai un sensible regret des grands passages que vous « avez ; il faudra prendre toutes les précautions dans chaque « ameau pour éviter le feu et le désordre, obliger les offi- « ciers par vos instances de vous y assister. Il est inévitable « de ne pas se ressentir d'une si violente guerre. (1) »

On trouve encore l'étape en 1728 et une ordonnance du

---

(1) *Invent. somm. des archives de la Drôme.* T. II.

commissaire des guerres, de Grollier, à l'étapier d'établir un bureau de distribution de vivres dans chacun des trois hameaux de la commune.

Les archives du lieu, après ces charges militaires, nous révèlent aussi deux faits particuliers dignes d'être rappelés : l'arrivée prochaine en 1739 de Cassini et Maraldi, géographes du roi, auteurs d'une grande et belle carte, consultée aujourd'hui encore avec fruit, et une collection des ordonnances des rois depuis Charlemagne jusqu'à Charles-le-Chauve, prescrite en 1758.

Il ne reste guère plus à signaler qu'un règlement de 1554, obligeant les chefs de famille à moudre leurs grains au moulin de la communauté et les nouveaux habitants à payer un droit de 20 florins, et que des sentences, rendues aux assises de 1559, tenues à Montauban par le vibailli du Buis, condamnant à des amendes de 50 sols à 5 livres diverses personnes reconnues coupables de délits ruraux.

Avant de quitter cette commune rappelons une de ses illustrations militaires. Joseph Charras, en effet, y naquit le 12 mars 1769. De simple soldat, il devint capitaine du bataillon des volontaires de Nyons, le 25 décembre 1793, et se rendit à l'armée d'Italie. Plus tard, de l'an VI à l'an IX, il fit les campagnes d'Egypte et de Syrie et y gagna le grade de chef de bataillon (29 mars 1801).

Nommé major du 6e régiment d'infanterie légère (22 décembre 1803), il servit à l'intérieur et en Flandre (1809), en Italie, en 1811, comme colonel, et fit la campagne de Saxe en qualité de général de brigade (1813).

Il tomba peu après au pouvoir de l'ennemi et ne rentra en France qu'en 1814. Pendant les Cent-jours il commandait une brigade et fut mis en non activité à la 2e restauration (31 juillet 1815), puis à la retraite en 1825 ; il mourut le 3 décembre 1839 à Clermont-Ferrand (1).

---

(1) *Biographie du Dauphiné*, I, 221-3. — *Moniteur Universel* de 1839, p. 1110.

MONTAULIEU

Entre les Pilles et Curnier, sur la rive gauche de l'Eygues, un modeste cours d'eau, le Rieu, coule au fond d'une étroite vallée qui s'élargit peu à peu en éventail, au midi, sur des montagnes et des coteaux cultivés. Le mont Autuche, de 975 mètres d'élévation, le col de La Lauze et celui de La Croix, un peu moins hauts, préservent les bas-fonds des froids rigoureux, et permettent à l'olivier d'y prospérer. C'est même au nom de cet arbre qu'est dû celui de Montaulieu (*castrum de Montolio* et *de Monte Olivo*), à 12,289 mètres de Nyons, son chef-lieu de canton, et à 101,981 de Valence.

Avant 1790, il y avait là trois seigneuries distinctes : Montaulieu, Rocheblave et Coste-Chaude. Les deux dernières n'offrent plus que des ruines et la première, avec son tout petit village circulaire, bâti sur le versant nord d'un vaste coteau, n'a rien qui attire l'attention.

Rocheblave, placé dans la direction d'Ollon, au couchant et à la jonction des hauteurs de Coste-Chaude avec celles de Montaulieu, doit son nom à la couleur bleue réflétée par la montagne d'en face ; Coste-Chaude, au nord et vis-à-vis de Montaulieu, simple colline aujourd'hui couverte d'oliviers, tire le sien de sa position largement ensoleillée.

Or, croirait-on que, pour retracer les annales de ces trois fiefs, il faudrait presque un armorial, tant leurs possesseurs ont été nombreux ? A Rocheblave, nous trouvons les Rastel, les Remuzat, les de La Penne, les Davin, les Pelissier ; à la Bâtie-Coste-Chaude, les Rastel, les d'Eyroles, les Remuzat, les Constant ; à Montaulieu, les Rastel, les d'Eyroles, les Monteynard, les de Morges, les Castellane-Adhémar, les Truchier et les Jullien. Des auteurs et des titres y ajoutent même les de Seytres, les de l'Hère-Glandage, les Bardonnenche et les Caritat de Condorcet.

L'histoire de toutes ces familles exigerait, de longs développements, si elles n'avaient été déjà ou ne devaient être rencontrées sur divers points des Baronnies ; d'aucunes sont très peu connues et menaient une existence des plus modestes. Ainsi, Antoine de La Penne, gentilhomme de Montaulieu, dans son testament du 12 avril 1556, léguait 60 florins à chacune de ses trois filles, « 8 bestes d'aver (troupeau) une « robe de drap de maison, une couverture et 2 linsseulx, » et à sa femme, une pension viagère « de 3 sommées annone « (gros blé), 3 de vin pur, 25 de bois, 25 livres de fromage, « 25 de lard, 1 émine d'huile, une robe de 2 en 2 ans, une « paire de souliers, 3 florins d'argent, un lit garni et le « logement. »

Il ne reste guère que les Rastel de Rocheblave dont le souvenir se soit perpétué jusqu'à nos jours.

Raymond, l'un d'eux, recevait, en 1207, des barons de Montauban la Bâtie des Roux, le tiers du château et la 8e partie de la vallée de Montaulieu.

Malbérionne de Châtillon, fille d'Isoard d'Aix et femme de Raymond de Baux, prince d'Orange, avait obtenu Montaulieu en dot, en 1239, et une sentence arbitrale l'avait adjugé, en 1242, à Draconet de Montauban, père de Randonne qui le transmit à son fils. Hugues Adhémar héritier de celui-ci vendit le fief aux Dauphins de Viennois, et, en 1330, Isnard de Rastel se reconnaissait vassal de ces princes pour Rocheblave. Isnard et Jean remplirent le même devoir, en 1334, et cinq ans plus tard, Aimar de Rastel ne possédait plus que la moitié de la seigneurie, l'autre moitié ayant passé aux Remuzat.

On trouve encore des hommages de Rastel, en 1364, de Raymond de Remuzat en 1377, d'Antoine de Remuzat en 1413 et de Jacques de Remuzat en 1421, tous membres d'une ancienne famille, sortie de la commune de ce nom et éteinte vers 1446 dans celle des Pelissier de St-Ferréol.

Il y eut peu après des mutations de propriété que nous ne pouvons expliquer ; Barthélemy de La Penne, en effet, vendait 31 florins la parerie de Rocheblave à Antoine de Rastel en 1437, et Lantelme de La Penne, fils de Barthélemy, aliénait, à son tour, en 1501, à Louis de Thollon Sainte-Jalle, les droits qu'il avait au même lieu pour 60 florins.

Un dénombrement de 1540, fourni au Dauphin par Antoine de Remuzat, attribue seulement six vassaux à ce dernier, le vingtain des grains et quelques services ; celui de Florent, d'Antoine et de Jean de Rastel, à la même date ne porte les revenus du fief qu'à 15 florins.

Ecuyer et curé de Vinsobres, Jean Davin acquit en 1543, au prix de 160 florins, la coseigneurie de Rocheblave. Il testa, le 5 octobre 1550, en faveur de Françoise Gandelin, femme de Jacques Pelissier, seigneur de St-Ferréol et légua 100 florins à Mathieu, Françoise et Philippe de Rastel, 35 à Charlotte Pelissier, Marie Gandelin et Louise de St-Ferréol, 20 aux pauvres de Lachau et diverses sommes pour services religieux.

Ses héritiers cédèrent leurs parts, en 1584, à Mathieu de Rastel qui soutint vaillamment la cause catholique et devint gouverneur de Nyons, sous Henri IV. L'*Armorial du Dauphiné* affirme qu'il fut déchiré et enterré vivant par les réformés et que, secouru à temps, il survécut dix ans à cet attentat.

N'y a-t-il pas là une confusion de dates et de personnes ? Nous trouvons, en effet, un Alexandre de Rastel, assailli à Nyons par des inconnus qu'il fit condamner à mort, par contumace, à Grenoble, le 3 juillet 1647. L'exécution de ce jugement en effigie irrita vivement les parents et amis des familles atteintes, et de Rocheblave, plusieurs fois menacé de mort, dut se faire autoriser en 1649 à porter toutes ses causes au parlement, à l'exclusion de tous autres juges.

David de Rastel, fils et héritier de Mathieu, se reconnut vassal du roi-dauphin, en 1602, et Diane de Cavaillon, sa veuve, en 1617, plaidait contre Gaspard de Castellane-Adhémar, seigneur de Montaulieu. Alexandre de Rastel, fils de Mathieu, continua le procès commencé et fut autorisé, en 1655, à terminer les constructions qu'Antoinette des Massues héritière de Gaspard de Castellane-Adhémar, voulait lui faire démolir et à jouir du local appelé le Tripot, comme lui appartenant.

Louis, fils d'Alexandre, mérita au dire de Chorier, le renom de l'un des plus vaillants hommes du royaume, ayant tué de sa main au combat du Tessin trois capitaines espagnols.

Il résulte de son dénombrement de 1687 qu'il possédait la seigneurie de Rocheblave, la grange du Villard, le bois du Devès, la Bâtie-Coste-Chaude, le vingtain des grains, les lods et quelques redevances.

Jean-Joseph de Rastel, son successeur, marquis de Rocheblave, seigneur de Savournon, le Barzac et Mourmoirières en Gapençais, capitaine au régiment de Dauphiné, épousa Françoise de Dillon, d'une famille irlandaise.

On raconte à Montaulieu qu'il eut d'elle 22 garçons, que les ayant armés et équipés, il les conduisit au roi et que le monarque pour toute récompense lui reprocha ce voyage et cette dépense inutiles, qui compromirent sa fortune. *L'Armorial du Dauphiné* se contente de faire présenter à Louis XIV les 20 fils du marquis de Rocheblave, ce qui est plus vraisemblable. Toutefois, ni ce voyage en cour ni l'équipement de sa lignée masculine ne furent les seules causes de la ruine de sa maison. En 1706, après la guerre, François et César de Genton chassaient dans la terre de Savournon, suivant le privilège de la noblesse dauphinoise qui lui ouvrait la propriété d'autrui à charge de réciprocité. De Rocheblave, non content de les blâmer tua un de leurs chiens, et comme il réclamait encore l'arme de son valet, de Genton se croyant menacé lui tira un coup de fusil mortel. Les parents et amis du défunt commencèrent aussitôt des poursuites contre le coupable qui obtint des lettres de grâce en 1708, après avoir traité avec Etienne Lombard, gouverneur de Sisteron, frère de la veuve de Rocheblave, auquel le Barsac et Mourmoirières furent vendus pour 27,800 livres. Sur cette somme 12,000 revenaient à la veuve de Jean-Joseph de Rastel.

On trouve encore en 1763, Luc de Rastel, conseiller-clerc au parlement de Grenoble ; en 1789, un chanoine de cette famille à St-Pierre-de-Vienne ; Jean-Joseph, seigneur de Savournon et Alexandre, dit le chevalier de Rastel ; puis, ils disparaissent du pays, et, à la mort de Mme d'Albert St-Hippolyte, femme d'un ancien conseiller au parlement d'Aix et fille de M. de Rocheblave et de Marianne de Rivolle, un Anglais fournit la preuve qu'il descendait d'un Rocheblave établi au Canada.

Le fief de Coste-Chaude, après avoir appartenu aux Rastel et aux d'Eyroles, passa, en 1330, par donation du Dauphin à Nicolas Constant de l'Albenc, un de ses conseillers, avec la seigneurie de Châteauneuf-de-Bordette. Sa fille Noblette prit alliance dans la famille de Remuzat et Reybaud recueillit sa succession. Plus tard, le fief revint aux Rastel-Rocheblave qui le vendirent aux Jullien, de Valréas, ses derniers possesseurs.

Montaulieu, comme on l'a vu, appartenait en partie, dès 1207, aux Rastel qui s'y trouvaient encore en 1272 et 1278. Les Dauphins, remplaçants des barons de Montauban, inféodèrent la terre, en 1328, à Lantelme Eynard, déjà maître de Curnier, sous la réserve des hommages de Jean d'Eyroles, d'Isnard de Rastel, des Artillan, des hoirs Escoffier et des autres coseigneurs.

La famille Eynard ou Monteynard céda ses droits aux Remuzat, puisqu'en 1369, Baudet, l'un d'eux, les transmettait à Guy de Morges. Ils représentaient, croit-on, la moitié de Montaulieu, l'autre moitié demeurant la propriété des Rastel et des La Penne.

Il faut avouer qu'au XVIe siècle, la tâche de l'historien est rendue excessivement difficile ; tout fil conducteur se rompt entre ses mains. L'inventaire de la Chambre des Comptes attribue Montaulieu à Josserand de Seytres et ensuite à Claude de L'Hère-Glandage, qui le vendit en 1556 à Claude Robert, vibailli du Buis.

Or, un document, conservé aux archives de Nyons, déclare que Gaspard de Castellane-Adhémar tenait la même seigneurie par héritage de Marie de Diez, et que celle-ci l'avait reçue de Pierre, son père, successeur de Ferrand Diez, originaire de Saragosse, établi à Nyons et au Pègue vers 1490.

Guy Allard fait passer Montaulieu de Ferrand Diez à Mathieu, son fils et à Pierre, son petit-fils, puis à François Robert, vibailli du Buis, mari de Françoise Diez, sœur et héritière de Pierre et enfin par succession à Antoinette des Massues, sa nièce, femme de Daniel d'Eurre de Cugy.

Un fait certain c'est que Marie-Antoinette ou Antoinette des Massues épousa Gaspard de Castellane-Adhémar et lui porta Montaulieu.

De ce mariage naquirent plusieurs filles : Justine (Mme de Charency), Mabille (Mme de Raymond) et l'épouse de Charles de Truchier de Limans, capitaine au régiment d'Aiguebonne.

Antoinette des Massues, de concert avec ses filles et ses gendres, aliéna Montaulieu en faveur de Sanson de Bardonnenche, en 1662, pour 1,200 livres et celui-ci le rétrocéda en 1680 à Pierre de Truchier de Limans.

Les Bardonnenche, Bardonesche et Bardonèche tirèrent leur nom d'une terre de la vallée d'Oulx : « Ils étaient, dit Chorier, en grande considération sous les anciens Dauphins. » Sanson, sieur des Tourres, était né avec onze frères, du mariage de César, sieur de Sousville, et de Jeanne Clément, contracté en 1626.

C'est lui qui vendit Montaulieu à Charles et Louis de Truchier, frères vers 1653. M. Pilot ajoute qu'ils étaient fils de Pierre, sieur de Limans, commandant en chef dans l'infanterie, et successivement contrôleur de l'artillerie, gentilhomme de la maison du cardinal duc de Bourbon et du roi Louis XIII. Un jugement de maintenue, conservé aux archives de la Drôme, en date du 28 mars 1702, en rappelle un autre des commissaires députés à la vérification de la noblesse de Provence, du 16 octobre 1668, où Charles de Truchier, sur le vu de ses titres, remontant à 1523, « est déclaré noble et issu de noble race et lignée. »

François de Jullien, seigneur de Rochebrune, possédait à la Révolution Montaulieu, Rocheblave et Coste-Chaude.

On trouve aussi les Caritat de Condorcet avec la qualification de seigneurs de cette terre au XVIIe siècle, mais nous ignorons les titres qu'ils invoquaient pour se l'attribuer.

L'histoire religieuse de la paroisse, du diocèse de Sisteron, avant 1790, se résume en deux mots. M. le chanoine Isnard affirme que, parmi les monastères de la vallée de Bodon, on compte de préférence celui de Feuillans sur Montaulieu; mais les renseignements s'arrêtent là. Dans la suite des temps, les Hospitaliers de St-Jean-de-Jérusalem, de la commanderie de Joucas (Vaucluse) y perçurent les dîmes et payèrent le curé.

Aujourd'hui, une église neuve a remplacé l'ancienne et la succursale remonte au 5 avril 1862 ; depuis 1807 c'était une annexe de Curnier.

La commune, en 1835, comprenait 174 hectares de bois particuliers, 334 de terre labourables, 66 de vignes, 7 de prés 656 de pâturages, 59 de rivières et chemins. Le revenu de ses 49 maisons s'élevait, en 1839, à 527 fr. et celui de ses 1,251 hectares imposables à 7,506 fr. soit 6 fr. par hectare.

Ses contributions directes de 1873 ontproduit à l'Etat 938 fr. 22, au département 417 fr. 40, à la commune 1445 fr. 24, au fonds de non-valeurs 52 fr. 25, soit en tout 2,853 fr. 11.

La population, de 25 chefs de famille et de 133 habitants en 1789, était de 218 en 1820, de 242 en 1840, de 264 en 1850, de 265 en 1860, de 258 en 1870, de 232 en 1880 et de 184 en 1892.

Un document de 1789 qualifie le sol d'argileux et maigre, ne produisant qu'à force de travail et d'engrais du blé (épeautre et annone), des pommes de terre, des noix et des fruits à peine suffisants pour nourrir la population la moitié de l'année. « On y vit de froment, d'épeautre et de glands mêlés « ensemble. » Les terres hermes appartiennent aux habitants moyennant une cense au seigneur et le vingtain des récoltes des terrains defrichés. L'absence de fourrage et la cherté du sel y empêchent l'élevage du bétail.

La commune n'a pas de revenus ; elle est administrée par le châtelain, deux consuls et un secrétaire qui assemblent les principaux habitants devant l'église pour les affaires à régler. Les impositions sont réparties par le châtelain, les consuls et le secrétaire qui font rendre compte aux receveurs. Son budget ne dépasse guères 46 livres ; mais, grâce à un legs de Pierre Omage, elle pouvait tenir 5 mois chaque année « un mettre d'écolle pour les pauves écolliers. » La 24e partie de la dîme due par le prieur se distribuait en grains.

D'après le cadastre de 1714, l'estimation des terres nobles atteignait 5 livres 18 sols et celle des fonds roturiers 6 livres 14 sols ; c'est une preuve que le seigneur possédait presque la moitié des biens et recevait une cense et le vingtain de l'autre.

Depuis 1789, l'agriculture s'y est créé quelques ressources avec la culture de l'olivier et des plantes fourragères ; toutefois, la maigreur du sol y explique assez la diminution du nombre de ceux qui le cultivent (1).

---

(1) Archives de la Drôme, séries M et E, tome III, p. 61 et 420, *Inventaire des titres de la maison de Baux.* — Id. *des Dauphins* en 1346. — Id. *des archives de la Drôme et de l'Isère.* — De la Chambre des Comptes. — *Armorial du Dauphiné.* — *Statistique de la Drôme.* — Mermoz. *Nouvelle répartition.* — *Bulletin de la Société d'archéologie de la Drôme.*

MONTBRUN

§ I — Topographie et origines.

Ce village pittoresque, bâti en amphithéâtre sur le versant méridional d'une colline, a pour couronnement les ruines d'un château du XVIe siècle. Il domine une plaine circulaire rafraîchie par le Thoulourenc, affluent de l'Ouvèze, et par l'Anary, tributaire du Thoulourenc. Le premier cours d'eau sort d'Aulan et le second de Barret-de-Lioure. A l'est, les monts Hubac, au nord, le mont de Gênes et au midi, le mont Ventoux, avec ses 2,000 mètres d'altitude, abritent la vallée contre la violence des vents. On y jouit d'une température uniforme et douce; on y respire un air toujours sec, et depuis les épidémies de 1765 et de 1780-1781 qui furent particulièrement meurtrières (1), aucune autre n'y a paru. D'autre part, la teinte noirâtre des maisons de Reilhanette et celle des collines brunes, qui donnèrent son nom au pays, tempèrent heureusement la monotonie du vert foncé des prairies et du vert pâle des oliviers. De tous les côtés, s'offrent des horizons variés et des perspectives tour à tour gracieuses ou sévères, notamment vers Aurel, vers Barret-de-Lioure et vers Aulan et son val étroit et sauvage.

C'est là, sans contredit, avec le Buis et Nyons un des plus jolis sites de l'arrondissement.

Non loin du village, au midi, un établissement thermal y attire chaque année de nombreux baigneurs, et le *Dauphiné*, journal de Grenoble, a donné de l'un et de l'autre, le 30 juil-

(1) En 1780 et 1781, une fièvre maligne emporta 81 personnes sur 200 malades — Drôme, C. 4.

let 1886, une vue bien réussie, due au crayon de M. L. Guétal, dont les beaux-arts regrettent la mort récente.

Mais laissons la topographie pour l'histoire et tentons de ranimer le souvenir des habitants et des seigneurs de cette commune, placée sur les confins de la Drôme et de Vaucluse, à 12,883 mètres de Séderon, son chef-lieu de canton, à 52,518 de Nyons et à 142,310 de Valence.

La population de Montbrun, à cause du Ventoux qui servait de repère aux tribus errantes, est une des plus anciennes de la région, car un jeune et vaillant archéologue, M. Roger Vallentin, y a découvert, à l'est de la ferme Marin, des grattoirs, des lames, des pointes, des rebuts et des éclats en silex des temps magdaléniens.

Aucune épave de la période gauloise n'y a été signalée ; seuls les Romains y ont possédé plus d'une ferme ou villa, témoins le cachet d'oculiste et l'autel aux Déesses-Mères, découverts l'un à Vénejean ou Venesan et l'autre à Vic, nom qui rappelle une agglomération appelée *vicus*.

L'inscription du cachet porte sur une face :

L. GAVI.EPAPHRODIT.
HYGINON. AD EPIPO

Et sur l'autre :

L GAVI.EPAPHRODI...
OPOBALS. AD CALIG.

Ce qui nous apprend que Lucius Gavius Epaphroditus préparait là son collyre *hyginon* contre l'inflammation des yeux avec larmoiement, et son collyre au baume de Judée contre l'obscurcissement de la vue.

Dans le même quartier de Vénejean, des monnaies romaines et divers objets antiques conservés au musée de Sault, des gradins des marches d'escalier en pierre et en marbre, révèlent à n'en point douter l'existence d'une *villa*.

Quant à l'autel des Déesses-Mères, signalé par M. Chrestian, directeur du musée de Sault, il porte MATRIBVS à la 1er ligne et un petit V à la 2e, que l'on interprète par *ellitivis* (1).

Après ces témoignages positifs de l'ancienneté du lieu, d'épaisses tenèbres couvrent son existence sous les Gallo-Romains, les Bourguignons et les Francs. Il faut même aller jusqu'en 1032, époque de la chute du royaume fondé à Mantaille, pour la retrouver, et encore n'est-on pas bien fixé sur le nom des premiers possesseurs du fief. Il est vraisemblable, toutefois, que Montbrun entra alors sous la domination des d'Agout, barons de Sault, chef-lieu de canton de Vaucluse, à 20 kilomètres au Sud-Est qui, au temps de Louvet, ressemblait plus à un village qu'à une ville, et tire son nom des forêts voisines. Leur présence et leur suzeraineté y sont affirmées par divers titres. Ainsi, Raymond II d'Agout, seigneur de Luc, fils de Raymond Ier et d'Isoarde de Die, ratifiait en 1247, la vente passée par Etiennette, sa femme, de ses droits sur Montbrun à Raymond de Mévouillon (2); et en 1450, pendant que Barret-de-Lioure relevait du seigneur de Mison, Montbrun obéissait au seigneur de Sault et aux Dauphins (3).

Les Mévouillon, comme on l'a vu, ne jouissaient pas de finances propères et, en 1287, l'un d'eux cédait à ses créanciers 6,500 livres sur ses terres et châteaux de Montbrun, Ferrassières, Barret-de-Lioure et Reilhanette, puis, il abandonnait peu après aux Dauphins de Viennois tous ses droits féodaux.

Vers la même époque, les de Baux en avaient aussi à Monbrun, indivis avec les d'Agout, et si nous ajoutons ceux du pape, souverain du Comtat et, d'après Guy-Allard, ceux des Adhémar de Monteil, nous aurons la liste complète des suzerains du fief.

---

(1) On assure qu'une inscription arabe aurait été trouvée au siècle dernier dans le territoire de Montbrun.

(2) *Invent. des archives de l'Isère.*

(3) *Choix de documents inédits.*

L'histoire des possesseurs de son domaine utile ne remonte pas au delà de la fin du XIIIe siècle, et c'est à elle que nous devons la préférence, comme plus intimement liée à celle du tiers-état et de la communauté.

En 1263, nobles Reybaud Cote, Hugues de Montbrun et les héritiers de Giraud de Montbrun sont appelés seigneurs du lieu ; en 1287, Guy de Montbrun y paraît tout seul ; mais, en 1309, on trouve à la fois 1° Hugues Dupuy, fils et mandataire d'Alleman Dupuy ; 2° Richau ou Richaud de Plaisians, représentant des enfants d'Hugues de Montbrun et 3° Guillaume de Reilhanette.

Ne résulte-t-il pas évidemment de ces révélations qu'une famille avait pris le nom de Montbrun, dès le XIIIe siècle au moins, sous la suzeraineté des d'Agout ou des Mévouillon, et qu'elle le morcela peu à peu à la suite de partages, de ventes ou de mariages ? On voit l'un de ses membres, en 1243, rendre hommage aux Mévouillon pour Aulan et, en 1276, aux Montauban pour Montguers ; mais on ignore son origine et sa fin.

Il faut en dire autant des Cote, des Reilhanette et des Plaisians. Seuls, les Dupuy. qui ont illustré le nom de la terre méritent une étude attentive.

Chorier, Guy- Allard, Moréri, Claude Martin, de Martonne et d'autres auteurs leur donneut Peyrins pour berceau, et en effet, le Cartulaire de St-Barnard de Romans cite Guillaume et Baudoin Dupuy, frères, en 1114, ainsi qu'Amédée vers le même temps. Toutefois, rien ne prouve leur parenté avec Hugues Dupuy, compagnon d'armes de Godefroy de Bouillon à la première croisade, ni avec Raymond Dupuy, grand maître des Hospitaliers de St-Jean-de-Jérusalem.

Malgré cela, le premier des Clairambault assure que « si « l'on ne peut accorder à la maison Dupuy comme vérité « prouvée un avantage aussi glorieux, il y aurait injustice « à l'en priver. »

Cependant, si les droits du sentiment sont respectables,

ceux de la critique historique ne le sont pas moins, car il ont pour but la découverte de la vérité. Libre à elle de discuter sans passion les faits avancés et les titres produits ; le lecteur conclut ensuite.

Or, les auteurs qui ont fait acquérir Montbrun par Hugues et Bastet Dupuy, frères, en 1316, accusent en même temps Gontard de Chabeuil d'avoir arrêté au passage les meubles d'Alleman Dupuy, lorsqu'il les transportait de Peyrins à à Montbrun, et comme Gontard vivait de 1208 à 1212, cela implique un siècle de différence et deux migrations distinctes.

Ils ne sont pas plus heureux en envoyant à Châteauneuf-du-Rhône, en 1115, un Alleman Dupuy au secours des Adhémar, ses cousins, puisque cette famille, d'après les travaux récents de l'érudition, n'était pas connue encore dans la contrée.

Faut-il ajouter que les Dupuy n'ont jamais été seigneurs de Peyrins, terre des Lambert-François, sans interruption, de 1097 à 1302 ? que *dapifer* et non *d'apifer* rappelle la fonction de sénéchal et non un fief, et que Rochefort en Valdaine échut à Eynier Dupuy en 1472 seulement, par suite d'une donation d'Alasie de Taulignan, sa tante ? Ces trois seigneuries ont été néanmoins attribuées à Alleman Dupuy en 1115 et à Hugues II, son successeur.

Valbonnais a signalé la présence aux Baronnies de Bastet Dupuy, chevalier et seigneur de Reilhanette (qu'il dit par erreur du diocèse de Die) en 1302 ; d'Hugues Dupuy, bailli de Montauban, et d'Alleman Dupuy, mandataire d'Hugues Adhémar pour toucher une somme due par le Dauphin, la même année ; de Reybaud Dupuy, damoiseau en 1281, et de Guillaume Dupuy, petit-fils d'Albert de Médici, de Mérindol en 1323 (1).

A son tour, M. J. Roman a rencontré dans la même région

(1) Nous avons à tort traduit *de Podio* par du Poet, à l'article Mérindol : il s'agit plutôt des Dupuy.

un Guigues Dupuy en 1319, un Hugues Dupuy, seigneur de Reilhanette et mari d'Arnaude de Rosans, de 1330 à 1335, sans parler de Parceval Dupuy, en 1359.

Le Cartulaire des Templiers de Roaix, près de Vaison, mentionne également, au XIIe siècle, plusieurs Dupuy, domiciliés dans le voisinage, et notamment Raymond et Guillaume qui donnent aux religieux militaires leur part d'alleu à Roaix, en 1138 ; Guillaume qui a des difficultés avec l'évêque de Vaison en 1153 ; Almérat en 1141 et Rostaing en 1164.

Enfin, après avoir énuméré plusieurs nobles Dupuy dans le Haut-Comtat et le Dauphiné aux XIIe et XIIIe siècles, M. le chanoine Saurel, auteur de l'*Histoire de la ville de Malaucène*, conclut à l'identité de leur ancienne maison avec celle du fameux Charles Dupuy-Montbrun, les armes de l'une et de l'autre ne différant « que par les hachures. »

Au contraire, Hugues Dupuy, de Peyrins, avait un sceau (*sigillum Ugonis de Podio*), retrouvé au commencement de ce siècle, qui porte des armoiries, regardées par les uns comme des forces ou instruments de guerre et par M. de Coston, comme des couples de cerises ou de guignes posées 3, 2 et 1, en souvenir peut-être des fonctions de *dapifer*.

N'ayant pas à trancher la question d'origine, faute de documents précis, nous nous bornerons à rappeler que Chérin, généalogiste des ordres du roi, « souvent cité pour son incorruptibilité, » commence seulement la filiation authentique, des Dupuy-Montbrun avec Hugues, chevalier, habitant Peyrins en 1267. Au témoignage de cet auteur, Bastet Dupuy fils d'Alleman Ier et petit-fils d'Hugues, épousa Marguerite de Montauban et forma la branche de Montbrun.

Or, un inventaire des Archives communales rédigé au XVIe siècle, nous montre « noble Hugues Dupuy, fils et procureur de noble Alleman » seigneur de Montbrun en partie, en 1309.

Par conséquent Hugues et Bastet, n'ont pas acheté des Adhémar, en 1316, la terre de Montbrun.

Un compte de recettes de Guillaume de Cornilhan, châtelain de la seigneurie, en 1328, en énumérant les revenus en blé, cire, poules etc. que le Dauphin y percevait alors, réduit clairement la part des Dupuy à une fraction indéterminée.

Après Hugues Dupuy apparait Bastet, de 1329 à 1340 : à la première date, les syndics des habitants refusent de lui payer double cense pour l'achat de Château-Reyband, et à la seconde il transige avec ses hommes francs.

Guillaume, son fils aîné, rendit hommage au Dauphin pour la moitié de Montbrun, en 1362, avec toute juridiction, et traita avec ses vassaux au sujet de leurs libertés en 1373 et 1381.

Les généalogies omettent Guy qui en fit autant en 1387, et donnent Bastet pour fils de Guillaume et de Polie de Montlaur.

Bastet eut des difficultés avec les habitants, en 1404 et fut remplacé par Jean, « pupil et tenu entre les bras de Révérend Alleman Dupuy, son tuteur, » lorsqu'il reçut leur hommage en 1420. Il rendit le même devoir au Dauphin en 1446 pour la moitié de Montbrun.

Falquet, Faulquet ou Fouquet, successeur de Jean et mari de Louise d'Urre-Mollans, reçut dans son château l'historien dauphinois, Aimar du Rivail, lorsqu'il allait à Mourmoiron demander la main de la belle Margonne, et il apprit de ses hôtes qu'ils avaient eu 32 enfants, 16 garçons et 16 filles.

Aimar, l'un d'eux , fut gouverneur de Marseille et lieutenant général en Provence. Dans un dénombrement de 1541, il évalue à 400 livres ses revenus de Montbrun, Ferrassières et Vergaux (habitables) de Château-Reybaud, Aguilhan et Cottignac (inhabitables), de Reilhanette, Aurel, etc, et porte à 140 chefs de famille le nombre de ses vassaux.

Catherine de Parisot-La-Valette lui donna entre autres enfants, Charles, d'abord lieutenant et ensuite successeur du baron des Adrets, qui sera étudié succinctement à l'article des illustrations locales. Il épousa Justine Alleman de

Champs et fut père de Jean ou Jean-Alleman, conseiller du roi en ses conseils, créé marquis de Montbrun en février 1620.

Ce gentilhomme laissa de Lucrèce de La Tour-Gouvernet fille de René ; *Jean*, comte de Ferrassières, capitaine d'infanterie et de chevau-légers ; *Alexandre*, marquis de St-André qui se distingua à Candie et dont la vie a été imprimée ; *Charles*, marquis de Villefranche, *Charles-René*, lieutenant général en Nivernais, et père de Jacques, seigneur de Montbrun, Vergaux, Château-Reynaud, Cottignat, Aguilhan, Montpeloux, Vers et Villefranche et coseigneur de Lachau et Ballons.

Ce dernier gentilhomme testa en faveur de Charlotte Dupuy St-André son épouse ; mais sa succession souleva de nombreux procès qui continuèrent sous François, fils de Jean, seigneur de Villefranche, et duraient encore en 1726. Charlotte-Marie, fille de François, s'unit en 1720, avec Guy Antoine Pape-Saint-Auban (1), et leur postérité directe se réduisit après la mort d'un fils, colonel, tué en Italie, à deux filles : Olympe, mariée en 1748 avec Jean-Baptiste Bernardin de Trémolet-Montmoirac, et Emilie-Elisabeth, épouse de Pierre Annibal de Bimard, seigneur de Mondragon, qui plaidèrent contre leurs vassaux de Montbrun en 1754.

Le marquisat de ce nom échut à Françoise-Emilie de Bimard, fille unique de Pierre-Annibal et d'Emilie-Elisabeth Dupuy. Elle le porta en dot à Joseph-David, comte de Sade et le possédait encore à la Révolution. Il sera question plus loin des Pape-St-Auban ; les de Bimard ont été illustrés par un savant archéologue et les de Sade, par des personnages considérables dans l'Eglise et dans l'armée, sans parler du célèbre marquis de ce nom.

(1) La publication de leur mariage à Allan est du 8 mai 1716. Nous avons dit par erreur dans l'*Arrondissement de Montélimar*, I, page 107, que Charlotte-Marguerite Pape, leur *fille unique*, épousa Jean-François Lériget de la Faye ; les archives de Montbrun lui donnent deux sœurs.

Telle est, en résumé, l'histoire des seigneurs ; notre but n'étant pas de dresser des généalogies, ces notes suffiront pour comprendre les luttes du tiers-état.

II — Le Tiers-Etat. — Les Vassaux.

Les esclaves romains, attachés à la culture des terres, demeurèrent soumis, en devenant serfs, à des redevances personnelles et à des tributs divers dont le *Polyptique d'Irminon*, écrit sous Charlemagne, donne une énumération détaillée. Sous le régime féodal, redevances et tributs continuèrent à grever les habitants de chaque seigneurie, avec des atténuations successives dans la plupart d'entre elles. Les archives de Montbrun, nous permettent d'établir que là, en plein dix-huitième siècle, les avocats de Mmes de Trémolet et de Bimard, rappelaient encore aux vassaux leur ancienne condition de mainmortables, comme si Humbert II, avant de céder ses États à la France, en 1349, n'avait pas aboli la mainmorte et le roi Henri II confirmé la concession en 1552 !

Il est facile au moyen de l'analyse d'anciens actes disparus, faite au XVIe siècle, d'y suivre la lutte soutenue entre seigneurs et sujets, et, en parcourant les communes de l'arrondissement de Nyons, nous avons rarement trouvé plus de raideur chez les uns et plus de résistance courageuse chez les autres.

Le premier acte de l'an 1263, renferme un accord entre Reybaud Cote et ses vassaux. Il porte, en résumé que tout habitant, à l'exception des nobles, des hommes francs, des hommes d'Hugues de Montbrun et de ceux de défunt Giraud de Montbrun, devra au seigneur, s'il a des bœufs ou autres bêtes de labour, une corvée aux semences d'hiver, une autre « aux semences de transailhes, » une journée à ses vignes ou une journée de bœufs, à son choix (1). Quiconque

(1) Le conducteur ou bouvier était nourri par le seigneur — L'analyse de toutes ces chartes se trouve aux archives de la Drôme E 3,318.

avait des bêtes de trait lui devait une corvée à ses vignes, une aux semailles et une aux prés ou « autres œuvres. » Reybaud, se réservait aussi le pouvoir de « tenir taverne » et de vendre son vin à l'exclusion de tous autres, de la mi-juillet à la mi-août. Enfin, les nobles et ses écuyers pouvaient prendre du foin à son pré, et les habitants y mener paître leur bétail, lorsque les autres prés n'étaient pas en défends.

Ce premier titre consacre les corvées, le ban-vin et un droit d'usage ; il mentionne des hommes francs, placés par Salvaing de Boissieu entre les nobles et les roturiers.

Le deuxième titre, en original, renferme une sentence arbitrale de 1287, rendue à la suite de différents entre Guy de Montbrun et ses vassaux. Il n'y est plus question cette fois des hommes francs, mais des hommes de condition servile, « sujets de corps envers leur seigneur, qui leur succède en « tous biens, meubles et immeubles, ou en meubles seule- « ment, ou en immeubles seuls, quand il meurent sans en- « fants. Comme il n'ont pas la faculté de tester, ils sont « réputés comme morts ; on les appelle mainmortables ; ils « vivent libres et meurent serfs (1). »

La sentence rendue permet à toute personne, ayant de droit commun le pouvoir de tester, de choisir ses héritiers parmi ceux qui demeurent dans la seigneurie et capables, comme le testateur, de remplir leurs engagements, à l'exception des religieux ; dans le cas contraire, le seigneur hérite d'eux en partie ou pour le tout. Quant aux intestats, leurs meubles reviennent à leurs ascendants ou à leurs frères, et leurs immeubles au seigneur.

Par une autre clause, il est stipulé que tout habitant, non chevalier ou soldat, en possession d'une charrue doit à Guy de Montbrun, sous le nom de cense, 4 émines de gros blé ou de méteil, 4 émines d'avoine et 8 sols, et s'il a plusieurs char-

---

(1) Salvaing de Boissieu, *Usages des fiefs.*

rues, une corvée aux semailles ; tout laboureur ayant 300 bêtes à laine ou chèvres, un mouton ou 5 sols ; s'il en a 120, un agneau ou un chevreau ou 18 deniers ; au-dessous de ce nombre, il est tenu seulement à la cense de ses charrues en blé et en argent ; à 360, il paie un mouton et la cense ; au-dessous de 240, un chevreau ou un agneau pour la corvée, outre la cense ; s'il n'est pas laboureur et possède 120 bêtes à laine, il doit 4 émines de blé et 4 sols plus un chevreau ou un agneau ; de 120 à 240, un chevreau ou un agneau, outre la cense ; au-dessous de 120, 2 sols, 2 émines de blé et une corvée personnelle ; le laboureur avec 2 ânes paie 4 émines de blé, 4 sols et 1 corvée ; celui qui travaille avec une bêche ou le brassier, 2 émines de blé, 2 sols et les corvées ; l'artisan est soumis à la même charge ; le mercenaire aussi, moins les corvées ; l'étranger qui amène un troupeau paie le pacage et compte pour un brassier, et le pauvre, 1 émine d'avoine.

Ces censes ou redevances sont doublées dans les six cas suivants : voyage d'outre-mer, visite à l'empereur, chevalerie, mariage d'une fille, rançon du seigneur, achat d'une seigneurie. Toutefois il n'est dû qu'un seul cas la même année.

Guy de Montbrun se réserve la juridiction entière et s'engage à ne prendre ni fruits, ni poules, ni viande, ni pain, aux habitants et à n'exiger d'eux ni taille, ni quête ou collecte. Il les autorise à vendre leurs immeubles, en payant le treizain, et sous la réserve du droit de prélation, et à transporter leurs meubles où il voudront. Les bouchers lui paient une redevance indéterminée, mais non ceux qui matent accidentellement, sauf en cas de visite à St-Jacques ou à St-Pierre, pour un anniversaire ou un festin. Il promet d'indemniser les revendeurs auxquels il prendra quelque chose, se fait reconnaître le droit d'exiger des lits pour ses hôtes, et des écuries pour les chevaux des chevaliers, et défend toute élection de procureur ou syndic hors de sa présence.

Les cas des *messageries* ou des courses dues au seigneur sont réduits à la sûreté de sa personne ou de sa terre, à celle du baron de Mévouillon, d'Isnard d'Entrevènes, seigneur d'Agout et de la vallée de Sault, à l'utilité de la vallée de Montbrun et à la nécessité d'accompagner noble Guy ou son député. Hors de là, ces courses doivent être payées.

Cette sentence arbitrale fut suivie d'une autre en 1309, à la suite de quelque différend survenu entre noble Hugues Dupuy, fils et procureur d'Alleman, Richan de Plaisians, mandataire des enfants et héritiers d'Hugues de Montbrun, et Guillaume de Reilhanette, tous coseigneurs du lieu, d'une part et Charpeneau, de Mévouillon, Dalmas, Michel, Roche, etc. Elle décida que les censes et service stipulés « en refforsats ou doubles, » serait payés à raison « d'un petit de« nier coronat pour un refforsat et deux deniers doubles ou « refforsats pour deux petits deniers ; » que les hommes sus-nommés ne se libéreraient pas en monnaie vieille ou autre, mais en monnaie courante ; qu'à l'égard des lits à fournir aux hôtes du seigneur, selon les facultés de chacun ils ne seraient dus ni au seigneur lui-même, « ni à ses familiers ; » que cette servitude s'exigerait avec modération, sans surcharge, et que si quatre lits ou davantage étaient demandés une fois, ils seraient, la suivante, dus par d'autres personnes ; que les coseigneurs, moyennant 6 deniers reforçats, pourraient se faire livrer « quelque poule que ce fût, » pour leurs hôtes, à la condition de la tuer et manger ce jour-là, mais non pour la revendre ou en disposer autrement, et ne pas dépasser chaque année le nombre de douze par habitant, au prix indiqué ; que le *canage* du vin (probablement le ban-vin) leur serait maintenu par coutume et non par droit, tout comme le charroi par les possesseurs « de bestes grosses » d'une sommée ou charge de bois, à Noël ; qu'après rupture « des prizes ou tortoyres du molin » par le fait d'une inondation, celles-ci seraient réparées par les habitants, auxquels les coseigneurs fourniraient des vivres.

Une protestation des hommes francs en faveur du maintien de leurs franchises termine cet acte curieux.

La perception des cas impériaux stipulée en 1287 provoqua, en 1329, diverses formalités lors de la prise de possession par Bastet Dupuy de la terre de Château-Reybaud. Comme les habitants soutenaient que le seigneur l'avait reçue par donation, ils le sommèrent de produire son titre. On ignore les suites de l'affaire, qui se présenta de nouveau, en 1340, entre le même Bastet Dupuy, ses hommes francs et ses hommes « dits du cens ». A cette date, la sentence arbitrale de 1287 fut ainsi expliquée : les hommes « du cens » seront tenus de payer au seigneur une pension en blé ou en argent, double en certains cas pour le blé et en d'autres pour l'argent, suivant l'acte de 1287 ; quant aux hommes francs, ils devront un cens qui ne sera pas doublé, savoir : les laboureurs avec ou sans araire de 2 sols, 1 émine « d'annone » et 1 d'avoine ; les possesseurs de bœufs avec araire, de 8 sols et 4 émines d'avoine, et les possesseurs de bêtes à bât ainsi que les laboureurs avec un seul bœuf, la moitié moins.

Nous retrouvons les hommes francs et les hommes « du cens » dans un compromis de 1382 entre Guillaume Dupuy, seigneur, et les syndics de la communauté.

Il y est expliqué que Guillaume « vouloit contraindre les « francs à recueillir les foings de ses prés, n'y estans tenus, « sinon pour 3 sestoyrées », et tous les autres hommes à lui payer leurs censes et services « en monoye renforcée, « ores qu'ils n'y fussent tenus, ains en monoye coronat. »

L'acte donne les noms et prénoms de 22 hommes francs et de 48 de cens ; parmi les premiers figurent Jaucerand, Meybaud, Dalmas, Roux, Rostaing, Jean, Balbi, Simon, Ollivier, Roche, Boucin et Michel, et parmi les seconds, Rivet, notaire, Bernard, Boyer, Valentin, Chabrol, d'Aulon, etc.

On ne possède que l'indication d'une sentence arbitrale

de 1387 relative aux censes et prestations réclamées par Guy Dupuy; mais l'analyse de celle de 1404 rendue par Siffred de Thollon, arbitre de la difficulté survenue entre Bastet Dupuy et les habitants, nous montre ces derniers, francs ou possesseurs de terres franches, astreints à les reconnaître comme telles au seigneur; et Bastet, en cas de vente, obligé « de les lauzer aux achepteurs et recepvoir « les lods d'iceux, ou se les retenir par droit de prélation. » L'arbitre ajouta que ces terres pourraient être, sans le consentement du seigneur, données à autrui « à nouvel achept « ou emphytéose », sous la réserve des lods (droit d'enregistrement actuel).

L'année suivante, deux hommes francs étaient condamnés à des amendes pour fautes commises touchant le foin seigneurial.

Des « criées » ou proclamations faites au nom de Jean Dupuy, en 1447, obligeaient les habitants, contre l'usage suivi, à désigner par quatre confronts et à spécifier la contenance de leurs immeubles. Nous savons que les syndics protestèrent; mais c'est tout.

Le même seigneur, ayant acquis de Geoffroy de Ferrassières ses parerie, juridiction, droits et biens dans la terre de ce nom, voulut exiger la double cense en argent et en blé. On lui résista et une transaction du 30 juin 1486 décida que ce doublement n'aurait pas lieu pour l'achat d'une seigneurie ou château d'un prix inférieur à 300 florins, monnaie courante; qu'au-dessus de cette somme, la double cense en argent serait seule due, jusqu'à 600, et que passé ce dernier prix la double cense en blé et en argent serait exigible; que le pré seigneurial de la Tour, près de l'Anary et du chemin « des Rotes », serait en défends toute l'année et pourrait même être clos, mais que le bétail y entrerait, s'il était ouvert, du 8 septembre au premier dimanche de mars, moyennant une redevance de 2 florins. Il était défendu au seigneur, par le même acte, de vendre aux étrangers les pâturages de Montbrun, Vergaux, Aguillan, Château-Reybaud et Cotignac, tant qu'ils seraient nécessaires à la population, et celle-ci pourrait louer un ou plusieurs bergers et prendre à mi-croît ou à « miéges aver gros et menu » du dehors.

Par un nouvel accord du 24 novembre même année, les consuls furent autorisés à faire devès pour les bœufs et le gros bétail et « deffandues » pour les glands ; la prétention du seigneur de réclamer par an 12 poules à chaque habitant fut réduite à une seule, entre la Toussaint et le Carême, ou au paiement d'un gros et demi, monnaie courante.

Une concession de l'année 1488 exonéra de la cense personnelle, mais non de la réelle, la femme succédant à son mari et les frères demeurant ensemble avec leurs femmes. Le même acte défendait aux habitants de Montbrun tout nouveau défrichement à Ferrassières et soumettait les essarts à la 28e partie des récoltes.

Fauquet Dupuy, en 1523, cède à ses vassaux le devès de Corges pour pacage et bûcherage, mais non pour culture, avec promesse de ne le vendre ni donner à personne ; ceux-ci, de leur côté, lui donnent le bois d'Angaiche, à titre de compensation, en s'y réservant le droit d'abreuvage pour leur bétail.

Il existe encore, à la date de 1558, une transaction entre Charles Dupuy et les habitants, au sujet des devès de Cotignac, Flieys, Charbonelles, Corges et l'Adrech-d'Alert, portant défense de couper des chênes par le pied et aux branches, sauf aux laboureurs pour araires « et attirail de labour » et aux brassiers « pour manches d'eyssades » et autres outils. On peut y prendre du bois mort, y introduire des pourceaux pour la glandée, mais nullement y défricher.

Jusqu'au milieu du XVIIIe siècle, il n'est plus question de difficultés entre seigneur et vassaux. A cette époque, Marie-Charlotte Dupuy, dame de Montbrun et veuve de Guy-Antoine Pape, réclama la double cense due pour le mariage des filles, lorsqu'elle unit Olympe Pape avec Jean-Baptiste-Bernardin de Trémolet (1748), et Emilie-Elisabeth Pape avec Pierre-Annibal de Bimard (1749). Un procès naquit de là.

Son avocat prétend, dans un mémoire imprimé, que la communauté cherchait en même temps à anéantir « censes « personnelles, bannalité des fours et des moulins, qualité « des grains et des mesures, portabilité des rentes, quotité « des lods, pâturage, nomination des consuls et revendica- « tion d'une terre. »

Un mot d'explication n'est pas inutile pour l'intelligence de ce texte.

Le doublement des cas impériaux, portés à 6 en 1287, avait-il été modifié par des actes ultérieurs ? On l'ignore. Toutefois, le voyage d'outre-mer et la visite à l'empereur ou au roi n'avaient guère plus leur raison d'être. Le cas de rançon et de chevalerie devaient se présenter rarement ; celui d'achat d'une seigneurie avait été réglé en 1486 ; quant au mariage des filles du seigneur, le plus fréquent, sans doute, il aurait été, au dire de l'avocat, sanctionné par un arrêt du Parlement de Grenoble en mai 1504 ; mais cet arrêt ne se retrouvait plus, et pour justifier le doublement de la cense, il invoquait une reconnaissance de 1618, un terrier de 1664 et des baux à ferme de 1691 et 1723.

Mme de Montbrun voulait que toutes les redevances fussent portées à son château, selon la sentence arbitrale de 1287 et des reconnaissances de 1618 et de 1664 ; que la mesure d'avoine fût exigée *au comble* et non *au ras*, bien que la différence entre les deux dépassât un tiers, et que Charles Dupuy l'eût introduite en 1664 ; que la banalité des fours et moulins lui fût maintenue, ainsi que le ban-vin, alors que ses fermiers en profitaient pour vendre du vin étranger, sans le souquet ou droit d'entrée ; que les lods ou droits dus pour le consentement du seigneur à la vente des immeubles de ses tenanciers lui fussent payés au 6e denier au lieu de la cote treizième.

Quant à la revendication par les habitants d'une terrasse voisine du château et à l'élection des consuls ou syndics, on ignore ce qui fut décidé ; mais, le 16 juillet 1754, le Parlement donna raison par provision à Mme de Montbrun sur les chefs de ses demandes et condamna les défendeurs à lui servir des grains, bons, purs, nets et recevables.

On conçoit aisément que le procès ne se termina pas alors, et le mémoire de 1789 déclare, en effet, qu'à cette date il était encore pendant, et que la communauté était disposée à s'en rapporter à la décision de la Commission intermédiaire, « si le seigneur voulait s'y entendre ». D'après ce document, la banalité du moulin, à raison de 700 émines de blé, rapportait 2,450 livres et celle du four, au 20e des pains cuits jointe à la redevance d'une émine de blé par tête depuis l'âge de 7 ans, due par les grangers autorisés à avoir des fours dans leurs « bastides », 400 émines, soit 1,400 livres, à 3 livres dix sols l'une ; la cense personnelle de chaque chef de maison, consistant en une émine de blé, une d'avoine comble, une poule et 2 sols et demi, 1,230 livres ; la cense aratoire, de 3 émines de blé, 3 d'avoine combles et 6 par paire de bœufs et la moitié moins pour mulets, 600 livres ; la corvée aratoire due par tout laboureur avec sa charrue au temps des semailles et la corvée des cultivateurs à bras ou brassiers, 130 livres ; la tasque générale, à la cote 20e sur les biens de la montagne et particulière sur certains fonds de la plaine, 600 livres ; enfin, la cense réelle grevant les fonds des tenanciers inscrits au livre terrier du seigneur, 600 livres.

Total : 7,610 livres.

Il avait encore des droits honorifiques comme la chasse, les colombiers, l'élection des consuls, une litre autour de l'église où ses armes étaient peintes, un banc dans le chœur, le droit de prélation et d'investiture, la régale des eaux pluviales, le pain bénit, etc.

III. — Le Tiers-État et la Commune.

Il était naturel aux possesseurs d'une petite exploitation rurale, mainmortables ou taillables à merci, privés du droit de tester, d'acquérir des immeubles sans permission, de changer de résidence, de s'affranchir peu à peu des entraves qui gênaient leur liberté et leur propriété. Mais cela ne suffisait pas. Pour la défense des intérêts communs, il fallait des institutions municipales. Montbrun entra-t-il dans la voie d'émancipation ouverte au XIIe siècle ? Aucun document ne l'indique. Le plus ancien connu se borne à décider que l'élection d'un syndic ou procureur se ferait en la présence du seigneur exclusivement ; il est de l'an 1287.

Or, le seigneur, en 1329, s'arrogeait le droit d'empêcher toute assemblée délibérante ; de là protestation de la part des syndics. On a cependant une preuve de l'existence d'une autorité municipale avec le statut de 1373, agréé par Guillaume Dupuy ; car ce règlement défendait l'entrée du vin étranger, lorsque celui du cru suffisait, et l'autorisait lorsque les habitants voulaient vendre leur vin plus cher que dans les localités voisines. Il était stipulé en outre que les possesseurs de vignes hors du territoire pouvaient apporter librement leur vendange et leur vin et le vendre comme celui du cru.

En 1381, les habitants se plaignaient au bailli de Sault du refus du seigneur de laisser tenir les assemblées nécessaires pour la bonne administration de leurs intérêts communs, et le juge leur permit de se réunir, de nommer des procureurs ou syndics et de s'imposer pour leurs affaires.

Ils obtinrent de Guillaume Dupuy, fils de Bastet, le 26 juin 1381, une charte de franchises plus explicite et plus large, leur permettant « de se congréger ensemble et fere « parlement publicq et en icelluy eslire, créer et constituer « ung, deux, troys, quatre ou plusieurs syndics et procu-

« reurs spéciaulx et généraulx et huit conseillers ou moins, « s'ils voulaient, et ceulx qu'ils voudraient eslire et créer « avec plaine et totalle puissance et à leur volonté ». Les syndics avaient le droit d'acquérir une maison commune dans le lieu, de l'entretenir et d'y garder « leurs albarestes « et arnoys et leurs instruments et monuments quelcon- « ques », d'imposer tailles, gabelles, virgtains et autres impositions pour l'utilité commune, avec le consentement des conseillers et en présence du seigneur ou de l'un de ses officiers ; de faire recouvrer ces impositions locales, même avec le secours de la justice ; de rendre compte de leur gestion ; de payer les dépenses et dettes communales ; d'établir des garde-fruits, de réparer les portes, les murailles, tours, fossés, « palsates et verdeiches ». Consuls et conseillers pouvaient se réunir « sans autres hommes du lieu, sinon tant seulement avec un notaire », ou avec un des officiers du seigneur, ou avec des témoins s'il le fallait, et cela sans permission « du seigneur ou d'aultre quelconque » ; remplacer les syndics et conseillers défunts ou absents et les changer de deux ans en deux ans, sans décret du juge, à leur gré, étant appelés « toutesfoys, le seigneur, son chastelain ou un de ses officiers. »

Ces franchises avaient été précédées d'une transaction du 18 mai 1381 qui en avait posé les bases principales et réglé que si le seigneur, après avertissement deux jours d'avance, ne se présentait pas, la délibération aurait lieu quand même.

Or, malgré des titres si précis, les habitants se plaignaient, en 1404, au gouverneur du Dauphiné, de ce que le seigneur leur défendait de s'assembler, et le gouverneur les y autorisa. Il est probable que dès lors leurs privilèges furent respectés. Toutefois, une difficulté surgit en 1753. Les trois consuls sortants ayant présenté trois candidats chacun au seigneur, celui-ci choisit Roux, Guenon et Chapon. Après leur année d'exercice, ceux-ci proposèrent leurs remplaçants, selon l'usage ; mais 34 habitants sur 230 provoquèrent une assemblée, le 27 janvier 1754, sous la présidence du premier consul sortant, en l'absence du châtelain, et là, trois nouveaux consuls furent élus pour l'année suivante.

Mme de Montbrun en référa au Parlement qui, le 22 août 1754, rendit une ordonnance de maintenue « quant à la forme des élections consulaires. »

Voici quelle était la situation en 1789 :

« Il y a dans la communauté un châtelain, un lieutenant de « châtelain, pris parmi les agents ou fermiers du seigneur, « trois consuls dont celui-ci ne veut pas permettre de réduire le « nombre à deux, qui suffiraient comme dans les autres lieux, « et un secrétaire-greffier. Les assemblées sont convoquées « par les consuls, autorisées par le lieutenant ou le châte- « lain ; on délibère à la pluralité des voix ; on passe publi- « quement et dans la maison commune les baux concernant « la communauté ; on nomme par délibération des prud'hom- « mes pour procéder à la répartition de la capitation et des « auditeurs pour entendre les comptes (1).

« On observe qu'il serait très utile d'établir un conseil « municipal de délibérants ; souvent il arrive qu'il en man- « que ; d'autres fois ils abondent en telle foule qu'on ne « s'entend plus et il n'y a que du désordre dans les assem- « blées ; mais il faudrait qu'ils fussent contraints par amen- « des, lorsqu'ils tomberaient en défaut. » La conclusion du mémoire se résume par le vœu que les procureurs syndics des Etats leur procurent cette amélioration.

Malgré les restrictions apportées à leur initiative, les consuls et conseillers de Montbrun ne demeurèrent pas inactifs (2). Indépendamment des luttes soutenues pour leur émancipation, nous les voyons, en 1321, obtenir de noble Nicolet d'Ausselon, seigneur de Vergaux, la pleine liberté d'y recueillir les fruits et récoltes qu'ils avaient dans ce

(1) Archives de la Drôme, C. 2.

(2) Inventaire sommaire des archives de la Drôme, IV, 125.

quartier, d'abreuver leur bétail aux fontaines de Causo et Malaverne et d'y jouir du pacage ; en 1486, plaider contre leur seigneur au sujet de la vaine pâture et, en 1488, au sujet d'un chemin changé et des constructions nouvelles sur les murs d'enceinte qu'il devra autoriser en leur présence ; se plaindre, en 1504, à la dame de Sault, de son péage d'Aurel, en 1538, à M. de Montbrun du dommage causé par ses chèvres ; délimiter leur commune avec Reilhanette en 1545, et obtenir la même année un fossé à Ferrassières pour abreuver leur bétail et un passage libre.

On manque de détails sur les guerres soutenues ou engagées par les seigneurs ; il est seulement parlé, en 1400, d'une réclamation aux syndics, par Geoffroy ou Gaufridi, des frais de la garde des murailles et du portail, et l'affaire se régla par arbitres. Quant aux délibérations consulaires conservées depuis 1660, elles révèlent des réparations aux brêches des remparts et aux fontaines en 1661 et 1667, ainsi qu'à la tour de l'horloge en 1666 ; des précautions contre un mal contagieux, signalé à Trescléoux, en 1665 ; le monopole de la boucherie, à la condition de vendre le mouton 14 patats la livre et 10 l'autre viande, en 1661 ; la fixation du prix du vin à 10 patats le pot en 1665 ; la revision du cadastre en 1668 ; le présent d'une paire de mules « de litière » à Mme de Montbrun la même année ; l'estimation des dommages causés par le gel en avril 1743 et par la grêle le 29 juin 1774 ; la défense aux hôteliers d'acheter du vin étranger avant l'épuisement de celui du cru, en 1743 ; la copie de tous les parchemins des archives par Morenas, notaire d'Avignon en 1752 (1) ; l'adjudication du souquet du vin pour 228 livres en 1768 ; la surveillance du poids des grains et farines au moulin en 1761 ; un alignement de la rivière de Barret-de-Lioure en 1762 ; la fixation des amendes pour vols de fruits et récoltes de 6 sols à 3 livres en 1764 ; le transfert du marché hebdomadaire

(1) Cette copie, non retrouvée, nous eût été fort utile.

du jeudi au mardi et la conservation des foires des 25 mars, 25 mai et 25 juillet, octroyées par Henri III en 1593 et confirmées en 1653 (1).

En 1789, les revenus communaux se réduisaient à 99 livres dont 39 de la rêve du vin et 60 du poids des farines ; les charges ordinaires comprenaient, 9 livres pour le cierge pascal, 9 pour les assises des eaux et forêts, 50 pour l'abonnement au pied fourché ou droit d'inspection des boucheries, 50 pour le loyer de la cure et 15 pour le logement du vicaire ; 18 au surveillant de l'horloge, 150 au maître d'école, 150 aux gardes, 18 aux consuls, 9 au châtelain, 33 au secrétaire, 27 au prédicateur du carême et 36 au chirurgien. Le tirage au sort des milices, les députations, les travaux d'entretien des édifices publics, les logements militaires et les aides, constituaient le lot variable des charges extraordinaires (2).

Avant Charles VII et Louis XI, les redevances féodales grevaient seules les populations ; mais les dons gratuits devinrent peu à peu des impôts réguliers et sans cesse grossissants. En 1789, les tailles de Montbrun (impôt foncier) atteignaient 1,842 livres, les impôts accessoires 1,488, la capitation (côte personnelle et mobilière) 1,360, les vingtièmes (impôt sur le revenu foncier) 1,000 livres, l'assiette des impôts, la vérification des rôles et le droit de recette 260 ; total : 5,950, généralement tirées des fonds roturiers, les meilleures terres, propriété du seigneur, étant exemptes (3).

En réunissant à cette somme les 7,610 des droits féodaux les 2,600 de la dîme et les 574 du budget communal, on arrive à 16,734 livres qui, multipliées par 2, à cause de la différence du *pouvoir* de l'argent en 1789 et en 1892, donnent 33,468 fr.

Les 4 contributions directes de 1873 ont produit à l'Etat

(1) Archives de Montbrun, E, 3311 et suiv. à la préfecture de la Drôme.

(2) Archives de la Drôme, C. 4.

(3) Idem, C. 4.

7,303 fr. 06, au département 2,825 fr. 48, à la commune 5.011 fr. 12, au fonds de non valeurs 363 fr. 36, total 15,503 fr. 02.

Comment la population arrivait-elle, avant 1790, à payer ces diverses charges ? La dîme et les droits féodaux étaient acquittés en nature et les impôts en argent. Les productions agricoles, blé, seigle, épeautre, pommes de terre blanches, noix, pommes et poires se vendaient à Sault. Le sol argileux, marneux, amer, en pente, exposé aux ravins, ne produisait qu'à force de travail et d'engrais. Faute de fourrage, il y avait peu de bétail, et faute d'industrie et de bons chemins, aucun commerce (1).

En 1835, la contenance imposable se divisait en 195 hectares de bois communaux, 649 de bois particuliers, 1,280 de terres labourables, 68 de vignes, 47 de prés, 1,000 de pâturages, total : 3,239, plus 75 de routes et chemins, 4 d'édifices publics et 8 de terres incultes, soit ensemble, 3,326 hectares.

En 1839, M. Mermoz réduisait à 3,252 hectares la contenance imposable et évaluait à 5,405 fr. le revenu des 289 maisons et à 40,875 fr. celui des terres, soit 12 fr. 57 par hectare.

La population, de 805 habitants, en 1789, s'éleva à 1,446 en 1820, pour descendre à 1,341 en 1840, à 1,407 en 1850, à 1,288 en 1860, à 1,360 en 1870, à 1,349 en 1880 et à 1,259 en 1891.

Distance de Montbrun à Séderon, son chef-lieu de canton, 15,087 mètres ouest, à Nyons 52,157, à Valence 141,949.

IV — Le Clergé et la Réforme.

L'église paroissiale en elle-même n'a rien de remarquable ; mais, au dire de M. le chanoine Jouve, né au Buis, et par là, en mesure d'être bien renseigné, elle renfermait, dans le chœur une boiserie magnifique, couvrant tout le mur du fond, attribuée au sculpteur Bernus, artiste de valeur, décédé nona-

(1) Archives de la Drôme, C. 4.

génaire en 1728 à Mazan, son pays natal, qui, par modestie, n'inscrivait jamais son nom sur ses ouvrages. « Le maître-autel en bois doré colorié est un travail fini, de même que les anges adorateurs et les autres personnages dont il est orné. Il est surmonté d'un beau tableau original de Parrocel, représentant la sainte Vierge (1). Ce tableau de maître est encadré par deux colonnes torses, entrelacées d'une branche de laurier jusqu'à leurs volutes. Il y a une corniche qui contourne toute la boiserie jusqu'à deux colonnes torses qui sont entrelacées d'une feuille de vigne. Ces deux dernières, l'une au côté gauche, l'autre au côté droit, encadrent tout l'ouvrage. Elles portent chacune une statue de grandeur naturelle, avec des bouquets, des fruits et autres ornements finement travaillés.

« Au-dessus du tableau et de la corniche on voit une *gloire*, avec des anges adorateurs, dans le genre de celle de l'église de St-Siffrein, de Carpentras, œuvre authentique de Bernus. Celle-ci pourrait bien être du même sculpteur (2). »

De son côté, Barjavel fait honneur au même artiste, dans la même paroisse, d'une statue de Notre-Dame de Pitié, sur les genoux de laquelle repose le corps du Christ (3).

Désireux de posséder des renseignements exacts sur les œuvres de Parrocel et de Bernus, nous avons interrogé M. Emm. Solier, curé de Montbrun, et voici la réponse qu'il a bien voulu faire à nos questions, le 23 mai 1892 :

« Pierre Parrocel est vraiment l'auteur du beau tableau qui orne notre église, représentant la Vierge-Mère. Le nom inscrit en bas, que l'on aperçoit à certain moment où la lumière est favorablement ménagée, ne laisse aucun doute à ce sujet.

---

(1) Pierre, né à Avignon en 1660 et décédé à Paris en 1739, appartenait à une famille de peintres ; on connait Louis, Ignace, Joseph, Charles, Etienne, Pierre et Joseph-Ignace.

(2) *Statistique monumentale de la Drôme*, à la fin.

(3) *Dictionnaire historique de Vaucluse.*

« Quant aux œuvres attribuées à Bernus, les unes lui sont faussement attribuées en ce qui concerne Montbrun, les autres lui reviennent avec plus ou moins de probabilité.

« J'ai pu constater, il y a quelque dix ans, que personne n'avait jamais vu à Montbrun aucune statue de Notre-Dame de Pitié, et que les plus anciens mêmes n'en avaient jamais entendu parler. Il n'y a pas de *gloire* dans l'église, ni au-dessus du tableau, ni ailleurs. C'est la première fois que j'en vois faire mention.

« Le principal ornement de notre pauvre église, avec le tableau (de Parrocel), est le splendide rétable ou boiserie à colonnes torses, artistement creusées et enguirlandées de feuillage et de fruits. Deux statues de grandeur naturelle sont disposées de chaque côté. Elles représentent S. Laurent et S. Benoît, L'expression du visage de cette dernière est frappante. La manière dont le bas des habits de ces statues est drapé a quelque rapport avec une autre statue de la Vierge-Mère, en bois doré, autrefois sur l'autel de la sainte Vierge.

« Il n'existe plus aujourd'hui qu'une partie, — encore est-elle mutilée et détériorée par le temps, — de l'autel en bois doré dont parle M. Jouve. Ses colonnes ne sont pas torses. Depuis de longues années, il a perdu son ancienne destination, et comme le haut, — seule partie qui nous reste — est très étroit et tout à fait vermoulu, je ne pense pas le remettre comme maître-autel. Le meilleur, je crois, si l'on veut le conserver, est de le laisser comme autel de S. Joseph, où il est déjà et de faire rétablir le bas qui manque complètement. Aujourd'hui une maçonnerie sans ornement tient lieu de table d'autel.

« J'ai entendu dire à M. Coutton, curé de Montbrun pendant 50 ans, que, d'après la tradition, l'aïeul d'une famille dont le surnom est Marmot, avait apporté de Mazan une des colonnes du rétable sur sa mule ».

Ces explications intéressantes inspireront sans doute à

quelque archéologue, ami des beaux arts, l'heureuse idée de concourir à la restauration de l'autel en bois de Montbrun et à la conservation de son rétable, dû vraisemblablement au sculpteur Bernus ; c'est notre vœu le plus ardent.

M. Delacroix a vu dans la plaine, au-dessous de Montbrun, les ruines d'un monastère de Templiers qui passa après la suppression de leur ordre, en 1311, aux Bénédictins de Villeneuve-lès-Avignon.

Or, ni les auteurs, ni les archives locales ne confirment cette assertion touchant les Templiers ; tout au contraire, une sentence arbitrale de 1308, oblige Clément, prieur d'Aurel et *ouvrier* de l'église de Notre-Dame de Montbrun, à y dépenser annuellement une somme de 10 livres, et, s'il ne l'employait, pas une année, à la consacrer l'année suivante à des réparations utiles.

Cette décision avait été prise sur la plainte de Cosset, consul, que le prieur d'Aurel portait là tous ses revenus de Montbrun, évalués à 100 livres.

Or, les noms de Bertrand de Laudun, abbé de St-André-lès-Avignon, de Pierre, camérier de la même abbaye et de l'église de Montbrun, et de Girard, bailli de la vallée de Sault, nommés arbitres en cette affaire, indiquent plutôt une dépendance bénédictine qu'une commanderie du Temple.

Il en est de même d'un autre acte de 1299 contenant donation d'une terre au camérier et ouvrier (*camerarius et operarius*) de Montbrun, prieur d'Aurel.

D'après Ducange, les fonctions de camérier équivalaient à celles d'économe d'un monastère, chargé des recettes et des dépenses, et celles *d'operarius*, maître de l'œuvre, directeur de la fabrique, indiquent un architecte ou un surveillant, préposé à la conservation de l'église de Montbrun.

Un compromis du 3 juin 1325 nous fait connaître les ressources de ce maître de l'œuvre, consistant en la dîme des blés, légumes et grains à la cote 15e, à l'aire, des agneaux et des chevreaux à la même cote, et des raisins et du chanvre à la côte 13e, sans diminution. Moyennant cela, les habitants ne lui devraient ni jardinage, ni gibier, ni laine, ni foin, ni miel, ni fruits.

Il avait aussi des terres qu'il se fit reconnaître, en 1464, par ses tenanciers ; reçut en 1491, à titre de substitution, l'héritage de Dollon pour le luminaire et acquit, en 1537, une pension annuelle de 22 sols.

L'union subsista entre pasteurs et fidèles jusqu'en 1373 ; mais à cette date, quelque relâchement dans le service religieux exigea une sentence qui obligeait les prieur, curé et autres ecclésiastiques à l'administration régulière des sacrements. D'autres difficultés surgirent en 1508 entre le prieur et les consuls au sujet des réparations de l'église et, en 1566, au sujet de la 24e partie de la dîme due aux pauvres (1).

De plus rudes épreuves attendaient le clergé de Montbrun sous Charles Dupuy, seigneur du lieu, qui s'empara des biens du prieuré et les garda moyennant une pension de 450 livres payée jusqu'à la Révolution, par ses successeurs (2).

Ce gentilhomme, né vers 1530, servit avec distinction en Italie et, revenu dans sa terre, apprit qu'une de ses sœurs ayant embrassé la réforme s'était retirée à Genève. Il partit aussitôt pour la ramener à la foi de leurs pères, ou lui ôter la vie. Selon Chorier, cette sœur « entra en discours avec luy et le tourna avec tant d'artifice et de souplesse qu'elle le gagna. Il fit dès lors profession de cette religion nouvelle qu'on appeloit alors réformée ; elle n'eut pas depuis de plus hardy, ny de plus heureux défenseur. » D'autres auteurs attribuent sa conversion à Théodore de Bèze ou à des ministres genevois. Quoi qu'il en soit, il fonda, à son retour, une église confiée à Pierdouin, « après avoir détruit les insignes catholiques de la chapelle de son château et aboli la

(1) Archives de la Drôme, E. 3311 et suiv.

(2) *Statistique de la Drôme*, au mot Montbrun.

messe dans l'église paroissiale de Montbrun. Selon Chorier, il força ses sujets à aller au prêche, les persuadant « par le baston plus efficacement » que par des discours : manière de convertir conforme à son caractère et à l'intolérance du XVIe siècle, et employée par des Adrets dans le Royans, en 1562. Non content de ces mesures, il fortifie son château, arme ses sujets les plus courageux, appelle des soldats étrangers et les gentilhommes ses voisins ou ses proches. Le parlement de Grenoble s'émeut et charge Marin Bouvier, prévôt des maréchaux de l'arrêter. Mais, « celuy que Bouvier vouloit prendre le prit. » Dès lors, il entre en campagne ouverte, s'empare de Malaucène où de grandes cruautés sont commises. Blaise de Pardaillan de La Motte-Gondrin, venu au secours du légat, ménage un traité avec lui, qui n'est pas observé, et la guerre recommence. La prise d'Orpierre lui vaut une dénonciation à la cour et le cardinal de Tournon, son oncle, a de la peine à le justifier. A la suite d'une rencontre avec les catholiques près de Mollans, il est obligé de fuir déguisé, et n'arrive en Suisse qu'après maints obstacles. Pendant son absence les fortifications de son château sont démolies et quelques maisons rasées. Une ordonnance du comte de Suze, du 23 octobre 1560, prescrit aux consuls de Dieulefit d'envoyer à cet effet « vingt bons travailleurs à Montbrun » où ils demeurèrent 10 jours.

A moins de deux ans de date, les succès de des Adrets le ramènent en Dauphiné et il le suit à Pierrelatte et à St-Marcellin. Dans une lettre conservée aux archives de la Drôme, datée de Montélimar le 24 juin 1562, il se qualifie « collonnel des companies dressées au pais du Daulphiné pour la tuition dudit pais, soubs l'obéissance de la Magesté du Roy et lieutenant général en icellui de l'armée dressée pour la protection de l'estat roial et conservation des personnes du roy et reyne, sa mère » ; il y enjoint aux juges, châtelains, consuls, syndics ou diacres des églises d'Ancône, Savasse, Sauzet, La Laupie, Marsanne, etc., de faire « commandement particulièrement à tous ceux qui, puis ung mois en çà se sont mis au service de Dieu et du roy et à la protection des églises et pais, » d'avoir au 1er juillet à se rendre sous leurs enseignes,... « ensemble à tous aultres capables de por- « ter armes, sur paine d'estre pendus et estranglés, leurs « biens confisqués sans aucun espoir de grâce. » Il ajoute que plusieurs malins « s'estant esbandés et séparés pour « servir et fere guerre pour les ennemis de Dieu et de l'estat « roial, » il devra être fait registre de leurs noms et punition exemplaire de ceux qui seront pris (1).

Nommé gouverneur de Châlons-sur-Saône, Montbrun quitte la ville, la nuit, action blamée par de Thou et de Bèze ; vient ensuite prendre Mornas où les massacres commis ternissent sa mémoire. Après la victoire indécise de Valréas, il se dirige vers Lagrand et y perd l'artillerie prise aux catholiques ; il agit ensuite contre des Adrets qu'il finit par arrêter et remplacer.

De 1563 à 1567, on le trouve inactif dans sa terre; il tente à la dernière date d'arrêter le duc d'Albe, va faire une excursion en Languedoc et rentre en Dauphiné pour défendre Romans contre des Adrets, redevenu catholique. Nous ne le suivrons pas en Guyenne, à Jarnac et à Montcontour ; d'où sa retraite mérite d'être signalée. Il paraît aussi au siège de Montélimar et reste ensuite tranquille. La Saint-Barthélemy l'arme de nouveau ; il s'empare, en 1573, de Grane, Orpierre, Vif, Mens, Pontaix, Saillans, Sahune, Condorcet, Nyons, Livron, Loriol, Dieulefit, Chabeuil, etc. L'année suivante, il repousse du Pont-en-Royans le gouverneur du Dauphiné et se porte au devant du duc d'Anjou (Henri III), successeur de Charles IX. Survient ensuite le siège de Livron que l'armée royale est contrainte de lever. Montbrun se dirige alors sur Die et Lesdiguières sur Châtil-

(1) Archives de la Drôme, E. 3338. — Cl. Martin. *Histoire de Charles Dupuy-Montbrun*. Rochas, *Biographie du Dauphiné*, etc.

lon. De Gordes défend cette place et Montbrun défait son armée près du village de Molières. Mais au lieu de profiter de sa victoire, il assiège Die et apprenant l'arrivée de renforts considérables à son adversaire, se porte à leur rencontre jusqu'à Mirabel et Blacons. Là, accablés par le nombre, ses soldats se débandent et lui-même reçoit « une harquebou-« sade au genoil qui le luy perse à jour et une aultre au « coude. » Devenu ainsi hors d'état de combattre à pied et à cheval, il est fait prisonnier par François Dupuy-Rochefort, son parent (1).

Transporté à Crest où un chirurgien le panse et ensuite à Grenoble, il est jugé et condamné sans retard. Il souffrit la mort généreusement et en héros le 12 août 1575 et ajouta ainsi à sa réputation militaire l'auréole du martyr. La noblesse protestante et Justine Alleman de Champs, son épouse, avaient fait d'inutiles démarches pour le sauver. « Il avoit « manqué en deux occasions, selon Chorier, de respect pour « le roy ; il avoit fait donner sur son train et avoit dit en une « conférence que le jeu et les armes égalaient les hommes.»

La Noue l'a surnommé le *vaillant*, d'autres le *brave* ; cependant comme il était moins administrateur que guerrier, on a remarqué sous son gouvernement plutôt une diminution qu'une augmentation dans le nombre des églises réformées. On lui reproche aussi d'avoir laissé à ses soldats une trop grande licence. Il existe une longue complainte où les qualités de Montbrun sont exaltées en un style des plus vulgaires. Le seul fait connu qui honore la délicatesse de ses sentiments est la délivrance des dames d'Oraison, prisonnières par ordre du roi en Provence.

Jean Dupuy, fils de Charles, enlevé, dit-on, secrètement

---

(1) *Histoire de Charles Dupuy-Montbrun*, par Claude Martin. — M. Long, *Les guerres de religion*. — M. E. Arnaud, *Histoire des protestants de Dauphiné*. — M. Roman, lettres publiées par la Société de Statistique de l'Isère, etc.

après le supplice de son père, passa une partie de sa jeunesse à la cour du roi de Navarre, servit sous Lesdiguières et se mêla activement aux affaires de son parti, sans y jouer de rôle principal. Député des églises à Saumur et lieutenant général en Provence 1521, il échoue devant le Buis, s'empare de Mollans, Reilhanette et d'autres places, fond des canons avec les cloches, s'attribue les revenus ecclésiastiques, rançonne les marchands dans la vallée du Rhône et essaie inutilement de surprendre Grenoble. Lesdiguières, revenu du Languedoc en Dauphiné, lui enjoint de mettre bas les armes.

Sa levée de boucliers s'explique difficilement en présence des faveurs de la cour : il avait reçu d'elle 20,000 livres vers 1615, le titre de conseiller d'Etat en 1612 et celui de marquis en 1620 ; la mémoire de son père avait été réhabilitée en 1576 (1), l'arrêt prononcé contre lui arraché des registres du greffe et la noblesse rendue à sa famille.

Il reste du château de Montbrun, bâti en 1564, des ruines considérables, l'escalier d'honneur avec ses marches, une rosace de Mignard au plafond, des fresques mythologiques et une cheminée surmontée d'un ornement en plâtre, œuvre de Bernus, d'après Barjavel. Dans cette demeure splendide et luxueuse, le lierre remplace aujourd'hui les tentures de prix, et les cris des oiseaux de nuit les chants des soldats !

L'église réformée de Montbrun, desservie par La Croze en 1601, et après lui par Petit, St-Amour, Cordeil, Cholier et Cherler, existait encore en 1679 ; à partir de cette époque le culte catholique y reprend son ancienne faveur.

Faulquet Dupuy, en 1518, avait donné aux consuls une maison pour servir d'hôpital, hors de la porte de Villeneuve et il est encore fait mention de cet établissement en 1661.

Quant aux écoles elles y existent en 1661 et les années

---

(1) Un autre arrêt semblable, fut rendu le 18 janvier 1648. — Voir les auteurs déjà cités, les archives de l'Isère, B. 2919 et la *Biographie du Dauphiné.*

suivantes. Les maîtres reçoivent de 72 à 100 et 120 livres par an outre les mois. Voici la raison de ce traitement en 1763 : « attendu que le lieu se trouve beaucoup fourny de petits enfants et qu'il y a un gîte d'étape, il est très nécessaire que les habitants sachent lire et écrire afin de pouvoir cognoistre et indiquer les logements. »

Les registres paroissiaux mentionnant une famille Estuard ou Stoard de Cheminades, nous avons cherché son origine. D'après le jugement du 10 mars 1702 qui reconnut sa noblesse, le premier du nom, qualifié noble, s'appelait Jean et s'unit, en 1550, avec Madeleine de Geoffroy ; le 2e Jacques. épousa Jeanne de Villette en 1585, le 3e Gabriel, Louise Courtois en 1633, le 4e Renée-Marie de Grandis en 1670 et laissa deux fils, Joseph et Charles (1673 et 1676).

Telle est en résumé l'histoire de Montbrun (1).

Des notes recueillies dans la correspondance de l'abbé Constantin avec Calvet (2) et fort gracieusement communiquées par M. Roger Vallentin, le jeune archéologue si justement apprécié, nous permettent de donner des détails plus précis sur l'inscription arabe signalée à Montbrun au commencement du XVIe siècle. C'est l'épitaphe de « Abou el Abbas, crieur public, » mort en 1152 de notre ère. Elle fut communiquée à l'Académie des inscriptions à la fin du XVIIIe siècle et traduite par Silvestre de Sacy.

Comment se trouvait dans la contrée ce crieur public ? Avait-il suivi en France un membre de la famille Dupuy ? On cite dans l'armée de Godefroy de Bouillon, Hugues, et à la tête des hospitaliers de St-Jean-de-Jérusalem, Raymond Dupuy ; la tradition confirme même ces faits. Dans ce cas, Abou el Abbas se serait attaché à un croisé de Montbrun dont les titres connus jusqu'ici ne parlent pas. Mais ce point historique peut être éclairci par quelque heureuse découverte.

---

(1) E. Arnaud, *Histoire des protestants*. — Archives de Montbrun. — Archives de la Drôme, C. 31.

(2) Musée Calvet, à Avignon. Lettres 53, 55 et 92.

MONTFERRAND

Le nom de cette commune située dans le canton de Remuzat, entre la rivière d'Eygues, au nord, Roussieux, au midi, Lemps à l'ouest et le territoire des Hautes-Alpes, à l'est, vient de quelque mine de fer ignorée ou plus probablement d'un nom d'homme. Une montagne de 968 mètres d'altitude couvre plus de la moitié de son territoire (360 hectares sur 615) ; l'autre moitié sur les deux versants d'une colline livrée à la culture ou couverte de bois comprend : 287 hectares de broussailles et taillis, 207 de terres labourables, 6 de vignes, 8 de prés, 65 de pâturages, plus 30 de rivières et chemins, total 615. En 1839 le revenu de ses 28 maisons s'élevait à 274 fr. et celui de ses fonds à 7,020, total 7,294 fr., soit 12 fr. par hectare.

Il y avait, en 1862, 11 granges et 4 hameaux : le village et les Marcellins, presque au centre ; les Jacques et l'Aubergerie, près de l'Eygues.

La mairie, est à 13,055 mètres sud-est de Remuzat, à 38,679 de Nyons et à 128,472 de Valence.

De 100 habitants, en 1789, de 272 en 1820 et en 1870, de 162 en 1840, de 186 en 1850 et de 223 en 1860, ce chiffre est descendu à 136 en 1891.

Au commencement du Xe siècle, Humbert évêque de Gap, avait donné aux Bénédictins de l'Ile-Barbe, près Lyon, des propriétés importantes autour de Remuzat et de St-May ; Conrad-le-Pacifique confirma cette libéralité, le 20 août 971 et Charles 1er roi de Naples et comte de Provence, inféoda aux mêmes religieux, en 1265-66, tous les biens qu'ils possédaient dans les diocèses de Gap, Embrun, Digne et Sisteron. Ils établirent des prieurés et élevèrent des églises dans leurs terres, et des villages se créèrent peu à peu autour de ces petits monastères et de leurs oratoires (1).

L'Inventaire des Dauphins, dressé en 1346, mentionne un compromis de l'an 1273 entre l'abbé de l'Ile-Barbe, Pierre de Mison, Raymond Geoffroy, seigneur de Montauban et Randonne, sa femme, au sujet des châteaux de Montferrand, Lemps, La Fare et Roussieux. On sait encore qu'en 1265, Draconnet de Montauban avait prêté hommage à l'abbé de l'Ile-Barbe pour les mêmes fiefs, que Randonne de Montauban les énumère dans sa donation de la baronnie à son fils Ronsolin de Lunel, et que ce dernier ayant légué ses biens aux Adhémar, ils les vendirent aux Dauphins de Viennois.

Voilà pourquoi nous trouvons des hommages rendus à Guigues et à Humbert II, en 1330 et 1334 par Raymond de Montferrand. Sa famille était fort ancienne puisqu'il existe une donation faite pendant le siège de la ville des Baux, vers 1155 par Hugues et Guilabert de Montferrand à Raymond Bérenger II comte de Provence et à Raymond Bérenger III, son neveu, de leurs biens situés à Pierrelatte et Rochegude. Comme les Montauban, sortis des Montdragon (2) avaient aussi des biens dans les mêmes localités, il est permis de supposer une parenté entre ces trois maisons.

Draconette de Montferrand, la dernière de sa race, épousa Didier de Rosans et ne laissa aucun héritier direct. Ce fut Louis de La Piarre qui recueillit sa succession. Un acte de 1370 nous apprend que Guy de Morges, en 1370, réclamait l'inféodation de Rosans et de Montferrand pour une avance de 6,040 florins qu'il avait faite par moitié avec le Dauphin, aux créanciers des dames de ces deux terres et qu'il l'obtint, faute de remboursement de la somme due. Ce gentilhomme

(1) M. Roman, tableau des Hautes-Alpes.

(2) Nous écrivons Montdragon avec un **t** à cause de l'étymologie ; on écrit aujourd'hui Mondragon. — Archives des Bouches-du-Rhône, B. 284 et 365. — Inventaire de la Chambre des Comptes, manuscrit.

avait négocié un traité entre le roi de France et la reine Jeanne en 1369 et commandé les troupes de Charles V en Lombardie. Il se déclara vassal du roi Dauphin en 1377.

Par suite d'arrangements, que nous ignorons, Louis de la Piarre, rentré en possession de Montferrand, en fit hommage à la Chambre des Comptes en 1407 et 1413.

Quelques années auparavant, en 1390, Raymond de Turenne, révolté contre le comte de Provence, envahissait le Rosannais avec ses troupes et y commettait pour 6,000 florins de dégâts (500,000 fr.). Le village de Montferrand tomba en son pouvoir pendant cette guerre, et plusieurs de ses habitants furent emmenés prisonniers. Une demande en décharge de 3 feux atteste ces faits (1).

Louis de La Piarre tirait son nom d'une paroisse des Hautes-Alpes où paraissent ses ancêtres depuis Guarin, l'un d'eux en 1,100, Albertin, fils ou héritier de Louis, aliéna Montferrand en 1452 à noble Antoine d'Alauzon, pour 200 florins. L'acquéreur sortait de la Roche-sur-le-Buis et avait pris le nom d'un quartier de cette commune. Sa famille, connue dès 1262, tomba en quenouille vers 1530. Vers la même époque Mathieu de L'Homme, écuyer de Verclause, avait sans doute acquis Montferrand, car Pierre, capitaine d'infanterie sous Lesdiguières, en faisait hommage au roi en 1621, et Antoine en dénombrait les revenus en 1676 et 1677.

Des de L'Homme la seigneurie passa aux Gruel; les uns ont été rencontrés déjà à La Fare et les autres à Laborel. Jean-Jacques-Dominique-Gaétan de Gruel, sous la tutelle de Jean-Baptiste de Gruel, chanoine de Grenoble, en 1742, retirait 240 livres de la ferme de ses droits, sous la réserve des corvées et de la moitié des poules, le tout de la valeur de 10 livres.

La seigneurie, en 1408, comprenait 9 familles et, en 1419,

---

(1) *Tableau historique des Hautes-Alpes*, p. 155. Invent. de la Chambre des Comptes et archives de l'Isère, B. 2671.

deux vassaux nobles, Marin Goirand et Antoine Audibert, et quatre roturiers, un château et un fort, la juridiction entière, un péage, les droits de fournage et de mouture, à la cote 20e, la chasse, les bans ou amendes, les bois, le bûcherage, le pulvérage et divers immeubles. Il n'est plus question de château, ni de fort en 1621 et 1676, mais simplement de revenus féodaux et d'immeubles; en 1735, il n'y a plus ni fonds, ni moulins banaux, ni droits d'usage, ni péage, ni usine: le seigneur a totalement cessé d'y habiter.

Voici quels étaient ses revenus au XVIIIe siècle: 35 émines de blé et 20 de menus grains provenant du vingtain, 100 livres du fournage et des censes d'un total de 50 émines de blé, 30 livres des 2 émines et demie de blé dues par chacun des 18 habitants, 30 livres des 18 poules et des 2 sols 1/2 par ménage, et enfin les deux corvées des laboureurs et des brassiers.

En 1789, la population s'y plaignait de la stérilité du sol, du manque de fourrages, faute de pouvoir utiliser l'eau de l'Eygues et de la Marigeaye, son affluent, de la cherté du sel, de l'interdiction des chèvres, et des ravages des rivières.

Une preuve de sa misère se tire de son alimentation formée de pain d'épeautre, d'avoine, de glands et de pommes de terre, le blé étant vendu pour acquitter les impôts et les redevances dues au seigneur (1).

Voilà tout ce que les archives publiques et les ouvrages consultés apprennent sur la commune, annexe au spirituel de celle de Lemps.

---

(1) Archives de la Drôme, C.

MONTFROC

Une sorte de géographie du XVe siècle place le château de ce nom sur une montagne assez élevée, en face de celui de *de Amenicis* en Provence et l'attribue au seigneur de La Garde-Adhémar, Selon M. de Coston, Montfroc veut dire montagne inculte, à cause de *fro*, *froc*, *frau*, et *frouste*, terre en friche (1).

On sait peu de choses sur une commune sans archives, située à l'extrémité sud-est du département de la Drôme et de l'ancien Dauphiné. En effet, la distance de sa mairie, à Séderon, chef-lieu de canton, atteint 12,050 mètres, à Nyons 65,722 et à Valence 155,514.

Par sa configuration, elle ressemble à un oiseau dont le corps planerait sur la vallée du Jabron et dont les ailes s'étendraient sur deux versants de montagnes, de 1,103 à 1,254 mètres d'altitude.

Un hameau, La Bégude, sur la route des Omergues à Sisteron, dans un défilé, semble devoir remplacer un jour celui des Anières, isolé, plus au nord et sans importance, malgré la mairie.

En 1789, la paroisse comprenait 5 hameaux, les Anières, la Béguë ou Bégude, Villevieille, les Germains, Chansor, la Rouyère et la Padelle, 380 personnes environ, des rochers stériles, un sol dénudé par les pluies et graveleux dans les bas-fonds, des broussailles au lieu de forêts, des arbres à fruits et des récoltes insuffisantes. Le Jabron (2) ne pouvait

(1) M. Chevalier, *Choix de documents inédits*, p. 123. — M. de Coston, *Etymologies des noms de lieu de la Drôme*.

(2) Cette rivière sort des montagnes de Montfroc où elle forme au rocher des Baumes une cascade de près de 26 mètres, passe aux Omergues et à Jarjayes, et se dirige vers St-Vincent de Miraval et la Durance. Son cours est de 36 kilom., dont 8 hectom. dans la Drôme.

servir aux irrigations et quelques fontaines seules offraient des arrosages.

Depuis lors, de meilleurs chemins et une culture plus intelligente ont amélioré le sort de la population essentiellement agricole. En 1835, on y comptait 224 hectares de bois communaux, 221 de bois particuliers, 517 de terres et jardins, 13 de vignes, 11 de prés, 430 de pâturages, 24 de landes, 34 de routes et de rivières, etc., soit en tout 1.476.

Quatre ans plus tard, le directeur des contributions directes de la Drôme portait à 1,692 fr. le revenu de ses 129 maisons et à 7,787 fr. celui de ses 1,442 hect. imposables, ou 5 fr. 40 l'un.

Sa population de 538 habitants en 1820, de 486 en 1840, de 491 en 1850, est descendue à 443 en 1860, à 392 en 1870, à 372 en 1880 et à 327 en 1892.

Voici la répartition de ses quatre contributions directes en 1873 : 1,261 fr. 02 à l'Etat, 550 fr. 21 au département, 1,505 fr. 09 à la commune et 79 fr. 58 au fonds des non-valeurs, total : 3,395 fr. 90.

Quels événements intéressants peut offrir une localité si éloignée des villes importantes de la province ? Les époques préhistorique, romaine et gallo-romaine n'y sont révélées par aucun document et par aucune découverte archéologique. Les plus anciens maîtres de son territoire paraissent avoir été les Mévouillon, déjà connus. On y trouve effectivement Raymond, l'un d'eux, alors religieux dominicain, l'affectant, en 1243, avec d'autres seigneuries, au paiement des dettes de sa famille, et Raymond dit le Bossu, en 1247, mariant sa fille Galburge avec Lambert Adhémar, seigneur de La Garde et en partie de Montélimar.

D'après Guy Allard, une autre fille de ce Raymond, religieuse novice à St-André de Ramières, légua 3,000 sols à Josserande, sa mère, la moitié de Montfroc, Curel, Gachet et Vers à Galburge, sa sœur, et institua héritier Raymond de Mévouillon, son oncle. (1)

(1) Archives de la Drôme.

Quant à Lambert Adhémar. Il dut se montrer rarement à ses vassaux de Montfroc, le séjour de la Garde et de Montélimar lui offrant de plus sérieux avantages. Il laissa Hugues, décédé avant 1285, père d'un autre Hugues qui eut pour enfants : Lambert II, Aimar, élu évêque de Metz en 1327 et Gaucher, coseigneur de Montélimar.

Lambert II, en 1337, donna au Dauphin de Viennois ses terres de Montfroc et Curel et les reprit de lui à charge d'hommage. Il est qualifié sénéchal de Beaucaire en 1357. Gaucher, son frère se reconnut aussi vassal du dauphin Humbert II en 1348 et 1349 et Hugues, du roi-dauphin après la cession du Dauphiné à la France.

Après eux apparaissent : Louis qui renouvelle, en 1423, l'hommage dû au roi et a pour héritier Hugues ou Gonon, père de Charles, viguier d'Arles en 1446 ; Christophe, conseiller et chambellan du roi, fils de Charles, et Antoine, fils de Christophe.

Antoine fut le dernier de sa branche et sa succession échut à des collatéraux descendus de Lambert II, par Hugues et Raymond dit Baudon, et par Reybaud, père de Blanche et de Catherine (1) : La première épousa Aimar d'Urre et la seconde, en premières noces, Claude d'Urre et, en 1498, Antoine de Clermont-Montoison, fils de Claude, seigneur de Rochebaudin et Félines. Peu de maisons dauphinoises ont été plus illustres. Indépendamment de leur origine commune avec les empereurs d'Allemagne, les Clermont occupèrent en Dauphiné une position élevée et se distinguèrent dans les combats. Guillemette Payan, veuve d'Humbert de Montoison, légua en 1380, le château de Rochebaudin à Antoine, fils de Geoffroy de Clermont et d'Isabelle de Montoison. Ce gentilhomme laissa une fille unique ; mais en vertu d'un pacte de famille de l'an 1398, les terres de Montoison et de

---

(1) M. le marquis de Boisgelin. *Généalogie des Adhémar.*

Rochebaudin firent retour à Claude, neveu d'Antoine de Clermont.

Le mari de Catherine Adhémar ne conserve pas longtemps les terres de Montfroc et Curel ; en 1540, elles passent à Balthazar Dupuy ou d'Alais ou Du Buys, selon l'Inventaire de la Chambre des Comptes de Grenoble et à Balthazar Dubois, d'après les notes de Guy Allard.

Le Dictionnaire topographique de la Drôme attribue Montfroc, en 1646, à un Bérenger, et Guy Allard à Gaspard Berger ou Bergier. Mais Guy Allard se trompe.

En effet, au témoignage de Chorier (1) Gaspard Bérenger de Morges, fils de César et d'Honorade Burillon, capitaine de chevau-légers dans les guerres d'Italie, épousa Marguerite de Pontevès, fille du seigneur de Buous en Provence, et eut d'elle un fils mort célibataire à Turin.

Or, La Chesnaye-des-Bois mentionne un François de Pontevès, baron de Montfroc, né du mariage de Jean avec Marguerite de Pontevès de Buous, premier consul d'Aix et procureur du pays de Provence en 1667, décédé sans postérité et dont les Forbin d'Oppède recueillirent la succession.

Marguerite de Pontevès, épouse de Gaspard Bérenger, était fille d'Ange de Pontevès de Buous et de Marguerite de Castellane, et sœur de Marie qui s'allia avec Léon de Valbelle, qualifié seigneur de Montfroc et de Ribiers.

A la suite d'une adjudication de 1672, Alexandre de La Tour-Gouvernet, mari de Lucrèce Dupuy-Montbrun de Villefranche, devint seigneur de Montfroc et sa famille le conserva jusqu'à la Révolution. Son histoire aura sa place naturelle dans la notice sur Saint-Sauveur et Gouvernet (2).

A la différence de Montbrun, aucune plainte ne s'y élève

(1) Histoire de la maison de Sassenage.

(2) Inventaire de la Chambre des Comptes, aux mots Montfroc et Curel. — Archives de la Drôme, E, 5117.

en 1789 contre les charges féodales. On sait par un dénombrement de 1540 que le seigneur y avait juridiction entière, la tasque de tous les grains sur certaines terres, les corvées, tailles et servis, les lods au 6e denier et des redevance pour les four et moulin, le tout d'un revenu de 150 florins par an.

L'administration municipale, en 1789, se composait de 2 consuls et d'un secrétaire et des chefs de famille assemblés sous la présidence du châtelain : 2 délégués répartissaient les tailles et 4 la capitation.

Au budget communal figuraient les traitements de l'instituteur, du mandeur et des gardes, l'entretien des passerelles et le cierge pascal.

Unique ressource des pauvres, la 24e partie de la dîme leur rapportait annuellement 14 émines de seigle du poids de 32 livres chacune.

Au point de vue religieux, le prieuré de St-Gervais dépendit d'abord de Lagrand et de l'Ordre de Cluny ; plus tard, des prêtres séculiers le desservirent. On y trouve comme prieurs Duclaux en 1735, Vernet en 1616 et Pontet en 1632. Ce dernier offrit à la commune 34 ou 35 cahiers de minutes de notaires qui nous auraient été fort utiles ; mais sa proposition ne fut pas acceptée ou les actes notariés eurent le sort des archives communales, encore existantes en 1789 et depuis lors perdues.

Les cloches de l'église et de la chapelle de l'Assomption furent bénites en 1772, en présence du représentant de Lucrétius-Henri-François-Charles, comte de La Tour-du-Pin, seigneur du lieu et de Françoise-Hippolyte de Lériget La Faye, domiciliés à Allan, près Montélimar (1).

Curel, détaché de la Drôme à la Révolution pour entrer dans les Basses-Alpes, eut les mêmes seigneurs et la même histoire que Montfroc.

---

(1) Archives de la Drôme, C. 4 et E. 5292.

MONTGUERS

Dans la vallée de l'Ouvèze, entre Montauban et St-Auban, apparaissent, sur la rive droite de la rivière, deux modestes hameaux, séparés par une église construite en 1688 et érigée en succursale en 1843 ; l'un s'appelle le Bas-Montguers et l'autre, le Haut. M. de Coston tire l'étymologie de ce nom de *Guez* ou *Guiers*, cours d'eau, de *Ker*, maison ou domaine et de *Guers*, nom de famille. Nous manquons de raisons pour adopter une de ces explications de préférence aux autres (1).

Faute d'archives communales, notre étude sera forcément incomplète.

D'après M. Bontoux, professeur, l'ancien village se trouvait sur une éminence, plus au nord et il cessa d'être habité au XVIe siècle. Aussi n'y voit-on plus que des ruines et notamment celles d'une église.

Une grotte taillée dans le rocher, dont ni les abords ni l'intérieur n'ont été explorés, révèlerait peut-être quelques traces d'une habitation préhistorique ; c'est à notre bienveillant correspondant à s'assurer du fait.

En revanche, la période romaine y est représentée par 4 ou 5 pièces de monnaie à l'effigie de Nerva, des anneaux de bronze, un médaillon, des tasses et soucoupes et 4 ou 5 fioles en verre, le tout découvert avec des ossements humains sous deux grandes tuiles plates dites sarrasines.

Plus tard, à l'origine de la féodalité, un château fort y fut construit par les Mévouillon, premiers chefs civils et militaires de la contrée, et passa ensuite par alliance aux Montdragon, qui prirent le nom de Montauban.

Une charte de St-Victor de Marseille, de l'an 1250, rap-

---

(1) M. de Coston, *Etymologies des noms de lieu de la Drôme.*

pelle la confirmation par Draconet, un de ces derniers, des possessions immobilières du prieur de St-Pierre d'Achais, donnée dans l'aire de Raymond Gaudalbert, à Montguers, en présence d'Hugues de Montbrun, d'Hugues de Beaumont et de Pierre, chapelain de St-Auban.

Le même Hugues et Rolland, damoiseau, reconnaissaient en 1276, tenir Montguers de Draconet de Montauban, et Hugues lui rendait hommage pour le château du lieu, puis les deux seigneurs disparurent.

Des Montauban la suzeraineté passa aux Dauphins, témoin les hommages de Randonne, fille de Draconet, de son mari et de Ronsolin de Lunel, son fils, de 1284 à 1291, et d'Hugues Adhémar de Monteil, héritier de Ronsolin de Lunel, en 1294.

A cette époque, l'histoire de Montguers paraît se confondre avec celle de Montauban; mais, de 1334 à 1413, une nouvelle famille possède le fief sous la dépendance des Dauphins et ensuite des rois de France : c'est celle des Ollivier.

L'*Armorial du Dauphiné* la fait sortir de Châteauneuf-de-Mazenc, où elle habite en 1318 ; toutefois, les archives de la Drôme la signalent avec la qualification nobiliaire à Rochemaure, Donzère et Montélimar, du XVe au XVIIe siècle, ce qui suppose plusieurs maisons du même nom.

Bertrand Ollivier dit Gouvernet, chevalier, se déclare vassal du Dauphin en 1344 pour Montguers et Mondon et Guillaume, en 1413, tiennent le même fief par indivis.

Marguerite Ollivier, épouse d'Antoine de Sales succède à ces derniers et s'il s'agissait ici du spirituel auteur des *Quinze joyes du mariage* et de *l'Histoire et plaisante chronique du Petit Jehan de Saintré*, la seigneurie aurait là une réelle illustration littéraire. Malheureusement une commune voisine de Taulignan et Grignan donna son nom à une famille de Salles (*de Salis*) et nous trouvons au Buis, Antoine un de ses membres au XVe siècle.

Les archives du Buis mentionnent aussi, en 1435, un Jehan

des *Molinis* parmi les créanciers de cette ville et l'appellent seigneur de La Penne et de Montguers ; il s'était allié avec Marguerite de Salles, fille d'Antoine, et possédait une tour à Nyons avec les Ollivier (1).

Après ces deux gentilshommes, vers 1500, Bertrand Martin, seigneur de Montguers refuse de payer au Buis sa cote d'imposition pour les gens de guerre ; Pierre Martin s'intitule juge de Beauvoisin et Benivay et lieutenant du vibailli du Buis en 1557, et il est en cette qualité, quelques années plus tard, chargé par de Gordes de répartir les aides données à La Roche-sur-le-Buis pour l'entretien de sa garnison.

Pompée de Guichard, en 1645, avait remplacé les Martin et Jean-Baptiste, son successeur, fut maintenu par le roi, le 24 septembre 1668, lui et sa postérité, en la qualité de noble et écuyer, avec jouissance de tous les privilèges de la noblesse. Cette famille venait de Provence et Jean-Baptiste demeurait à Apt. Il aliéna sa seigneurie à Charles de Gautier, dont la veuve, Catherine de St-André de Marnais de Verseil, en 1735, évaluait le revenu annuel à 462 livres, savoir : 9 charges de blé, à 16 livres l'une, 8 du fournage, 10 des moulins et 30 des corvées et la 30e partie des agneaux. Ce fut en 1754 que Montguers entra chez les Cohorn. Les ancêtres de Gabriel-François s'étaient fixés à Avignon en 1494. Pierre l'un d'eux, chambellan et général du roi de Suède Christian, avait suivi son maître à Rome ; il y tua en duel un favori du prince et se réfugia dans le Comtat-Venaissin, où sa postérité forma deux branches : celle de Limon et celle de La Palun. François-Gabriel-Joseph-Marie-Jean de La Croix, dit comte de La Palun, devint capitaine au régiment de Conti en 1743, et Joseph-Joachim-Thomas, dit le marquis de La Palun, fut gouverneur de la principauté d'Orange.

Le 13 septembre 1770, le comte de La Palun vendit Mont-

---

(1) Archives de la Drôme, E, 2720. — Invent. Marcelier, Nyons.

guers à Charles-Louis-Alphonse de Bonnaud d'Archimbaud' dont la Chambre des Comptes de Grenoble reconnut la noblesse l'année suivante. Consuls et habitants furent condamnés par le Parlement, en 1776, à lui passer une nouvelle reconnaissance. Les Bonnaud sortaient de Pertuis (Vaucluse) et Charles-Louis-Alphonse épousa, en 1764, Thérèse-Catherine-Marie de Moreau de Vérone, sœur du savant archéologue. Leurs biens ne furent pas confisqué à la Révolution, car, en 1808, M. Laget en acquit la meilleure part et ils sont aujourd'hui la propriété de M. Bontoux.

Telle est l'histoire sommaire du fief. Quand à celle du tiers état, la perte des archives la rend impossible, Rappelons seulement deux arrêts du Parlement de Grenoble, l'un de 1554 qui lui maintint le droit de pacage et l'autre un peu antérieur qui lui assura le devès de Rioms revendiqué par St-Auban.

Un dénombrement de 1541, fourni par Guillaume Martin, donne à ce seigneur toute juridiction, le vingtain ou le vingt-cinquain des céréales, les lods, les four et moulin et des redevances, valant le tout 60 livres. Ce revenu en 1735 atteignait 462 livres (1).

Placé sur le versant méridional d'une montagne, la commune, en 1835, se composait de 29 hectares de bois communaux, 218 de bois particuliers, 328 de terres labourables, 17 de vignes, 12 de prairies, 470 de pâturages, 26 de rivières et chemins, etc., total ; 1106. Quatre ans plus tard le revenu de ses 66 maisons arrivait à 823 fr. et celui de ses 1080 hectares imposables à 6,564 fr., soit 6 fr 08 pour chacun.

En 1873, les 4 contributions directes ont donné à l'Etat 890 fr. 76, au département 395 fr. 46, à la commune 1,125 fr. 49, au fonds de non-valeurs 46 fr. 78.

De 192 habitants en 1806, la population y est descendue à

(1) Inventaire de la Chambre des Comptes. — Id. des archives de l'Isère, B. 2941 et 1874. — Id. des Dauphins.

181 en 1891, après avoir été de 262 en 1820, de 272 en 1840, de 285 en 1850, de 251 en 1860, de 236 en 1870 et de 218 en 1880.

La distance de la mairie à Séderon, chef-lieu de canton, atteint 20,846 mètres, à Nyons 39,758 et à Valence 129,550.

Comme curiosités on y signale la fontaine de Cramy qui arrose le vallon de Basset et pourrait, avec quelques frais, fertiliser tout un plateau ; plusieurs sources minérales dans le ruisseau voisin de Ville-Vieille, exploitées autrefois, témoin les grandes baignoires en chêne trouvées en 1866 en cet endroit, et la source des prés de Casset qui alimente l'Ouvèze en temps de sécheresse.

Selon la tradition un saint berger du nom d'Agricol, naquit et mourut à Montguers à une époque indéterminée et l'on montre encore au devès les restes de l'étable ou couchait son troupeau. Les hagiographes n'ont pas connu ce saint personnage invoqué plus spécialement pour obtenir la pluie. Cependant les ruines de la chapelle bâtie en son honneur se voyaient encore naguère au quartier de Ste-Griffe (1).

MONTRÉAL

Malgré son nom d'origine royale, *Mons regalis*, cette commune, à l'exemple de Réauville (*Regalis villa*), ne présente ni les beautés, ni la splendeur d'une résidence de souverains. Elle occupe un plateau monotone, coupé de ravins, presque sans verdure et entouré de montagnes, entre Sahune et Remuzat, son chef lieu de canton, à 6,940 mètres de celui-ci, à 19,561 de Nyons et à 109,353 de Valence.

Son modeste village n'a conservé aucun monument re-

(1) Archives de la Drôme.

marquable et se compose de maisons de cultivateurs, groupées sans ordre en forme de cercle. Le monarque inconnu auquel il dut son nom devait rarement y séjourner, si toutefois il y est jamais venu.

Afin de n'être pas accusé d'assombrir à dessein le tableau, nous emprunterons nos renseignements aux réponses faites, en 1789, à la Commission intermédiaire.

Le territoire, y est-il dit, a une lieue et demie environ de circonférence, sans aucune grange ni hameau, le village excepté ; les deux tiers demeurent en friche à cause de leurs rochers et de leurs ravins, et le tiers restant produit à peine trois ou quatre fois la semence. On y récolte des céréales, du vin et de l'huile ; mais les derniers froids ont détruit la majeure partie des oliviers et des ceps. La production est insuffisante pour trois mois de l'année, et la nourriture ordinaire consiste en pain fait avec des grains mélangés, des glands, des pommes de terre et des légumes. Un devès communal sert au pacage et au bûcherage. L'absence de rivière exclut toute irrigation et quelques petites sources sont seules utilisées pour les jardins et les prés.

Faute de fourrage et à cause de la cherté du sel, le bétail à laine y est peu nombreux et le bétail de labourage aussi. Le seigneur lève la 20e partie des récoltes et des agneaux, 1 émine d'avoine de chaque habitant pour fouage, un quintal de foin de la 1re coupe par 20 quintaux et demi quintal au dessous de 5 quintaux, une cense foncière de 13 émines de blé et 12 d'épautre, les lods au 6e denier en cas de vente et au 12e en cas d'échange et une corvée des cultivateurs avec bœufs de labour. Les pauvres reçoivent la 24e partie de la dîme. Quant aux charges communales, elles résultent de la péréquation des tailles, du rendement des comptes, des honoraires du châtelain et du secrétaire, de l'entretien de l'église et de la maison commune et des travaux publics. L'administration municipale se compose de deux consuls et de trois conseillers, nommés chaque année en assemblée générale des habitants, sous la présidence du châtelain.

A cette époque, il y avait encore des archives fermées dans une caisse ; elles ont disparu depuis.

Que la condition générale de la population se soit améliorée avec le temps, cela se conçoit ; mais qu'elle soit brillante et enviable même aujourd'hui, le doute est permis.

La commune, en 1835, comprenait 16 hectares de bois communaux, 204 de bois particuliers, 262 de terres, 23 de vignes, 6 de prés, 412 de paturages, 27 de ruisseaux et chemins, 75 de fonds inexploitables, en tout 1,026 hectares. M. Mermoz, en 1839, évaluait à 572 fr. le revenu de ses 50 maisons, et à 10,558 fr. celui de ses 999 hectares, soit 10 fr. 57 l'un. Les 4 contributions de 1873 ont rapporté à l'Etat 1,035 fr. 77, au département 498 fr. 05, à la commune 997 fr. 10, aux non-valeurs 45 fr. 24, total 2,576 fr. 16.

Quant à la population de 180 habitants environ en 1789, elle est de 154 en 1892 après avoir été de 173 en 1820, de 220 1840, de 215 en 1850, de 170 en 1860, de 172 en 1870 et de 158 en 1880.

Essayons maintenant d'aborder l'histoire de la commune aux différentes époques préhistorique, romaine et féodale. Des deux premières on ne sait rien, malgré le nom de Mars, donné à Marsoin ou Marsenne, dans le voisinage ; seule, la dernière nous révèle quelques-uns des seigneurs du fief et nous les montre sinon revêtus de la puissance royale, du moins fort avant dans les bonnes grâces des souverains.

Comme il y avait deux baronnies, celle de Mévouillon et celle de Montauban, Montréal relevait par moitié de l'une et de l'autre. Ainsi la part de Draconet de Montauban passa à sa fille Randonne, à Ronsolin de Lunel, fils de Randonne et par Ronsolin aux Adhémar et aux Dauphins, de 1284 à 1308.

Cette succession de maîtres nous a été révélée déjà par les précédentes notices. Mais comment les Poitiers, comtes de Valentinois, avaient-ils obtenu des droits de suzeraineté jusqu'au sein des Baronnies ? La réponse n'est pas facile. Bornons-nous à constater qu'en 1246 Philippe ou Philippine de Fay, comtesse de Valentinois, s'intitulait dame de Fay, Montléal (Montréal), Carrières, Corances, Lavoulte et de plusieurs autres terres en Vivarais, et que Guy Allard a pu être induit en erreur par la synonymie des noms (1).

Dans la part des Mévouillon, nous sommes en présence de toute une hiérarchie féodale. Au sommet se trouvent les évêques de Die (1230-1242), au 2e échelon les Mévouillon et au 3e les Sahune.

Les documents conservés ne parlent pas des prélats de Die ; les Mévouillon cèdent leur droits, en 1293, aux Dauphins et ceux-ci, l'année suivante, aux Adhémar. Quant aux Sahune, le premier, Gertut, en 1231, fut investi par les Mévouillon de Montréal et de Marti, Marsoin ou Marcenne et l'on a les hommages d'Artaud et d'Arnaud, ses successeurs, en 1242, 1282 et 1288.

Jean de Sahune, en 1334, se déclara vassal du dauphin Humbert II, et lui vendit ses droits en 1336. Le prince devenu seigneur supérieur et possesseur du domaine utile, ne tarda pas à aliéner la baronnie de Sahune, dont Montréal faisait partie, à Raymond V, prince d'Orange, pour 15,000 florins d'or, de 1341 à 1343.

Il a été question plusieurs fois déjà de la famille des nouveaux seigneurs, que la légende fait sortir des rois mages, et l'histoire, d'un seigneur provençal de la fin du Xe siècle. Tiburge, héritière des anciens comtes d'Orange, en épousant Bertrand de Baux, en 1150, lui porta ses biens et ses droits de suzeraineté. L'histoire de leur postérité nous éloignerait de notre sujet, bornons-nous à rappeler que Guillaume 1er, fils de Bertrand de Baux et de Tiburge, laissa Guillaume II, Bertrand II et Raymond 1er, coprinces d'Orange ; que Guillaume II eut Guillaume III, marié, en 1239, avec Galburge de Mévouillon, et Raymond 1er, seigneur de Suze, et que

(1) Anselme, *Hist. des grands officiers*, t. II. Guy Allard, Notes mss.

Raymond Ier, prince d'Orange, mari d'Eléonore de Genève, fut père de Bertrand IV, aussi prince d'Orange, et celui-ci de Raymond IV, marié avec Anne de Viennois, fille de Guy, baron de Montauban.

Raymond V, né de cette alliance, épousa d'abord Constance de Trian, de Tallard, et ensuite Jeanne de Genève et Marie, sa fille unique du 2e lit, donna sa main à Jean de Châlons, en 1282.

Ces détails généalogiques étaient indispensables pour l'intelligence de quelques faits révélés par l'*Inventaire chronologique et analytique des chartes de la maison de Baux.* Ainsi, Raymond V, à la suite de quelques difficultés avec Guillaume, son frère, lui assura, en 1350, une rente de 100 florins sur Montréal et la peyrière de Sainte-Jalle ; huit ans plus tard, le même Raymond recevait d'Amédée III, comte de Genève, pour la dot de Jeanne de Genève et pour les droits de Mathilde de Boulogne, mère de cette dernière, 12,000 florins d'or, dont 1,000 sur les châteaux de Montréal, Arpavon et Curnier.

Lors du mariage de sa fille avec Jean de Châlons, le prince leur céda Condorcet et se réserva Montréal. Peu de temps après, Marguerite de Baux, fille de Bertrand, frère de Raymond V, se qualifiait dame de Montréal, et épousait Hugues de Saluces, seigneur de Suze-la-Rousse, qu'il échangea contre Montréal (1390).

Comment cette seigneurie fit-elle retour à Marie de Baux, femme de Jean de Chalon ? (1) nos documents ne le disent pas.

La famille du nouveau seigneur descendait des anciens comtes de Bourgogne et joua un rôle dans les guerres de ces derniers avec la maison d'Orléans. Elle se brouilla avec Louis XI, et ses biens des Baronnies ayant été confisqués, Imbert de Bathernay, favori du monarque, les reçut à titre

(1) Les auteurs écrivent Chalon et Chalons.

de cadeau et en rendit hommage en 1468. Il en fut à son tour dépouillé sous Charles VIII, en 1483, et les Chalons les reprirent.

Guillaume, l'un d'eux, avait eu un fils illégitime appelé Etienne, qui s'unit avec Catherine de Poitiers et eut d'elle Gaucher donateur de Montréal aux Poitiers d'Allan, en 1501. Ses héritiers, Louis, Jean et Charles, descendaient par François, de Lancelot, fils naturel du Louis II, dernier comte de Valentinois, et ils se reconnurent vassaux du roi-dauphin.

Comme Jean, l'un des trois, laissait une fille du nom de Blanche, elle épousa en 1545, Gaspard Pape, capitaine de 300 hommes de pied, seigneur de St-Auban.

Guy Pape, né de ce mariage, et Jean-Louis de Caritat-Condorcet, son beau-frère (1), vendirent, le 21 octobre 1602, la seigneurie de Montréal à Paul de Fortia pour 3,500 écus et 50 d'étrennes, et Henri IV leur fit grâce des lods.

L'*Histoire de la maison de Fortia* nous apprend qu'elle sortait de Catalogne et que l'un de ses membres s'établit à Montpellier vers 1389. Jean III fut trésorier-général du Comtat et mourut en 1553 ; Marc, son fils, est regardé comme l'auteur de la branche de Montréal. Né du mariage de Jean, domicilié à Pernes, avec Françoise de Seytres, Paul, officier de la galère la *Montréale*, acquit Montréal en 1602, combattit devant Gênes en 1638 et y fut blessé mortellement. Gaspard, son fils, le remplaça et laissa Jules, dit le marquis de Fortia, marié en 1684 avec Françoise de Sassenage et décédé à Bédarrides en 1721. Leur descendant, Gaspard ou Charles-Gaspard, dit le marquis de Montréal, capitaine et mestre de camp de cavalerie, fut père de la duchesse de Gadagne (Françoise-Gabrielle-Charlotte de Fortia) et de la marquise de Calvisson (Gabrielle-Thérèse). Montréal appartenait à la première en 1790.

Cet exposé sommaire permet d'apprécier l'importance his-

(1) Il avait épousé Françoise Pape.

torique de la seigneurie ; un volume entier suffirait à peine pour écrire l'histoire de tous ses possesseurs (1).

Grâce à un livre de *reconnaissances* passées par ses vassaux, de 1690 à 1717, à Jules de Fortia, il est possible de connaître la condition des habitants. Le seigneur y jouit de la justice haute, moyenne et basse, du vingtain de tous grains et légumes, payable à l'aire, de celui de la vendange, des agneaux et chevreaux, d'une cense, d'une émine d'avoine par chef de maison et d'un quintal de foin par 4 et ensuite par 20 quintaux de la 1re coupe, de tout propriétaire de prés, d'une corvée par paire de bœufs, d'un fromage des possesseurs de troupeaux, des lods au 6e denier pour vente et au 12e pour échange, du pulvérage dû par les troupeaux étrangers de passage, des amendes pour délits de chasse et de pêche, des droits d'aubaine, de prélation et de banalité des four et moulin (2).

Indépendamment de ces droits généraux, 40 habitants du lieu et 8 forains payaient des redevances spéciales à cause de leurs biens : Rey, curé, devait par exemple, 7 pites et une obole pour terres à Serre-Ribaud, aux Vignasses, en Côte-Cuirasse, St-Julien, Lafont, l'Oche, Grand-Pré et une maison au bourg ; Armand, 2 oboles pour terres à Font d'Arayre et clos de La Lauze, demi cosse de blé pour terre à Barmart, 2 civayers d'épeautre pour maison, etc.

Au point de vue religieux les détails font défaut. Il est permis de croire que l'abbaye de Bodon, à St-May, évangélisa la contrée entière et que plus tard les moines bénédictins de l'Ile-Barbe y entretinrent un curé. Aujourd'hui le service y est fait par le desservant de Sahune.

On y remarque les fontaines des Nayses comme curiosité.

---

(1) M. E. de Mandrot a publié un savant ouvrage sur les seuls Bathernay.

(2) La communauté, en 1770, acquit les four et moulin ; mais la pension due pour cela absorbait tout le revenu espéré. — Drôme, E, 3039.

NYONS

I. — Topographie

Arrivé au chef-lieu de la baronnie de Montauban et de l'arrondissement que nous parcourons, il est tout naturel de lui consacrer une notice plus étendue. Peu importe que d'autres écrivains nous aient déjà précédé ; il est toujours possible de rajeunir un sujet par des recherches nouvelles, et d'imprimer ainsi à chaque notice un cachet spécial beaucoup mieux qu'une rédaction purement littéraire. Au surplus, ce genre de travail n'a jamais rien de définitif et d'absolu, et la découverte de documents inédits permet de le recommencer sans cesse.

Trois choses, au dire d'un auteur, sollicitent à Nyons l'attention du touriste et de l'archéologue : sa situation privilégiée, son pont et la singularité de son vent appelé le Pontias (1).

Recherchons d'abord les appréciations des écrivains sur ces trois points ; nous examinerons ensuite la part intéressante de chacun d'eux, après avoir confessé humblement, toutefois, qu'à l'heure actuelle, le pont, jadis curieux, a perdu tout prestige, depuis la démolition de sa tour du milieu et de sa porte inférieure sur la rive droite, amenant de bas en haut par un détour passants et voitures de la route de Mirabel, d'où provient le dicton : « Qu'il fallait passer sous le pont avant de passer dessus. »

Gervais de Tilbury, maréchal de l'empire, le plus ancien auteur qui parle de Nyons, en constatait, vers 1210, l'existence dans le royaume d'Arles et dans l'évêché de Vaison,

(1) D'Expilly, *Dictionnaire géographique, historique et politique des Gaules*, au mot Nyons.

l'appelait un lieu très peuplé et donnait la légende du Pontias apporté là de la mer, dans son gant, par S. Césaire (1).

Aimar du Rivail, au XVIe siècle, se bornait à copier son prédécesseur et à vanter les fruits succulents du territoire de la ville et ses murailles capables de la défendre sans le secours de l'artillerie (2).

Après lui, à cent ans de date, Suarès, évêque de Vaison, décrivant son diocèse en vers latins, dérive *Pontiac* d'une colonie pontienne et ajoute, d'après son traducteur :

Au pied d'un roc paroit la cité de Nyons,
De ses concavités sortent des aquilons,
Ces aquilons bénins rendent son champ fertile.....

Il attribue ensuite ces aquilons et une eau merveilleusement efficace contre les maladies, sortie du même roc, aux prières de S. Césaire (3).

Nous parlerons plus loin de Gabriel Boule qui publia, en 1647, une *Histoire naturelle ou relation exacte du vent particulier de la ville de Nyons en Dauphiné, dit le vent de S. Césarée et vulgairement le Pontias*, et d'un voyageur hollandais, Dumont, expliquant le même vent au moyen de la situation du bourg au pied de montagnes, « si rappro-« chées les unes des autres qu'à peine laissent-elles le pas-« sage à une petite rivière qu'on nomme Egues, sur laquelle « on voit un fort beau pont d'une seule arcade, appuyé des « deux côtés sur deux rochers (4). »

En résumé, les plus anciens auteurs paraissent peu soucieux d'une description exacte.

C'est à l'abbé Jean-Joseph d'Expilly, auteur du *Dictionnaire... des Gaules*, qu'est dû le premier mémoire détaillé

---

(1) *Otia imperialia*, manuscrit.
(2) *De Allobrogibus libri novem.*
(3) *Histoire de l'Eglise de Vaison*, par le P. Boyer de Ste-Marthe.
(4) *Voyages* de M. Dumont, in-12, 1698.

sur Nyons, œuvre probable de quelque lettré du pays même, et dont voici l'analyse et des extraits :

La ville est située au pied du Col de Devès, sur la rive droite de l'Eygues. Au-dessous du détroit des Pilles, la vallée a demi-lieue de largeur, et sa longueur va se perdre au couchant dans les plaines du Rhône. « Elle présente le spectacle d'un grand jardin, arrosé par mille différents canaux, tapissé de la verdure des prairies, rempli d'une infinité de légumes divers et d'une grande quantité d'arbres dont les fleurs et les fruits embaument les promenades de la belle saison.

« Deux chaînes de montagnes qui s'élèvent insensiblement sur une infinité de coteaux, servent comme d'amphithéâtre à cette plaine et l'enveloppent de deux rideaux couverts de forêts d'oliviers, entremêlés de vignobles. Du côté du nord, ces montagnes semblent élever à dessein leurs têtes hérissées de grands arbres pour arrêter la violence du vent ; au midi, au contraire, elles semblent les baisser pour donner un libre cours aux rayons fécondants du soleil.

« Nyons appuie sa droite sur la montagne de Pied-de-Vaux et sa gauche sur le plateau du Guard, dominé par la montagne de Garde-Grosse.

« Cette position en fait la clef de la partie septentrionale des Baronnies. Aussi les premiers habitants entourèrent-ils leurs maisons d'une ceinture de murailles flanquées de tours et percées des portes du *Pont*, au levant, du *Marché*, au couchant, de *St-Jean*, au midi et du *Clédan*, au nord.

« Trois quartiers distincts, chacun d'une époque différente, forment l'agglomération et communiquent entre eux au moyen de portails intérieurs. Le premier quartier, dit des Forts, avec ses deux rues parallèles, bâties sur la croupe d'un petit col, représente le Nyons primitif; il tire son nom : 1° du château delphinal, à la tête des deux rues précitées ; 2° du vieux château placé à leur naissance ; 3° enfin de la Tour Randone, au milieu. Il ne reste guère de tous les trois que des masures, à l'exception du logement du curé au vieux château. Chaque rue a sa fontaine et son portail; sur celui du grand fort apparaissent les armes de France et des dauphins, et celui du petit fort s'appelle portail Jarenton.

« Ce quartier représente le manche du marteau qui forme la figure de toute la ville, et le deuxième quartier, dit des Halles, en est la tête. Celui-ci possède l'église paroissiale, le couvent de St-Césaire, l'hôpital, le temple protestant (démoli), l'hôtel du gouverneur, l'hôtel de ville, une fontaine, la vieille place, le sétier ou magasin à blé et les halles, embrassant un grand carré sur lequel elles s'ouvrent par dix ou douze arcs à chaque face. Une animation particulière règne dans ce quartier qui touche aux places St-Jacques et du Marché-Neuf et communique avec celui des Bourgs par le portail de la Pomme, contigu à la tour du clocher et par deux ouvertures voisines des portes du Clédan et de St-Jean.

« Enfin le troisième quartier ou les Bourgs, à l'est du précédent, va se rétrécissant jusqu'à l'Eygues et au pont. Quatre rues le traversent; deux partent de la place du Barriol et deux de la place de la Conche ou grande fontaine. Là se trouvent les manufactures de savon et la chapelle des Pénitents. »

Cette description écrite, vers 1770, est restée exacte sur divers points : ainsi les Forts ont conservé leurs rues étroites, leurs portes basses et à plein cintre et leurs croisées à meneaux ; les Bourgs n'ont guère subi non plus de changements, bien que la rue principale suivie par la route du Rhône aux Alpes ait pris un air de ville moderne avec ses nombreux magasins ; quant aux Halles, si pittoresques et si utiles dans un pays où règne le soleil, elles ont perdu une bonne part de leur antique usage. Inutile d'ajouter que les savonneries, l'hôtel du gouverneur, le couvent et le sétier n'existent plus.

Au temps d'Expilly, les bords du plateau du Guard montraient encore une ancienne citadelle protégeant la rive gauche et démolie sous Louis XIII.

Cet auteur n'a pas manqué de rechercher les causes du Pontias ; ses explications et celles de différents auteurs nous fourniront le sujet d'une étude spéciale. Rappelons seulement ici que la périodicité de ce vent donne au climat de Nyons une salubrité extraordinaire et que les *Affiches du Dauphiné* du 19 août 1774, comptaient sur une population de 2,942 personnes, 62 hommes de 85 à 87 ans, 19 de 90 à 92, et 2 de 95, et 51 femmes de 85 à 88 ans, 14 de 90 à 92 et 1 de 95.

Guettard, dans sa *Minéralogie du Dauphiné* parue en 1779, s'efforça par des études orographiques et hydrographiques d'expliquer le Pontias. La ville, dit-il, est bâtie sur la rive droite de l'Eygues, au pied de la montagne du Devès derrière laquelle se trouve celle de Vaux ; Eoupe et Herpen forment avec la dernière, le col d'Aubenas, vers l'est ; Rossetti, ainsi nommé de la couleur de ses sables ferrugineux, domine Vaux ; entre Rossetti et le Devès s'ouvre la combe de Bourdeaux ; sur la rive gauche, du levant au couchant, se dressent les montagnes de Garde-Grosse, de St-Jaume et de Bruyères avec le serre de Lauzière à l'extrémité.

Amené de la Moselle à Nyons, avec un sous-préfet, M. Delacroix aurait pu dans son *Essai sur la Statistique de la Drôme* (1817) donner une description nouvelle du pays ; il se contenta d'analyser celle d'Expilly dont il reconnaissait par là l'entière exactitude.

M, Scipion Gras (1835) esquisse la physionomie de Nyons au point de vue de l'explication du Pontias (1) et un enfant du pays, dans l'*Album du Dauphiné* (1839), la décrit sans autre parti pris que celui de la vérité.

« Quoique élevée à 142 toises au-dessus de la mer, la ville, doit à ses montagnes son climat qui ne le cède à aucun autre. Tout accès est interdit aux vents du nord et du levant. En hiver le thermomètre s'y maintient à 5 ou 6 degrés au-

(1) *Statistique minéralogique de la Drôme.*

dessus de la température de Grenoble ; l'été seul y serait intolérable, si la nature ne lui avait donné un correctif dans le vent Pontias. Pour se faire, au reste, une idée de cet air si doux et si transparent, de ce beau ciel si bleu qui ne sait donner de la neige que comme une curiosité, il suffit de considérer les produits du sol. Les terres de Nyons ne sont qu'une forêt d'oliviers ; la côte, jusqu'au delà de Vinsobres, l'emporte peut-être sur le Mont-d'Or de Manosque ; le grenadier, le laurier, toutes les espèces de figuiers et d'arbres à fruits, le jujubier y prennent leur entier développement. Les montagnes sont couvertes de chênes verts, d'arbres de Judée et d'une grande variété de plantes aromatiques. Souvent il s'écoule 12 ou 15 années pendant lesquelles l'oranger pourrait subsister en pleine terre.

« Le Pontias souffle, la nuit, de 5 à 6 heures du soir à 9 ou 10 heures du matin, et même plus tard ; en été, son règne est plus court, et parfois les chaleurs de juillet et d'août parviennent à l'étouffer entièrement. Son souffle est continu ; il ne va pas par bouffées, et il est toujours froid même en été. Il parait cesser quand la bise tient vivement la campagne ; mais le vent du midi ne fait que l'irriter et augmenter ses forces. Faible en commençant, il croît successivement et diminue de même avant de finir. Son cours est celui de la rivière, et il reste dans de certaines limites, au point qu'un champ de blé est chargé de rosée à côté d'un autre très sec. G. Boule dit qu'en hiver, il s'étend quelquefois jusqu'à Orange, tandis qu'en été, il ne dépasse pas le Jeu de mail existant de son temps à 200 pas au-dessous de la ville ; en amont du pont, il atteint seulement la montagne d'Eoupe à un quart de lieue. »

Après l'*Album du Dauphiné*, M. l'abbé Vincent (1860) s'est contenté d'analyser Expilly ; puis est venu M. Victor Cherbuliez, dans son roman de *Prosper Randoce* (1878), qui a consacré la réputation de Nyons, situé dans l'un des plus jolis pays du monde. « Assise au pied d'un rocher au bord de l'Eygues, cette petite ville se trouve placée à l'issue d'un étroit défilé où s'enfonce la grande route de Gap, et à l'entrée d'un riant vallon, qui s'évasant par degrés, va se réunir au loin à la grande vallée du Rhône. Favorisé d'un ciel clément et presque toujours pur, arrosé d'eaux courantes, ce petit coin de terre est d'une fécondité merveilleuse, et peu s'en faut qu'il n'y règne un éternel printemps. Des côteaux l'abritent contre les vents du nord ; le mistral a beau déchaîner ses fureurs sur le plateau de Valréas, c'est à peine s'il se fait sentir aux habitants de Nyons par quelques rares bouffées qui leur font pousser de hauts cris. En été, les chaleurs sont tempérées par une brise locale vraiment singulière qui semble sortir des fissures d'un rocher ; ce vent frais et caressant, tout à fait semblable à une brise marine, a reçu le nom de vent Pontias, et croyez que les Nyonçais sont aussi fiers de leur vent Pontias que les Marseillais peuvent l'être de leurs quatre ports et de leur Cannebière. Par les accidents du sol, par la richesse de la végétation, par l'abondance des eaux, cet heureux pays ressemble au Dauphiné et à la Suisse ; mais il est éclairé et réchauffé par un autre soleil, et les cultures s'en ressentent. Elles annoncent déjà la Provence ; de toutes parts d'immenses vergers d'oliviers montent à l'assaut des arêtes rocheuses, les escaladent victorieusement, les couronnent de leurs feuilles argentées, que dominent des forêts de chênes verts. Bref, c'est une sorte de petite Suisse provençale, où tout semble avoir été ménagé pour étonner à la fois et pour charmer le regard.

« Sur la rive gauche de l'Eygues se dressent les monts de Garde-Grosse, qui, arrondis en forme de cirque, couvrent Nyons au midi ; sur le devant règne une large terrasse qui est comme l'entresol de la montagne et qu'on nomme le plateau du Guard..,.. Rien de plus riant que ce plateau. On y respire l'air vif et fortifiant des montagnes, et l'on gagnerait aisément le vertige au bord des précipices qui en défendent les approches du côté de la rivière : mais c'est une montagne apprivoisée par le doux soleil du midi et qui a dépouillé toute sa sauvagerie primitive, Elle a fait amitié avec l'homme, elle se prête à toutes ses fantaisies, et pour lui plaire, elle s'est transformée en un jardin où le pin se marie au figuier, le cyprès au pêcher, la fleur d'or du genêt aux boutons rosés des amandiers ; sur le plus élevé des gradins, on trouve un castel moitié seigneurial, moitié rustique... Ce castel est appelé dans le pays le château du Guard, et aussi le fort de l'Aiguille, à cause d'un rocher qui se trouve près de là et qui porte son nom, bien qu'il ressemble plutôt à un gigantesque doigt de pierre levé vers le ciel, en signe d'invocation ou de menace. »

Voilà certes une description réellement littéraire, et si nous la faisons suivre de celle d'un artiste lyonnais, qui tout en s'excusant de ne pouvoir « peindre la lumière, » nous a donné un tableau de maître, c'est uniquement pour montrer l'unanimité des auteurs sur les beautés du paysage.

« Je ne puis le comparer dans son ensemble, dit-il, qu'à une anse, mieux à une baie spacieuse dont la petite ville occupe le fond au centre. Au delà de la rivière, au midi, et ne laissant place qu'à une route entre le lit et les pentes à pic, s'élève par étages successifs un beau groupe de montagnes, à silhouette tantôt aigüe, tantôt arrondie. Dans l'entrelacement de leurs plans, dans leurs mouvements variés, elles forment la moitié de la courbe...

« Le côté opposé, l'autre moitié de l'anse, est fait par une montagne un peu moins haute, longue en forme de carène...

« Voilà donc deux côtés de notre baie fermés ; mais qui les protègera des âpres vents de l'Orient, car les deux montagnes laissent entre elles un espace ? La Providence y a pourvu. C'est le rocher même au bas duquel est bâtie en échelons notre petite ville et dont l'éclatante blancheur, malgré les taches de bouquets noirs d'yeuses et de kermès à cochenille, renvoie ardentes, sur la ville et ses murailles les flèches de Phébus à la chevelure d'or...

« Les deux côtés du cirque immense vont en s'abaissant, en se rapprochant comme deux bras à l'horizon pour fermer le cercle, enceignant une plaine ondulée qui n'est tout entière qu'un verger d'oliviers d'un gris doux, sauf une large zone toute verte, découpée le long de la rivière... »

La description entière se lit dans les *Lettres de Valère colligées*, par Nizier de Puits-Pelu (1).

Nous n'ajouterons plus qu'un mot. La ville sort chaque jour de son ancienne enceinte de murailles et se porte au levant et au couchant le long des routes. Là s'élève peu à peu un nouveau Nyons, rempli d'air et de lumière. C'est l'avenir qui s'installe, et lorsque une voie ferrée se détachant de la ligne de Paris à Marseille amènera chaque jour par centaines les touristes, en été, et les malades en hiver, l'ancienne capitale des Baronnies ne peut manquer de prospérer et de s'agrandir rapidement.

II. — Les temps anciens.

L'origine de Nyons a donné lieu à de nombreuses hypothèses : Suarès, à cause du Pontias, y a vu une colonie venue des bords du Pont-Euxin ou Mer Noire ; d'autres disent de la Phocée, comme à Marseille. Scaliger, Holstein, et les Pères Hardouin et Sirmond y retrouvent le *Neomagus* de Ptolémée ; Fortia d'Urban y fait passer Annibal et G. Boule, une route d'Italie très fréquentée. Sur quoi reposent toutes ces opinions ? Il serait bien difficile de le dire, et la critique historique ne saurait les admettre.

Toutefois, peut-on supposer que l'homme préhistorique, rencontré à Mirabel, que les Gaulois et les Romains aient dédaigné un site si merveilleux ? Nullement. La culture des collines voisines a seule dispersé les armes de chasse et de guerre, en silex, en pierres dures des Alpes, en bronze ou

(1) Lyon.

en fer dont se servaient les premiers habitants du col du Devès ; voilà tout. Les faits et gestes des tribus vocontiennes qui eurent pour capitales Vaison, Luc et Die, uniquement confiés à la tradition, ont péri avec elles.

Quant aux Romains, venus en Gaule un siècle environ avant notre ère, ils s'établirent peu à peu dans le vaste territoire conquis, et choisirent sans doute les parties les plus fertiles et les mieux situées. Leur présence est constatée à Nyons par deux inscriptions seulement, l'une trouvée à Tain et l'autre dans la localité même, puis transportée à Lyon.

La première, au témoignage de M. Allmer, excellent juge en la matière, rappelle un monument élevé après la mort de l'empereur Adrien (10 juillet 138) à Quintus Valerius Macedo, questeur, leur patron, par les habitants du Buis et par les *Noiomagenses* ou habitants de *Noiomagus*. Or, selon la judicieuse remarque du savant épigraphiste, *Noiomagus* ne saurait être identifié avec *Neomagus*, cité des Tricastins, d'après Ptolémée, et cela pour une excellente raison, c'est qu'à l'époque de ce géographe, c'était comme Le Buis un simple *vicus* ou bourg des Vocontiens.

Conséquemment il faut en conclure que *Neomagus* différait de *Noiomagus* et que le premier occupait l'emplacement de St-Paul-trois-Châteaux, en opposition à *Senomagus* ou St-Pierre de Senos (1).

La 2e inscription trouvée dans les anciens remparts avec d'autres pierres antiques porte :

A. L. XXXIII	*Area lata (pedes XXXIII)*
VALERIA	*Valeria Secundina*
SECUNDI	*Ex voto libens*
NA EX VO	*Merito.*
TO L. M.	

(1) *Bulletin de la Société d'archéologie de la Drôme*, VI p. 355.

soit en français : « Emplacement de 33 pieds de large, Valeria Secundina avec reconnaissance, en accomplissement d'un vœu. »

La première ligne se lit sur la face antérieure de la lysis au-dessus de la corniche (1).

En 1850, M. Brès, juge d'instruction à Nyons, enrichit le musée Calvet d'Avignon d'une tête diadémée de femme, en marbre blanc, d'un bon style, œuvre probable d'un artiste grec, paraissant d'une antiquité reculée et trouvée à *Noiomagus* (2). De leur côté, l'*Album du Dauphiné* et l'*Histoire de la ville de Nyons* y signalent sans détails la découverte de tombeaux, de médailles et de fragments de vases de l'époque romaine. Pourquoi toutes ces épaves n'ont-elles pas été recueillies par un collectionneur intelligent, ami de son pays et de la science archéologique ? On possèderait de la sorte des éléments sûrs d'appréciation.

Quant à l'inscription de C. Luconus Tetricus, préfet chargé de la répression des brigandages, elle a été négligée à dessein comme appartenant à Nyon en Suisse, au témoignage de Spon, de Plantin, d'Orelli et de Brunzen de La Martinière.

Dès lors que les Romains et les Gallo-Romains possédèrent un *vicus* à Nyons et, sans doute aussi, un fort confié à quelques soldats pour défendre la vallée, ils y développèrent l'agriculture, au moyen de fermes agglomérées ou éparses, que les barbares dévastateurs des villes et villages voisins du Rhône allèrent ravager au Ve siècle. On manque de documents sur ces époques lointaines ; cependant les auteurs assurent que S. Césaire, archevêque d'Arles de 501 à 542, ayant remarqué l'heureuse situation de Nyons lui destina une colonie des religieuses placées sous la direction de

---

(1) *Revue épigraphique du midi de la France*, n° 15 et Flor. Valentin, *Mélanges*.

(2) Catalogue manuscrit du Musée.

Césarie ou Césarée, sa sœur. Ce prélat, originaire de Chalons-sur-Saône, avait d'abord été moine à Lérins ; il fit rédiger des prières à l'usage des fidèles en latin et en grec, preuve manifeste de l'usage de ces deux langues dans le Midi, et fonda près de sa ville une abbaye de filles où la clôture e l'abstinence étaient perpétuelles.

Elle pr. le nom de son fondateur et forma dans la vallée de l'Eygues, à Saint-Pierre des Champs, près du chemin de Vinsobres et à St-Vincent, dans Nyons même, un établissement qui assurait les secours religieux à la population agricole (1).

Pendant deux siècles environ la tranquillité règne dans la vallée, malgré les commotions politiques suscitées par la guerre des rois francs contre ceux de Bourgogne ; puis, une invasion de Sarrasins vers 737 vient jeter l'épouvante à Vaison qui est saccagé, et dans tout le diocèse les ruines s'accumulent. Malheureusement les détails précis font défaut.

L'élévation de Boson au trône de Bourgogne, en 879, n'amena sans doute aucun changement sensible dans la situation d'un bourg fort éloigné du théâtre des luttes soutenues par les successeurs de ce monarque, et quand la mort de Rodolphe III laissa l'autorité souveraine aux mains de ses officiers et gouverneurs, chacun d'eux se rendit indépendant et ceignit sa demeure de murailles et de tours : c'est l'époque de la construction des nombreux châteaux forts des Baronnies.

Tout d'abord, les religieuses conservèrent leurs biens et leur influence, sans éveiller les convoitises des seigneurs voisins ; elles étaient placées, d'ailleurs sous la protection de l'Eglise, des papes et des successeurs de S. Césaire.

Un acte de 1033 nous apprend qu'Hictérius, archimandrite ou chef des abbés d'Arles, rendit à Ermengarde, abbesse de Saint-Césaire, l'abbaye de Saint-Vincent et de Saint-Fer-

(1) D. Bulteau, *Abrégé de l'histoire de l'ordre de Saint Benoist.*

réol, au comté de Vaison, avec ses fermes, églises, serfs, terres, prés, oliviers et cours d'eau pour lui rester unis à perpétuité, menaçant d'excommunication quiconque y toucherait. Cet acte passé en présence de Guilhem-Bertrand, comte de Provence, ne permet pas de placer Saint-Ferréol hors du territoire de Nyons, car autrement il aurait dépendu du comté de Die et non de celui de Vaison.

De leur côté, les papes Honorius III (1216-1227), Grégoire IX (1227-1241) et Clément IV en 1266 en renouvelant les privilèges anciens de Saint-Césaire lui confirmèrent la possession des châteaux de Nyons, Mirabel et Vinsobres. La bulle du dernier pontife mentionne expressément les églises de Saint-Vincent et de Saint-Pierre-des-Champs de Nyons, les biens de Visan et ceux des environs de Montélimar.

D'Expilly ajoute que l'empereur Frédéric II en 1214 reconnut l'autorité des religieuses dans les mêmes localités. Un fait certain c'est qu'en mai 1223 d'après un acte vidimé en 1260, le même prince prit sous sa protection le monastère et les biens de Saint-Césaire d'Arles et lui maintint la propriété des châteaux de Nyons, Mirabel et Vinsobres au diocèse de Vaison et celle de Visan au diocèse de Saint-Paul-trois-Châteaux.

Ces renseignements n'apprennent pas comment la colonie religieuse de Nyons devint maîtresse des lieux précités ; mais si l'on veut bien tenir compte de l'influence du clergé aux VIe, VIIe, VIIIe et IXe siècles, il est facile de s'en rendre compte. Les grandes familles tenaient à honneur d'enrichir les monastères où elles venaient souvent chercher le repos et le pardon de leurs fautes. Une charte de Cluny du 22 mai 1023 révèle à ce sujet un fait curieux. Pons et Léger, frères, donnent en effet à cette abbaye le quart du château de Mirabel, le quart de la villa et du château de *Garnum*, le quart des villas Pupiana, Texania, du château de *Picta vis* et de celui de Bar, la moitié de celui d'*Altonum*, etc.

Or, Mirabel, à côté de noms inconnus aujourd'hui, est

parfaitement reconnaissable ; *Guarnum* ou le Guard de Nyons ne l'est peut-être pas moins.

D'où il suit qu'une partie de la contrée appartenait dès lors à une maison puissante d'où sortirent sans doute les Poitiers, les Adhémar de Monteil et d'autres encore.

Un fait notoire c'est que les Adhémar figurent parmi les anciens bienfaiteurs de l'abbaye de Saint-Césaire et qu'ils lui donnèrent en 1210 divers immeubles situés entre Montélimar et Châteauneuf-du-Rhône (1).

Les possessions de Vinsobres et de Visan provenaient de libéralités semblables et l'affection ou la reconnaissance des habitants de Nyons valut aussi aux religieuses une bonne part de l'autorité dont elles jouirent plusieurs siècles entiers.

Mais une place qui ouvrait la porte des Baronnies ne pouvait manquer d'éveiller l'attention des Montauban, des de Baux et des Dauphins, et c'est alors que l'histoire de Nyons nous apparaît avec toutes les garanties de la certitude.

III. — Les Montauban et les de Baux.

Du haut de leur nid d'aigles, les Mévouillon, premiers suzerains connus du midi des Baronnies, ne paraissent pas avoir convoité la vallée de l'Eygues ; le Buis et les villages de celle de l'Ouvèze suffisaient, semble-t-il, à leur ambition. Mais, une famille, venue des bords du Rhône et des environs de Pierrelatte et de Bollène, ne tarda pas à s'agrandir à leurs dépens.

Draconet de Montdragon I, ayant obtenu la main de Sibuida de Mévouillon, occupa une place importante dans la contrée au XIIe siècle. Dans une charte non datée il parta-

---

(1) Expilly, *Dictionnaire... des Gaules.* — Archives de Saint-Césaire de Nyons. — Barthélemy, *Inventaire des titres... des de Baux* n° 484. — Bruel, Cartulaire *de Cluny.*

gea ses biens entre ses fils Draconet II, Raymond et Pons ; les deux premiers obtinrent Cairane, Suze-(la-Rousse), St-Marcellin-de-Vaison et des droits à Saint-Paul, Saint-Restitut,etc. ; Pons garda Montdragon en partie, Mornas et des vignes et condamines à Pierrelatte.

Draconet II joue un rôle dans la guerre des Albigeois et suit la fortune du comte de Toulouse ; en 1210, il est témoin d'un accord intervenu entre ce prince et Guillaume de Baux, et Raymond V, en partant pour l'Espagne, lui recommande son fils. Ces relations sont même cause de la ruine du château de Montdragon par Simon de Montfort (1).

Ce Draconet II et son fils Raymond, dit de Montauban, avaient dès l'an 1206, gagné la confiance d'Eldiarde, abbesse de Saint-Césaire d'Arles, que les bruits de guerre effrayaient sans doute et ils obtenaient d'elle les châteaux de Mirabel et de Vinsobres à titre de fiefs rendables, moyennant l'hommage et la promesse formelle de protéger et défendre le château ou enceinte fortifiée de Nyons et tous ses habitants. L'acte fut passé en présence de l'archevêque d'Arles, de Guillaume Falcon, de Bertrand de Nyons, de Raymond d'Eyrolles, de Pierre de Tulette, de Raymond de Caderousse, etc., avec l'autorisation du chapitre abbatial.

Une fois entrés dans ces places importantes, Draconet et son fils s'emparent de la moitié de Valréas, Montbrison,etc., comme faisant partie de la dot impayée de Sibuida, sœur de Raymond de Mévouillon. Celui-ci, de son côté, comme mari de Saure, fille de Guillaume-Jourdain de Fay et de Mételine de Clérieux, revendique les mêmes seigneuries.

Guillaume de Baux, nommé arbitre du différend, après avoir consulté les évêques de Viviers et de Vaison, décide que Draconet et son fils garderont la moitié de Valréas, de Montbrison et de Grillon, le château de Roussieux, le quart de Cairane et le fief de Guillaume de Mirabel et que Ray-

(1) Voir l'article Montauban.

mond de Mévouillon aura le château de Saint-Marcellin de Vaison.

Draconet II pour laisser entière à sa famille la baronnie de Montauban la transmit par testament de 1232 et par donation entre vifs de 1236 à Draconet III, fils de Raymond de Montauban, qui était décédé alors.

Or, Draconet II avait eu une fille, Draconette, mariée à Isoard d'Aix, issu des anciens comtes de Die et déshéritée par les actes de 1232 et 1236. Isoard, sans autre forme de procès, se mit en possession de certaines terres qu'il estimait revenir légitimement à son épouse, et pour s'assurer une alliance efficace, unit sa fille Malbérionne avec le prince d'Orange, de la maison de Baux (1).

Loin de s'effrayer, Draconet va investir Condorcet où son beau-frère s'était réfugié et d'où il a tout juste le temps de fuir.

Raymond de Mévouillon, nommé arbitre de la difficulté, mande devant lui les deux seigneurs ; Draconet III ne daigne pas se présenter et obtient quand même gain de cause.

On ne possède guère de renseignements sur ce baron, décédé en 1278 fort regretté de ses vassaux, d'après la tradition. Il avait épousé Almues ou Almuse de Mévouillon qui lui donna deux filles : Randone et Draconette. La première hérita de Montauban et s'unit d'abord avec Gaucelin de Lunel et ensuite avec Raymond-Geoffroy de Castellane ; la seconde fut également mariée deux fois, avec Bertrand de Baux, seigneur de Pertuis et avec Giraud Adhémar, de la branche de Rochemaure, coseigneur de Montélimar.

Randone, « très puissante et très altière baronne » légua en 1284 à Ronsolin, son fils du premier lit ses biens de Montauban, Aubres, Mirabel, Valréas, etc. On sait fort peu de

(1) Archives de St-Césaire de Nyons. — Art. de M. J. Chevalier, dans le *Bulletin de la Société d'archéologie de la Drôme* 1889,-90, livr., p. 445.

choses de ce fils, mort jeune encore, quelque dix ans après sa mère. Il avait épousé Béatrix de Genève, sœur d'Amédée, évêque de Valence et, se voyant sans postérité, disposa de sa baronnie en 1294 et 1295 en faveur d'Hugues Adhémar de Monteil et de ses biens du Languedoc en faveur de Raymond Gaucelin, seigneur d'Uzès.

Hugues, fils de Lambert Adhémar, seigneur de Lombers au diocèse d'Agde et de Bérengère de Lautrec, et petit-fils d'un seigneur de La Garde-Adhémar, était le neveu de Ronsolin.

Il ne paraît pas avoir joué d'autre rôle dans la contrée que celui de vendeur aux Dauphins de ses droits seigneuriaux et mourut en 1307, comme Humbert Ier de la Tour, mari de la dauphine Anne de Viennois, son acquéreur (1).

D'après ce qui précède, les actes des barons de Montauban relatifs à Nyons se réduisent à celui de 1206 qui les chargea de la protection et de la défense des religieuses et de leurs vassaux et à la reconnaissance que leur passèrent en 1242 Geoffroy et Raymond d'Eyroles, Falcon de Nyons et Pierre Gérente.

On ne rencontre plus les d'Eyroles dans la suite à Nyons et le portail Jarenton rappelle seul vraisemblablement les Gérente ; quant à la famille qui prit d'abord le nom de Nyons et ensuite celui de du Castel ou du Château, elle jouit d'une petite portion de la seigneurie de la ville jusqu'en 1413.

Ce lambeau de fief ne portait ombrage ni aux religieuses de Saint-Césaire qui le leur avaient probablement donné, ni aux Montauban, ni aux Dauphins, et ceci en explique la durée.

Il n'en était pas de même de la seigneurie principale, embrassant la ville et son territoire ; celle-là les Montauban, les Dauphins et les de Baux s'efforcèrent tour à tour de la posséder.

---

(1) *Bulletin de la Société d'archéologie de la Drôme.*

La légende fait descendre les de Baux des rois Mages d'Orient, et l'histoire, d'un seigneur des environs d'Arles, où Pons-le-Jeune, en 971, donnait une église à l'abbaye de Montmajour et, en 981, une terre contiguë au château appelé *Balcius*. Hugues, fils de Pons, mentionné dans plusieurs chartes, avec ses frères, ne laissa pas de postérité ; mais Raymond Ier, seigneur de Berre et mari d'Etiennette, fille d'un comte de Provence, eut pour héritier principal *Bertrand Ier*, prince d'Orange, de 1130 à 1181. De Bertrand Ier descendirent *Hugues*, auteur de la branche d'Avellin (1171) ; *Bertrand*, de celle de Berre ; *Tiburge*, alliée avec Lambert Adhémar et *Guillaume*, qui laissa Orange à sa postérité.

Hugues, consul d'Arles, en 1206, épouse Barrale, fille de Barral, vicomte de Marseille, et a d'elle, notamment, *Alasacie* ou *Adalaïs*, femme de Guillaume de Pertuis, et *Barral Ier*, marié avec Sibylle d'Anduze, nièce de Raymond VII, comte de Toulouse.

C'est à Barral Ier que remontent les droits de sa famille sur les seigneuries de Nyons, Mirabel et Vinsobres. Il avait obtenu, à prix d'argent, — moyennant 3,200 sols viennois, — d'Ermessende, abbesse de St-Césaire d'Arles, une inféodation des trois châteaux précités, sous la réserve de la haute seigneurie, du serment de fidélité et d'une cense annuelle d'un marc d'argent ouvré, le 29 décembre 1259, et si d'après l'acte, la modicité des revenus de ces fiefs en avait motivé la cession, elle ne laissait pas de préjudicier à celle de 1206 consentie en faveur de Draconet II et de Raymond de Montauban.

Aussi Bonafos, prieure de St-Césaire de Nyons, menacée d'un appel au pape par Draconet de Montauban, son frère, et par Raymond de Mévouillon, dit le Dominicain, désapprouva-t-elle, en 1260, l'inféodation consentie à Barral de Baux, l'année précédente, par l'abbesse d'Arles, sans avoir au préalable consulté son chapitre.

Draconet III de Montauban, en récompense de la docilité

de sa sœur, reconnut alors sa haute seigneurie et confirma toutes les acquisitions de l'Eglise de Nyons et tous les dons et legs qu'elle recevrait à l'avenir.

Barral de Baux, pour parer le coup, s'adresse à l'archevêque d'Arles et obtient de lui, avec le consentement d'Ermessende, un *vidimus* de la charte de confirmation à St-Césaire des châteaux de Nyons, Mirabel et Vinsobres, donnée en 1223 par l'empereur Frédéric II.

Malgré ces précautions, un différend surgit entre lui et Draconnet III de Montauban, et ne se termine que par une sentence arbitrale de Raymond de Mévouillon. du 30 août 1262, le condamnant à rendre les châteaux contestés à son neveu Bertrand de Baux de Pertuis, après son mariage avec Draconette de Montauban, à la condition d'en recevoir l'investiture de l'abbesse de St-Césaire et de lui en passer reconnaissance et hommage.

Bertrand de Baux, fils de Guillaume de Pertuis et d'Alasacie de Baux, remplit ses devoirs de vassal, le 17 mars 1263, et déclara tenir d'Adélaïde de Caslar les trois châteaux et les hommages dus à Draconnet de Montauban par leurs habitants et chevaliers. Il lui promit, de plus, une coupe d'argent avec son pied et sept marcs d'argent, chaque année.

L'observation de ces clauses dura jusqu'en 1279. A cette date, un projet de cession des mêmes châteaux à Bertrand de Baux, comte d'Avellin, fils de Barral et héritier de Bertrand de Baux de Pertuis, son neveu, par Raymond-Geoffroy de Castellane et Randonne de Montauban, ayant été dénoncé à l'archevêque d'Arles, le prélat enjoignit aux chapelains de Nyons et de Mirabel d'y former opposition, parce que ces fiefs relevaient de l'abbesse de St-Césaire et, par elle, de son siège archiépiscopal. Il ajoutait que si une promesse de vente écrite en faveur de Guillaume de Villaret, recteur du Comtat, pouvait être découverte, ils eussent, après trois jours de délai, à prononcer dans les églises et sur les places publiques une sentence d'excommunication, de confiscation et d'interdit.

Le comte d'Avellin, appréhendant toujours l'invalidité de l'inféodation de 1259, nuisible à l'abbaye de St-Césaire et non revêtue d'une approbation régulière, transige le 4 juillet 1280 avec l'archevêque d'Arles et lui fait confirmer l'acte primitif, au prix de l'abandon de diverses terres en Provence, outre la promesse de restitution par tous détenteurs des droits de son Eglise et de l'abbaye de St-Césaire sur Nyons, Mirabel et Vinsobres.

Malgré cela, les Montauban avaient su se conserver l'affection des religieuses d'Arles, et leur abbesse, dans une lettre du 10 janvier 1295, exprime aux officiers et communautés des trois terres les regrets que lui inspire la mort de Ronsolin, fils de Randonne, ajoutant à ce témoignage d'estime l'ordre d'éviter tout conflit avec le comte d'Avellin.

Vers le même temps, l'archevêque d'Arles dénonce à son suffragant de Vaison le legs du château de Mirabel par Ronsolin et Béatrix de Genève, sa femme, et des châteaux de Nyons et de Vinsobres à Hugues Adhémar, comme fort préjudiciables à son église, à l'abbesse de St-Césaire et à Bertrand de Baux d'Avellin.

De son côté, l'abbesse de St-Césaire fait signifier à Béatrix de Genève, à Hugues Adhémar, aux officiers et communautés de Nyons, Mirabel et Vinsobres une défense d'aliéner ou de laisser aliéner ces châteaux au Dauphin ou à tous autres.

Malgré ces prohibitions, Hugues Adhémar les transporte à Humbert Ier de La Tour, dauphin de Viennois. Aussi le 13 novembre 1300, l'archevêque d'Arles se plaignait-il à son suffragant de Vaison de l'inexécution de l'acte de 1259 par le comte d'Avellin qui, depuis trois ans, ne payait plus la redevance promise à l'abbaye et avait en outre vendu les trois châteaux au Dauphin. Il ajoutait que le nouvel acquéreur s'était emparé de force des seigneuries précitées, chassant les habitants de leurs maisons et faisant battre monnaie à Nyons, sans le consentement de l'Eglise et de l'abbaye d'Arles. Le prélat, pour ces motifs, sommait finalement son suffragant d'arrêter de pareils désordres, à peine de passer pour violateur des droits et biens ecclésiastiques.

L'année suivante, par acte du 27 juin 1301, l'abbesse de St-Césaire, en échange du quartier du Coudoulet à Orange, abandonnait à Bertrand de Baux, prince de cette ville, la moitié de Nyons, Mirabel et Vinsobres, à la condition d'y reconnaître sa juridiction, de lui prêter hommage et fidélité et de s'interdire toute aliénation et tout armement sans permission de l'abbaye.

C'était là une diversion assez habile ; mais les Dauphins, une fois entrés dans Nyons, ne voulurent plus en sortir et finirent bien vite par en demeurer les seuls maîtres (1). Ajoutons, à leur décharge, que l'un d'eux, le 7 août 1309, rendit hommage à l'abbesse de St-Césaire et que Béatrix de Baux et le prince d'Orange furent désintéressés (2).

IV. — Les Dauphins et les engagistes.

D'où venaient les nouveaux possesseurs de Nyons et comment la fortune leur valut-elle le territoire presque entier de la province ? Ils étaient à l'origine simples seigneurs de Cheyssieux, au Viennois, devinrent comtes d'Albon entre St-Vallier et St-Rambert, et peu à peu leur domination s'étendit sur la Valloire et le Graisivaudan. Tous s'appelaient Guigues et le 6e du nom, en 1110, prit le nom de Dauphin, c'est-à-dire de souverain du Viennois, d'après Lagrange. L'alliance de Marie de Claustral avec Guigues André leur apporta le Gapençais et la position toujours précaire et obérée des Mévouillon, des Montauban et de leurs

(1) Barthélemy. *Inventaire des titres...des de Baux.*
(2) Voir la *Notice sur Mirabel*, t. I, p. 445.

héritiers leur facilita l'acquisition des Baronnies. Raymond Geoffroy et Randonne de Montauban, sa femme, avaient songé à l'aliénation de leurs terres dès l'année 1279 ; Ronsolin, leur fils, eut le même dessein ; ce fut pourtant Hugues Adhémar, héritier de ce baron, qui traita en 1302 avec Humbert Ier de La Tour.

Les évêques de Vaison et de St-Paul-Trois-Châteaux ayant été nommés exécuteurs testamentaires de Ronsolin, Hugues Adhémar invita l'évêque de St-Paul à livrer au Dauphin les seigneuries aliénées. Cette révélation d'un secret tenu caché jusqu'alors engagea Charles II, comte de Provence, à revendiquer à son tour un territoire qu'il convoitait de longue date, et à recourir à l'évêque de Vaison pour entraver l'exécution du traité conclu avec Humbert Ier de La Tour. Mais, comme d'après l'acquéreur, l'affaire étant féodale ne pouvait être jugée que par ses pairs, le pape ou l'empereur, elle n'eut alors aucune suite. Le Dauphin, au surplus, cessa de vivre en 1307 et laissa d'Anne de Viennois entre autres enfants, Jean, Guy et Henri. Jean vit renaître les difficultés anciennes avec St-Césaire et, après avoir été condamné par sentence arbitrale à reconnaître les droits de l'abbesse, se déclara son vassal en 1309, transigea en 1317 avec Béatrix de Baux d'Avellin veuve de Guy, son frère, pour ses reprises dotales sur Nyons, Mirabel et Vinsobres et en 1318 acquit les droits sur les mêmes terres de Raymond, prince d'Orange, et d'Anne de Viennois, son épouse.

Jean II eut pour successeurs Guigues et Humbert II, les derniers de sa race.

Guy, frère de Jean II, prit le titre de baron de Montauban et guerroya en Flandre. Les services qu'il rendit à l'empereur d'Allemagne lui valurent en 1310 l'octroi d'un péage à Nyons ou à Mollans. Il prêta hommage au Dauphin pour Nyons en 1314 et mourut l'année suivante. Faute de postérité, sa baronnie fit retour à Jean II qui la donna à Henri, son autre frère, élu évêque de Metz. Celui-ci, après résignation de son bénéfice, porta les armes avec succès, et son héritage échut à Humbert II, son neveu, qui transféra le Dauphiné à la couronne de France, en 1349, et fut un des bienfaiteurs de Nyons.

Aussi, lorsque Charles, petit-fils du roi, nouveau Dauphin, jura l'observation des privilèges, coutumes et usages de la province et reçut le serment de fidélité de ses vassaux, les consuls du Buis et de Nyons refusèrent-ils de le reconnaître, avant l'ordre formel de leur ancien souverain. Ils ne remirent leurs clefs que le 27 décembre 1354.

Sous les Dauphins de France, l'administration de la ville et la perception de ses revenus échurent à des châtelains ou gouverneurs du château, exerçant à la fois une part de l'autorité judiciaire, financière et militaire : cela dura jusqu'en 1421. Des actes antérieurs prohibaient toute aliénation de la seigneurie ; alors pourtant, Charles VII la donna à Jean Louet ou Louvet en remplacement de celle de Mévouillon. Les consuls et habitants protestèrent avec tant d'énergie qu'il fallut l'intervention du roi, du conseil delphinal et du gouverneur de la province pour calmer leur résistance.

Un document du XVe siècle nous apprend que, par lettres datées de Bourges du 29 avril 1423, Messire Tanguy ou Tanneguy du Châtel, prévôt de Paris, en fut nommé, sa vie durant, capitaine et maître des revenus allant à 200 livres tournois par an, et, d'après l'Inventaire manuscrit de la Chambre des Comptes de Grenoble, Gabriel de Bernes avait déjà précédé du Châtel.

A ce compte, Louvet, ou Louet n'aurait pas joui de Nyons longtemps.

L'obscurité de ces personnages est largement compensée, d'ailleurs, par la renommée de du Châtel, capitaine et homme politique habile, mêlé à la querelle des Armagnacs et des Bourguignons, et mort sénéchal de Beaucaire et gouverneur de Provence à un âge avancé, laissant un neveu de même prénom qui jouit de l'estime et de l'amitié des rois Charles VII et Louis XI.

La seigneurie fut réunie de nouveau, en 1528, au domaine de la Couronne et rétrocédée comme récompense, vers 1543, à Gabriel de Letz, gentilhomme napolitain, conseiller et maître d'hôtel du roi. Des nécessités politiques, comme la défense du pays et l'entretien de soldats étrangers obligèrent Henri II à engager Nyons au plus offrant et dernier enchérisseur. Ce fut l'italien Jean-Baptiste de Macédoine, commissaire des guerres, qui obtint la préférence moyennant l'offre de 5,500 livres. Il recevait, d'après l'acte, la terre et juridiction avec pouvoir d'instituer des juges dont les appels iraient au siège royal du Buis, des greffier de châtellenie, procureur, châtelain et autres officiers, sans autre réserve que la faculté de rachat perpétuel, d'hommage et de souveraineté sur les bois taillis et de haute futaie. Il fut mis en possession du tout le 25 juin 1548.

En vain les consuls renouvellèrent-ils leurs protestations ; il fallut se soumettre ; seul César Cantelme, gentilhomme de la maison du roi, obtint quelque satisfaction. Comme il lui était dû une pension de 100 livres sur la châtellenie et une habitation dans le château, Macédoine lui rétrocéda ses droits le 19 juillet 1549.

Des mémoires manuscrits placent après Cantelme, Louis et Jean de Montauban, sieurs de Valgaudemar ; en 1573 noble Aimar Henri ou des Alrics de Rousset, et en 1595, René de La Tour Gouvernet, parmi les engagistes de Nyons, mais l'Inventaire de la Chambre des Comptes ne mentionne que les deux derniers. René de la Tour, dont nous ferons connaître plus loin la famille, tenait du roi dauphin, sous la faculté de rachat, la seigneurie avec toute justice, les fours, les moulins, pressoirs, lods et divers immeubles, moyennant l'hommage et le serment de fidélité ; elle fut de nouveau réunie au domaine et ensuite vendue, le 24 octobre 1638 aux consuls eux-mêmes pour 13,200 livres.

Une nouvelle soumission du 23 juin 1724, leur en confirma la jouissance, à la charge de payer au trésor une rente annuelle et perpétuelle de 400 livres et jusqu'à la Révolution elle demeura aux mains des consuls.

C'est la première commune de l'arrondissement que nous ayons trouvée maîtresse d'elle-même, et c'est là un motif pour étudier avec soin son organisation administrative aux diverses époques.

Toutefois, il convient de rappeler auparavant qu'une part de la seigneurie appartint jadis à la maison de Nyons ou du Castel ; que Falques, l'un des siens, vivant de 1337 à 1343, eut pour successeur Bertrand, son fils et celui-ci Catherine, sa fille, et Antoine, son neveu, vers 1380 ; que Catherine, transmit ses droits, en 1413, à Louis de La Piarre ou de La Peyre et le fils de Louis, à Pierre de Gruel, président au Parlement de Grenoble, en 1464 ; que Guillaume Eschaffin, de Vaunaveys, près de Crest, remplaça Henri de Gruel en 1486, et que Françoise Eschaffin les porta aux de Collans et Simonette de Collans aux Vincens de Causans qui les cédèrent en 1612 à René de La Tour.

Des mémoires du temps regardent comme fictive cette part de juridiction et prétendent que les Eschaffin et les Gruel, pour avoir des justiciables, étaient contraints de les acheter. Il y a là de l'exagération, car aux termes de l'acte de vente consentie aux consuls par César de La Tour, fils de René, pour 40,000 livres et 100 pistoles d'Espagne, sous le nom d'épingles, à Madame la marquise, il leur fut remis : 1° une maison d'habitation avec cours et jardin, la tour du Colombier à l'entrée du fort, au portail Gerenton, Corcosson ou Maupas, entre les rues du portail Maupas, du Fort delphinal et basse du fort, 2° une tour carrée, isolée, ayant appartenu aux Eustache, « avec son circuit de rochers tout à l'entour » ; 3° une oseraie et vigne en Gapollon, près du chemin royal de Mirabel ; 4° un jardin près de l'Eygues ; 5° un pré à Antignan ; 6° des vergers à Ruinas, Sochères et St-Martin ; 7° une vigne au Plan de Lagrand ; 8° des prés, terres et vergers à Fangaron et au Rieu ; 9° un moulin à huile avec étable et fenière, rue du Devès, enfin, l'emplacement de la maison Aubarestier ; ce qui suppose des vassaux.

Ajoutons encore que René de la Tour acquit, en 1612, les droits de Gabriel Martin, prieur de Nyons, au prix de 6,000 livres et nous aurons terminé l'énumération des seigneurs de la ville sur lesquels l'occasion de revenir avec plus de détails se représentera sans doute.

V. — Les habitants et leurs libertés.

Il n'est pas possible, en l'absence de documents, de connaître le sort de la population aux époques préhistorique, gauloise et romaine, à moins de recourir aux auteurs qui ont traité ce sujet à un point de vue général.

Mais rien n'établissant l'importance du bourg en ces temps reculés, il est inutile de se donner semblable luxe d'érudition. Plus tard, sous les Gallo-Romains, il y eut là, comme ailleurs, quelques familles patriciennes en possession de fermes importantes et les religieuses de St-Césaire héritèrent d'elles sans doute d'une partie de leurs biens.

A l'origine du régime féodal, Nyons demeura sous l'autorité monastique et les difficultés survenues avec les Montauban et les de Baux démontrent clairement qu'il fallait compter avec elle. Ce fut à l'avènement des Dauphins que Nyons acquit une réelle extension et des libertés et franchises enviées.

On n'a pas pu découvrir exactement si ces concessions provenaient du mouvement parti à la fois du nord et du midi un siècle ou deux auparavant, ou de la ferme volonté des nouveaux maîtres de la ville, de s'attacher leurs sujets par des liens de reconnaissance et d'affection. La dernière hypothèse paraît la seule admissible, d'autant plus que les habitants du château ou Bourg vieux et les Halles se plaignaient alors des immunités octroyés à ceux du Bourg neuf. Avant l'acte du 6 juin 1337, en effet, on trouve en 1314 et

1332 la preuve manifeste de l'existence d'assemblées des notables. Ainsi, à la première date ils supplient Guy de Montauban de défendre à Nyons l'entrée des vins et des raisins de provenance étrangère, ce qui leur fut accordé, en exceptant de la mesure les vins destinés à la consommation et non à la vente, ainsi que les raisins récoltés à Venterol par des habitants de Nyons.

L'assemblée de 1332 vota diverses modifications aux statuts anciens, comme la destitution de tout bannier ou garde champêtre qui aurait constaté un délit sans avertir, dans les deux jours, le propriétaire lesé ; la défense de couper des ceps, de vendre de la viande provenue d'une boucherie juive, de voler des fruits, de laisser introduire le bétail dans les jardins ou les prés ; la permission d'établir trois tavernes seulement au quartier des Forts, l'une à la confrérie vieille, la 2me à la confrérie nouvelle et la dernière à la confrérie Bulbute, où la vente du vin, d'après un prix déterminé, était surveillée par trois habitants, et la faculté de couper du bois et de mener paitre le bétail dans les terrains communaux de la Ramière du pré, des montagnes de Gardegrosse, de Vaux, de l'Echaillon et Drayes anciennes.

Sans s'extasier devant ces prescriptions qu'un historien proclame du « bon droit rural », il est permis d'en reconnaître l'insuffisance pour déterminer les devoirs de chacun ; aussi la charte d'Humbert II mérite-t-elle une analyse développée. Nous avons essayé d'y mettre un peu d'ordre, en groupant les articles qui se réfèrent à des points similaires ; quant à songer à la reproduire avec son style prolixe et ses expressions inconnues, il faudrait avoir un titre original et non des copies.

I. Tout individu domicilié à Nyons, ses château, ville, bourg et circuit, portera désormais les titre et qualité de *bourgeois* du Dauphin et des barons de Montauban (1) et, ce qui

---

(1) Ce chiffre indique la place de l'article dans la charte publiée par M. l'abbé Vincent.

est moins vague, jouira à perpétuité des franchises et immunités des chevaliers, hommes d'armes et possesseurs de fiefs sans juridiction (30).

II. Il lui est accordé sauf conduit, sauvegarde et protection envers et contre tous pour lui ses enfants et ses biens en cas d'injures, offense et vexation illicites (2).

III. Aucun bourgeois ne pourra être contraint à engager sa personne ou ses biens pour le Dauphin, baron de Montauban, à titre de caution ou d'ôtage pour dette et s'il avait fait semblable promesse elle sera nulle (3).

IV. Tout bourgeois ayant maison, femme et enfants sera exempt de tout service personnel, corvée, charge, collecte, taille, prestation de vingtain, exaction, servitude et devoirs quelconques, étant libre comme un citoyen romain, à moins que la majeure partie des habitants ne veuille librement se soumettre à ces services (7).

V. Nul bourgeois ne pourra être contraint à faire le guet, la garde ou un service quelconque près des portails, sauf au moment des veillées de nuit pour la sûreté de la ville, ni à s'enrôler dans les cohortes, si ce n'est de sa propre volonté (18).

VI. Les bourgeois de Nyons devront sortir avec leurs armes hors des terres de Montauban, Visan, Valréas et autres pour les guerres du Dauphin, à leurs propres frais; s'ils étaient conduits à une guerre étrangère, le prince devait les entretenir, sinon ils pouvaient rentrer à Nyons de leur propre autorité sans crainte de punition. En pareil cas, il leur était loisible de se faire remplacer (16).

VII. Il est permis auxdits bourgeois, à leurs femmes et enfants de laisser leurs biens par testament ou donation entre vifs à qui bon leur semblera. Les biens de l'intestat iront à ses plus proches parents avec leurs charges et honneurs; s'il n'a pas de parents, ils seront attribués aux pauvres par deux bourgeois, au nom des autres (18).

VIII. Si des frères se partagent leurs biens et se les transmettent des uns aux autres, ils seront obligés seulement de payer la moitié des lods et le treizain des biens divisés (36).

IX. En cas de translation de quelque bien d'un bourgeois à un autre par donation ou testament, le seigneur dont il sera le vassal ne pourra les retenir et aura droit seulement aux lods et treizain après estimation de 2 prudhommes nommés par la cour (28).

X. Les bourgeois de Nyons peuvent se retirer avec leurs meubles, en quelque lieu que ce soit, après acquittement de leurs dettes, et la cour de justice leur donnera au besoin un sauf-conduit pour toute l'étendue de sa juridiction (19).

XI. Il leur est permis de vendre et transporter pour les vendre leurs blés, vins, légumes, huiles, amandes, bétail et denrées, sans que les seigneurs, leurs officiers de justice et autres puissent l'empêcher, à moins que la défense ne procède d'un conseil ou assemblée des bourgeois (22).

XII. Le meunier et le fournier de Nyons, à la demande de tout bourgeois, devront moudre son blé et cuire son pain, sans retard ni préférence, sinon il sera libre de moudre et de cuire ailleurs (4 et 5) (1).

XIII. Aucun bourgeois ne pourra être remis à une autre cour de justice ni à aucun autre seigneur, pour quelque méfait et en quelque lieu que ce soit (21).

XIV. Défense à la cour de Nyons de faire enquête sur les propos injurieux; si elle en faisait une pour arriver à la preuve, elle ne pourra condamner le coupable qu'à 5 sols viennois et ne recevra la dénonciation qu'en présence de l'accusé ou après sa contumace établie (6).

XV. Dans les batailles ou rixes, la punition encourue ne dépassera pas 10 sols pour une ecchymose avec effusion de sang, 20 sols pour une ecchymose seule, 25 sols pour une

(1) En 1330, les moulins rapportaient 87 sommées 6 émines de blé l'un et 127 sommées l'autre; le four 100 sols.

effusion de sang non mortelle, 5 sols pour coup de poing sans meurtrissure, pourvu qu'il n'y eût rien dans le poing ; pour coup de poing sans bosse et soufflet, il sera payé 10 sols pour le coup et 5 pour le soufflet ; 10 sols pour menace avec couteau ou épée nue, 25 sols pour blessure avec arme tranchante ou aiguë sans effusion de sang, 66 sols pour blessure non mortelle ; la cour se prononcera après enquête, le coupable présent ou contumace (10) ; 10 sols pour commerce criminel avec une femme publique s'il y a eu violence, 60 sols pour adultère sans violence et en cas d'insolvabilité ou de refus de payer cette amende, on liera les mains des coupables et ils seront fouettés le long des rues du château, de la ville et du bourg (11).

XVI. La cour ne pourra retenir en prison un bourgeois prêt à donner caution suffisante, selon son pouvoir, sauf pour hérésie, homicide ou autre crime énorme ; elle le mettra en liberté sans dépens, dans 5 jours, à moins que pendant ce temps il ne soit reconnu coupable par le bruit commun ou jugements valables (13).

XVII. Nul habitant, sur accusation de crime, ne sera mis à la question que si le juge est convaincu de la nécessité de ce moyen et encore sera-ce publiquement en la présence de ses parents ou alliés ou, à leur défaut, de personnes dignes de foi, et aucuns droits, bénéfices ou remèdes ne seront refusés au prévenu (14).

XVIII. Un habitant obligé envers un autre ou endetté par condamnation ou autre cause ne pourra être gagé ni dans son bétail ni dans les meubles de sa chambre ; s'il l'a été, ses gages lui seront rendus, à sa demande, s'il a d'autres biens pour garantir sa créance (15).

XIX. Si un bourgeois a des gages d'un débiteur, il lui sera loisible de les faire vendre aux enchères, 10 jours après la sommation de rachat. Le créancier sera cru sur serment pour sa demande et rendra le surplus du prix des gages vendus (25).

XX. Nul ne pourra être gagé pour dette les jours de foire et marché, les revendeurs et marchands étant contraints par la cour de justice d'étaler leurs marchandises (23).

XXI. Lorsqu'un étranger sera débiteur d'un bourgeois de Nyons et n'aura pas dans la ville des immeubles pour le satisfaire et que la cour dont relève le débiteur l'aura sommé de payer, le bourgeois le rencontrant dans les rues avec des objets de quelque valeur, sera libre de son autorité de le gager et la cour ne pourra faire rendre ses gages qu'après satisfaction entière (27).

XXII. Au cas où plusieurs bourgeois se seraient solidairement obligés à quelqu'un pour une dette, chacun ne devra que sa part, si les autres ont des biens pour satisfaire le créancier, malgré tout pacte contraire (29).

XXIII. Les bourgeois de Nyons ne pourront se gager les uns des autres de leur propre autorité, sauf pour le loyer d'une maison ou pour la taille. En cas de contravention, les gages seront rendus et une amende de 5 sols imposée (31).

XXIV. — Les bêtes et marchandises d'un bourgeois traversant les terres de Montauban, Visan et Valréas, qui auraient passé sans acquitter le péage, ne pourront être confisquées ; il devra seulement payer la leyde ou le péage et 10 sols viennois d'amende (17).

XXV. Si quelqu'un après avoir acheté une chose volée dans la rue ou sur la place ne peut montrer le vendeur, au serment duquel il sera ajouté foi, il ne sera tenu de la rendre qu'après restitution du prix (32).

XXVI. Il est accordé aux bourgeois, leurs femmes, enfants et serviteurs, que si des mandements ou actes sont rendus contre eux par la cour, en leur présence ou par défaut, de ne subir aucune pénalité, ni jugement ; si le créancier est présent et que des gages suffisants aient été offerts et que les débiteurs ne les puissent rendre, il aura un jour de délai ; les absents seront exempts jusqu'à leur retour, et alors s'ils veulent rendre les gages, aucune amende ne leur sera imposée (6).

XXVII. Aucune livraison, aucune banque, aucun salaire ne seront dus pour les causes portées devant la cour. Si le plaid est contesté et le serment de calomnie prêté, la cour pourra prendre gage ou caution, au choix des bourgeois, jusqu'à 12 deniers viennois par livre petite pendant le temps des procès. Après condamnation, la cour prendra les 12 deniers (20).

XXVIII. Si un bourgeois a été offensé et si le coupable est rencontré à Nyons ou dans son territoire, l'offensé, seul ou avec des aides, pourra en tirer vengeance, sans excéder toutefois de beaucoup l'offense. Foi devra être ajoutée au bourgeois sur le fait de l'offense et celle-ci devra être dénoncée à la cour (24).

XXIX. Liberté entière est accordée aux habitants des terres delphinales de porter biens et marchandises quelconques aux marchés du bourg, nonobstant toutes défenses contraires (26).

XXX. En cas de contravention aux libertés, les bourgeois peuvent s'assembler sans permission et choisir des procureurs pour les faire observer (12).

XXXI. Tous statuts, édits, ordonnances, proclamations faits contre ces libertés seront nuls et de nulle valeur (33).

XXXII. Avant d'entrer en fonctions, les officiers des Dauphins jureront l'observation de ces libertés et nul ne sera tenu de leur obéir avant ce serment et il en sera de même pour ceux qui réclameront l'hommage (34).

Ceux qui viendront habiter la ville devront dans un an et un jour prêter hommage et serment de fidélité.

A côté des franchises, il y avait des charges particulières et générales, les premières en vertu de concessions partielles et primordiales du sol affectant les tenanciers, et les autres, les vassaux.

V. — Administration féodale et royale.

Un jurisconsulte du XVIIe siècle avoue que si la féodalité fut nominalement inconnue aux peuples anciens, elle n'en exista pas moins chez eux, car aux monarchies et républiques « a esté toujours observé, dit-il, que les plus grands et « puissants ont eu sous eux d'autres voüez à leur service, « qu'ils obligeoient davantage par bienfaits de possessions « et héritages, pour estre suivis et accompagnez d'eux aux « guerres et autres affaires. »

Que le mot *fief* dérive des Romains et signifie alliance et droits réciproques entre le patron et le client ; qu'il vienne de *feed*, ancien mot allemand signifiant guerre ; que les Lombards ou les colonies militaires lui aient donné cours, ou qu'aux yeux des Francs, il soit devenu le témoignage de la *fiance* ou *foi* que le seigneur avait en son homme : la question est controversée. Un fait certain, c'est que la féodalité, à l'origine, s'empare d'un monde en dissolution et l'immobilise sous les liens de la dépendance personnelle et foncière, du serment de fidélité et de l'hommage (1).

Sous les Romains, l'âpreté fiscale de l'empire avait ruiné les campagnes, et à la petite propriété succédèrent les grands domaines cultivés par des esclaves au profit de maîtres puissants.

Avec les invasions barbares la cité romaine se transforme en comté et obéit à un officier royal, investi à la fois de l'autorité civile et militaire. Puis, la conversion au christianisme des Burgondes ariens, laisse au clergé la domination et la puissance que les bouleversements sociaux et la confiance des peuples lui avaient assurées. Il y a dès lors

(1) Charondas Le Caron, *Coutume de Paris* ; — Guérard, *Polyptique d'Irminon*.

deux pouvoirs parallèles : celui des comtes ou des vainqueurs et celui des évêques ou des vaincus (1).

Le royaume fondé à Mantaille, en 879 développe la puissance des grandes familles et du clergé et à la mort de Rodolphe III, en 1032, ils étaient maîtres du territoire.

De cette époque datent les Mévouillon et leur baronnie, les comtés de Diois et de Valentinois et les seigneuries nombreuses qui en dépendaient.

Quant aux hommes libres, aux colons, aux lides et aux esclaves contemporains de Charlemagne, les premiers constituèrent une sorte de noblesse non privilégiée ou dépendirent d'un seigneur de leur choix ; les colons élargirent peu à peu leur tenure, grevée de redevances ; les lides se soumirent, moyennant des concessions de terres, à des services personnels et à des tributs ; enfin, les esclaves, à partir de Charles-le-Chauve, grâce aux lois de l'Eglise, aux lois civiles et aux mœurs sociales, arrivèrent au servage ou main-morte et virent la liberté et la propriété entrer dans leur cabane par quelque endroit (2).

A la vérité, les droits de suite et de formariage, ainsi que la condition de main-mortables les attachent encore fermement à la glèbe ; mais les chartes d'affranchissement leur octroient d'abord la liberté individuelle et ensuite la liberté municipale. « Le peuple, dit M. Guérard, commence par la servitude et finit par la souveraineté. »

A Nyons, la charte de 1337 étendit à une partie de la ville les franchises dont les Halles et le Bourg neuf jouissaient déjà, et les *Statuts delphinaux* complétèrent l'émancipation populaire en Dauphiné.

La charte donnait le droit de tester et le droit de changer de résidence ; les *statuts* abolirent la main-morte. A ces fa-

(1) E. Berger, *Les communes et le régime municipal en Dauphiné.* Discours de rentrée en 1872.

(2) Guérard, *Polyptique d'Irminon.*

veurs, la ville avait su joindre avant ce temps, la faculté de réunir les chefs de famille pour délibérer sur les affaires d'intérêt commun : des règlements de police intérieure de 1314 et 1332 sont là pour l'attester.

Si l'on fait dépendre avec Montesquieu la liberté du citoyen de la bonté des lois criminelles, on trouvera certainement le code de 1337 un peu rudimentaire ; mais l'étude du droit romain, la création des juges majeurs, du conseil delphinal, transformé en Parlement, et des bailliages et sénéchaussées perfectionneront insensiblement cette législation primitive.

On croit que les premiers seigneurs rendaient eux-mêmes « la justice, première dette de la souveraineté ; » plus tard ils se firent remplacer par des légistes.

Les Dauphins placèrent aux Buis un juge majeur pour les appels des juges ordinaires des Baronnies ; à la vérité, Boucicaut, gouverneur de la province, transféra provisoirement leur siège à Nyons, par lettres du 19 janvier 1404 (ou 1414), pour la commodité des sujets du roi. Comme le Buis avait reconquis son tribunal, Nyons envoya en 1609 et en 1616, un député à Paris pour le réclamer de nouveau ; mais ses démarches échouèrent complètement.

Louis XI, encore Dauphin, avait institué, en 1447, deux grands bailliages, un pour le Graisivaudan et le Viennois et l'autre pour les montagnes. Ce dernier siégeait à Briançon, à Embrun, à Gap et au Buis et ses appels allaient au Parlement.

Cette organisation fut maintenue en 1478.

Les justices de villages ont assez fait parler d'elles et un auteur les traite « de mangeries. » Il existe trop peu de documents sur celle de Nyons pour l'apprécier. On trouve cependant une délibération consulaire de 1597 réclamant au juge bonne et prompte justice des larrons, vagabonds et autres gens de mauvaise vie qui infestaient la ville ; une autre délibération de 1606 sur le refus des fermiers de la seigneurie de supporter les frais du procès d'un individu « qui avoit confessé d'être sourcier » ; une troisième délibération de 1611 dénonçant un substitut du procureur du roi pour avis de prochaine arrestation donné à un meurtrier, et enfin des plaintes, en 1595, contre un autre substitut incapable et violent.

Ce sont peut-être là des exceptions.

Il faut avouer pourtant que les frais de justice soulevèrent encore des difficultés, après l'acquisition de la seigneurie par la ville. Ainsi, en 1643, le procureur du roi ayant voulu exiger des consuls les dépens d'un procès criminel intenté à un voleur, ils en appelèrent au parlement et l'affaire en resta là. En 1658 et 1678 de nouvelles demandes eurent sans doute le même sort, d'autant que l'une émanait du ministère public du Buis. Il est vrai qu'au XVIIIe siècle, la justice en première instance s'exerçait au bailliage, alors composé d'un grand bailli, d'un vi-bailli, d'un lieutenant particulier, d'un conseiller, d'un avocat et d'un procureur du roi (1).

Une maison destinée à servir de prison fut acquise d'Antoine de Laval en 1523, par Antoine Sigaud, châtelain delphinal, au prix de 132 livres. Elle était entretenue, comme l'auditoire de justice, avant l'aliénation de la seigneurie, aux frais des rois-dauphins. D'après une reconnaissance de 1528, ils affermaient alors la claverie, c'est-à-dire les clames ou citations faites aux contumaces et les droits de bulle ou sceau ainsi réglés : 6 deniers quand la dette n'atteignait pas 10 livres, 12 deniers de 25 à 50 livres, 2 sols de 50 à 100 livres, 5 sols de 100 à 200 et 10 sols au-delà. Les actes des notaires, également taxés, rapportaient 12 deniers pour procurations, 12 deniers pour testaments de 50 livres de legs, 3 sols pour 100 livres, 5 sols de 100 à 200, 10 sols de 200 à

(1) En 1604, le conseil de ville avait refusé d'aller répondre au juge ordinaire séant au Buis, alors que selon l'usage immémorial il devait résider à Nyons. — Drôme. Invent. somm. E. 4679.

500 et 20 sols au-delà, 6 deniers pour contrats perpétuels de 25 livres de valeur, 12 pour ceux de 25 à 50 livres et 3 sols pour ceux de 50 à 100.

A une époque antérieure, en 1322, le produit des amendes s'élevait à 30 livres et celui des compositions ou accords à 57 livres.

Outre les revenus de la justice, les Montauban et les Dauphins en avaient d'autres à Nyons que leurs châtelains recevaient, comme la *mesure du vin* à 4 deniers par vase ou tonneau ; la *leyde* des blés ou légumes des forains, vendus au marché, à raison d'une cosse par émine pour les roturiers et de la moitié moins pour la noblesse et le clergé ; *la leyde du fossé* embrassant le pesage, le mesurage des marchandises, le simple passage du bétail, les transports de comestibles, des ustensiles de ménage, du sel, des cuirs, de la toile, de la laine, etc. ; et un *péage*, qui, ajouté à la leyde, augmentait le prix des denrées et marchandises ; car un bœuf à vendre, payait 6 deniers pour la leyde et 6 pour le péage ; un mouton, une chèvre 1 denier, la livre de poissons en détail 4 deniers, pour chaque tribut, etc.

Au marché du jeudi, les marchandises apportées acquittaient le péage et non la leyde, et le marchand qui s'en retournait sans avoir rien vendu en était exempt.

Le péage fut supprimé le 24 février 1733 (1).

Il y avait en outre un droit perçu sur les marchands pour leurs bancs et étalages.

Les habitants devaient aux Dauphins la tête des sangliers et les épaules des cerfs pris à la chasse, les langues des bêtes bovines et le filet des porcs tués à la boucherie, en vertu d'un don fait à Henri, régent du Dauphiné en 1327, lorsqu'il confirma les franchises de la ville. Signalons à ce propos la prétention du gouverneur, en 1698, de se faire délivrer les langues de bœufs et la résistance des consuls pour conserver ce droit seigneurial.

---

(1) *Archives de la Drôme, édit. de 1771.* Placard.

Un compte de châtellenie de 1322 énumère encore parmi les droits du Dauphin 3 sommées d'avoine pour le chevalage ou course à cheval, 25 sols pour la chasse aux lapins, 56 livres pour la pension des Lombards et 6 pour la sauvegarde des juifs, — détails qui permettent de constater alors la présence de banquiers à Nyons.

A ces revenus il convient d'ajouter ceux des immeubles delphinaux : fours, moulins et château seigneurial.

La maison du four neuf avec la place voisine et la moitié du four Gérenton, alors détruit, la maison de la place du portail du Bourg Neuf, servant de demeure au châtelain et d'auditoire de justice appartenaient aux seigneurs de la ville.

Leurs deux moulins furent albergés en 1487 à Ferrand Diez sous la redevance de 50 sols et à la condition de payer 31 sommées de blé à la Grande-Chartreuse par an et 7 sommées et demie aux Dominicains du Buis. Etienne Diez les posséda après Ferrand et Marie Diez, femme de Gaspard de Castellane Moissac (1) les reconnut à Gouvernet en 1597 et les porta à son mari, qui les aliéna, le 26 novembre 1626, à Aubert et Duclaux, consuls, pour 31,870 livres dont 5,000 payables à Louis d'Agout, 3,000 à Pierre de Taulignan, baron de Barry, époux de Françoise Adhémar de Castellane. Les lods s'élevèrent à 1,200 livres au profit du roi, le droit d'incapacité compris.

Quant au château, converti en presbytère en 1731 puis abandonné en 1779, et aujourd'hui en ruines, une description de 1548, par Claude Rabot, commissaire delphinal, Robert, bailli de Nyons, Sage, châtelain et Daragon, contrôleur du Domaine, va nous permettre de le décrire.

« A l'entrée se trouvent une grande volte, faicte de muralhe neufve à chaulx et areyne, de la longueur de 12 toises »

---

(1) Antoinette des Massues du Mas, veuve et héritière de Gaspard de Castellane, seigneur de Montaulieu, reçut en 1631 un acompte de 50 livres sur le prix des moulins.

et au-dessus un beau « bardas, » d'où à droite on descend en un petit jardin. Au coin du « bardas, » une tour entière avec quelques créneaux endommagés, est, comme lui et la cour, ceinte d'une bonne muraille crénelée. Au-dessus du portail existe un machicoulis soutenu par « 4 bouchets » de pierre de taille à 4 retours chacun, et au-dessous, se voient les armes du roi, du Dauphin et de M. d'Orléans « en trois écussons séparés, peintz en or et azur et assés effacés (2) ». Après le portail vient une petite cour avec puits ou citerne; à gauche un jardin en est séparé par une bonne muraille « où a afforce seppez de vigne et rousiers. » Au bout du jardin s'élève un beau colombier neuf et, à ses pieds, à été établie une volière pour les petits oiseaux. Près de la porte du jardin et de la cour, des degrés en pierre conduisent au fenil et au colombier. Sous le fenil, une belle écurie a son entrée découverte soutenue par un petit arc de pierre; du portail à deux canonnières on descend à la ville par derrière, le long des murailles; une autre écurie la suit; au bout une chambre des domestiques, une petite allée et la cave; à côté de l'allée un garde-manger ou panaterie.

De la maîtresse-porte de maison on va, par une petite allée, à droite, dans une salle basse peinte, avec cheminée en plâtre, à croisée vitrée et petite fenêtre; puis dans une chambre avec cheminée; au-dessous une porte conduit à la cour. Près de l'escalier à vis une porte introduit dans la cuisine et dans la dépense.

L'escalier tournant, contigu à la cuisine basse, dessert avec ses 42 marches tout l'ensemble du château. En montant à droite, à 12 marches de hauteur, une fenêtre carrée regarde sur la tour; à 6 marches plus haut, une porte en pierre de taille permet d'entrer dans une salle peinte en noir et blanc avec « chauffe-pance. » Cinq degrés en plâtre dissi-

(2) Il n'est pas question des crapauds dont parlent Expilly et l'*Inventaire des archives de la Drôme* (art. Nyons).

mulés en un coin donnent accès à une autre chambre blanche et arrière-chambre.

A gauche de la salle ci-dessus, se trouvent « une garde-robbe paincte de blanc et noir » avec « chauffe-pance, » une 2e garde-robe et un réduit avec escalier allant au grenier, galetas et couvert.

L'escalier tournant conduit aussi dans une belle galerie ayant vue sur la cour « par quatre petits arcs soubstenus de colonnes carrées chapitellées ; » à l'entrée, « l'allée des ayses ; » au bout, une chapelle « bien voustée de plastre avec un autel aussi en plastre ; » ensuite deux chambres peintes, à cheminées, dont la première a deux grandes demi-croisées bien vitrées et la seconde conduit sur l'allée et au fenil.

En somme, à cette date, les murs et la toiture étaient en état satisfaisant et quelques parties seulement vieilles « et tarées ; » la seule réparation reconnue nécessaire consistait en un bon « supplantement à glaciz, le long de la crotte qu'est à l'entrée du chasteau dessoubs la barde » (terrasse).

Ajoutons que François Ier en 1530 donna deux chambres de ce manoir au peintre Alani (Antoine), sa vie durant, et que les biographies gardent le silence sur cet artiste, qualifié « célèbre » par l'auteur de l'*Histoire de la ville de Nyons*.

A une époque où l'argent n'abondait pas et où la plupart des redevances s'acquittaient en nature, il n'est pas étonnant de trouver des pensions en blé dues aux Chartreux et aux Dominicains pour fondations anciennes, sur les moulins ; une autre de 100 sols à l'hôpital du Pont-Saint-Esprit sur le péage et de 10 livres à l'évêque de Vaison qui avait abandonné l'hommage de Propiac ; en outre, des censes au pape d'un marc d'or et d'une once d'argent travaillé, en 1321.

Tout à côté de ces charges imposées aux vassaux arrivaient celles des tenanciers (1), appelées tasques ou censes,

(1) En 1613, on trouve 342 personnes soumises à l'hommage ; mais cela ne signifie pas absolument que toutes devaient des tasques, censes ou canons. — *Arch. de la Drôme*, — *Invent. somm.* T. III et IV.

rappelant des concessions primitives de terrain ; elles donnaient droit à l'investiture, aux introges, aux lods pour le consentement du seigneur aux mutations de propriétaires. L'absence des terriers contemporains ne permet pas d'être renseigné sur leur produit.

Il y avait aussi des albergements particuliers qui produisaient un revenu annuel, comme ceux d'un moulin à tan, à Girard, en 1471 ; d'un four particulier, en 1487, à Diez ; en 1567, à Duclaux-le-vieux ; en 1609, à Archimbaud ; de la leyde des grains aux consuls, en 1520, moyennant 70 sols et autant de 10 en 10 ans ; d'un foulon à draps dans sa grange et de l'usage de la fontaine des Bourins à Granatier, en 1529 ; d'un four de boulangerie à Guerin, en 1585 et, en 1520, à Quenin ; d'un colombier dans une tour des murailles à Fourin en 1541 et de portes et fenêtres dans le vingtain à Arbaletier, en 1609.

Une fois la seigneurie aux mains des consuls, nous retrouverons la plupart des redevances féodales dans leurs comptes, et il sera possible alors de donner quelques chiffres plus exacts, malgré la différence du *pouvoir* de l'argent à des époques diverses.

VI. — Administration communale

Sans remonter aux Curies des Romains, dont l'existence à Nyons n'est pas démontrée, il est permis de croire que les Montauban et surtout les Dauphins accordèrent aux habitants de la ville la faculté de se réunir pour leurs affaires d'intérêt commun. Des statuts de police intérieure, modifiés en 1314 et le titre de bourgeois, déjà connu en 1317, autorisent l'hypothèse. Avec la charte de 1337 les assemblées pour le maintien des libertés octroyées sont formellement permises.

D'après une enquête ordonnée en 1530 par le gouverneur de la province, les consuls avaient exigé des nouveaux habitants certains droits d'entrée, délivré aux passants des bulletins marqués aux armes consulaires et non à celles du roi-dauphin, levé des impôts et nommé le châtelain et d'autres officiers. On ignore la punition infligée à ces empiètements ; toutefois, comme en 1561, les étrangers payaient encore 10 florins pour leur habitation en ville, le premier grief dut être écarté.

Les syndics ou consuls étaient nommés par les chefs de famille réunis : un registre consulaire de 1564 porte :

Pource qu'au jour de saint Vincentz,
A Nihons est de coustume ancienne
Faire les consuls tous les ans,
Pour le commun servir une année.

Ils avaient un conseil formé de plusieurs notables pour les affaires courantes et convoquaient, pour les questions graves, le parlement ou l'ensemble des chefs de famille. Le rimeur de 1564 atteste ainsi le fait.

Pour en escrit mettre et rediger
Touts les propos que seront arrestés
Tant au consselh que parlement publique,
Du lieu de Nihons pour le faict politique,
MM. les consuls Marc Roy, Henri Marceau
Le présent libre hont tout faict de noveau,
Voyant le vieux qui ne pouvoyt servir.

Les délibérations existantes ne remontent pas au-delà de 1523 et au consulat ou syndicat de Bertrand Seguin et d'Antoine Turc ; mais les archives municipales ne nous sont pas arrivées complètes.

Une administration si démocratique ne laissa pas de rencontrer des entraves ; l'énumération en est curieuse.

En 1578, il fut décidé que les affaires ordinaires se traiteraient en présence de deux consuls et de dix conseillers et les plus importantes devant un plus grand nombre. Toutefois, à ces époques troublées, le zèle pour le bien public se ralentissait un peu de temps à autre, et, en 1588 et 1591, on votait une amende de 15 sols contre les conseillers et un teston contre les habitants qui manqueraient aux assemblés sans cause légitime, en 1624, une amende de 5 sols contre les conseillers retardataires, somme doublée en 1626, et enfin en 1630, le remplacement des conseillers qui refusaient d'assister aux séances.

La diversité des croyances religieuses suscita aussi de nombreuses difficultés. En 1591 il y avait un consul pour les catholiques et un pour les réformés ; Gouvernet agréa l'un et l'autre « comme bons serviteurs du roy et amateurs du repos et tranquillité de la ville. » Il est dit à cette occasion que le vote avait lieu par billets écrits mis dans une fiole de verre et que les illettrés déclaraient leur choix à un assesseur chargé d'écrire les noms.

Au surplus, le consulat n'était pas toujours une charge facile, et les titulaires recevaient des menaces, des injures et même des coups en 1593, 1595, 1620, 1623 et 1707 (1).

D'après une délibération de 1563, il fut décidé pour éviter la dépense et la difficulté d'assembler le conseil général qu'on élirait 30 personnes, outre le conseil particulier, pour la gestion des affaires, mais que la porte de la ville serait ouverte à quiconque voudrait exprimer son opinion.

Une autre délibération de 1618 exige qu'à l'avenir « chacun « use en ses opinions de toute modestie, sans aucun propos « de papistes ni huguenots, » et se garde d'interrompre les votes à peine d'amende. Si c'était là un indice de retour aux idées de conciliation, il ne fut pas de longue durée. En 1624, en effet, le comte de Viriville, gouverneur, accompagné du vi-bailli du Buis, après lecture d'un ordre du roi partageant les charges municipales entre les deux cultes, Miraillet, au

---

(1) M. de Maillebois, en 1733, fit emprisonner un habitant qui avait manqué aux consuls, pour faire sentir à tous son attention à réprimer l'esprit de mutinerie qui régnait dans la ville et la lettre qu'il écrivit à ce sujet était pleine de menaces (Drôme. E. 4713). L'année suivante le consul Mezard fut encore insulté.

nom des réformés, soutint que de 1574 à 1599, ses coreligionnaires avaient eu seuls l'administration de la ville et qu'à la dernière date, les commissaires de l'édit de Nantes ayant admis les catholiques au conseil, selon leur nombre et leurs facultés, cette mesure confirmée en 1611 et 1620, avait toujours été maintenue depuis. Archimbaud, au nom des catholiques revendiqua avec raison la même faveur pour eux que pour les autres citoyens. Avant 1589, ajouta-t-il, les deux cultes avaient le même droit aux charges consulaires ; le règlement des commissaires, ménagé par un gouverneur protestant devait être observé sous un gouverneur catholique. Miraillet insista en montrant le partage impossible, par ce que, à son dire, les catholiques ne pouvaient trouver douze des leurs, non parents, et en état de remplir les fonctions consulaires ; ce qui était une injure gratuite, car le monopole du dévouement et de l'instruction n'appartient jamais exclusivement à un seul parti. L'assemblée vota donc le maintien des règlements accoutumés. Deux jours après la discussion recommençant, la majorité se prononça en faveur des consuls et conseillers en place, Mais, M. de Viriville ayant nommé Archimbaud, premier consul, Duclaux, 2e consul, Reboul, trésorier et Vigne, secrétaire, et enjoint à l'assemblée de prendre la moitié des conseillers dans chaque religion, les réformés en appelèrent à l'autorité supérieure.

Afin « de remédier plus facilement aux affaires de la ville « et d'obvier à toutes confusions que les conseils généraux « apportaient, » il fut résolu, en 1627, d'appeler seulement 80 personnes à chaque assemblée, outre le conseil particulier.

Le 21 janvier 1631, le premier consul et le secrétaire sont pris chez les catholiques et 9 ou 25 habitants, dans les deux religions, pour former le conseil particulier et le conseil général, selon un arrêt du conseil du roi ; ce qui provoque une protestation de la part des réformés.

Mention est faite d'un nouveau règlement en 1642, dont

on ignore le texte ; mais cinq ans plus tard, Marc Eydoux, capitaine et consul, se plaint de la présence dans le conseil particulier de parents au degré prohibé. Jean Brès, premier consul et catholique, répond que leur élection a été régulière et que la question de parenté est un simple prétexte pour entraver les affaires ; le 25 février les habitants des deux cultes jurent de vivre unis et nomment huit conseillers pour administrer la commune, avec les consuls, et d'assembler le conseil général.

On trouve, en 1666, une protestation contre le refus du vi-châtelain de laisser délibérer une assemblée de 9 conseillers réformés et de 4 catholiques, et en 1671, un arrêt du Parlement qui règle ainsi de nouveau le régime municipal : tous les ans deux consuls sont élus et les conseillers renouvelés ; les pères et fils, frères, beaux-frères, oncles et neveux, les fermiers, comptables, et associés, ainsi que les débiteurs de la commune sont exclus du conseil ; l'ordinaire comprend 18 membres, et le général 36, en nombre égal des deux cultes ; l'un des consuls est catholique et l'autres réformé ; le trésorier et le recteur des pauvres appartiennent tour à tour à l'une et à l'autre religion. Six membres moitié, de chaque religion, sortent tous les ans et les consuls, trésoriers et recteurs, rendent leurs comptes à la fin de chaque année.

Un mémoire de procès de ce temps-là affirme qu'avant 1630, les protestants remplissaient toutes les charges municipales et affectaient à leur culte tous les revenus ; ce qui n'est pas absolument exact ; il ajoute que le roi donna alors aux catholiques les charges de premier consul et de secrétaire, ainsi qu'un nombre égal de membres au conseil particulier et au conseil général, formés de 25 et de 50 personnes.

Là ne se bornèrent pas les faveurs royales. Un édit du 26 mars 1682 avait exclu du consulat et du conseil politique ceux de la religion ; mais comme avant la révocation de l'édit de Nantes, les catholiques étaient peu nombreux, les deux conseils furent réduits à neuf membres chacun.

Il existe une délibération du 21 mars 1695 ramenant le conseil politique de 48 à 36 membres, dont 20 nouveaux convertis et 16 anciens catholiques, et un arrêt du conseil du roi en 1706 qui le compose de 24 membres et de 12 conseillers à vie.

Vers le même temps, en 1692, Louis XIV créait les offices de maires ; Sarrobert acquit celui de Nyons et sa finance lui en fut remboursée en 1701. Parmi ses successeurs figurent Faure, en 1707, Mezard en 1736, Simon de La Rochette en 1768, Roche en 1778 et Joubert.

En 1752, il y avait deux lieutenants de maires, 2 échevins et 2 assesseurs. Les maires convoquaient les assemblées, recevaient le serment des consuls et autres officiers, présidaient à l'examen et à la clôture des comptes des deniers publics, avaient une clef des archives, allumaient le feu de joie, portaient le chaperon et jouissaient de divers privilèges tels que l'exemption des tutelles, ban et arrière-ban, taille personnelle et logements militaires. En décembre 1706, des maires ou lieutenants de maires alternatifs et mi-triennaux obtenaient les gages, honneurs et priviléges des maires de 1692 et de 1702. Dans l'espace de 80 ans, le roi vendit et reprit aux villes le droit de nommer leurs officiers et, pour solder ces diverses finances, il fallut souvent doubler les octrois. Les offices établis en 1692, 1722, 1733 et 1771, furent supprimés en 1714, 1724 et 1764, mais avec obligation pour les communes de les racheter

Il ne paraît pas que les consuls et les conseillers aient alors été inquiétés ; les premiers, au contraire, à l'exemple des maires, voulurent à Nyons porter le chaperon et cette faveur leur fut octroyée en 1676, sous prétexte que la ville étant lieu d'étape, ils se trouvaient exposés aux injures des soldats.

Il reste à mentionner un édit de mai 1766 qui supprima

les offices municipaux et établit dans les communes de moins de 2000 habitants 2 échevins, 3 conseillers, un syndic, un secrétaire et six notables et dans celles de 2000 à 4500 habitants, un maire, deux échevins, quatre conseillers, un syndic receveur, un secrétaire, et six notables.

Cette réforme dura peu ; car en 1771, reparaissaient les offices municipaux avec finance, c'est-à-dire la confiscation du droit d'élire les titulaires, et en 1787, les assemblées municipales électives. Toutefois, à Nyons, l'édit de 1766, encore observé, donnait, en 1789, à la ville, un maire, deux échevins, quatre conseillers, dix notables, un secrétaire greffier et un syndic receveur.

M. l'abbé Vincent qui parle d'un maire, de deux consuls, de trois conseillers, de cinq notables et d'un greffier, se trouve ainsi démenti par le Mémoire adressé en 1789 aux procureurs généraux syndics des Etats de Dauphiné.

La population de 2,550 personnes alors s'élève aujourd'hui à 3,349 et sa municipalité comprend 21 conseillers parmi lesquels le maire et les deux adjoints sont choisis.

De 1789 à 1884, l'organisation municipale a subi de nombreuses modifications et rien ne prouve qu'elle n'en subira pas d'autres.

N'est-il pas intéressant, à l'aide de l'histoire, de suivre les tentatives, les essais, les luttes des diverses époques ? On éviterait de toujours recommencer des expériences si l'on tenait compte de celles que nos pères ont déjà faites.

Au reste, malgré ces vicissitudes administratives, il est permis d'affirmer que l'autorité locale se montra constamment à la hauteur de sa tâche ; son rôle au point de vue militaire et financier va nous en fournir des preuves manifestes (1).

---

(1) Invent. somm. des archives de la Drôme. T. III et IV. *Code municipal*, 2 vol. in-12. — De Coston, *Hist. de Montélimar*, T. III.

VII. — Les guerres.

On manque de renseignements sur les charges militaires imposées par les Montauban et les Dauphins. La seule expédition que rappelle l'historien de la ville se rapporte à la prise du Pont-Saint-Esprit, en 1449. Henri de Sassenage, gouverneur du Dauphiné, ayant convoqué le ban et l'arrière-ban, chevaliers, barons et milices accoururent à Nyons de tout le voisinage. De là, cette petite armée s'achemina vers le Rhône, mit en fuite les Bourguignons et délivra ainsi la province d'un péril imminent.

Or, il y avait eu déjà des craintes de guerres en 1379, témoin un emprunt de 100 florins d'or pour la solde des compagnies de Bretons en garnison au Buis, pendant la campagne des Dauphinois contre les Provençaux. Une autre preuve se tire de la construction d'une tour et de la proclamation du vibailli pour le transport de tous les vivres de la banlieue à Nyons, à cause des compagnies du duc d'Anjou.

De 1387 à 1388, de nouvelles alarmes amenèrent la visite par Gandelin, bailli du Buis, des murs d'enceinte et un voyage à Saint-André-des-Ramières pour s'assurer de la présence des gens de guerre de ce côté. On profita de l'occasion pour exiger l'argent que devaient les propriétaires voisins des murailles.

Pendant les courses de Raymond Roger de Turenne, guerroyant contre le roi de Sicile et de Naples, le prince de Tarente et le pape, le gouverneur du Dauphiné appela les habitants au secours de Verclause assiégé. On sait que les gens de Raymond vinrent aussi à Saint-Ferréol ; mais rien ne révèle leur apparition à Nyons. Cependant, en 1399, la ville fit construire un portail entre la maison Teste et l'arête de la muraille vieille, derrière l'église, avec « deux tournelles de 4 cannes et demie de hauteur », moyennant le revenu d'un an du souquet du vin et du vingtain de l'huile, outre 120 florins d'or.

En 1405, Guillaume d'Hostun, bailli du Buis, inspecte l'armement de la ville et en 1449, Antoine d'Hostun, un de ses successeurs, exige des fortifications nouvelles et des achats de bombardes et d'arbalètes ; ce qui paraît se rapporter à l'expédition du Pont-Saint-Esprit, déjà mentionnée.

Là se bornent, avec l'envoi, en 1478, des francs archers de Nyons à La Guillotière, les détails recueillis dans les archives locales.

Ajoutons que le roi Charles VIII, le 28 avril 1497, avait défendu à tous chefs de troupes de les loger en ville et aux faubourgs, placés sous sa sauvegarde ; que Louis XII, le 22 août 1500, François Ier, les 20 et 21 août 1518 et 1544, la reine régente, le 13 août 1525 et Henri II, le 15 août 1547 renouvelèrent le même privilège.

Mais, que de fois, hélas ! la sauvegarde royale va être violée dans le cours des XVIe et XVIIe siècles !

Dès 1523, Aimé d'Urre, seigneur de Teyssières, Jean de Montauban, seigneur de Valgaudemar, Josserand Seytres, seigneur de Noveysan, etc., visitent « les barris et tout à l'entour », afin d'indiquer les réparations utiles, « attendu le « temps que corre et las gendarmas que survenon au pays « dau Dauphina. »

L'année suivante, de Valgaudemar est nommé gouverneur de la ville, les logements militaires commencent et se renouvellent en 1529, 1537, 1544 et 1557. Toutefois, ce ne sont encore là que des préludes ; des Adrets, Montbrun et Lesdiguières vont tour à tour multiplier les passages de troupes, les alarmes, les contributions et les malheurs de la guerre civile (1).

L'étude des causes qui la firent naître ne saurait entrer dans ce travail et, d'autre part, les documents sur l'origine et les progrès de la Réforme à Nyons manquent tout à fait. Notre rôle d'annaliste se bornera donc à enregistrer des évé-

---

(1) Archives de Nyons, séries BB et FF.

nements souvent sans autre importance que la révélation du sort malheureux des habitants.

1560. — Montbrun s'empare de Malaucène, et, quand La Motte-Gondrin vient le combattre, Nyons lui offre 200 écus pour décharge du logement de ses troupes. Alors aussi les soldats de Cornu sont logés en ville; puis l'année suivante, les renseignements font défaut.

1562. — Avec des Adrets, les combats et les dévastations se généralisent tout autour : il est partout à la fois et avec lui la terreur et la mort. Dès le 4 mai, il exige des vivres pour les hommes de Montbrun ; le 6 juin, le conseil de ville envoie des députés à son camp d'Orange pour aviser à la conservation de la place, et le 13 août, la compagnie du capitaine Bar y est payée avec l'argent des biens et des ornements ecclésiastiques.

M. l'abbé Vincent a tracé un effrayant tableau des profanations et des violences de cette année : croix, statues; autels, images, tout fut brisé ou vendu; l'église et le prieuré de Saint-Césaire devinrent la proie des flammes; les religieuses et les prêtres furent expulsés ou tués. Il cite en particulier la mort cruelle de Dalmas Bramand, l'un d'eux, vieillard octogénaire, traîné avec un licol jusqu'au milieu du pont d'où il fut précipité dans l'Eygues.

D'autre part, un mémoire concernant les cloches, conservé dans les archives communales, raconte que les réformés, entrés par surprise à Nyons, y égorgèrent quatorze prêtres, pillèrent les reliques et les ornements du culte, abattirent l'église, bannirent les catholiques et enlevèrent les cloches dont une pesait de 7 à 8,000 livres (1).

François de La Baume, seigneur de Suze-la-Rousse, ne peut d'abord, faute de troupes suffisantes, résister à des Adrets et à Montbrun; il se borne à tenir en respect les garnisons des bourgs occupés par leurs lieutenants. Les

---

(1) Inventaire somm. E. 4923.

archives locales mentionnent, le 7 juin, un désarmement qu'il avait ordonné, la présentation des clefs de la ville par Baumes et Châteauvieux et la promesse d'obéir au roi et de garder la place avec huit hommes, 4 dehors et 4 à l'intérieur, le 11 juin ; mais le 28, des Adrets exigeait de la population des vivres pour son camp.

1563. — La ville, désormais au pouvoir des réformés, se défend avec trente bons arquebusiers et achète 2 quintaux et demi de poudre ; Bourjac se fait payer les revenus des chapelles et du prieuré, et les compagnies de Montbrun allant assiéger les Pilles et celles de Beaudiné y reçoivent des vivres. Après ces passages, le capitaine Bernard, sur le conseil de Pichot, ministre, assure aux habitants quelque tranquillité, tout en chargeant les dizeniers de veiller à la sûreté commune. Effectivement, en décembre, les États de Grenoble sont instruits des idées de modération du parti dominant.

1564-65. — Bertrand de Simiane de Gordes, nommé gouverneur de la province, rétablit, suivant Chorier, la messe au Buis et à Nyons ; il engage aussi le seigneur de Suze à ne pas mettre de garnison dans la place et y défend le port des armes. Il y eut alors, grâce à ses conseils, un adoucissement au sort des catholiques, qui restèrent privés néanmoins de tout exercice de leur culte, par suite du mauvais vouloir des capitaines La Coche et Saint-Auban.

1566-67. — Le calme est maintenu par de Collans, gouverneur.

1568. — Il faut solliciter l'éloignement de Montbrun et de Cypières, recevoir une compagnie du seigneur de Suze, se plaindre du refus de payer les aides accordées à ce sujet, garder la ville, désarmer les habitants, tenir éloignés les Provençaux venus à Sainte-Jalle, empêcher à de Vaupergue la levée d'une compagnie et faire sortir les catholiques, si Montbrun vient à Nyons.

Le 12 septembre, les deux cultes se jurent amitié réciproque, M. de Glandage, gouverneur des Baronnies, est payé, le conseil de ville décide de se préserver de toute surprise et de chercher des ouvriers et des maçons pour démanteler la place, selon les ordres du roi. D'après M. Arnaud, des Alrics, seigneur du Pègue, y commande.

La même année, de Gordes reçoit les plaintes des habitants à cause des logements militaires dont les contrôles sont revisés.

1569. — Au témoignage du P. Justin, des détachements de réformés partis de Loriol se rendent aux Baronnies et la garnison de Valréas défait celle de Nyons, dont Thollon de Sainte-Jalle obtient la seigneurie.

1570. — Le conseil de ville fait dénombrer les catholiques armés et équipés et charge Roux de démolir les murailles, ce qui prouve l'inexécution de la mesure prescrite deux ans plus tôt. M. de Chatelard, vibailli de robe courte, vient informer contre la garnison et le village de Condorcet tombe au pouvoir des réformés.

1571. — Thollon de Sainte-Jalle s'opposant au paiement des aides dues pour la garnison, de Gordes est prié d'intervenir.

1572. — La Saint-Barthélemy (24 août), qui ravive ailleurs les haines et les colères, n'excite aucun trouble à Nyons, car onze jours après, les habitants des deux religions jurent de conserver au roi la ville et le château et forment dans ce but une compagnie de cent hommes. On désarme les réformés et on expulse les étrangers. A la même date, vingt familles catholiques, éloignées de leurs demeures depuis onze ans, y rentrent paisiblement et les violences intérieures cessent tout à fait.

Malgré ces détails consolants, notre rôle d'historien nous oblige à consigner ici un renseignement tiré des archives communales, qui révèle des faits excessivement graves :

« La ville a esté prinze, y est-il dit, par feu M. de Mont-
« brun après le passage du Rone, année 1572 et du 1er

« juillet, étant gouverneur dans ladite ville M. de La Lau-
« pie, de Vinsobres, et icelle saquagée, la plus grande partie
« du bétail perdu, les prisonniers ransonnés, revenant à
« plus de 25 à 30,000 escus, outre la perte des hommes
« qu'ils furent murtris » (1).

1573. — Thollon de Sainte-Jalle, en février, exige des vivres et les catholiques confient la garde de la ville à 40 soldats et les réformés à 30, sous les ordres du capitaine Vincent. Des armes, à cette occasion, sont achetées et le ravelin de la place du Marché s'achève. De son côté, M. de La Laupie réclame 12 hommes.

De Gordes reprit Nyons cette année-là et Montbrun s'en empara à son tour peu de jours après. Du 19 au 20 octobre, 440 livres furent payées à la garnison qu'il y mit, et vers la fin de l'année, les 150 hommes chargés de la défendre furent chauffés aux frais des catholiques.

Après son échec devant Manas, Montbrun signe une trève et rentre dans son château. Ses soldats se réfugient à Nyons, à Condorcet et Orange. La première de ces villes ne les ayant reçus qu'à la condition de pourvoir à leur entretien aux dépens des catholiques, ils rançonnent la vallée de l'Eygues et le haut Comtat, tentent de s'emparer de Camaret et échouent devant Saint-Roman, d'où ils sont repoussés avec perte.

Le P. Justin ajoute que Glandage, blessé à Venterol par la garnison de Valréas, se réfugie à Nyons d'où Montbrun part à la poursuite de Favier, sans l'atteindre.

Glandage retourne ensuite à Orange et réclame à Nyons un fort détachement qui pille Saint-Maurice, en passant, se fait disperser à Sainte-Cécile et battre à Villedieu. Malgré ces échecs, il revient à Saint-Roman qui lui résiste avec courage et le met en fuite.

1574. — Supplanté à Orange par Barchon, Glandage

(1) *Invent. somm. des archives de la Drôme*, E. 4839.

rentre à Nyons, et de là, grâce à des renforts venus de Gap, va ravager Modène, ainsi que le voisinage de Vaison et de Villedieu, et s'emparer de Saint-Roman et de Bouchet.

Les archives de Nyons parlent d'un corps de garde, d'un rôle de 40 chefs de famille pour surveiller une des portes et faire une ronde, d'un logement de troupes en commençant par les catholiques, de l'entretien du plus grand nombre de soldats possible, du prix fait de la tour Saint-Sébastien, de réparations aux remparts et d'une garnison établie par Montbrun.

1575. — Ce capitaine s'y trouve encore, ainsi que Lesdiguières et Gouvernet ; il est ensuite blessé, fait prisonnier près de Mirabel et Blacons et condamné à mort.

1576. — La paix semble rétablie.

1577. — 60 hommes gardent Nyons sous les ordres de Vercoiran, son gouverneur depuis 1575. Grâce à la trêve de Bergerac, Lesdiguières demeure à Serres et Gouvernet à Tulette.

1578. — Colombaud remplace Vercoiran ; mais le roi de Navarre y envoie Gouvernet à la condition de présenter sa commission au synode, d'assurer l'observation de la discipline, de prêter main forte à la justice contre tous maléfices, dissolutions et désordres et de maintenir les libertés de la ville. Il est prié, en outre, d'empêcher les courses de « certains soldats picorans tout gendre de bétail dans le voisinage » et emmenant des prisonniers. En août, il est question de refuser la taille à cause de la dévastation des récoltes et du trouble apporté à la culture des champs (1).

Le P. Justin fait venir Lesdiguières à Nyons proposer aux chefs militaires de désarmer, ce qu'ils refusent. Toutefois, la restitution de quelque butin les engage à promettre la paix un moment ; puis une rencontre près de Bollène, qui leur est favorable, amène de nouvelles déprédations.

---

(1) Archives communales BB. et EE.

1578. — De Gordes meurt à Montélimar et Maugiron lui succède.

1579. — Nyons ayant été déclaré place de sûreté pour les réformés, Gouvernet vient y commander.

1580. — Lesdiguières, de son côté, y reçoit des présents et M. de Piégon couche dans le château.

1581. — On répartit sur les habitants les frais de la garnison et du passage de Lesdiguières. A la suite d'un complot, trois personnes suspectes sont emprisonnées et 4 soldats chargés de garder la place. Un emprunt de 600 écus arrête les violences de Saint-Martin, lieutenant de Gouvernet, et permet d'offrir un présent à Maugiron. A cette date, des divisions survenues entre les chefs réformés se manifestent dans les assemblées tenues à Die, Bourdeaux et Saillans ; la dernière proposa même le renvoi de Lesdiguières de Serres, et celui de Gouvernet de Nyons. Malgré tout, Lesdiguières l'emporta et fut reconnu chef du parti.

1582. — A la suite des troubles antérieurs, la ville doit 42,958 florins, soit 25,774 livres d'alors.

1584. — Au calme de 1583 succèdent quelques craintes, témoin les réparations faites à la « Corsière » de la tour Sainte-Luce, M. de Suze passe à Nyons qui se charge du transport de ses bagages.

1585. — On construit le ravelin de la porte du Marché, on répare les tours et guérites, on entretient les soldats de Gouvernet et on loge onze arquebusiers chez les catholiques.

1586. — Des passages de cavaliers et de la compagnie de Soubreroche sont suivis de réparations coûteuses au château, qui obligent le conseil de ville à prier Gouvernet d'avoir égard à « leurs foules » ou charges excessives.

1587. — Elles continuent cependant à cause de l'approvisionnement des magasins de vivres, et de plus, on vient de Bénivay et de Vinsobres enlever le bétail des laboureurs. Lesdiguières y passe à diverses reprises, et il est question d'échanger comme places de sûreté Serres et Nyons contre Livron et Gap.

1588. — Malgré plusieurs visites de Lesdiguières, les esprits inclinent à la paix. Toutefois, en février de l'année suivante, les soldats de Nyons vont prendre Buisson et démolir son église après en avoir enlevé les vases sacrés et les cloches. La plus grosse, placée au temple, ne fit retour à Buisson qu'en 1681, après un long procès.

1590. — D'Ornano, successeur de Maugiron, réclame 60 pionniers au Pont-Saint-Esprit.

1592. — Dans le but de se créer des ressources pour la construction de la citadelle de Nyons, Gouvernet fait frapper des pinatelles ou doubles sols parisis et pendant qu'il était en Piémont, son monnayeur opère pour son propre compte pendant 27 jours, puis s'esquive prudemment.

Afin de n'être pas recherché de ce chef, Gouvernet sollicita des lettres patentes du roi, datées du 23 septembre 1595 et enregistrées à Grenoble le 18 juillet 1597 (1).

Les années suivantes sont marquées par le passage des troupes du duc de Guise, en 1596, et par la promulgation de l'édit de Nantes en 1598, qui désarma toutes les résistances. Dès ce moment, les habitants concourent au paiement du ministre, jurent de vivre unis avec les catholiques et prêtent serment de fidélité à Gouvernet, devenu leur seigneur.

Un état des foules souffertes de 1572 à 1599, conservé dans les archives de Nyons, retrace éloquemment la situation de la ville : de 1573 à 1595, dit-il, on dépensa 15,840 écus pour 50 corps de garde de 10 hommes ; 9,304 pour la garde de jour avec 6 hommes à chaque porte ; 3,000 pour la construction des murailles du bourg, de 3 grandes tours et de 3 guérites ; 1,420 pour travaux aux bastions et palissades ; 3,000 pour fossés et indemnités de terrains ; 2,000 pour démolition des maisons contiguës aux murailles ; 200 pour

(1) Invent. somm. des archives de Nyons. — *Bulletin de la Société d'Archéologie de la Drôme*. X, 391 ; XXV, 51.

terre-plein à la plate-forme du château, etc., total 111,408 écus ou 334,224 livres (1).

Les premières années de la domination de Gouvernet révèlent une entente cordiale ; un médecin, nommé Dupuy, lui adresse mêmes des louanges écrites, en 1599. Mais ces bonnes dispositions paraissent n'avoir eu qu'une durée restreinte, car en 1613, le conseil de ville l'accuse auprès de Lesdiguières d'avoir maltraité le ministre Perrin et menacé les délégués choisis pour lui faire la révérence. De son côté, Gouvernet fait dresser un pilori sur la place du Marché pour intimider la population et la traite de rebelle et de mutine, accusation dont elle se justifie en ajoutant de nouvelles plaintes aux précédentes. La réconciliation s'opère seulement en 1619.

A la mort violente du roi, en 1610, le remplaçant de Gouvernet prend diverses précautions et obtient le serment de fidélité au jeune Louis XIII et d'union entre les deux cultes ; ce dernier serment se renouvelle en 1618. Malgré les soulèvements du Vivarais et la prise d'armes de Montauban à Mévouillon, la paix n'est plus troublée à Nyons.

Est-ce à dire que les foules ou charges militaires y cessèrent alors ? Hélas ! il reste encore à l'historien bien des faits à révéler.

Les troupes envoyées dans les Alpes et au delà ou en revenant devaient être nourries et payées par le trésor public ; seulement, les communes faisaient l'avance des vivres, et celles qui logaient les soldats recevaient des secours, appelés *aides*, de celles qui n'en logeaient point. Le vice de ce système consistait à prendre les aides de communes souvent fort éloignées, et dont la perception entraînait de grands frais. Un autre abus plus criant résultait des exigences des soldats chez leurs hôtes et auprès des communautés, suivies parfois de mauvais traitements et de vexations de tout genre.

(1) Invent. Somm. L, 4839.

En 1616, lors du passage du régiment de Châtillon, une étape avait été établie dans la ville ; mais elle satisfit si peu les habitants qu'ils en demandaient la suppression en 1640. En 1621, ils logent cent hommes, en 1622 trois compagnies du vicomte de Tallard et celle de M. de Bruyère ; en 1623, 1200 cavaliers et 6,000 hommes de pied.

Le régiment de Sérigny, en 1625, ravage la banlieue, et il faut acheter des armes et réparer les murailles, afin d'éloigner les troupes de passage. Cette mesure n'empêche pas de nouveaux logements en 1630 et les dégats commis par le régiment de St-Paul. Aussi, deux ans plus tard, le conseil presse-t-il les communes voisines d'unir leurs plaintes aux siennes. En 1637, on traite avec des capitaines pour éloigner leurs soldats ; en 1641, de nouvelles violences sont commises et en 1649, dix compagnies forcent le magasin de l'étape en brisent les portes et battent le commis et, en 1650, au passage de trois régiments, les mêmes excès se renouvellent. Une délibération consulaire de 1659, nous dispensera d'insister sur d'autres logements sans cesse renouvelés.

« Le lieu de Nyons n'est qu'un petit bourg, composé « d'environ 300 habitants qui ont soubstenu tout le passage « des gens de guerre allant en Italie ou descendant en « Catalogne, tant par estapes que autrement, mesme les « montées de troupes du marquis d'Ussel, (Uxelles) en Italie, « ce qui les a tellement apauvris qu'ils se sont engagés de « plus de 400,000 livres, dont ils ont escarté la moitié et ne « sçavent par quel moyen payer le reste. Ils sont en souf- « france sur le pays de plus de 100,000 livres, à cause des « sursoyances accordées et du passage des troupes montant « en Italie en 1649 et 50 et du quartier d'hiver de ces mes- « mes années. »

« Depuis dix ans, ajoute une requête de 1635, la ville loge constamment des troupes et quatre compagnies de cavalerie viennent d'exercer sur les habitants tant de violences « que l'ennemi n'en aurait pas fait davantage, se

« faisant livrer des poulets et des viandes exquises » (1). A la vérité, les règlements défendaient ces excès ; mais si, la justice informait parfois contre les coupables, les punitions infligées n'arrêtaient pas les abus. »

Cet état de choses dure à Nyons jusqu'après l'invasion du duc de Savoie en Dauphiné en 1694, et l'histoire des dragonnades paraît en être sortie presque entière. Il suffit de consulter les archives communales pour constater la même situation, avant et après la révocation de l'édit de Nantes, et la présence de dragons et de cavaliers dans les communes peuplées de catholiques seuls, aussi bien que dans celles où les réformés étaient nombreux.

Le seul fait particulier à Nyons réside dans une plainte des habitants de la religion réformée, en 1685, aux consuls et aux catholiques contre le projet de loger quatre compagnies de dragons de Frimarcon à leur charge exclusive, alors que les deux cultes devaient les supporter (2).

Il nous reste à mentionner un arrêt du Conseil d'État du 26 janvier 1633, fixant à 100 livres le traitement du gouververneur de la ville, à 220 celui de Mévouillon et de ses 12 hommes et défendant toute imposition pour payer les garnisons des forteresse et château de Nyons, des tour et château de Crest, Moras, Livron, Serres....., lesquelles places seront démolies, ainsi que les murailles, châteaux et forteresses de Pierrelatte, Roche-de-Glun, tour de Pisançon, Condorcet, Mirabel, Vinsobres, Saint-Auban, Sainte-Euphémie, etc.

Le 6 juin suivant, Fustier de la Rochette, commissaire spécial, faisait venir de Tulette, Mollans, Taulignan, etc. des maçons et des pionniers pour ruiner le château de Nyons et la forteresse de Guard (3).

---

(1) Invent. sommaire, E, 4700 et 4841.

(2) Archives de la Drôme, E, 4841. — Id. de Livron, EE, 16.

(3) Archives de Nyons, EE, 16.

Malgré cette double démolition, les gouverneurs y furent maintenus, et aux noms déjà cités on peut joindre ceux de la Mure, enseigne des gardes écossaises du roi en 1622, de Grolée-Viriville en 1623, de du Mesnil en 1687, de Beaujeu en 1694, de Jacques-Marie d'Achard-Ferrus de Ste-Colombe en 1696 et de Jacques de La Tour-du-Pin, marquis de La Charce, colonel de dragons en 1715.

Après ces détails osera-t-on soutenir encore que les procès, les présents et les voyages des consuls avaient seuls endetté les communes ?

VIII. — Charges et revenus.

Paillet, dans son *Manuel complémentaire des codes français*, énumérant les impôts existants en 1789, cite : 1° les *tailles*, devenues perpétuelles au XVe siècles et réelles en Dauphiné, en 1639, c'est-à-dire grevant les biens plutôt que les personnes, représentées par la contribution foncière actuelle ; 2° la *capitation* établie en 1675, supprimée en 1697 et remise en vigueur en 1701, pesant à la fois sur les princes, magistrats, artisans, bourgeois et simples domestiques, avec des taxes différentes, remplácée aujourd'hui par la cote personnelle et mobilière ; 3° le *dixième* ou impôt sur le revenu cadastral, créé en 1710 et remplacé en 1749 par le vingtième ; 4° les *aides* ou subsides levés sur les boissons, les bois, le bétail, etc., véritables contributions indirectes actuelles ; 5° les *corvées* sur les chemins et routes, supprimées en 1787 au moyen d'une contribution en argent ; 6° les droits d'amortissement et de nouveaux acquêts exigés des communes, hôpitaux, établissements religieux, propriétaires d'immeubles ; 7° les droits de contrôle, d'insinuation et de centième denier, devenus droits d'enregistrement, de transcription et de mutation foncières ; 8° les sols par livre ajoutée aux taxes des vingtièmes et péages ; 9° les droits d'octroi dont l'État depuis 1603, percevait la moitié et depuis 1802, le cinq pour cent du revenu net.

On pourrait ajouter à cette liste les dons gratuits, les quartiers d'hiver, le cinquantième, les achats d'offices et d'autres charges encore, si les archives de Nyons avaient fourni des éléments d'appréciation suffisants.

Sous les Dauphins il existait aussi des tailles pour la levée desquelles Humbert II fit demander pardon à ses sujets. Pareil repentir ne vint plus à l'idée de ses successeurs. Louis XI, encore dauphin, exigea d'abord un don gratuit, converti bientôt en obligation annuelle, sous le nom de tailles, malgré les libertés de la province et celles de Nyons en particulier.

Pour les recouvrer, il fallut dresser des cadastres ou parcellaires à l'aide des déclarations ou parcelles fournies par les habitants. La ville en a un du XVe siècle, un autre de 1591 à 1599 et un 3e de 1634. Cet impôt se répartissait par feux équivalant chacun à 2,400 livres de revenus. Il y en eut d'abord 16 à Nyons ; mais ce nombre fut réduit à 12 et demi, en 1636, à cause de l'exiguité du territoire, du passage des troupes, des biens nobles, des ravages des torrents, du montant des dettes d'un total de 150,000 livres, du faible produit des oliviers, depuis les froids de 1624, et de l'émigration des habitants, dont 250 en un an s'étaient enrôlés comme soldats. Lors de la revision des feux, en 1701, la part de la communauté fut portée à 11 3/4.

Les tailles de 1789 arrivaient à 8,132 livres, la capitation à 2,800, le don gratuit à 907 et l'imposition remplaçant la corvée sur les chemins et routes à pareille somme : total : 12,746.

Parallèlement aux charges publiques se levaient encore des tailles et emprunts pour logements militaires ; pour le paiement des dettes communales et pour le budget annuel destiné aux dépenses du culte, de l'hôpital, des écoles, des fêtes publiques, des présents, de l'entretien des fontaines, des remparts, des chemins, du pont et des digues contre l'Eygues.

Nous ne reviendrons pas sur les charges militaires, et celles des deux cultes seront exposées plus loin; mais il convient de signaler celles du budget local.

Les *dettes* s'élevaient, en 1789, à 16,385 livres en supposant au 5 °/₀ les 3,279 d'intérêts payés alors, et cela après les vérifications et réductions opérées au XVIIIe siècle; elles dépassaient 120,000 livres en 1582, 60,000 en 1603, 150,000 en 1637 et 47,644 en 1766.

Rétabli en 1766, l'*hôpital* était administré par des directeurs nés et des directeurs ordinaires, et desservi en 1789 par une gouvernante, une fille et un homme (1), ses revenus, la 24e partie de la dîme comprise, ne dépassaient pas alors 1,150 livres.

La maison tombait en ruines en 1524 et, après sa démolition en 1608 elle fut remplacée par celle d'Aubarestier la même année. Comme les biens des pauvres avaient passé aux mains des réformés, pendant le XVIe siècle, ils furent accordés à l'hôpital de Grenoble lors de la révocation de l'édit de Nantes. Un arrêt du conseil d'État et des lettres du roi réorganisèrent l'établissement que le peu de zèle de ses administrateurs laissa péricliter, et que le maintien de distributions en argent ruina. En 1765, il fut question d'abolir ces distributions et les religieuses de Boucieu y furent installées.

L'hôpital, placé rue de la fontaine, se vendit en 1708 et un autre le remplaça, rue des Cordonniers. Comme Melchionne de Gruel, veuve de Scipion de Castellane Noveysan, Gelly et Antoine Tardieu avaient doté de 300 livres l'œuvre de la Miséricorde, l'hôpital hérita de la dotation. Il a été transféré plus tard dans le couvent des Recollets.

---

(1) Au temps de l'auteur du *Dictionnaire des Gaules*, c'étaient les religieuses du Saint-Sacrement.

Il y avait aussi une *Maladrerie* ou *Maladière* affectée aux lépreux, en amont du pont; elle servit d'asile aux pestiférés, dans la suite et l'ordre de St-Lazare hérita de ses biens au XVIIe siècle.

Le traitement du maître d'*école* fixé à 180 livres en 1789, avait subi de nombreuses fluctuations depuis 1563. Tiers, diacre protestant, recevait alors 12 écus et Guis, 6. Ce dernier en obtint 32 en 1574, outre les mois. La première mention d'une école remonte à 1523 et la deuxième à 1555, sans autres détails. En 1594, le ministre Penard donnait deux leçons aux élèves de grammaire moyennant 30 écus par an. Il y avait deux maîtres, en 1606, un protestant à 40 écus et un catholique à 20. A cause des inconvénients de la vie commune, il fut créé en 1704 deux écoles distinctes.

On trouve des instituteurs pour les garçons pendant les XVIIe et XVIIIe siècles ; en 1738, la femme du titulaire instruisait les filles, en 1765, c'était une sœur de l'hôpital.

La ville réclamait un collége à l'évêque de Vaison en 1781; et comme elle ne recevait pas satisfaction, Faure, en 1786, prit un second pour enseigner le latin.

Un tarif proposé par Garcin, en 1733, ne donne pas une idée bien haute de son savoir: « Les petits enfants qu'ils « apprendront l'alphabet ou assembler les lettres payeront, « dit-il, 2 sols ; ceux qui apprendront à lire 3 sols, ceux qui « apprendront à escrire, le prix à 4 sols et ceux qui « apprendront l'arithmétique payeront 6 sols et, de plus, je « demande et prie MM. du conseil de payer le loyer de la « chambre que j'y fais les escoles. »

D'après son approbation, Garcin était de Nyons et Brès enseignait en même temps que lui (1).

Sur le chapitre des *fêtes publiques* et des *présents*, il convient de citer, en 1523, la représentation du mystère de

(1) Voir pour plus de détails, l'*Instruction primaire dans l'arrondissement de Nyons*, Grenoble, X. Drevet, br. in-12.

la Résurrection, et en 1630 celui de la Passion par le prédicateur du carême, au frais de la ville.

Quant à l'*Abbaye joyeuse* ou de *Maugouvert*, chargée des fêtes et de la police des mariages, elle existait encore en 1660. Une division née de la différence des cultes faillit cette année-là susciter des troubles. La jeunesse avait élu deux abbés, un pour chaque religion. Il y eut des attroupements et le conseil de ville décida qu'à l'avenir un seul abbé serait élu et que les offrandes volontaires des nouveaux mariés et des veufs et veuves appartiendraient aux pauvres et à l'hôpital. Cette décision déplut vivement à la jeunesse et il fallut appeler le vibailli du Buis pour informer contre les meneurs. (1).

Les *présents* faits à de grands personnages comprenaient, en 1523, 2 quintaux d'huile d'olive à MM. du parlement, un demi quintal de prunes et 30 livres de « tartifles » (truffes noires) au lieutenant général ; l'année suivante, M. de la Palisse recevait un jeune renne ou cerf, M. de Bressieux, un sanglier ; jusqu'en 1611, les prunes, les pommes, les « persèques » et les olives continuent à être offertes.

On manque de détails sur les *pestes*. Celle de 1338 fut particulièrement fatale aux Juifs de Nyons ; la population effrayée les accusa d'avoir empoisonné les puits et les fontaines et, sous ce prétexte ridicule, les massacra impitoyablement. Au lieu de rechercher et de punir les auteurs de ces attentats, Humbert II bannit les survivants de Nyons et de toutes les Baronnies. La justice et l'humanité prescrivaient d'autres mesures. En 1522, l'épidémie dura du 13 août au 22 mars. Des mesures de précautions étaient prises en 1564-65, en 1577, en 1586 et en 1598. Le dévouement des Récollets envoyés de Vaison pour secourir les pestiférés, en 1630, rendit ces religieux très populaires et favorisa leur établissement à Nyons, d'après M. l'abbé Vincent.

---

(1) Archives de la Drôme, E, 4701. Il y avait aussi le jeu de paume et le mail dont les archives ne parlent pas.

On manque de renseignements sur une épidémie de 1602 et sur la peste de 1721.

L'entretien des remparts, des portes et poternes, des fontaines, pavés, ponts et chemins, coûtait 402 livres, en 1789.

Commencé en 1341, abandonné ensuite, et repris en 1399, le pont s'était construit à l'aide d'un vingtain (20e partie) des récoltes, et des aumônes des fidèles, sur l'invitation des évêques de Valence et de Vaison. On trouve à la fin du XIVe siècle, dans beaucoup de testaments, des legs en faveur de cette œuvre utile qu'il fallut 80 ans pour terminer. Le dernier marché conclu avec Guillaume Pays, de Romans, stipule que le pont devait avoir une seule arche en pierres de taille ou en tuf d'Aubres, que les culées atteindraient la clef de voûte et que les parapets seraient en pierres de taille arrondies ; que la commune fournirait la chaux, le sable et les pierres et paierait 1,200 florins d'or, les 3 équivalant à 2 écus du roi de France, 12 sommées de blé, 6 muids de bon vin et 6 quintaux de viande salée ; qu'elle fournirait un logement et 4 lits à l'entrepreneur et donnerait 25 florins pour les fers, clous et cordages (1).

Le clocher remonte à 1352. Est-ce le même dont la prieure de Saint-Césaire et la commune se disputaient la propriété à la fin du XVIIIe siècle ? Celui-là touchait à un ancien rempart flanqué d'une grosse tour carrée, contigus l'un et l'autre au chœur de l'église ; le rez-de-chaussée de la tour servait de sacristie à la paroisse et le premier étage de sacristie aux Pénitents ; le mécanisme de l'horloge occupait le 2e étage ; une plate-forme, avec un beffroi pour la grosse cloche, terminait l'édifice.

Négligeant les dépenses de la cure, de l'hôtel-de-ville, des fours, des prisons et des mesures du blé et de l'huile et celles des gardes, valets de ville et autres, arrivant en-

---

(1) Archives de Nyons, DD, 8.

semble à 2,581 livres, nous abordons les ressources budgétaires (1).

Elles comprenaient en 1735 : 1° les revenus de la seigneurie, affermés 506 livres, dont 100 pour les lods, 310 pour les fours, 60 pour la pierre du blé, 20 pour les régailles (terrains contigus aux murailles et édifices), 10 pour le greffe de la châtellenie et 6 pour les censes ; — 2° les revenus patrimoniaux, tels que la ferme des moulins à farine allant à 1,800 livres, celle de la rêve ou liard sur chaque livre de viande de boucherie (500 livres) ; celle du sol et demi par émine d'huile vendue dans le lieu (1,000 livres) ; celle du souquet ou souriquet du vin prélevé à raison du 8e sur hôteliers et caberetiers, impôt déjà établi en 1332 (270 livres), soit en tout 4,076 livres ; — 3° des octrois autorisés en 1760, à raison de 5 sols par émine d'huile entrée en ville et non récoltée dans le territoire ; — 4° des tailles négociales ou impositions ajoutées à la taille du roi.

En résumé, le chiffre des impôts de 1789 atteignait 12,746 livres, le budget communal 2,581 et la dîme 752, soit un total de 16,079 livres ; mais le *pouvoir* de l'argent à cette époque n'était-il pas trois et quatre fois moins fort qu'aujourd'hui ? Si l'on multiplie 16,079 par 3, on obtient 48,237 fr., et par 4, 64,316 fr.

Or, en 1873, les quatre contributions directes de Nyons ont produit :

A l'Etat	28,640 37	50,110 fr. 08
Au Département . . .	9,415 18	
A la Commune . . .	10,573 03	
Au fonds de non valeurs	1,481 50	

Il faut conclure de là que la différence des poids et me-

(1) Il y avait à l'origine des banniers ; les gardes remontent à 1720; on trouve aussi, en 1695, une garde bourgeoise de 8 hommes chaque jour pour surveiller les récoltes. L'hôtel-de-ville fut agrandi en 1692 ; l'ancien était alors ruiné et les archives avaient souffert de l'humidité.

sures, la différence du *pouvoir* ou valeur de l'argent, ainsi que la composition des charges fiscales, à la fin du XVIIIe siècle et à la fin du XIXe, rendent impossible toute comparaison exacte entre l'ancien et le nouveau régime.

L'évaluation du revenu foncier, en 1839, accuse 89,485 fr., dont 43,769 pour les propriétés bâties et 45,716 pour les 2,078 hectares imposables. Quant à la population, de 3,040 en 1820, de 3,208 en 1840, de 3,450 en 1850, de 3,611 en 1870 et de 3,579 en 1880, elle était de 3,349 en 1891.

Comment, dans un territoire si restreint et environné de montagnes, cette population arrivait-elle à couvrir les dépenses énumérées? En 1789, elle tirait des ressources de trois fabriques à soie, mues par l'eau, de plusieurs filatures de cocons, de deux savonneries et de deux tanneries, et vendait à Lyon la soie et l'huile d'olive, sa principale récolte; mais, à cette date, l'ouverture de la route de Serres à Pierrelatte était vivement réclamée pour les transports, et la construction de digues contre l'Eygues, plusieurs fois commencée, souvent promise, mais non réalisée encore alors, ne l'était pas moins.

L'abbé Expilly, quelques années auparavant, y signalait trois savonneries et quelques manufactures de laine et de petites étoffes.

Au synode de Serres, tenu en 1600, Félix, ministre de Nyons, avait été suspendu pour un mois à cause d'une convention passée avec un « alchimiste » et un souffleur de savon, accompagnée d'un serment illicite, et menacé de déposition s'il ne faisait annuler sa promesse. L'industrie inaugurée alors continua-t-elle? On l'ignore; toutefois en 1760, lors de l'édit d'autorisation des octrois, l'achat d'huile d'olive hors du territoire, fut une des causes déterminantes de leur établissement.

François Ier avait créé à Nyons, par lettres du 29 juillet 1541, un marché hebdomadaire le jeudi et les foires du 25 janvier et du 29 juin; en 1589, la ville faisait publier les foires achetées auparavant et, en 1609, rétablir le marché, en obligeant les habitants à l'approvisionner.

L'inventaire imprimé des archives communales révèle bien d'autres menus détails complémentaires ; l'esquisse à grands traits du tableau social pendant sept à huit siècles suffit à notre rôle d'historien.

IX. — Administration religieuse.

On a déjà vu les commencements de l'abbaye de Nyons, modeste colonie de St-Césaire d'Arles, à St-Pierre-des-Champs et son installation, dans la suite, à St-Vincent, au milieu de ses fidèles tenanciers, auxquels elle fit administrer les sacrements.

Au Xe siècle, par suite de la destruction de l'abbaye-mère d'Arles, la maison de Nyons se trouva dégagée de tout lien de dépendance et se convertit en prieuré.

Un mémoire de la fin du XVIIIe siècle prétend, il est vrai, que ce prieuré date seulement de l'année 1363, époque d'une transaction entre l'abbaye d'Arles et l'établissement de Nyons, réglant les droits et les devoirs de l'une et de l'autre. Mais la prieure, en 1321, possédait des directes et, en 1324, des dîmes à Vinsobres, et en 1250, noble Jean Fizel, fils de Laure de Mévouillon, avait enrichi son bénéfice d'un grand territoire à Visan et l'évêque de Vaison, en 1272, de l'église de Notre-Dame de Chausan, sur Nyons. Ces preuves, ainsi qu'une transaction de 1341 entre la prieure et le dauphin touchant leurs droits réciproques à Visan, suffisent pour montrer l'erreur du mémoire.

Quant à l'accord de 1363, il assurait aux religieuses de Nyons la possession des biens et des dîmes de son ancienne dotation, à la charge de pourvoir au culte paroissial. Aucune contestation à ce sujet ne s'éleva pendant plusieurs siècles, et il fallut les troubles du XVIe siècle pour obliger Gabrielle de Commiers, en 1606, à résigner son prieuré en faveur de

Gabriel Martin, curé de Nyons, moyennant une pension viagère de 100 à 125 livres. Ancien religieux dominicain et ensuite de Cluny, le nouveau titulaire sollicita le changement de son bénéfice en prieuré d'hommes, suivant la règle de saint Benoît. Le Parlement de Grenoble appela comme d'abus de la décision ecclésiastique obtenue par Gabriel Martin et celui-ci se fit néanmoins maintenir par provision, en vertu d'un arrêt de récréance, et jouit de son prieuré pendant près de 20 ans. C'était un homme instruit et énergique dont la restitution partielle des biens ecclésiastiques et la restauration de l'église attestent les efforts et le zèle.

Vers le même temps, Antoinette L'Empereur de la Croix, au moyen de provisions obtenues à la légation d'Avignon, prit possession du prieuré le 10 juin 1619. Aussitôt Gabriel Martin et Gabrielle de Commiers formèrent opposition; mais le Grand Conseil rejeta leurs requêtes.

De son côté, le 23 juillet 1628, l'abbesse d'Arles nommait à Nyons Claudine de Vincens de Causans, sa sœur ; l'évêque *in partibus* de Philadelphie, le fils d'un président à mortier au Parlement de Grenoble, une dame de Lionne et d'autres encore réclamaient le même bénéfice. Pour couper court à ces compétitions, les biens du prieuré furent séquestrés entre les mains des consuls.

Un arrêt du 29 février 1636 maintint Mme de Causans et leva le séquestre ; ce qui donna lieu à des difficultés avec la ville, jusqu'en 1701.

Dom Martin se pourvut par requête civile contre l'arrêt de 1636 en contradiction avec celui du Parlement de Grenoble et porta l'affaire au Conseil du roi où, en 1641, il obtint d'être réintégré dans son bénéfice. Mais cette victoire éphémère n'empêcha pas, l'année suivante, l'exécution de l'arrêt définitif qui le condamnait sans retour à rendre le prieuré. Il reçut à titre de compensation la petite abbaye de Clausonne, dans les Hautes-Alpes et le prieuré d'Upaix. Nous ne poursuivrons pas l'étude des compétitions ultérieures, notre but n'étant pas d'écrire l'histoire des religieuses, mais celle de la ville ; elles étaient ailleurs peu nombreuses : trois en 1636, cinq en 1702, huit en 1727 et quatorze en 1789, et passaient leur vie à prier et à travailler de leurs mains.

Cette existence tranquille ne laissa pas d'être plus d'une fois troublée, et des procès avec les consuls entraînèrent de grosses dépenses pour elles à la fin du XVIIe siècle et du XVIIIe, sans parler de ceux du fournage et de la mouture de leurs grains.

Le premier avait la dîme pour cause. Gabriel Martin, le 20 juin 1609, par transaction avec les consuls, avait réduit la dîme des céréales au trentain (30e partie), payable en gerbes, celle du vin, des légumes, du chanvre, des agneaux et chevreaux, à la même cote, et exempté les autres produits agricoles. Toutefois, comme l'acte portait que la découverte d'un accord antérieur quelconque exigerait de nouvelles stipulations, et que les cabaretiers et débitants devraient débiter le seul vin de la dîme pendant 26 jours, à partir du 24 juin, la première clause suscita un procès. Lucrèce de la Tour, prieure, découvrit en effet dans un cahier de minutes du notaire Limojon, une transaction de 1514 et réclama, en conséquence, la dîme des olives, à raison d'une émine par dix émines d'huile pure, celle des grains à la cote 20e et celle des raisins, des agneaux et chevreaux, à la cote 10e. C'était là une aggravation considérable.

Françoise d'Hérail de Brisis, qui avait succédé à Lucrèce de la Tour, continua les poursuites commencées en 1671, et les mémoires imprimés des avocats des parties nous révèlent les arguments invoqués par les unes et les autres.

Selon la prieure, l'acte de 1514 faisait foi pleine et entière et ne pouvait être argué de nullité ; aucune prescription ne devait en arrêter l'exécution ; enfin l'inscription de faux invoquée par les consuls n'était ni recevable, ni pertinente.

De leur côté, les consuls soutenaient que les prétentions de la demanderesse détruisaient l'accord de 1609 ; que celui de 1514 était nul, faute de ratification régulière ; que, souscrit par de simples particuliers, il ne pouvait engager la communauté. Ils ajoutaient que cet acte n'avait jamais reçu d'exécution, témoin les baux de 1589, de 1592, de 1593 et de 1597 où les cotes de 1609 étaient maintenues.

D'autre part, un acte de 1515 appelait la prieure d'alors Félise d'Urre, décédée en 1493 et remplacée par Clairette de Grammont, mentionnée dans l'acte de 1514, et longtemps après.

Les mémoires imprimés et manuscrits renferment d'autres raisons pour et contre l'authenticité de l'acte invoqué et combattu, sans intérêt pour notre sujet. Toutefois, comme les avocats de la prieure avaient avancé que les habitants, en vue de s'exonérer de la dîme des grains et du vin, avaient remplacé la culture des vignes et des céréales par celle de l'olivier, le Parlement prescrivit une enquête et finit par donner gain de cause aux consuls.

D'après les états des récoltes, décimables fournis en 1724 et 1725, le territoire de Nyons produisait alors de 190 à 200 charges de blé, de 180 à 200 de seigle, de 1,000 à 1,300 charges de vin de 3 barraux chacune, de 840 à 900 quintaux de paille, de 10 à 18 charges d'orge ou d'avoine, etc., dont la prieure percevait la 30e partie.

Au dire de Montesquieu, les lois de Charlemagne sur les dîmes furent l'ouvrage de la nécessité et non de la superstition ; d'abord volontaires, comme les oblations et les prémices, elles devinrent obligatoires avec les décrétales. Une part servait à l'ornementation de l'église, une autre part revenait aux pauvres et aux pèlerins et la troisième appartenait aux prêtres seuls.

Il résulte de cet exposé qu'en droit strict, les habitants de Nyons devaient la dîme des olives comme celle des autres récoltes, et que des actes réguliers avaient eu seuls le pouvoir de les en dispenser.

Quant à la quotité, elle variait beaucoup, et la dixième partie de l'huile aurait créé une bien lourde charge.

Une déclaration de 1727 révèle les revenus et les frais du prieuré en ces termes :

Revenus. — Domaine de St-Pierre, 300 livres ; domaine du Guard, 200 ; feuille des mûriers d'Antignan, 40, et de ceux du Claux, 86 ; verger à Souchères, 45 ; vigne à Salerans, 30 ; terre et mûriers sous le *barri*, 30 ; verger à Parejas, 38 ; rentes de Visan, 178 ; de Cléon-d'Andran, 15 ; du Claux, 3 ; pensions viagères de la prieure et de sa sœur, 200 ; dîmes de Nyons, 752 ; de Vinsobres, 80 ; total : 1,997 livres.

Charges. — Entretien annuel de l'église et du monastère, 30 livres ; tailles royales et négociales, 50 ; redevance à l'abbesse d'Arles, 4 ; entretien de la sacristie et de l'autel de l'église paroissiale, 15 ; gages et nourriture d'un valet et de deux servantes, 360 ; journées d'ouvriers, 40 ; 24e partie de la dîme pour les pauvres, 20 ; décimes et impositions du clergé, 100 ; rétribution du directeur et du confesseur, 30 ; portion congrue du curé, 300 et du vicaire, 150 ; moitié de la rétribution du prédicateur du carême, 60 ; total : 1,159.

L'excédant de revenus, soit 838 livres, est nécessaire, dit le document, pour la nourriture de la prieure, des sept religieuses et de la sœur converse, et il serait bien insuffisant, si elles ne vivaient pas, comme elles font, avec économie et frugalité.

On ne voit pas figurer dans ce tableau les pensions dues aux religieuses par leurs familles ; mais elles n'étaient pas régulièrement acquittées.

Il est permis de croire qu'antérieurement à 1612, le prieuré jouissait de revenus considérables, puisque cette année-là Gabriel Martin aliéna au prix de 600 livres des censes et directes à Réné de la Tour-Gouvernet, coseigneur de Nyons. Cette somme, prêtée à la commune d'Upaix, produisait 375 livres d'intérêts, Or, celle-ci ayant offert des terres en compensation, un accord amiable décida que le capital et les arrérages d'un total de 9,360 livres seraient payés en neuf soultes égales.

A la fin du XIVe siècle, le service religieux était confié à un curé, assisté d'un vicaire et d'un clerc. Le résumé d'une sorte de cartulaire rédigé vers 1418, énumère de nombreux testaments avec legs en sa faveur, ainsi qu'au luminaire de Notre-Dame de Réparat et à ceux de St-Pierre-des-Champs, de Notre-Dame de Toysses ou de Truisses et de Notre-Dame de Chausan, à l'œuvre ou fabrique de St-Vincent, au Pont, à l'hôpital, aux pauvres et aux religieuses de St-Césaire. Tous ces revenus disparurent au XVIe siècle.

L'église paroissiale, construite de 1000 à 1300, ruinée en 1562, fut rebâtie après 1614, agrandie après 1685 et dotée, en 1703, de quatre chapelles latérales. Il y avait, en outre, dans le territoire, d'après une visite épiscopale de 1636, les églises ou chapelles de St-Ferréol, de St-Boudon, contre la montagne du Devès, de St-Rambert, de St-Sixte au bout du Pont, de Notre-Dame de Chausan du côté de Vinsobres, de St-Martin, de St-Sébastien et de Notre-Dame de Réparat ou de l'Ermitage, alors toutes démolies. D'autres chapelles de l'église St-Vincent portaient à 18 le nombre des recteurs ou chapelains ayant chacun leurs revenus distincts. Malgré ce nombreux personnel ecclésiastique, la Réforme s'implanta de bonne heure à Nyons et y trouva des adhérents ; dès 1563 on y rencontre un ministre et dès 1575, un temple.

Les commissaires exécuteurs de l'édit de Nantes, en 1599, y assurèrent le maintien du culte protestant, interdirent l'abbaye Joyeuse ou de Maugouvert, les charivaris, les masques et les bals publics, ordonnèrent l'agrandissement du cimetière, rendirent commun l'usage de la cloche de l'horloge, permirent des maîtres d'école aux deux religions et réglèrent le droit de chacune à l'administration communale.

D'autres commissaires, en 1664, confirmèrent ces libertés et se divisèrent sur la question du temple, qui d'ailleurs ne tarda pas à être fermé et démoli (1681), malgré une grande agitation dans les esprits, qui exigea la présence de la force armée.

Vers le milieu du XVIIe siècle, la conversion de Gouvernet, seigneur du lieu, rendit aux catholiques leur ancienne prépondérance et, en 1685, les deux tiers de la population revinrent à leurs anciennes croyances et à leur ancien culte.

Deux demoiselles, en 1668, ayant parcouru la ville masquées et déguisées, le ministre les désigna presque nominativement en chaire, et celles-ci l'ayant rencontré, le souffletèrent. Aussitôt le Consistoire procéda contre elles et le Synode leur infligea une punition sévère. Elles formèrent appel comme d'abus devant la Chambre mi-partie de Grenoble des deux décisions, et le ministre Homel ayant saisi le vibailli du Buis de l'acte de violence commis sur sa personne, l'appel interjeté suspendit la prise de corps décrétée contre elles. De plus, les ministres Du Marché, Chion et Bernard, pour n'avoir comparu devant la Chambre mi-partie, furent condamnés aux dépens et les ordonnances du Consistoire et du Synode déclarées abusives.

Les ministres se pourvurent alors au Conseil du roi, qui refusa de reconnaître la juridiction de la Chambre mi-partie et se retint les affaires de cette espèce (1675), puis l'année suivante, cassa les ordonnances du Consistoire et du Synode comme attentatoires à la juridiction ordinaire. « C'était, dit M. E. Arnaud, ôter du même coup aux réformés le droit d'exercer leur discipline. »

D'après les renseignements fournis par Guy Basset, cette opinion semble exagérée, car en recourant au bras séculier en la personne du vibailli du Buis contre Melles Dusolier et Girard, le ministre et le Consistoire avaient franchi les premiers les limites disciplinaires.

Après 1685, en 1738 et 1744 notamment, les réformés s'assemblèrent plusieurs fois pour célébrer leur culte. « Le roy envoya des troupes et le Parlement, des commissaires; il y eut, en conséquence, plusieurs arrêts qui condamnèrent divers particuliers à des peines afflictives. » Ces assemblées se renouvelèrent en 1754.

Il ne nous reste plus pour compléter nos renseignements sur l'histoire religieuse à Nyons qu'à mentionner la tenue d'un Synode provincial en 1601 et une pétition des catholiques, imprimée en 1795, réclamant une loi précise sur la liberté des cultes.

X. — Monuments, curiosités, illustrations.

Divers auteurs ont placé le pont sur l'Eygues au rang des œuvres d'art ; mais aujourd'hui rien ne justifie cette appréciation. Quant à la tour Randonne, convertie en chapelle par M. Boisson, architecte, en 1862, elle accuse le style du XIIIe siècle et figure la prière, « qui, dans ses quatre étages de statues, jaillit de la terre vers le ciel, passant par les Saints, puis aux Martyrs qui le transmettent aux Anges groupés autour de Marie » (1).

L'inauguration du monument eut lieu le 4 mai 1863, au milieu d'un grand concours de peuple et avec solennité.

C'est à tort que ce vestige féodal a longtemps porté le nom de Randonne de Montauban, car il appartenait à la famille Eustache. En effet, l'inventaire manuscrit de la Chambre des Comptes de Grenoble lui attribue formellement « une tour carrée isolée, avec son circuit de rochers tout à l'entour. »

Déjà, l'auteur de la *Notice sur le monument et le sanctuaire de Notre-Dame de Bon-Secours* avait contesté à Randonne la construction de ce donjon et son opinion se trouve ainsi justifiée.

« Il n'y a, dit-il, dans tout son périmètre aucune trace d'ouverture de plain-pied, mais une seule fenêtre étroite, au midi, tout à fait inabordable sans échelle, et dont l'accès devait être encore bien plus difficile lorsque la rapide déclivité du

---

(1) *La géographie de la Drôme*, par M. Joanne, en donne une vue sur bois.

roc se prolongeait jusqu'au niveau des basses rues, car les jardins suspendus à ses flancs et les quelques ruines qui diminuent actuellement la hauteur du rocher, sont d'une date comparativement récente. D'un autre côté, sur chacune des quatre faces extérieures de la tour, il ne se rencontre aucune trace d'arrachis qui indiquerait la juxtaposition d'un rempart. »

Nous ne pensons pas qu'il y ait lieu d'appeler monuments l'église, l'ancien couvent des Récollets, devenu l'hôpital, l'ancien prieuré transformé en mairie, tribunal et prison, la sous-préfecture, ni une habitation quelconque. Mais Nyons offre dans le Pontias une curiosité bien autrement remarquable, puisqu'elle figurait jadis parmi les sept merveilles du Dauphiné.

Ce vent topique retrouvé en petit à Luc, à Saillans, à Châteauneuf-de-Bordette, à Piégon, à Venterol, à Benivay, aux Pilles, à St-May et à Bouvières, a eu dans G. Boule un historien plus crédule qu'exact. Il décrit les montagnes où il se forme et surtout celle du Devès avec ses crevasses, le vallon où il commence à souffler, les montagnes supérieures et celles de la rive gauche de l'Eygues. Cette description est suivie de détails sur les variations du vent et d'une tentative d'explication de ses causes. Guettard, Expilly, Dumont, etc., ont aussi donné leur opinion à cet égard. Selon les uns, le Pontias est un air condensé par le froid qui règne sur les montagnes au-dessus de Nyons et ensuite raréfié par la douceur du climat qu'il éprouve à l'entrée de la ville; d'autres veulent qu'il soit produit par la compression de l'air dans la gorge des Pilles et ensuite par sa dilatation impétueuse dès que la vallée lui offre une vaste carrière ; pour les troisièmes, il se forme du conflit entre les vapeurs froides des montagnes voisines et les exhalaisons chaudes sorties des crevasses du col du Devès.

M. Scipion Gras (*Statistique minéralogique de la Drôme*) n'accepte aucune de ces hypothèses. « Nyons est situé, dit-il, à la jonction de deux vallées d'une forme et d'un aspect bien différents : l'une est une plaine étendue et très chaude et l'autre une gorge étroite et profonde, où le soleil ne donne que pendant une partie de la journée. S'il arrive, à cause de cette différence d'exposition, que l'air contenu dans la gorge devienne sensiblement plus froid que celui de la plaine adjacente, cet air froid, à cause de sa plus grande densité, tendra à s'écouler du côté où il est dilaté par la chaleur, et le passage se trouvant étroit, il en résultera un courant d'une force proportionnelle à la différence des températures et qui durera tant qu'elles seront inégales. »

D'après M. Clair Tisseur (*Lettres à Valère*), « la réverbération du Devès surchauffe pendant le jour le fond de la coupe occupé par le bourg. Le soir venu, la partie qui a subi la réverbération, et qui est abritée de tout vent, garde sa température acquise, longtemps après que tous les sommets se sont refroidis. Cette différence de température fait que l'air qui nous enveloppe est plus léger, plus dilaté que celui de la contrée avoisinante. Il s'élève comme dans une cheminée, et comme il faut que de nouvelles couches remplissent ce vide relatif, comme il faut que l'équilibre se rétablisse dans la densité, l'air frais glisse en descendant les pentes du Devès : c'est le Pontias. Comme on ne le sent pas audelà du sommet où sont les crevasses, on peut avec quelque bonne volonté, s'imaginer qu'il sort de celles-ci. Mais le soleil monte, réchauffe le sommet du Devès ; l'équilibre de la température se rétablit entre la ville et le rocher et le Pontias de cesser, pour recommencer la nuit suivante. »

Entre ces explications et la légende qui fait apporter de la mer ce vent particulier par S. Césaire, le lecteur choisira, à moins qu'il ne préfère y voir un phénomène naturel et miraculeux tout ensemble, comme a fait Gabriel Boule.

Cet auteur, devançant la thèse de M. d'Arbois de Jubainville en tire le nom d'*Acus* et de *Pontius*, c'est-à-dire vent du domaine de Pontius. A une époque où l'on plaçait son origine dans les grottes du Devès, cette étymologie paraissait fort naturelle et elle n'a peut-être pas cessé de l'être.

Quant aux eaux minérales de Nyons, M. Scipion Gras en attribue la composition à leur passage au travers de schistes remplis de sulfates de fer et de magnésie en efflorescence. Elles sont éclipsées aujourd'hui par celles de Propiac, de Condorcet, Vacqueyras, etc., malgré l'*Essai chimico médical* de M. Cantu, docteur agrégé de la faculté de Turin (1827).

Il nous reste encore, avant de quitter la ville, un devoir à remplir : c'est de rappeler brièvement ses familles notables et ses illustrations.

Nous ne reviendrons pas sur les maîtres de la seigneurie: les Adhémar, les Montauban, les Dauphins et les de Baux, déjà connus, ni sur les d'Eyroles, les Gérente et les de Nyons, leurs vassaux, ni sur les engagistes du fief royal, les de Bernes, du Châtel, Louet, de Letz, Macédoine, Cantelme, Montauban, des Alrics et de la Tour-Gouvernet, à moins de faits nouveaux à révéler.

Pour les châtelains ou représentants des Dauphins, la liste en est si longue qu'elle constituerait un petit Armorial. Il en est de même des nobles, domiciliés ou propriétaires dans la commune, tels que Bar et Baron vers 1600, les frères Blanc, en 1601 ; Casats (Mathieu), en 1380 ; Chevalier (Joseph) et de Chypre (Claude), en 1599 ; Cornillon (Bertrand de), en 1425 ; Gandelin (Antoine), en 1599 ; de Guers (Plasiane), en 1502 ; Lafont (Gaspard de), en 1634 ; Lèbre ou Lièvre (Alziar), en 1380 ; Rastel (André de) en 1660 ; Ripert (Guillaume), en 1426 ; Ste-Jalle (Jean de), en 1540 ; Sauvain du Cheylard (Louis), en 1599, ; Seytres (Josserand de), en 1640 ; Thollon (Hercule), en 1583 ; le comte de Tencin en 1735.

Quant aux coseigneurs, quelques notes les feront connaître à leur rang alphabétique.

Les Achards-Ferrus déjà rencontrés à Chauvac se trouvaient à Nyons de 1707 à 1714, témoin les baptêmes de Marguerite et de Charles, enfants de Jacques-Marie, gouverneur de la ville, et de Marie-Thérèse Massot.

Ailhaud de Brisis, député de la Drôme de 1834 à 1836, naquit à Vitrolles de Luberon, de Jean-Pierre-Gaspard, baron d'Entrechaux et de Marguerite-Thérèse de Caritat de Condorcet, vers 1784, et mourut à Nyons le 18 juillet 1867, Reçu docteur en 1813, il s'établit dans cette ville deux ans plus tard et en devint maire pendant les Cent-Jours et adjoint au maire de 1821 à 1824. Élu conseiller d'arrondissement de 1829 à 1848 et conseiller général à la dernière date, il exerça aussi les fonctions de juge de paix. Pendant sa députation, le choléra s'étant déclaré dans les Baronnies, il demanda un congé pour venir soigner les malades et fut sur pied jour et nuit. Il obtint la décoration de la Légion d'honneur en 1856 et jouit toute sa vie d'une grande considération.

On sait qu'en 1689, son aïeul découvrit une poudre purgative appelé le *remède universel* et le *remède béni*, qui apporta la renommée et la fortune dans sa famille, deux fois anoblie en 1745 et 1753 et pensionnée en 1782, d'après un prospectus imprimé.

M. A. Porte a publié vers 1836, un éloge de M. de Brisis, député.

Alrics (des) « noble Pierre-Anrye » seigneur de la Penne et de Nyons en 1594, appartenait à une famille recommandable par ses alliances et ses services, longtemps maîtresse de Rousset. Une généalogie manuscrite en commence la filiation avec Astorge, mari de Françoise Diez, en 1494. L'orthographe de leur nom a beaucoup varié; on le trouve écrit *Henrici* en latin, Henri, Anrye, Alric et des Alrics, en français. Louis-Charles fut évêque de Béziers, de 1702 à 1739 et Jean-François, chevalier d'honneur au Parlement de Grenoble, mourut sans postérité en 1737.

Archimbaud. En 1598 vivait un capitaine de ce nom et en 1636, l'évêque de Vaison chargea sa famille de relever la chapelle de St-Rambert.

Armand. L'Inventaire des archives de l'Isère signale des lettres de Louis XV, concédant à Zacharie Armand, de Nyons, le privilège exclusif d'une manufacture de savon dans cette ville et dans toute la province pendant 15 ans. Le 3 mai 1745, les consuls protestèrent contre cette faveur qui rendait difficile la vente des huiles d'olive; mais on ignore le résultat de leur doléances. Gaspard Armand, en 1770, ayant quitté le royaume, le conseil de ville afferma sa maison à Pierre, son neveu.

Armand-Delille, pasteur protestant, poète et orateur, né le douze mars 1788 et décédé le 21 octobre 1815, a laissé quelques pièces de vers et deux volumes de sermons.

Autran, de Remuzat, précepteur des enfants de Duclaux-Bésignan, massacré à Nyons en 1792, un jour de foire, après le *fameux* siège de Bésignan. Il était diacre.

Auzias-Turenne, avocat, né à Pertuis, à publié dans le *Bulletin* de l'Académie delphinale des notes généalogiques sur Philis de la Charce et quelques autres articles. On lui attribue aussi la Notice sur Nyons de l'*Album du Dauphiné*.

Berbis de Mailly, commandant le 2e bataillon de La Chenelaye, épousa Philis Vigne, de Nyons, en 1722, et mourut en 1754.

Bernard (Salomon), né à Nyons, fut pasteur de sa ville natale de 1656 à 1658; on le trouve ensuite à Dieulefit et à Vinsobres d'où il se réfugia en Suisse à la suite de dénonciations et de poursuites comme entretenant des relations avec les Anglais.

Bernard (Jacques), fils du précédent, né à Nyons le 1er septembre 1658, fut pasteur à Venterol et à Vinsobres et quitta la France en 1683 pour infraction aux édits. Il se réfugia d'abord à Genève, puis à Lausanne et enfin en Hollande, où en 1689, il devint ministre à Tergow et en 1705 à Leyde, puis lecteur suppléant en philosophie à l'Université de cette ville, avant d'en être professeur titulaire en 1712. Il dirigea à la Haye la *Bibliothèque universelle* et les

Nouvelles de la république des lettres. On trouve dans la *Biographie du Dauphiné* la liste de ses ouvrages ; elle lui reconnaît du talent pour la critique littéraire, mais lui reproche d'écrire ses articles trop à la hâte. De son côté, la *Statistique de la Drôme* trouve son style incorrect et plein de locutions triviale. Sa mort remonte à 1718.

BONNET (Jean-Antoine-Daniel), alors capitaine au 23e de ligne, s'illustra par sa belle défense du fort de l'Ecluse, le 19 mars 1814. Le général Bardet l'ayant chargé de s'enfermer dans cette place pour protéger la retraite d'une division, il repoussa victorieusement tous les efforts de l'armée autrichienne avec cent conscrits, 2 pièces de canon et des fortifications en ruines. Rentré dans sa famille en 1815, il est décédé à Nyons, sa patrie, le 19 décembre 1858.

BOULE (Gabriel) n'est pas de Nyons, mais de Marseille. Ayant abjuré la réforme, il publia en 1647 l'*Histoire naturelle ou relation exacte du vent particulier de la ville de Nyons en Dauphiné, dit le vent de S. Césarée d'Arles et vulgairement le Pontias.....* Orange, Raban, 1 vol. in-12 de 159 pages.

BRUYÈRE et LA BRUYÈRE. D'Artefeuil et La Chesnaye-des-Bois rattachent les familles de ce nom, établies à Crest et à Nyons, aux Bruyères-le-Châtel, barons de Chalabre en Languedoc. Or, il existe pour la branche de Nyons un Jugement de maintenue de l'intendant Bouchu du 5 février 1699, en faveur de César de Bruyère, sieur du Castelet : d'Esprit, sieur de Locase, major de la citadelle d'Antibes et capitaine d'infanterie ; de Claude-Joseph, ancien lieutenant de roi et commandant au gouvernement de Luxembourg, et de Jean-Baptiste, sieur de Lauzette, Les actes de baptêmes de Pierre en 1604, de Claude en 1607, de Guillaume en 1612 et de Jacques en 1614, tous enfants de noble Robert Bruyère et de Victoire d'Urre, prouvent la résidence de cette famille à Nyons.

D'après la Chesnaye-des-Bois, Jacques, dit La Lauzette,

capitaine, passa le Tessin à la nage avec 30 hommes à la bataille de ce nom et encloua le canon de la grande batterie ennemie ; Pierre, dit du Castelet, aussi capitaine, devint commissaire provincial de l'armée de Piémont ; Charles, dit de Locase, leur frère, également capitaine et gouverneur des îles d'Hyères, laissa deux fils qui commandèrent à Antibes : Antoine, Philippe dit de Châteauvieux et Claude-Joseph dit de La Bruyère ; leurs autres frères se firent remarquer de leur côté. Jean Corréard Dupuy-la-Marne, seigneur de Miscon, hérita en 1749, de Claude-Joseph, brigadier des armées du roi.

Caderousse (Raymond) habitait Nyons en 1206 et Rican s'en disait coseigneur peu de temps après. Leurs droits échurent aux Eynard.

Calloet (le chevalier de), colonel de la garde nationale de Nyons en 1790, présida la fédération de cette ville et prononça un discours imprimé, à cette occasion.

Carsan (Hugues de), chevalier, reçut d'Henri, dauphin, à titre de fief, des censes et revenus sur le péage et la châtellenie de Nyons et en rendit hommage en 1332 et 1333. On a aussi de lui une quittance de 500 livres à Pierre de la Tour de La Cluse et aux habitants de Nyons et de Visan. Il eut un fils de même prénom, vivant en 1365.

Castellane (Gaspard-Adhémar de), fils d'Antoine, seigneur de Moissac et de Montaulieu, hérita de Marie Diez, son épouse, des moulins de Nyons vendus à la commune en 1626.

Chabert et Marcel, notaires à Nyons. Leurs minutes, en 1600, furent vendues aux enchères à la condition que l'acquéreur serait originaire de la ville.

Chalvet (Alexandre), écuyer, ancien sénateur à Chambéry prend le titre de subdélégué de Nyons en 1715.

Chalvet (Barthélemy), connu sous le nom de Félibre du Pontias fut à la fois peintre et poéte. L'*Armana prouvençau* et le *Bulletin de la Société d'Archéologie de la Drôme* ont publié quelques-unes de ses gracieuses compositions. Reçu officier de santé à Avignon en 1852, il cultiva plus les lettres et les arts que la science d'Hippocrate. Il est décédé à Nyons il y a peu d'années.

CHATEL (Tanneguy du). L'historien Papon nous révèle un curieux détail sur ce seigneur de Nyons. Au tournoi célébré à Tarascon, les 2, 4 et 6 juin 1449, en présence du roi René et de sa cour, il parut, dit-il, portant en croupe la dame de Pontevès. Son adversaire et lui se heurtèrent si violemment que leurs lances se brisèrent deux fois et l'intrépide jouteur fut contraint de se retirer emportant avec lui sa dame, qui avait couru le danger d'être renversée de cheval dans cette terrible lutte.

CLAUSONNE (Pierre de), vassal du Dauphin en 1346 avait succédé à Pierre Eustache.

COLLANS (Gaspard de), écuyer, coseigneur de la ville accensa aux habitants, en 1552, la montagne de l'Echaillon pour en disposer à leur gré, moyennant 100 florins d'introges, 4 écus sol d'épingles et 6 perdrix de 9 en 9 ans pour droits de lods et de main-morte. Antoine, un de ses descendants, était gouverneur de Nyons en 1567.

COLOMBAUD (Marin de), se dit noble en 1594 et de race illustre et la ville paie ses tailles.

COLOMBE (Joseph de), avocat consistorial au Parlement de Grenoble, épousa, en 1719, à Nyons, Anne d'Hérail de Brisis, fille de René, vicomte de Brisis et d'Anne de Florent.

CORNILLON (Bertrand de), possédait en 1425, une maison aux Fossés, près des Bastions et une autre aux Forts, de la directe du roi.

CRAPONNE DU VILLARD (Paul-David), fils de David, sert dans l'infanterie, comme son père, en qualité de capitaine. Il était major au régiment provincial de Valence en 1789.

DES HOULIÈRES (Antoinette du Ligier de la Garde), née à Paris, vers 1634, épouse de Guillaume de Maurice de La Font de Bois-Guerin, seigneur des Houlières, habile ingénieur, mérita le nom de *dixième muse* et de *Calliope française*.

Invitée par la marquise de La Charce et ses filles, elle quitta Paris en 1672 et vint habiter deux ans les environs de Nyons, où deux de ses filles prirent le voile. Antoinette, la troisième, hérita de ses talents poétiques et mourut le 8 août 1718. Ni l'une ni l'autre n'ont chanté les paysages des Baronnies.

DIEZ (Ferrand), de Sarragosse, seigneur du Pègue, transigea avec les consuls pour les moulins, en 1557.

DUCLAUX ou DU CLAUX, famille de Nyons, connue dès 1450, fournit une trentaine d'officiers sous Louis XIV et Louis XV. Jean, consul en 1607, bienfaiteur des Récollets, fut père d'Etienne, fixé à Montélimar en 1635, où il devint président de l'Election. Jean-François acquit une charge de secrétaire du roi. Jean-Louis-Elisabeth, capitaine breveté de l'état-major de l'infanterie de marine en 1886, appartient à cette maison.

ESCHAFFIN (Antoine d'), d'une famille du Trièves, rendit hommage au roi-Dauphin en 1540, pour une part de la juridiction de Nyons et pour quelques vassaux ; Françoise renouvela ce devoir en 1600 et porta ses droits à Gaspard de Collans, son mari. Simonette de Collans, née de ce mariage, s'unit avec François de Vincens de Causans, seigneur de St-Léger, qui les vendit à Gouvernet, vers 1609.

On trouve plusieurs Eschaffin, coseigneurs de Nyons, de 1451 à 1541.

EUSTACHE (Bertrand), ayant prêté à Guy, seigneur de Montauban, certaine somme d'argent, reçut de lui en 1317, 25 livres de petits tournois sur le péage de Nyons, et Humbert II, en 1339, assura une pension de 30 florins à Raymond, fils de Bertrand, qui était conseiller de ce prince. Sa famille posséda la tour dite de Randonne et transmit ses droits vers 1346 à Pierre de Clausonne.

EYNARD (Lantelme), seigneur de Chalancon, de la famille

des Monteynard, avait reçu de Guy de Montauban une maison à Nyons en 1312, et des censes ayant appartenu à Rican de Caderousse.

FAUCHERAND (Pierre de), seigneur de Montgaillard, fut à la fois guerrier et poète. On ne sait que fort peu de chose sur sa vie. Un ami, M. d'Audiguier, fit imprimer vers 1606, les poésies de notre auteur (40 pages in-12), où se trouvent des œuvres mêlées, des gaillardises, des vers héroïques, des vers funèbres et des vers spirituels, trois discours en prose, une nouvelle et quelques poésies en espagnol ; le tout réuni suffit à peine pour en faire un écrivain.

FALCON ou FAUCON (Guillaume), vassal noble du Dauphin en 1317.

FORTIA (François de Paule), fils de Charles-Bernard et de Marie de Thollon Ste-Jalle, reçut le baptême à Nyons, le 1er avril 1675.

Cette famille a été rencontrée à Aubres.

GARCIN, pasteur à Nyons, en 1682, ayant publié des discours agressifs contre les catholiques, l'intendant de la province le fit emprisonner puis condamner à une forte amende et interdire du ministère. Il se trouvait en Hollande en 1686.

GENTHON DE SOUSVILLE mourut à Nyons en 1785. Il y avait eu une alliance de sa famille avec les Limojon.

GRUEL (Pierre de), président du Parlement de Grenoble, acquit en 1472, les droits de La Piarre et ceux de Jean Eustache, curé de Nyons. Henri, fils de Pierre, se démit de sa coseigneurie en faveur de Guillaume Eschaffin. Nous avons déjà rencontré sa famille à Montferrand.

HÉRAIL DE BRISIS, d'une famille languedocienne, possédait le château de Brisis sur le bord de la Cèze à Ponteils (Gard). Elle prouva sa noblesse devant M. de Bezons, depuis Jean d'Hérail, tué dans les guerres d'Italie sous Louis XII.

Jacques, vicomte de Brisis, mari d'Anne de La Tour-Gouvernet, vendit en 1666, à Eydoux, Gelly, etc., une pension sur les moulins de Nyons ; on trouve ensuite en 1719, René et Jean-Joseph, qui en 1742 maria sa fille avec François-Hélène de Caritat de Condorcet.

Huguet, pasteur à Nyons, soutint contre le P. Cotton une controverse en latin qu'il traduisit et dédia à René de La Tour vers 1600.

Isnards (Genièvre des), en 1568, réclamait une pension de 100 livres à la Commune, les biens de son mari ayant été confisqués dans le Comtat.

Jacomin (Jean-Jacques-Hippolyte) né à Nyons, le 13 août 1764, fut d'abord choisi pour l'un des administrateurs du département en 1792 et ensuite pour député à la Convention, où il vota la mort de Louis XVI. Elu membre du conseil des 500, il fit partie du comité de l'approvisionnement de Paris et devint secrétaire de la commission dite des inspecteurs, chargée au 18 fructidor 1797, d'assurer le salut public, Il entra au corps législatif en l'an VIII et y resta jusqu'en 1804. A cette date, il obtint l'emploi de directeur des droits réunis à Besançon, d'où en 1816 la loi du 12 janvier 1815 contre les régicides l'obligea de sortir.

Jean, fils illégitime de Guigues, dauphin, recevait en 1350, une pension de 100 florins sur les revenus de la seigneurie.

Laurens (Bertrand), avocat de Nyons fut anobli avec toute sa postérité par Humbert II, dauphin.

Le Blanc (Fabius), fils de Laurent-Gaspard-Casimir, originaire du Buis et sous-préfet de Nyons en 1830, a laissé un volume de poésies intitulé *Plaintes du Cœur*, qui a eu deux éditions. M. de Mornans (Muston), malgré quelques critiques de détail fit, dans le *Courrier de la Drôme* du 25 avril 1843, un grand éloge de ce livre, plaçant l'auteur au nombre « des hommes les plus distingués du département par sa position sociale et par son mérite personnel » Il cite de lui les vers suivants dont il admire la vivacité et la force.

L'homme avait dit « Jetons ce livre vermoulu,
Chassons la vieille foi, dissipons les ténèbres...
C'est bien, battons des mains, l'édifice est rasé !
— Bats des mains, insensé! Ton corps est écrasé
Les débris l'ont couvert. Il faut des chants funèbres.

M. Fabius Le Blanc est décédé à Nyons le 1er septembre 1883.

Limojon (Jean de), épousait à Nyons, le 5 février 1760, Julie Porte et laissa deux fils : Pierre-Louis et Jean. Pithon-Curt fait arriver de St-Chamond à Nyons vers 1400, un Pierre Limojon, écuyer. Il y devint notaire et l'un de ses descendants se réfugia dans le Comtat en 1590 où la seigneurie de Vénasque et de St-Didier échut par alliance à sa branche, illustrée par un historien (le chevalier de St-Didier) et par un littérateur (Ignace-François de St-Didier).

Lisbonne (Emile), né à Nyons, en 1842, de parents israélites, prit à 21 ans sa licence à Aix. Il préféra cependant le journalisme au barreau et écrivit tour à tour dans le *Pontias*, dans la *Démocratie du Midi*, sous le pseudonyme de Lestil et dans *l'Union républicaine* de Valence sous son nom. Nommé capitaine et peu après chef de bataillon d'une compagnie de mobilisés, l'armistice de Versailles l'empêcha de partir. Il est mort à Valence à 32 ans, le 30 août 1874. M. Paul Vigne a publié une *Notice biographique* fort élogieuse de ce publiciste.

Montauban (Renaud de), seigneur de Valgaudemar, en 1599, Louis et Jean, héritiers de Françoise de Vesc, avaient une maison et des revenus à Nyons.

Moze (Jean), pasteur à Veynes, Montélimar et Annonay, avait été chargé en 1611 de recueillir tous les papiers des églises réformées : mais il laissa ce travail à Jean de Saignes. Il jouissait en Vivarais d'une grande autorité, puisqu'en 1621, il était élu vice président d'une assemblée au Pouzin.

Murat, pasteur de Nyons, soutint vers 1648 une discussion théologique contre Gilles Le Feron.

NYONS (Falcon de), prenait aussi le nom de du Castel ou du Chastel sans avoir probablement aucun lien de parenté avec Tanneguy du Chastel, seigneur de la ville sous Charles VII et Louis XI.

Quoi qu'il en soit, l'autorité de sa famille dut être assez grande à l'origine pour lui mériter le nom de la ville. Valbonnais cite un chapelain du Dauphin appelé Raymond. En 1344, Bertrand se reconnut vassal d'Humbert II pour sa juridiction et ses droits dans le fief ; en 1372, ses héritiers dénombraient un château ruiné avec toute juridiction. Antoine et Catherine de Nyons, l'un neveu et l'autre fille de Bertrand aliénèrent le tout à Louis de La Piarre, en 1413.

OLLIVIER (Bertrand), dont la famille sera étudié à Gouvernet, rendait hommage en 1334 à Humbert II pour un domaine et des droits au château et dans le territoire de Nyons, et ses successeurs renouvelèrent ce devoir jusqu'en 1426. A cette date, Mondon et Guillaume, seigneurs de Gouvernet, possédaient encore une tour au fort de Nyons et des censes.

PASTOUR DE LA BOISSIÈRE (Joseph-Barthélemy), baptisé le 15 septembre 1742, était fils de François-Barthélemy, natif de St-Alexandre en Languedoc.

PELISSIER (Barthélemy), vassal du roi dauphin en 1401, était représenté en 1585 par Jeanne Pelissier et vers 1650 par Laurent Dupuy-Rochefort, son héritier substitué.

PERRIN (Jean-Paul), né à Lyon, a laissé une *Histoire des Vaudois*, publiée en 1619 et une *Histoire des chrétiens albigeois*, 1618, qui jouirent d'une certaine réputation dans leur temps. Il était alors pasteur à Nyons et les Synodes d'Embrun et de Grenoble lui avaient confié cette mission.

PIARRE (Louis de La), maître en 1427 d'une tour et de ses dépendances située aux Forts, avait acquis le 22 février 1413, la coseigneurie de la ville de Catherine de Nyons, femme de Guillaume de Tresvaux, de Pernes ; ses enfants la cédèrent en 1464 à Pierre de Gruel.

Pillion (François), curé de Nyons, originaire d'Alençon (Orne), publia en 1672, à Grenoble, un *Recueil de prières pour les malades*, dédié à Lucrèce de La Tour-La-Charce, prieure de St-Césaire. Il déclare dans la dédicace avoir vu et lu plus de trente lettres du roi Henri IV à M. de Gouvernet et notamment celle où il lui marque sa conversion et les raisons qui l'y ont obligé. « Il eut esté à souhaiter, dit-il, que ce brave seigneur eût suivy son exemple, comme fit depuis sa mort M. le marquis de La Charce (père de Lucrèce), lequel emmena avec soy tous ses enfants du second lit. »

Récollets. Le P. Louis Manin de Lyon, orateur instruit et persuasif étant venu à la demande de l'évêque de Vaison, prêcher à Nyons le carême de 1639, satisfit extrêmement la population de la ville. Quatre-vingt catholiques promirent à son Ordre un logement convenable et les prédications quadragésimales à l'avenir. Joseph-Marie de Suarès accueillit favorablement leur projet d'établir une mission de Récollets chez eux et le Provincial de l'Ordre n'y fut pas hostile. Restait le choix d'un local pour le nouveau couvent et ici les difficultés commencèrent. Grâce à un don de 300 livres par Jean Duclaux, en 1642, et d'une terre à La Parra près du Jeu de Mail, par Etienne et Charles, ses fils, la première pierre de l'édifice ne tarda pas à être posée. Louis XIII céda aux religieux les débris, masures et pierres de son vieux château et Louis XIV confirma leur établissement par lettres de juillet 1643. Le couvent ne se termina qu'en 1659.

Devenu propriété communale en 1781, il fut bientôt ruiné faute d'entretien ; on en fit ensuite une prison militaire, puis un entrepôt de marchandises, qui devint propriété de l'hôpital ; celui-ci le modifia, l'agrandit et lui donna sa destination actuelle en 1812, sous la direction des sœurs du Saint-Sacrement. Il a été laïcisé depuis peu d'années et l'église achetée par un riche protestant sert depuis lors de temple.

En 1790, un inventaire signalait 1248 volumes de la bibliothèque des religieux, comprenant des sermons, des controverses et des livres d'histoire monastique, et 13 tableaux représentant la naissance du Sauveur, sa sépulture, l'enfer, le purgatoire, le paradis et quelques saints de l'Ordre de S. François.

Quant aux archives elles avaient été transférées à Lyon en 1711.

ROMIEU-DESSORGUES, contrôleur général des fermes en 1790, avait un frère cadet (Antoine-Alexandre) dont la vie ne manque pas de romanesque. Élu officier de la Garde nationale en 1789 et membre du Directoire du district en 1791 et de celui du département, en 1792, il s'engagea en 1793, dans le 8e bataillon des volontaires de la Drôme et fit les campagnes du Rhin, de Rome, de Naples, etc. De grade en grade il arriva à celui d'adjudant-général chef de brigade en l'an VI, puis de général provisoire de brigade en l'an IX. Le premier consul l'envoya, en 1801, auprès de la République des Sept-Iles et, en 1804, en Perse. Après une réception brillante à Téhéran, il mourut empoisonné, près de cette ville. On a de lui un *Éloge historique du général Championnet.*

Son fils, Auguste, né à Paris, en 1800, et décédé à Nyons, le 16 novembre 1855, occupa tour à tour les fonctions de préfet de la Haute-Marne, de directeur des Beaux-Arts et d'inspecteur des bibliothèques et se fit une réputation comme vaudevilliste et comme l'un des hommes les plus spirituels de son temps. Il avait eu un fils, décoré à 25 ans pour sa belle conduite à l'assaut de Laghouat, et tué devant Sébastopol en 1855.

SIMON DE LA ROCHETTE (Guillaume-Thomas), conseiller à la Chambre des Comptes de Grenoble, plaidait en 1774 contre la ville au sujet de grosses créances. Celle-ci se prétendait libérée et réclamait un terrain contigu aux remparts et une promenade englobée dans son fonds du Maine. Deux ans plus tard, noble Jean-François-Claude, capitaine de dragons, épousait Dorothée Pastour de La Boissière.

Guillaume-Thomas se dit dans son testament du 26 novembre 1789, seigneur de Nyons en pariage avec le roi et donne son château, le domaine du Guard et des immeubles à son fils Guillaume-Thomas-Martin, capitaine au service de l'Espagne.

TOUR (DE LA). Après les Mévouillon et les Montauban, cette famille occupe le premier rang dans notre histoire locale, aux trois siècles derniers. Nous l'avons déjà rencontrée à La Charce, à Mollans, à Mirabel et à Nyons, et nous la retrouverons à St-Sauveur où une étude plus complète lui sera consacrée.

René de La Tour, seigneur de Gouvernet ayant établi, en 1592, un atelier temporaire de monnayage à Nyons pour couvrir les frais de construction de la citadelle, des doubles-sols parisis, appelés *pinatelles* y furent frappés. Mais, comme en son absence, le monnayer avait travaillé 27 jours et s'était ensuite esquivé secrètement, René sollicita, à son retour de Piémont, des lettres patentes du roi pour sa justification et les obtint le 23 septembre 1595. Ces faits résultent de documents publiés par M. Roger Vallentin, dans le *Bulletin de la Société d'archéologie de la Drôme*, à la suite d'un excellent article sur l'atelier monétaire de Nyons (1).

Les La Tour-la-Charce avaient, en 1613, un château ou maison forte près du portail Gérenton ou porte du Serf, la tour des Eustache et un tiers de la juridiction de la ville. C'est là que mourut, le 4 juin 1703, Philis de La Tour-du-Pin-la-Charce. Elle fut ensevelie « dans la tombe sépulcrale de la chapelle joignant celle de St-Crespin, occupée par les dames religieuses du lieu (2). »

Un procès-verbal du 19 février 1857 nous apprend que ses cendres et celles de sa famille sont déposées depuis ce jour-

---

(1) Tome XXV.

(2) État civil ancien de Nyons.

là dans la chapelle des fonts baptismaux, à droite, en entrant dans l'église. Trois inscriptions sur la face et les côtés du monument élevé à sa mémoire rappellent la valeur qu'elle déploya en 1692 contre le duc de Savoie, le don par Louis XIV d'une pension militaire et l'admission de son portrait, en 1856, au Musée de Versailles, dans la salle des guerriers illustres.

Une biographie complète de l'héroïne a été publiée récemment par M. l'abbé Lesbros.

VÉRONE (Jérôme DE) était homme lige du Dauphin en 1384; on a les baptêmes à Nyons d'Antoine, de Gaspard et de Charles, au XVIIme siècle. Cette famille habitait aussi Sauzet près de Montélimar.

VESC (Claude DE), seigneur de Montjoux percevait des droits dans la ville, en 1473; vers 1530, ses descendants les transmirent à noble Robert de Bruyère.

VIGNE (Alexandre), professeur de philosophie au collège de Die et pasteur à Grenoble, abjura la réforme en 1684. Il a publié plusieurs ouvrages théologiques.

VINCENS DE CAUSANS (Philippe DE), mari de Simonette de Collans, possédait, en 1609, une maison forte à Nyons avec toute justice, des fours, des moulins et une part des revenus des encans. Jean-Baptiste, son fils, se qualifiait seigneur de Lozières, en 1664.

Arrivé au terme de nos études sur Nyons, nous réclamons l'indulgence du lecteur pour ce long travail où se trouvent certainement des omissions et des erreurs; mais en parcourant les communes de l'arrondissement, il sera peut-être possible de réparer les unes et de corriger les autres.

OLLON

Du chef-lieu nous passons à l'une des plus modestes communes, de l'arrondissement, car, en 1860, elle avait seulement douze maisons dispersées dans un bassin circulaire, frais et gracieux, où croissent l'olivier et les arbres à fruits, environné de montagnes boisées, aux crètes nues. Cette situation lui aurait valu son nom, *hol* et *hohl* signifiant cavité en allemand, en tudesque et en hollandais, d'après M. de Coston. Est-ce à dire que ses premiers habitants soient venus du Nord ? rien ne le prouve. Bien plus, Ollon s'écrit souvent Aulon, dont la racine *Aula* indiquerait une maison. Or, à une époque où l'homme préhistorique se réfugiait volontiers dans les grottes des montagnes, la première habitation construite en rase campagne étonna assez pour attacher son nom à la contrée environnante.

Quelle histoire peut bien avoir une localité assez petite pour ne former jadis qu'une commune avec Benivay et Beauvoisin ? La réponse ne paraît pas douteuse. Cependant, une vieille chapelle, dédiée à S. Jean, au sommet d'une colline et les restes d'un manoir féodal indiquent un passé lointain et d'anciens seigneurs.

Une enquête de 1284 à 1298 y révèle l'existence d'un antique chemin public, suivi par les marchands de Vaison, de Faucon, de Malaucène et autres lieux du Comtat qui se rendaient aux foires de Ste-Jalle.

Comme en décembre 1284 des gens armés de Mollans avaient arrêté quelques habitants de Malaucène, avec leurs bêtes et leurs marchandises, sous prétexte qu'à leur retour de Ste-Jalle, ils avaient négligé de payer le péage, une enquête par témoins permit aisément de justifier la franchise des contadins ; mais nos renseignements s'arrêtent là (1). Or, un chemin public amena à Ollon un seigneur qui s'y construisit un château-fort *(castrum de Aulono)* et ce seigneur devait être un Mévouillon ou quelqu'un de ses vassaux. On voit, en effet, qu'en 1252, Raymond de Mévouillon, en mariant Almuse, sa sœur, avec Draconet de Montauban, lui donna pour dot les châteaux d'Ollon, Rochebrune, les Pilles et quelques autres (2).

Des Mévouillon et des Montauban le fief échut aux dauphins et aux papes. Quant au domaine utile, Guillaume Auger ou Augier, seigneur d'Oze, le possédait en 1297, et Pons de Remuzat, en 1330 et 1334. Guillaume Auger ou Augier, qu'il ne faut pas peut-être confondre avec le juge et chancelier du comte de Toulouse dans le Comtat, sortait du Gapençais et de la vallée d'Oze, où depuis un Guillaume vivant en 1150, sur 14 générations 13 ont porté le même prénom. Quant aux Remuzat, venus du chef-lieu de canton de la Drôme, dont ils prirent le nom, ils étendirent leurs rameaux dans toutes les Baronnies où ils ne paraissent pas avoir joué de rôle important. Il a été déjà question d'eux dans les notices sur Benivay et Beauvoisin et leur présence à Ollon n'ajouterait rien à leur gloire. Ils n'y avaient, au surplus, que cinq parts du fief sur six, avec toute juridiction, les hommages de quelques vassaux, le vingtain des grains des laboureurs, les lods et des servis ou tributs.

Ce détail confirme une remarque déjà faite, c'est que les Baronnies étaient couvertes de châteaux-forts et que chacun d'eux, morcelé en fractions, appartenait à différents maîtres, de là une immense difficulté pour l'histoire locale.

Une autre preuve se tire du nombre des vassaux des Remuzat, à Ollon : ils y comptaient, au XIVe siècle, Bille

---

(1) M. le chanoine Saurel, *Histoire de Malaucène*.

(2) *Inventaire des Dauphins*, publié par M. le chanoine Ulysse Chevalier.

Eschaffin, épouse de Bertrand de Chaudebonne, Rostaing de Venterol et les frères Raymond et Hugues d'Ollon qui ne reparaissent plus dans les annales d'un lieu dont ils avaient pris le nom.

La 6e partie du fief appartenait à Raymond Eschaffin, de la famille des coseigneurs de Nyons, sous la suzeraineté du pape, témoin la reconnaissance de ce seigneur, en 1348, au recteur du Comtat pour la juridiction et le domaine d'Ollon.

Il ne ressort pas des documents consultés que les Remuzat et leurs vassaux aient habité la seigneurie, car en 1540, le château était déclaré inhabitable. On a pourtant des hommages aux dauphins rendus par les Remuzat, cette même année et en 1349, 1359, 1377 et 1395 (1).

Esprite de Remuzat, fille d'Antoine, porta vers 1540, ses droits patrimoniaux à Jean d'Armand, son mari, héritier de Pierre, seigneur de Lus-la-Croix-Haute.

Jacques d'Armand, fils du nouveau seigneur, fut contraint de les abandonner, en 1656 et noble Daniel Livache, avocat consistorial au Parlement de Grenoble, se rendit adjudicataire de la moitié de sa succession, au prix de 10,865 livres. Cette moitié comprenait Ollon, Benivay et d'autres terres. L'acquéreur se subrogea noble Hector d'Agoult, seigneur de Bonneval, fils de Charles et de Blanche d'Autric de Vingtimille. Ce gentilhomme servit longtemps dans les armées du roi, épousa le 30 juillet 1656, Uranie de Calignon, dame de Voreppe, petite-fille de Soffrey, chancelier de Navarre, et acquit la baronnie de Montmaur et une charge de conseiller au Parlement de Grenoble.

Charles, son fils aîné, laissa de Justine de Perissol Saint-Ange plusieurs enfants et entre autres Hector-Samson, marquis de Montmaur et seigneur d'Ollon, Benivay, Propiac, etc., dont la fille unique, Marie-Justine-Espérance d'Agoult,

(1) Inventaire de la Chambre des Comptes de Grenoble.

s'unit, le 29 août 1739, à Avignon, avec Jean-Joseph-Paul-Antoine de Trémolet, marquis et duc de Montpezat, lieutenant de roi en Languedoc.

Leurs descendants possédaient encore Ollon, en 1789, pour la plus grande partie, le reste appartenant en 1735, au marquis de Ste-Colombe (des Achards-Ferrus), après avoir dépendu des d'Arbalestier de La Gardette, en 1726, comme Benivay et Lus-la-Croix-Haute (1).

Les archives de la Drôme nous apprennent que M. de Sainte-Colombe levait, en 1735, 1° pour droit de fournage sur six chefs de famille, une charge et 4 émines de blé, à raison de 2 émines chacun et 6 émines d'épeautre, plus 14 sols par habitant ; 2° pour droit de vingtain sur les récoltes 4 barraux de vin, 12 émines de blé, 8 d'épeautre, 2 d'orge et 3 de petits légumes.

La part du marquis de Montpezat, en 1742, affermée séparément pouvait produire 300 livres, le moulin du lieu 220 et celui de Salin (à Propiac) autant. Le tout réuni allait à 730 livres, en 1739.

C'étaient les charges féodales. Il y avait en outre les contributions publiques pour Ollon, Beauvoisin et Benivay, formant une seule taillabilité, mais il en a été question dans la notice sur ces deux communes.

Rappelons seulement ici que vers la fin du XVe siècle, la misère contraignit les habitants d'Ollon à se réfugier dans le Comtat.

La commune actuelle, comprise en 1790, dans le canton de Mollans, entra, en l'an VIII, dans celui du Buis où elle est restée. Sa contenance de 553 hectares imposables avait en 1839, un revenu de 3,318 fr. soit 6 fr., l'un et ses 10 maisons un revenu de 100 fr.

Elle a payé, en 1873, pour ses quatre contributions 327 fr. 58 à l'Etat, 156 au département, 402 fr. 05 pour ses propres dépenses et 17 fr. 18 au fonds des non-valeurs, total 901 fr. 81.

---

(1) Drôme, B, 516.

Au point de vue religieux, Ollon formait avec Benivay et Beauvoisin une paroisse du diocèse de Vaison, dès le XVIIe siècle ; il est devenu, en 1820, simple annexe de Châteauneuf-de-Bordette.

Sa population, de 55 habitants en 1820, est arrivée à 55 en 1891, après avoir atteint les chiffres suivants : 71 en 1840, 69 en 1860, 67 en 1870 et 63 en 1880.

Distance de la mairie au Buis 12,055 mètres S.-E., à Nyons de 26,895 N.-O. et à Valence, de 116,687 N.-O.

PELONNE

Sur la rive gauche de l'Eygues et à peu de distance de la route du Pont-St-Esprit à Briançon, un coteau peu élevé porte, entre Verclause et Remuzat, le modeste village de Pelonne. Ce nom lui viendrait, au dire d'un étymologiste, des rochers à pic des environs, assez semblables à des piliers ou aiguilles. L'éloquent historien de l'abbaye de Bodon ou Saint-May pense, au contraire, que Roussieux, Montferrand et Verclause, une fois convertis à la foi chrétienne, remplacèrent, par une chapelle dédiée à la vierge Apollonie, le bois consacré à la déesse *Pellonia* et que « cette ingénieuse substitution, sans blesser le païen villageois, anéantit les vieux préjugés et le culte idolâtrique » (1).

Une difficulté s'élève contre cette hypothèse, c'est l'absence de toute inscription dans le pays en l'honneur d'une divinité signalée par le seul Arnobe, écrivain d'Afrique.

Au point de vue féodal et religieux, le domaine des

---

(1) DE COSTON, *Étymologies des noms de lieu de la Drôme ;* — M. ISNARD, *Bulletin de la Société d'Archéologie de la Drôme*, 1re année.

moines de Bodon avait des limites inconnues aujourd'hui ; mais celui des Bénédictins de l'Ile-Barbe, près de Lyon, successeurs de ces premiers possesseurs de la contrée, se trouve ainsi désigné dans une bulle de Lucius III, du 11 mai 1183 :

Le monastère de St-Pierre de Lemps, — l'église de Pelonne, celles de St-Placide et de Ste-Marie avec la chapelle de La Fare, de St-Michel de Durfort, de Cornillon, de Ste-Marie de Buriennes, *de Assenaco* (peut-être Sahune), de St-Quinide (probablement à Ste-Jalle), de St-Pierre, de St-Jean et de Ste-Marie, du château, des Torrettes, de la Charce avec sa chapelle, de St-Roman, de St-Georges, Tornaret, St-Michel, St-Auban et St-Véran, les chapelles de St-Jean et de Pommerol *(de Pomariolo)*, etc.

Cette énumération un peu longue serait très utile, si l'on pouvait reconnaître toutes les localités indiquées ici ; mais Le Laboureur (1) se borne à nous apprendre qu'en 1665, « Pelonne étoit un prieuré uni à Lens », comme La Fare ; que l'église de St-Placide avait été détruite et que St-Michel de Durfort, Cornillon, La Charce et Pommerol formaient alors des annexes de St-May. Peut-être St-Auban se trouvait-il à Cornillon, St-Véran au pied de la montagne de St-May et St-Roman, près de Pommerol ; quant à Durfort, nous le reverrons à St-Sauveur.

Les Mévouillon étendaient leur pouvoir sur Pelonne sous la suzeraineté des évêques de Die, qui comptaient encore la seigneurie parmi leurs arrière-fiefs en 1680 et 1684. Raymond de Mévouillon, en 1251, se reconnaissait également le vassal de l'abbé de l'Ile-Barbe pour La Charce, Pelonne, Mireval, Remuzat, Cornillon, Cornillac et Pommerol, et comme les Dauphins succédèrent à sa famille, Charles, héritier du dernier de ces princes, accorda, par son bailli

(1) *Les Mazures de l'Isle-Barbe-lès-Lyon* (1665-82).

des Baronnies, en 1355, une sauvegarde à Josserand de Montelin, prieur de Lemps et coseigneur de Pelonne (1).

A partir de cette époque, le fil de l'histoire du fief se rompt dans nos mains et nous ne rencontrons plus que Mary de Thollon, en 1539, dans une évaluation de dommages causés à ses bois de Pelonne et de Clermont, et Jean-Antoine de Thollon, seigneur de Ste-Jalle, affermant, en 1630, ses terres et juridictions de Pelonne et Clermont, ses droits à Remuzat et sa coseigneurie de Poët-Sigillat, au prix de 800 livres et un quintal de chandelles (2).

De quelle manière la seigneurie advint-elle aux Blégier de Taulignan qui s'en déclaraient maîtres en 1735 ?

Le *Dictionnaire topographique de la Drôme* nous répond : « Les Thollon-Ste-Jalle s'éteignirent en 1667 chez les Fortia, dont une fille s'étant mariée en 1685 chez les Blégier de Taulignan, leur porta Pelonne, que ces derniers ont conservé jusqu'à la Révolution. »

Les Fortia seront étudiés aux Pilles ; quant aux Blégier, on les trouve à Vaison dès l'an 1296 et M. de Coston les fait descendre en ligne légitime de Louis-le-Gros (1078-1137) par une alliance avec les marquis de Montpezat. Toutefois, leur filiation n'est authentiquement prouvée qu'à partir de 1450, au témoignage du savant historien de Malaucène. Ils prirent le nom de Taulignan vers 1666, à cause du mariage de l'un d'eux (Joseph-François) avec l'héritière de cette ancienne famille. Le comte de Blégier de Pierregrosse, savant archéologue, né en 1806, a illustré leur maison.

Il y avait, en 1620, un Mathieu de L'Homme qui prenait la qualité de *sieur* de Pelonne et ne devait pas être un bien riche personnage, puisque sa veuve recevait seulement pour « son état viduel 180 livres, un chalict chayne, une paillasse, quatre linceulx et une flassade ».

---

(1) Notes de Guy-Allard, manuscrit.

(2) Archives de la Drôme, E, 2238, 2343 et B, 983.

Au point de vue religieux, la paroisse du diocèse de Gap, unie au prieuré de Lemps dès le XIVe siècle, n'a pas d'histoire ; c'est aujourd'hui une annexe de Verclause.

Il resterait à révéler la condition sociale du tiers état, s'il existait sur lui des documents authentiques ; mais nous ne connaissons qu'une déclaration en 1735 des consul et habitants de la commune d'après laquelle il était dû au seigneur 20 émines de blé, 4 de seigle, 10 d'épeautre, 8 d'avoine et 2 d'orge, sous le nom de *dizain*, à la cote 20e ; 12 émines de blé pour droit de *fournage* ; 6 émines de blé et 8 d'avoine de *censes*, soit en tout 83 livres, à raison de 30 sols l'émine de blé du poids de 38 à 40 livres, de 25 sols l'émine de seigle, de 12 celle d'épeautre, de 10 celle d'avoine et de 20 celle d'orge (1).

Outre cela, existaient la dîme et les impositions royales et communales dont le chiffre est inconnu.

Le territoire de Pelonne comprenait, en 1835, 46 hectares en bois, 78 en pâturages, 128 en terres, 5 en vignes et 5 en pré, etc., total 279 hectares et 13 maisons ; M. Mermoz, en 1839, y accuse seulement 265 hectares imposables d'un revenu de 3,339 fr., soit 12 fr. 60 l'un.

Ses contributions directes, en 1873, ont produit à l'État 351 fr. 42, au département 166 fr. 09, à la commune 505 fr. 93, aux non-valeurs 17 fr. 66, total 1,041 fr. 10.

Population : 72 habitants en 1832, 75 en 1840, 77 en 1860, 85 en 1880, 65 en 1892.

Distance : de Remuzat, son chef-lieu de canton, 7,450 mètres Sud-Est ; de Nyons, 33,074 mèt. Sud-Est, et de Valence, 111,890 (2).

---

(1) Archives de la Drôme, C, 102.

(2) Archives de la Drôme.

LA PENNE

J.-M. Suarez, évêque de Vaison, après avoir décrit Pierrelongue, ajoute :

Scandere qui tentat Pennam sudore madescet :
Haud habitat virtus horridiore loco.

Le P. Boyer a traduit ainsi ce distique, en l'amplifiant :

Assés près on y trouve une chaîne de monts
Sur le bout de laquelle est le château de Pène.
On ne peut y monter qu'avec beaucoup de peine.
La vertu qui réside en un trône épineux
Ne sçauroit habiter en un lieu plus hideux (1).

Le sens de la description est rendu ; mais nous en contestons l'exactitude géographique. Sans doute, par un soleil de juillet dans une gorge étroite, l'ascension de la chapelle est pénible ; mais le site n'a rien d'horrible, loin de là. En effet, de Mollans au Buis, l'Ouvèze coule entre deux montagnes boisées par intervalles et la route longe la rivière, entourées d'arbres l'une et l'autre. Au-dessus de Pierrelongue, la rive nord s'arrêta jadis pour livrer passage à un grand courant remplacé aujourd'hui par le modeste ruisseau des Aspirants ; sur le versant ouest de l'évasement s'élèvent la chapelle et un peu plus bas, à l'est, mais à une hauteur moindre, les ruines du manoir féodal de La Penne ; dans la vallée, au midi, Pierrelongue entoure son rocher de maisons noirâtres qui contrastent avec la verdure de la montagne de Bluye ; enfin, au nord, le village chef-lieu descend jusqu'au Béal du Roux, avec une grande colline derrière lui, et les

(1) *Histoire de l'église de Vaison*, à la fin.

gorges des Aspirants à droite et à gauche, l'isolent de la vallée de l'Ouvèze. En somme, les quinze maisons formant le chef-lieu de la commune ne manquent ni de charmes, ni de poésie. On les appelle tour à tour *Mérindolet* à cause du nom de Mérindol de la plupart de ses habitants et *Rossignol* à cause des nombreux oiseaux qui chantent sur les arbres des rives de deux ruisseaux réunis.

Les premiers possesseurs de la seigneurie furent les Mévouillon et ensuite les Dauphins, acquéreurs de leurs droits ; au-dessous d'eux, une famille de La Penne, rencontrée à Montaulieu, jouissait probablement des revenus, comme vassale, et les transmit à une famille d'Avignon.

Bien peu de voyageurs, en contemplant au milieu des chênes verts et des pins rabougris qui dominent la route du Buis et la vallée de l'Ouvèze, connaissent aujourd'hui l'histoire lamentable de Pons de Mauvoisin.

Marié avec Isarde de Baux, sœur de Bertrand, seigneur de Berre, et nièce de la Dauphine de Viennois, ce gentilhomme avait espéré des jours paisibles dans cette solitude. Son rêve dura peu. Des idées de grandeur, de fêtes et de plaisirs hantaient l'esprit de son épouse. Comptant sur l'impunité, elle conçut le projet de sortir de son désert silencieux et monotone, et seule ou avec des complices, assassina la nuit du 10 juin 1346, à coups de hache, le malheureux Pons endormi. « Mais, dit Valbonnais, ce crime donna lieu à Henri de Villars, archevêque de Lyon, régent de la province, en l'absence d'Humbert II, de signaler sa fermeté et son amour de la justice. Sur l'avis qu'il en eut, il fit arrêter Isarde. Elle fut mise, par son ordre, dans le château de Vals (près St-Vallier) où le juge mage du Viennois se transporta pour lui faire son procès. Par la sentence qu'il rendit, elle fut condamnée au feu ; l'exécution s'en fit entre St-Paul et Romans et fut un spectacle qui attira une grande multitude de gens des contrées voisines » (1).

(1) *Histoire du Dauphiné*.

Le canevas de ce drame lugubre pouvait donner lieu à d'amples développements ; mais la sévérité de l'histoire n'admet ni les hypothèses ni les écarts de l'imagination et nous continuons notre course dans les Baronnies.

Selon l'inventaire manuscrit de la Chambre des Comptes de Grenoble, la succession de Pons de Mauvoisin et de Louis, son fils, échut à noble Jean des Moulins, avignonnais, qui en rendit hommage en 1392 ; il rappelle aussi une vente du château de La Penne, en 1415, à noble Antoine de Salles *(de Salis)* par Douce, veuve d'Antoine Vieux et tutrice de son fils Raymond, au prix de 300 florins, suivie de l'investiture du gouverneur de la province et de l'hommage de l'acquéreur, en 1417. On y voit enfin, en 1435, l'aliénation pour 200 florins aux habitants du Buis d'un droit de pacage et de bucherage consentie par noble Jean des Moulins, mari de Philippine de Salles, fille d'Antoine.

A la même date, ce Jean des Moulins, seigneur de La Penne et de Montguers, figure au nombre des créanciers de la ville du Buis et comme possesseur, avec les Ollivier de Gouvernet, d'une tour à Nyons. La famille des de Salles tirait son nom d'un village voisin de Taulignan et Antoine habitait le Buis au XVe siècle ; celles des de Moulins et non de Mollans ne nous est pas autrement connue.

Il résulte de nos recherches, qu'à l'exemple des seigneuries voisines, La Penne formait, sous le nom de *pareries*, deux fiefs distincts, car, en 1438, Guigues et Rollet de Remuzat, frères, enfants de Jacques, seigneur d'Ollon, contemporains de Jean des Moulins, vendaient leur château et leurs biens à noble Antoine d'Alauzon, qui en fut investi après le paiement de 35 florins de lods (l'enregistrement d'aujourd'hui).

Guy Allard, dans ses notes manuscrites ayant confondu La Penne de Vesc, et Pennes voisin de Barnave au Diois, avec La Penne de Pierrelongue, nous paraît un guide bien suspect. Cependant, comme il fait arriver La Penne aux

Gaubert par Catherine de Mauvoisin et par les Johannys qui la tenaient des d'Alauzon, il pourrait bien être exact en ce point, car les Gaubert, anoblis en 1407 et venus d'Orpierre, possédèrent certainement le fief et le transmirent à Catherine, leur héritière, épouse de Michel de Silvestre de Marignan (1). La famille de ce gentilhomme sortait d'Avignon, où Claude, l'un de ses membres, reçu docteur en 1597, acquit la noblesse à sa postérité, selon l'usage du Comtat. Siméon, fils de Claude, aussi docteur et avocat, laissa Michel, seigneur de Marignan et de La Penne, né en 1673. Balthazar-François, un de ses descendants, devint lieutenant de roi et commandant à Sisteron ; Joseph-Marie, prêtre et prieur d'Auriple, légua aux filles pauvres de sa coseigneurie, comprenant les deux tiers de La Penne, une somme de 200 livres pour les marier ; Jean-Joseph dit de Montfort paraît avoir été le dernier de la famille puisqu'il donna ses biens à son épouse née d'Hellis, originaire du Trièves où ses ancêtres avaient été anoblis par le dauphin Louis (Louis XI) (2).

Jeanne de Gaubert, en s'alliant avec François d'Aubery, lui porta, vers 1670, un tiers du fief de La Penne. Ce gentilhomme sortait du Comtat où ses aïeux étaient venus du Gâtinais vers 1274, et se dispersèrent au XVe siècle en Dauphiné, en Poitou, en Lorraine et en Irlande.

Ceux de La Penne eurent pour héritiers les d'Indy, de Visan, qui vendirent, en 1808, leurs biens à M. Merle.

Il existe dans l'église ou chapelle des Aspirants un vieux tableau représentant un d'Aubéry, tenant un cheval par la bride et remerciant à genoux la Sainte Vierge de lui avoir sauvé la vie sur un champ de bataille.

---

(1) Nous avons écrit Marignane, par erreur, dans l'*Inventaire sommaire des Archives de la Drôme*, t. III.

(2) Jugement de maintenue aux Archives de la Drôme, C, 31 et inventaire des Archives de la commune, E, 2,880 et suivants.

L'histoire du clergé est moins complète que celle de la noblesse. D'après la tradition, Notre-Dame des Aspirants aurait appartenu aux Templiers, ce qui est inadmissible. Les archives locales, en effet, y placent autour un prieuré monacal annexé à Pierrelongue vers 1653, dont les bâtiments avaient été détruits par les protestants, vers la fin du XVIe siècle. Selon le P. Boyer, historien de l'église de Vaison, l'évêque de cette ville confirmait en 1311 un accord intervenu entre François Laugier, moine de St-André-lès-Avignon, prieur de l'église des Aspirants et les habitants du château de La Penne. Or, les religieux du mont Andaon, dominant Villeneuve-lès-Avignon, appartenaient à l'ordre de St-Benoît et non à celui du Temple.

Au témoignage de Baluze, Amaulri Augier, natif de Béziers et prieur des Aspirants, aurait écrit plusieurs biographies des papes d'Avignon, insérées dans l'ouvrage intitulé : *Vitæ paparum Avenionensium*, paru en 1693 (1).

Quant au tiers état, malgré la conservation d'une partie de ses archives à la Préfecture de la Drôme, ses annales ne présentent aucun fait remarquable.

En 1735, Jean-Joseph de Silvestre de Marignan et Louis-Alexandre d'Aubery, coseigneurs, y levaient :

1° Le *vingtain* des grains et de la vendange comprenant une charge de gros grains, du prix de 9 livres, deux charges de blé estimées 30 livres ensemble et six charges de vin à 2 livres 10 sols chacune, soit en tout 54 livres ;

2° Le *fournage* dû par treize habitants à raison de deux émines de blé chacun, soit en tout trois charges deux émines valant 48 livres 15 sols ;

3° Le *pulvérage* ou droit exigé des conducteurs de troupeaux de passage évalué 4 livres 10 sols ;

4° Les *lods* et *censes* dus pour la directe universelle. M. de Marignan avait les deux tiers de ces droits et M. d'Aubery

(1) PITHON-CURT, *Histoire de la noblesse du Comtat.*

le tiers restant ; le pulvérage était partagé en deux parts égales. Ces coseigneurs ne vivaient pas toujours en bonne intelligence et la tradition a conservé le souvenir d'un long procès entre eux au sujet de la propriété d'un ormeau.

Outre la dîme et les droits féodaux, les charges publiques ou impôt accusés par les comptes consulaires s'y élevaient en

	1680,	1741,	1785,
Recettes,	237 livres	194	341
Dépenses,	285 —	222	341

Les contributions directes de 1873 ont produit à l'Etat 919 fr. 43, au département 389 fr. 92, à la commune 496 fr. 75 et au fonds de non valeurs 39 fr. 50 ; total, 1,845 fr. 40.

Cette localité montueuse et coupée de vallées étroites entre Propiac, Pierrelongue et le Buis avait, en 1835, 764 hectares dont 104 en bois communaux et 107 en bois particuliers sur la montagne de Bluye et à Rocher-Rond, 148 de terres, 322 de pâturages, 31 de vignes et 6 de prés.

En 1839, le revenu de ses 684 hectares imposables arrivait à 7,387 fr. et celui de ses 28 maisons à 307.

On y exploite une carrière de plâtre et on y signale une caverne très profonde dite le Petit-Bourneau.

Population : en 1832, de 136 habitants ; en 1844, de 150 ; en 1862, de 147 ; en 1872, de 142 et en 1892 de 110.

Distance : du Buis, chef-lieu de canton, 6,845 mètres Nord-Ouest ; de Nyons, 27,560 Sud-Est. ; de Valence, 117,352.

PIÉGON

Une montagne élevée, partie des bords de l'Eygues, s'étend jusqu'à Mérindol et à la vallée de l'Ouvèze. Sur un des mamelons qui entourent sa base, presque en face de Mirabel, à 11,522 mètres S. E. de Nyons, son chef-lieu de canton et à 101,324 mètres de Valence, le village de Piégon, bâti en amphithéâtre a conservé son portail et sa porte d'autrefois, et se compose d'une quarantaine de maisons qui dominent une vallée assez fertile.

On devine aisément à cette description que la commune présente deux parties bien distinctes ; dans l'une surgissent les montagnes de Gourbeau et de Buisse, couvertes de pins et de chênes blancs, et dans l'autre une série d'ondulations de terrains sablonneux et argileux où croissent l'olivier et les céréales.

Il existe à quelques centaines de mètres de Mirabel une station préhistorique, faussement appelée *Serre des Huguenots*; là, à côté d'ossements humains, ont été recueillis de très beaux spécimens de l'âge de la pierre polie et surtout des pointes de flèche d'une exécution artistique. Cette station, en face de Piégon, en était séparée par un lac poissonneux dont les eaux se sont écoulées dans la Gaude avec l'extension de la culture.

Sous les Romains et les Gallo-Romains, la tribu des *Gaudenses* ou riverains de la Gaude, est rappelée dans une inscription de Mirabel; elle disparut dans la suite avec les divisions féodales qui morcelèrent son territoire en seigneuries distinctes. Un chef civil ou militaire ayant choisi l'une de ses collines pour y bâtir sa demeure donna son nom au pays, car de *Podium Hugonis* (colline d'Hugues) ou de

Podium Guigonis (colline de Guigues) on arriva à Puy Hugon et à Puyguigon et ensuite par contraction à Piégon.

De toutes les localités déjà parcourues, cette commune est la seule qui ait pris le nom de son premier seigneur et ce nom était un nom de baptême, comme ceux des Adhémar, des Eynard, des Alleman et de bien d'autres. Il est donc impossible de désigner la famille de ce premier maître. Des Mévouillon la suzeraineté échut aux Montauban et Randonne, leur héritière, donna ses droits aux Adhémar, qui les vendirent aux Dauphins.

Au-dessus des Montauban, en 1251, apparaît Alfonse, comte de Poitiers et de Toulouse, marquis de Provence, frère du roi S. Louis, et après lui le souverain pontife auquel les Adhémar et les dauphins Guigues et Humbert rendaient hommage.

Si la seigneurie directe est morcelée à Piégon, le domaine utile y appartient aussi à de nombreuses familles différentes dont l'histoire particulière exigerait de longues recherches. De 1178 à 1200, on y trouve Reynier Artelar ; sa sœur Matheuz, femme de Folra et mère de Bertrand de Piégon, bienfaitrice des Templiers de Roaix ; Villelme, mère de Reynier Artelar ; Béatrix, épouse de Rostaing d'Autane ; Matfred, Pons, Hugues et Raymond Artelar (1).

Pierre Artelar, un de leurs descendants, possédait encore, en 1330, la 8e partie de Mialons entre Piégon et Mirabel ; quant à Piégon, un d'Urban, en 1276 et un de Piégon s'y qualifiaient vassaux de Randonne de Montauban ; les d'Autane s'y maintinrent jusqu'au XVIe siècle ; enfin, l'inventaire manuscrit de la Chambre des Comptes et les notes de Guy Allard y révèlent, en 1330, un Guillaume de Cornilhan, mari d'Isoarde de Plaisians, possesseur de la 48e partie du fief ; Bérenger de Bourdeaux, maître de la 6e, Pierre Drogon et Almerat de la 9e, Roux de Rossas de la 64e et Guillaume Faucon de la 12e.

---

(1) *Cartulaire de Roaix.*

Bérenger de Bourdeaux laissa ses biens à Lionette, sa fille, et celle-ci à Hugonet et Pelestort de Félines, ses fils. Cette ancienne maison, dont il existe encore quelques chartes, remontait à Aimar, originaire de Quint, père de Jarenton et arrière-grand-père d'Hugues. Elle vendit ses biens de Piégon, en 1417, à Jacques Penchinat qui les transmit à Gaspard, son fils et celui-ci à Marguerite, femme de François de Planchette. Ce gentilhomme était le fils de Jean-Jacques, venu d'Auvergne aux Baronnies, sur la fin du XIVe siècle, à la tête d'une compagnie de 100 hommes d'armes pour commander une ligne, en temps de peste, et qui fut ensuite gouverneur des châteaux de Nyons et de Mirabel.

François Planchette acquit des droits à Piégon par son mariage avec Marguerite Penchinat et ensuite avec Catherine de Pierre, de Peyre ou de La Piarre qui représentait les Eschaffin et par eux les Venterol, successeurs des Bésignan. Le dauphin Humbert II ayant inféodé une part de Piégon à Guillaume de Bésignan, Didier, fils de ce dernier en aliéna une fraction à Raymond de Venterol et transmit l'autre à Rixende de Bésignan, une de ses descendantes, femme, en 1550, d'Antoine d'Autane.

L'ancienne maison de ce nom possédait des biens à Piégon dès la fin du XIIe siècle, et Giraud d'Agoult, coseigneur de La Baume des Arnauds, en épousant en 1540, Jeanne, une de ses héritières, devint de la sorte seigneur de Piégon et de Bonneval. Louis, fils de Giraud, y accrut ses possessions par son alliance en 1582 avec Judith Marcel, fille de Pierre, seigneur de Pontaix et de Marguerite Planchette et par des achats en 1595 à Scipion Planchette (1).

D'après la généalogie imprimée des d'Agoult, leur famille,

(1) *Le Dictionnaire topographique de la Drôme* fait succéder les d'Alauzon aux Eschaffin, les Diez, en 1424, aux d'Alauzon et, en 1540, les Planchette aux Diez.

fort ancienne, posséda en toute souveraineté la ville d'Apt et la vallée de Sault. Charles, fils de Louis fit reconnaître sa noblesse par l'intendant Dugué et testa en 1676, en faveur d'Hector, conseiller au Parlement de Grenoble dont la postérité se divisa en plusieurs branches : celle de Jean, seigneur de Voreppe, celle de François, seigneur de Beauvoisin et celle de Charles, marquis de Montmaur, seigneur de Piégon.

A Hector-Samson, fils de Charles, succéda Marie-Justine-Espérance d'Agoult, épouse, en 1739, de Jean-Joseph-Paul-Antoine de Trémolet, duc de Montpezat, lieutenant de roi en Languedoc.

Une autre famille avait été amenée à Piégon par le mariage de Richard de Seguins, en 1547, avec Marguerite Planchette ; elle sortait de Tulette et forma deux branches, l'une établie dans le lieu d'origine et l'autre à Pernes sous le nom de Seguins-Cabassole, à cause de l'union de Catherine Comte, fille de Claude dit de Cabassole, avec Charles de Seguins, loué par Henri IV pour ses bons services militaires.

Faute d'archives locales, il est difficile de préciser le commencement et la fin de chaque part de seigneurie. Il paraît cependant que les Planchette conservaient seulement, au XVIIIe siècle, la maison forte de Pontillard, sur la route de Nyons au Buis, dépourvue de tout caractère architectural. Jean-Marie l'un d'eux, eut jusqu'à 21 garçons tous religieux ou soldats et parmi eux Louis, qui passa sa vie dans les camps et mourut de ses blessures vers 1687.

D'après le cadastre, de 1690, l'estimation des fonds s'élevait à 627 florins dont 311 pour les biens nobles et ecclésiastique, les meilleurs du pays, et 316 pour les biens roturiers.

Mme de Montpezat percevait à son moulin banal un dizain des olives, ce qui constituait un impôt très lourd. En 1742, ses droits seigneuriaux étaient affermés 2,600 livres.

Au prieur appartenaient le droit de présentation à la cure

et les dîmes qui se levaient à la cote 24e sur les habitants et à la cote 30 sur les terres du seigneur.

Annexe de Mirabel en 1807, l'église y est devenue une succursale le 4 septembre 1822.

Un mémoire du 25 mars 1789 nous apprend que la commune avait une lieue de long sur une demi-lieue de large et une population de 60 familles; que ses récoltes principales étaient les olives, les céréales, les légumes et le vin ; qu'elle manquait d'arrosage, de prairies et de bétail, ainsi que d'industrie et de commerce.

Son administration était confiée au châtelain du seigneur, à deux consuls et à six conseillers électifs annuels et à un secrétaire électif; mais le peu de zèle des habitants à se rendre aux assemblées empêchait souvent la réalisation des réformes utiles.

A la commune appartenait un moulin à grignons pour les olives, affermé de 400 à 470 livres ; c'était là son revenu principal; par contre, ses charges embrassaient :

200 livres à Mme de Montpezat pour abonnement à ses droits féodaux;

200 livres pour les gages du maître d'école, du garde et du marguillier ;

7 livres pour le logement de la maréchaussée de Nyons;

22 livres pour le 20e des octrois ;

9 livres pour la dépense des miliciens ;

24 livres pour le secrétaire greffier;

Total : 462 livres.

Il y avait encore des frais accidentels, comme l'entretien des fontaines, le rendement des comptes consulaires, 60 d'intérêts à Mme de Montpezat et à M. de La Rochette, sans parler des tailles, de la capitation et des autres impôts (1).

---

(1) En 1762, une transaction avec Joseph-Paul-Antoine-Jean, duc de Montpezat, lieutenant général en Languedoc y régla les droits seigneuriaux (Isère, B. 2,514).

Les pauvres y jouissaient d'une pension annuelle de 59 livres, dont 34 données par le seigneur, 10 par un curé de la paroisse et 15 provenant d'arrérages et de la 24e partie de la dîme. Un bureau établi par l'évêque de Vaison distribuait ces revenus.

Enfin, un mont de grains ou de piété permettait à chacun d'emprunter des semences de blé moyennant une cosse par émine (1).

On sait par d'autres documents que la population de 250 habitants en 1790 arrivait à 442 en 1820, à 474 en 1840, à 491 en 1851, à 464 en 1860, à 511 en 1870 pour redescendre à 468 en 1880 et à 406 en 1891.

La contenance territoriale accusait, en 1835, 49 hectares de bois communaux, 106 de bois particuliers, 433 de terres labourables, 75 de vignes, 4 de prés, 285 de pâturages, etc. ; total : 1,021.

En 1839, M. Mermoz évaluait le revenu de ses 996 hectares imposables à 19,721 fr. et celui de ses 153 maisons à 1,805 fr.

En 1873, ses contributions directes ont produit 2,464 fr. 05 à l'Etat, 1,111 fr. 93 au département, 1,561 fr. 28 à la commune et 101,56 au fonds de non-valeurs ; en tout, 5,239 fr. 72.

Une note manuscrite place au quartier du Jas une maison de Templiers où des fragments de marbre et d'inscriptions ont été recueillis : les Artelar et les Piégon, bienfaiteurs de Roaix, maison de l'Ordre près de Vaison, peuvent très bien avoir doté cet ordre religieux de quelque immeuble en cet endroit.

On remarque au cimetière un genevrier de 7 à 800 ans d'existence qui doit sa conservation au respect inspiré par ce grand âge. Non loin de là, un laboureur ayant vu ses vaches s'agenouiller à une certaine heure, donna l'idée d'y construire une chapelle encore existante et convertie en église

(1) Archives de la Drôme, C, 3.

paroissiale à la suite d'agrandissements successifs : c'est Notre-Dame de Cadenet, prieuré séculier dépendant du chapitre de Vaison.

Il manque à Piégon un embranchement de la route de Nyons au Buis, entre Nyons et Mirabel, se raccordant à la route venant du Comtat par Puyméras. Cette amélioration, en abrégeant de beaucoup la distance de Nyons à l'établissement thermal de Propiac et au Buis, donnerait au village une animation qu'il ne peut guère espérer d'autre part.

PIERRELONGUE

Entre Mollans et le Buis, l'Ouvèze arrose une vallée assez étroite au milieu de laquelle s'élève une roche droite que la féodalité couronna d'un château-fort : de là le nom de Pierrelongue.

D'après la tradition locale, l'agglomération primitive se trouvait au pied du mamelon dit le Colombier ou les Granges ; elle fut détruite pendant une guerre privée des Adhémar contre les de Baux et remplacée par les maisons de quelques étrangers au pied du château seigneurial. Une transaction passée en 1518 entre Dominique Parpaille, mari de Jeanne Adhémar, fille du seigneur de Pierrelongue et les nommés Beraud, Gardon, Saurel et Bernard indique les noms des nouveaux venus (1).

Les Mévouillon, dès 1230 et 1241, en possédaient le fief sous la dépendance des évêques de Die, et, en 1242, à la suite de difficultés entre Raymond de Baux, prince d'Orange,

---

(1) A cause de leur origine, les habitants de Pierrelongue sont appelés *Auvergnats*. A Bouchet et à Chauvac, pareille rénovation a été observée aussi.

Dalmas de Châteauneuf, Draconet de Montauban et Draconette, femme d'Isoard, seigneur d'Aix, une sentence arbitrale obligea cette dernière à céder Pierrelongue à Draconet de Montauban.

Quelque dix ans plus tard, la même terre garantissait la dot de Philippine de Mévouillon, femme d'un de La Tour.

Après les Mévouillon et les Montauban, leurs héritiers, apparaîssent, en 1293, les Dauphins de Viennois comme suzerains.

Quant à leurs vassaux, les premiers connus sont Guillaume et Pons Martinel, père et fils, auxquels un Mévouillon les avait cédés en 1324, et ensuite les Moroce qu'Henri, dauphin, régent de la province, y appela. Ces gentilshommes possédaient aussi une partie de Mollans où leur histoire a été succinctement exposée.

On y trouve les Adhémar avec Hugues, en 1326 ; Gaucher en 1358, Hugues en 1362, Louis en 1423, Christophe, chambellan du roi en 1487, Charles et Christophe, fils et petit-fils du dernier gentilhomme.

Des lettres de Charles VIII commirent le bailli des Baronnies pour restituer à Gaucher Adhémar les châteaux de Mollans et de Pierrelongue, mis sous la main du roi pendant les différends des de Baux et des Adhémar. Ce serait alors que le château de Pierrelongue aurait été incendié par les de Baux.

Anne Adhémar, fille de Charles, baron de La Garde, épousa Philippe de Robiac, de Crest et ensuite en 1505, Antoine Boche, seigneur de Vers.

Ce dernier, du consentement de sa femme, vendit Pierrelongue à Dominique Parpaille, mari de Jeanne de Robiac, sorti d'une ancienne maison piémontaise. Charles, fils de Dominique, en rendit hommage au roi-dauphin et Marie, fille de Charles, porta le fief à Artaud Silve, son mari, aïeul de Jeanne Silve, épouse d'Esprit d'Urre, originaire d'Eurre près de Crest. Leur fille Catherine s'unit avec Pierre de

Johannis, habitant de Bedoin, au pied du mont Ventoux, où son père avait dirigé les fortifications du lieu en 1565 et commandé une compagnie de cent hommes (1).

Il se reconnut vassal du roi en 1609 et testa, en 1631, en faveur de Claude ; Jean, fils de Claude, en dénombrant sa terre de Pierrelongue y accusait 500 livres de revenus.

Jeanne de Johannis, fille de Jean, dame de Pierrelongue, épousa en 1707 Esprit-Joseph-Marie de Quiqueran Beaujeu-Ventabren, d'une famille qui sortait d'Arles et remonte au XIIe siècle.

Jean, baron de Beaujeu, se distingua dans les guerres d'Italie et mourut en 1466, laissant Gaucher, marié avec Louise de Castellane et père d'Antoine, d'Aimar et de Jean, qui formèrent les branches des seigneurs de Ventabren et de St-Didier.

Esprit-Joseph-Marie, en épousant, le 13 février 1707, Jeanne de Johannis, dame de Pierrelongue, reçut en dot cette seigneurie ; leur fils la vendit avec le château en 1781 et les acquéreurs le démolirent pour utiliser les pierres.

Elle céda avec lui à la commune, en 1720, une partie de la montagne de Bluye moyennant une émine de blé de redevance annuelle.

D'après une déclaration de M. de Quiqueran, en 1735, la directe universelle sur Pierrelongue lui appartenait, ainsi que les lods au 6e denier ; il y avait, de plus, un terrier de 3 charges 2 émines et 18 cosses de blé, 5 émines 17 cosses d'avoine, 18 poules et 4 livres, 4 sols 8 deniers ; un droit de quinzain sur les céréales, les légumes et la vendange rapportant 4 charges de blé et 15 de vin ; un droit de fournage sur 28 habitants à raison de 2 émines de blé chacun et un droit de banalité au moulin à la cote 20e valant 6 ou 7 sommées de blé.

---

(1) Selon le *Dictionnaire topographique de la Drôme*, les Vincens, héritiers des d'Urre, vendirent Pierrelongue aux Johannis.

Il lui était dû 3 journées et demie de corvée pour le canal de son moulin.

Ces détails permettent de constater la condition des habitants en 1789. Ils étaient alors 167 pour 33 familles ; en 1820, 187 ; en 1840, 203 ; en 1850, 186 ; en 1860, 168 ; en 1870, 159 ; en 1880, 137 ; et en 1891, 146.

Malgré la prise et reprise de son château en 1587 par Lesdiguières et de La Valette (1), cette commune agricole n'offre pas d'événements historiques. La partie voisine de l'Ouvèze est soigneusement cultivée et l'on y récolte des pêches renommées ; malheureusement l'Ouvèze y cause trop souvent d'importants dégâts.

La contenance de la commune comprenait : en 1835, 150 hectares en bois, 150 en terres, 35 en vignes, 183 en pâturages, etc. ; total, 537. En 1839, le revenu de ses 485 hectares imposables atteignait 7,566 fr. et celui de ses 52 maisons 1,113 fr. Ses contributions de 1873 ont rapporté : à l'Etat, 1,084 fr. 51 ; au département, 458 fr. 40 ; à la caisse municipale, 1,100 fr. 67 ; au fonds de non valeurs, 53 fr. 14. Soit en tout, 2,696 fr. 72.

L'église dédiée à saint Brice dépendait du prieuré de Notre-Dame des Aspirants à La Penne, et les deux localités sont encore desservies par le même prêtre.

Distance du Buis, chef-lieu de canton, 7,279 mètres Ouest de Nyons 23,866, de Valence 113,658.

On y signale une caverne perpendiculaire très profonde, d'où sort au pied de la montagne de La Buisse, la source de Lauron.

---

(1) « Le XIX juin 1587, Pierrelongue se rendit ayant vu un canon. Le mesme jour Egalliers qui avoit esté comme neutre reçut garnison. Le XIII juillet, M. de La Valette print Pierrelongue par composition après avoir tiré six vingtz coups de canon de deux moyennes. Les nostres sortirent bagues sauves, enseigne deploiée, tambour battant, avec leurs armes. » (*Actes et correspondance de Lesdiguières*, 33, 34, 187, tome III.

LES PILLES

M. de Coston pense que le nom de ce village, construit entre deux rochers escarpés et très resserrés en forme de détroit, sur la route du Pont-St-Esprit à Briançon, lui vient de *Pilum* (*pilier*), dont la racine est commune à presque toutes les langues indo-européennes et paraît avoir eu par extension le sens de montagne.

Boule et l'auteur de la *Statistique de la Drôme* opinent au contraire (1) pour une étymologie grecque et voient dans Pylæ ou Pylos les *clusæ* ou *clusaræ* des Latins et nos cluses ou portes en français. Partant de là, ces auteurs attribuent aux Phocéens la fondation du lieu et celle de Nyons.

Dans le domaine des hypothèses, on peut affirmer et nier avec la même aisance tout ce que l'imagination croit découvrir.

Boule, *Historien du vent Pontias*, n'a pas manqué de rappeler un autre vent spécial aux Pilles, connu sous le nom de Vézine. Il souffle seulement en été vers le solstice, à l'entrée de l'automne ou à la fin du printemps ; se lève lorsque le Pontias cesse, vers les 8 à 9 heures du matin et continue jusqu'à 3 ou 4 heures du soir ; il souffle contre-mont et « perce les barrières du pont et du détroit des montagnes », ne varie ni à son lever ni à son coucher ; est froid au-dessous du village et de la porte de La Lauze et brûlant au-dessous du chemin qui est au pied de Jarrigié ; il fait parfois rebondir la rivière par dessus le pont et ébranle les toitures des maisons.

La féodalité utilisa la forte position des Pilles pour en

(1) *Étymologies des noms de lieu de la Drôme*, p. 214.

faire la clef des Baronnies, On n'a pas de renseignements sur les guerres du moyen âge, ni sur les ravages de Raymond de Turenne qui, vers 1395, dépeupla Eyroles, commune voisine. Mais les auteurs rappellent sommairement quelques épisodes des troubles du XVIe siècle.

Selon le P. Justin (Boudin), un détachement de réformés qui courait le haut Comtat se présenta, en 1563, devant les Pilles qui se rendit aussitôt ; « ce qui n'empêcha pas que tous les habitants ne fussent massacrés. »

Ce lugubre événement n'est pas mentionné dans les histoires du Dauphiné, par la raison, sans doute, que les Pilles avec Aubres, Valouse et Eyroles appartenaient aux Etats du pape.

Plus tard, en 1576, son sort était lié à celui de Ménerbes, commune du Comtat, située sur un des mamelons escarpés sis entre le lit du Caulon et la chaîne du Luberon, véritable citadelle de la réforme pendant cinq ans. Sa population avait si bien défendu les intérêts de l'Eglise que le pape Pie V, en 1571, l'avait affranchie des lods et des censes et avait rendu ses biens allodiaux. Elle se laissa surprendre vers 1573 et subit un siège de quinze mois, pendant lequel Brantes et les Pilles lui envoyèrent des secours.

En 1576, pendant les négociations d'une trève, les réformés refusaient d'évacuer les Pilles et Aubres ; ils y consentirent à la fin moyennant 1,600 livres et la promesse de n'être point inquiétés au sujet de la religion pendant trois mois.

Le P. Justin accuse les réformés de Ménerbes, de Brantes et des Pilles d'infractions au traité conclu ; on trouvait fréquemment dans leurs quartiers des cadavres de catholiques pendus aux arbres ou étendus dans les champs.

Une trève nouvelle comprit une seconde fois Brantes et les Pilles. Sainte-Croix et Guitard qui y commandaient en sortirent au prix de 3,000 écus et Sainte-Croix donna son fils en ôtage pour sûreté de sa parole.

Vers 1577, Colombaud, à la tête de 700 réformés, s'empare de nouveau de la place qu'on avait négligé de demanteler ; Mateucci et Grimaldi, recteur du Comtat, s'avancent pour la reprendre et à leur approche, les soldats se retirent dans le château et s'y défendent vigoureusement. Ils allaient y être forcés lorsqu'un trompette croyant apercevoir sur la montagne un secours qui venait aux assiégés sonna la retraite et fit lever le siège. Quelques soldats de cette troupe furent envoyés à Bésignan dont ils prirent le château par escalade.

Ménerbes ayant capitulé, le 9 décembre 1578, sur l'ordre, dit-on, du roi de Navarre, le recteur Grimaldi en prit possession. Quant aux Pilles, Colombaud, qui y commandait, en sortit avec 2,000 livres de gratification.

Mais, à son départ, le village fut démantelé et son château ruiné. Aussi n'en est-il plus question dans la suite (1).

Ces événements, dit la *Statistique de la Drôme*, amenèrent la ruine de la commune et, pour acquitter des dettes considérables, elle fut contrainte d'aliéner ses biens et d'établir la banalité des fours et moulins en 1592. Beaucoup de familles, dit l'acte, ont quitté le pays, « plusieurs habitants sont em-
« prisonnés, saisis dans leurs biens ; ils manquent de bes-
« tiaux ; leurs terres sont incultes et ils ne trouvent pas
« même à les vendre à vil prix... »

L'auteur ajoute que la localité se releva peu à peu de cet état de misère et qu'elle était, de son temps (1835), dans une grande aisance. Elle n'a pourtant qu'un territoire restreint de 587 hectares dont 43 en bois, 127 en terres, 45 en vignes, 285 en pâturages, 80 en routes et rivières, etc., s'étendant surtout vers Montaulieu et Châteauneuf-de-Bordette sur la rive gauche de l'Eygues, c'est-à-dire dans la partie appartenant au Dauphiné, alors que sur la rive droite il est insuffisant pour contenir toutes les maisons du village.

---

(1) *Histoire des guerres excitées dans le Comté Venaissin.* — Pérussis et le marquis d'Aubais.

Depuis lors, une loi du 22-28 avril 1865 a distrait de la commune d'Aubres une centaine d'hectares de rochers au profit de celle des Pilles en respectant les droits d'usage et le village chef-lieu de cette dernière se trouve aujourd'hui tout à fait indépendant d'Aubres (1).

Au point de vue féodal, l'histoire des Pilles n'est pas compliquée. En 1222, le seigneur de Mévouillon donne en emphytéose à Pierre Roux et à ses successeurs, en fief franc, le quart de Villar à Montaulieu, et les biens d'Hugues Nicolas ou Nicolay dans et hors le château des Pilles. Almuse de Mévouillon, épouse de Draconet, seigneur de Montauban, ayant reçu en dot le même château et ceux de Montaulieu et Rochebrune s'en déclarait contente en 1252 (2).

Nous n'avons pas découvert les titres de transmission du fief aux de Baux, princes d'Orange et seigneurs de Condorcet, ni aux papes. Mais en 1291, Bertrand de Baux, seigneur de Gigondas, recevait de Raymond V, prince d'Orange, les Pilles, Condorcet et la ville d'Orange, à l'occasion de son mariage avec Blonde Adhémar de Grignan et, en 1291, Philippe de Bernisson, recteur du Comtat, réglait avec Bertrand IV de Baux les droits de pacage des habitants des Pilles et de Condorcet.

Les comtes de Toulouse prenaient le titre de marquis de Provence, et en 1229, le 12 avril, un traité conclu entre saint Louis, Raymond VII, comte de Toulouse et Romain, cardinal de Saint-Ange, légat apostolique, transféra au Saint-Siège le pays Venaissin, appelé depuis le Comtat. Toutefois, le Saint-Siège n'en prit réellement possession qu'en 1273 et n'y établit des recteurs qu'en 1274.

Il y eut même des difficultés à l'origine, à cause des prétentions respectives des rois de France et des empereurs

---

(1) *L'Arrondissement de Nyons*, I, 15-16.

(2) Invent. de la Chambre des Comptes et Barthélemy, *Inventaire des titres des de Baux.*

d'Allemagne, puisqu'en 1237, *Taurellus de Strata*, chef des troupes impériales, Barral de Baux, commandant des troupes du comte de Toulouse et leurs adhérents avaient été excommuniés, pour s'être emparés des Pilles, de Malaucène, Monteux, Pernes, Oppède, Serres et du faubourg de Mornas (1).

Les papes inféodèrent les Pilles à la famille Gandelin, dont les auteurs dauphinois parlent peu, et le fief échut ensuite aux Fortia par titre de vente.

Ces nouveaux seigneurs sortaient de la Catalogne, et Bernard, l'un d'eux, s'établit à Montpellier en 1389. Une *histoire* de leur maison, imprimée en 1808, donne la généalogie de ses diverses branches. Une seule d'entre elles se rattache à notre sujet. Elle eut pour auteur Marc II, marié deux fois, et père de Paul, surnommé de Pilles, élevé auprès du duc d'Epernon, devenu baron de Baumes, et seigneur des Pilles, Aubres et Côte-Chaude, capitaine d'une compagnie d'ordonnance d'Henri III, chevalier de St-Michel en 1585, colonel de cavalerie légère en 1591, premier consul d'Aix et procureur général de la province en 1593, gentilhomme ordinaire de la chambre du roi en 1595, gouverneur de Berre en 1596, capitaine de la galère la *Pille*, la même année, et gouverneur d'If en 1598. Henri IV disait de lui : « M. de Pilles m'a bien servi ; je connais son ardeur et sa fidélité et je voudrais en avoir dans mon royaume plusieurs semblables à lui. »

Paul laissa de Jeanne de Thollon Sainte-Jalle, son épouse, plusieurs fils ; *Ludovic*, baron de Baumes, commandant une escadre au siège de Roses, emporté par un boulet au siège de Portolongone ; *Gaspard*, seigneur de Côte-Chaude, blessé au siège de la Rochelle et mort en Italie où il était colonel; *Joseph*, seigneur de Forville, officier de galères, tué dans un combat naval devant Gênes, et *Paul II* ou *Pierre-Paul*, né en 1600, élevé auprès de Louis XIII, pourvu à 11 ans d'une compa-

(1) Cotier, Notes sur les recteurs, p. 9.

gnie franche au château d'If et de la survivance de tous les gouvernements de son père. Il se distingua au siège de Montauban et fut trouvé enseveli tout vivant sous un tas de terre et de pierres enlevées par un fourneau. Il avait contracté alliance avec Marguerite de Covet de Marignane, fille du baron de Trets, assista au siège de La Rochelle et tua en combat singulier le fils du poète Malherbe qui s'en vengea par le sonnet suivant :

Que mon fils ait perdu sa dépouille mortelle,
Ce fils qui fut si brave et que j'aimais si fort,
Je ne l'impute point à l'injure du sort,
Puisque finir à l'homme est chose naturelle.
Mais que de deux maraux la surprise infidèle
Ait terminé ses jours d'une tragique mort,
En cela ma douleur n'a point de reconfort,
Et tous mes sentiments sont d'accord avec elle.

O mon Dieu, mon Sauveur, puisque par la raison
Le trouble de mon âme étant sans guérison,
Le vœu de la vengeance est un vœu légitime,
Fais que de ton appui je sois fortifié.
Ta justice t'en prie et les auteurs du crime
Sont fils de ces bourreaux qui t'ont crucifié.

L'insinuation que les Fortia étaient d'origine juive ne repose sur aucun fondement et le vœu du poète ne fut pas exaucé. M. de Pilles devint colonel du régiment de son nom, maréchal des camps et armées en 1649 et commandant à Marseille en 1660. Il mourut dans cette ville le 13 juin 1682 et fut inhumé au château d'If.

Voici l'épitaphe qui lui fut faite :

Nochers qui sillonnez les mers,
Ne craignez plus aucun orage ;
Sur l'empire des eaux il n'est plus de naufrage,
Parcourez hardiment tout ce vaste univers.
Ci-gît au milieu de cette île
Le corps de l'illustre de Pilles,
Qui par un sort des plus heureux,
Après avoir pendant la guerre,
Dissipé longtemps de la terre
Les brouillards les plus ténébreux,
Va, par un doux regard, comme un astre paisible,
Calmer le courroux dangereux
D'un élément bien plus terrible.

On remarque parmi ses enfants, Gaspard, dit le chevalier d'Aubres, tué à Gigeri en Afrique en 1664, Alexandre, dit l'abbé de Pilles, prieur et seigneur de Saint-May et Remuzat; Alphonse, dit le marquis de Forville, chef d'escadre de galères, mort en 1710 ; Joseph, chevalier de Malte, capitaine de galères ; Paul III, tige des seigneurs des Pilles et Charles-Bernard, époux de Marie de Thollon de Ste-Jalle.

Paul III, marquis des Pilles et seigneur de Côte-Chaude obtint en 1660 le gouvernement du château d'If, Ratonneau, Pomègues et Iles de Marseille. Marié, en 1675, avec Geneviève de Vento de Pennes, il eut Louis-Alphonse, et Toussaint, dit le chevalier des Pilles, mousquetaire du roi en 1696, chef d'escadre des galères en 1747 et des armées navales l'année suivante, commandant de la marine à Marseille en 1749 et décédé en 1760.

Louis-Alphonse, surnommé le chevalier et le marquis des Pilles, successivement mousquetaire, en 1696, capitaine gouverneur d'If en 1717, et lieutenant de roi en Provence en 1718 rendit des services pendant la peste de 1721. Aussi, Toussaint-Alphonse ou Alphonse II, son fils, obtint-il à 9 ans les fonctions de gouverneur-viguier de Marseille. On le trouve plus tard aide-de-camp du maréchal de Villars et ensuite du prince de Conti.

Le comte des Pilles, Alphonse-Toussaint-Joseph, né en 1736, du mariage d'Alphonse II avec Anne d'Entrechaux, fut colonel des grenadiers de France, gouverneur de Ballaguier en 1771, et maréchal des camps et armées du roi en 1781.

Il eut deux fils de Marie-Gabrielle-Rosalie de Coriolis d'Espinouze : Alphonse-Nicolas-Joseph-Marie-Bruno, chevalier de Malte, mort en 1815 et Alphonse-Toussaint-Joseph-André-Marie-Marseille, l'aîné, dit le comte de Fortia.

L'inventaire manuscrit de la Chambre des Comptes de Grenoble mentionne un acte de 1285 par lequel le pape enjoint au seigneur de Mévouillon de rétablir le péage que l'église romaine possédait aux Pilles. Ce seigneur répondit que personne n'avait le droit de lever des exactions dans ses terres, qu'il tenait de son père et de l'empereur.

On y voit aussi qu'Henri, dauphin, baron de Montauban, comprit dans sa donation de Châteauneuf-de-Bordette à Nicolas Constant de l'Albenc, le territoire et la tour de Blacose, entre Nyons, Noveysan et les murailles des Pilles ; que ce territoire et la tour passèrent à noble Baudet de Remusat qui les abandonna en 1369 à noble Guy de Morges, sous le haut domaine du dauphin.

Tous les auteurs placent ce village, que traverse la route du Pont-St-Esprit aux Alpes, entre deux montagnes et dans un défilé ; cette description n'est pas entièrement exacte. Il est bâti entre des rochers au nord et la rivière d'Eygues au midi ; mais la montagne de la rive gauche est assez loin de là et celle de la rive droite cesse à la sortie Est du bourg pour faire place à la vallée de Condorcet.

La commune se divisait jadis en deux parties, l'une en Dauphiné: c'était la moins peuplée, sur la rive gauche, et l'autre dans le Comtat, avec Aubres sur la rive droite. Aubres étendait même son territoire jusqu'au milieu des Pilles ; irrégularité bizarre qu'une loi récente a fait disparaître.

La partie delphinale qui communiquait avec l'autre au moyen d'un ancien pont n'a que peu de maisons et partant pas d'histoire.

Les habitants soumis au pape ne payaient que de légers impôts. Ainsi la tabelle ou budget de 1686-87 accuse seulement 297 livres de dépenses, dont 120 de pensions, 103 de charges ordinaires et 60 de charges extraordinaires, contre 12 de revenus ; la tabelle de 1745-47, 810 livres de dépenses dont 80 de pensions, 239 pour l'église et le pont, 91 de charges ordinaires dont 15 au maître d'école et 60 de charges extraordinaires, contre 28 de revenus.

Au point de vue religieux, la paroisse dépendait du diocèse de Sisteron et de l'ordre de St-Ruf. Les dîmes appartenaient au prieur qui présentait à la cure. Elle a le titre de succursale depuis 1807 avec Aubres et Châteauneuf-de-Bordette pour annexes.

Nous ignorons les ressources de la bienfaisance publique et de son bureau de charité ; mais nous y avons trouvé une fondation vers 1745, en faveur des écoles et de ce bureau, par Louis Tardieu qui légua 18 livres par an au « précepteur de la petite jeunesse, payables par les administrateurs des pauvres, à la condition d'assister avec ses écoliers pauvres aux messes dites pour le testateur, de faire le catéchisme deux fois par semaine, de réciter la prière matin et soir et de lire la vie du saint du jour et les réflexions qui l'accompagnent dans un livre conservé pour cela. » Les revenus de cette fondation sont encore affectés aux écoles.

D'après la *Statistique de la Drôme*, la commune, en 1835, comprenait 167 maisons, 127 hectares de terres, 43 de bois, 285 de pâturages, 45 de vignes, etc.; ce qui n'est plus exact.

En 1839, le directeur des contributions directes portait le revenu des maisons à 3,607 fr. et celui des 507 hectares imposables à 6,997 fr.

En 1873, la commune a payé 3,350 fr. 05 à l'Etat, 1,083 fr. 35 au département, 2,481 fr. 59 à son propre budget et 231 fr. 63 de non-valeurs ; total : 7,146 fr. 62.

Depuis 1820, la population a subi les variations suivantes : 1820, 661 habitants ; 1840, 558 ; 1850, 621 ; 1860, 565 ; 1870, 631 ; 1880, 581 ; 1895, 465.

La distance de la mairie à Nyons, son chef-lieu de canton, est de 6,225 mètres Est et à Valence de 96, 017 mètres S.-E.

Incorporée à la France en 1792, cette commune appartint d'abord au département de Vaucluse, et ensuite en 1793 à celui de la Drôme et aux cantons de Rousset, de Condorcet et de Nyons. Elle avait vu naître le général de brigade Jean-Alexandre Tardieu de St-Aubanet, le 22 mars 1781. Il fut d'abord vélite des grenadiers à pied de la garde, assista, comme colonel dn 64e de ligne, à l'embarquement du roi Charles X et fut fait baron en 1822. Il était commandeur de la

Légion d'honneur et décoré de plusieurs ordres étrangers. Il est décédé à Amiens, le 28 février 1864. Ses états de services comprennent 15 campagnes et 2 blessures.

Le voisinage de Condorcet nous permet de placer ici une note tirée d'une communication de M. d'Arbois de Jubainville à l'Académie des inscriptions et belles-lettres, le 15 février 1895. Ce savant assure que le *Castrum Condorcense* de la charte de 998 veut dire un château bâti sur l'emplacement d'un *fundus* dont le propriétaire s'appelait *Condorcus* ou *Condorcos*, nom gaulois qui signifie : *celui qui voit* (1).

PLAISIANS

M. de Coston traduit le nom de *Plazianum* et *Playsianum* en latin, par enclos, parc, lieu de chasse ou de plaisance (2), ce qui est fort admissible. Placée entre le Buis, au nord, et Montbrun, au midi, cette commune occupe les flancs d'une montagne très élevée appelée Fontcombrand, aux pieds des montagnes de Guibert et de Bannes, de 800 à 1,000 mètres d'altitude, toutes les deux couvertes de bois et de pâturages et même de terres cultivées très productives, la première surtout.

D'après M. Hollette, un de ses instituteurs, qui avait recueilli les traditions locales, le terrible Montbrun, vers 1564, aurait détruit l'ancien château et l'ancien village. Ainsi privés de leurs demeures, les habitants furent contraints de se réfugier dans leurs terres sur les divers points du territoire et de s'y construire des cabanes d'abord et ensuite des mai-

---

(1) Voir *Notice sur Condorcet*, t. Ier, p. 239 de ce travail.

(2) Etymologies des noms de lieu de la Drôme, p. 215.

sons. C'est là l'explication de ses 13 ou 14 hameaux dont voici les noms : les Allègres, les Arnauds, les Blancs, Bluye-Aigastaud, les Bluyes, Chaussène, la Compane, les Estèves, Estalonet, Eyguières, les Girards, Leydiers, les Rameaux, les Rustres. Ces noms patronymiques pour la plupart, encore existants dans le pays, indiquent assez les premiers habitants de ces diverses agglomérations. L'église, la mairie et les maisons d'école font des Allègres le chef-lieu de la commune, mais n'excluent en rien l'intérêt de quelques autres quartiers ; ainsi Guibert forma une seigneurie dépendante de celle de Plaisians ; les Arnauds rappellent l'ancien village ; Chaussène et Eyguières possèdent chacun une vallée très fertile, à cause des eaux du Derboux et de l'Eyguières.

Le Derboux ou les Gastauds sort de terre à 4 lieues du mont Ventoux et conserve toute l'année son même volume, qui est considérable, et sa même limpidité, malgré les pluies. Il va se jeter dans l'Ouvèze, à 4 kilom. de là, après avoir traversé la plaine d'Eygaliers. Il est très poissonneux et ses truites et ses anguilles peuvent être comparées à celles de la fontaine de Vaucluse dont la réputation est si grande.

Les uns prétendent que cette belle fontaine vient des flancs-nord du Ventoux, d'autres des montagnes de Bluye ou de Banne.

L'Eyguière sort calme et silencieuse des anfractuosités d'un rocher sur le versant méridional d'une montagne peu élevée. Cette source limpide et abondante fertilise le vallon le plus riche, le plus pittoresque et le plus agréable de la commune. Il n'est pas jusqu'à ses habitants qui ne se distinguent des autres par leurs mœurs plus douces, par un caractère plus franc et plus aimable.

On signale aussi à Plaisians quelques sources pétrifiantes et quelques faibles gisements de plâtre et de charbon ; mais le tout n'a pas été étudié.

En 1862, les chemins de Plaisians étaient encore peu praticables. Le plus fréquenté quittait la vallée d'Eygaliers pour s'engager dans le défilé du Grand-Pas, de 20 à 30 mètres de long sur 3 à 4 de large, entre deux rochers de 40 à 50 mètres d'élévation. C'est là que, vers 1442, se trouvait le château de la comtesse d'Avellin, sur un rocher élevé, où aucun animal ne pouvait atteindre, sauf du côté du nord. Au-dessus du portail, une roche élevée permettait à deux ou trois hommes d'arrêter quiconque voulait y entrer. Du vent, une seule personne pouvait y accéder. En face, sur un rocher aussi s'élève le château de Brantes appartenant à la même comtesse (1).

Par cette ouverture, on aperçoit le village de Plaisians de la plaine d'Eygaliers, et une fois le défilé franchi, on découvre une campagne assez riante, coupée de vallons et de montagnes hautes et petites et les divers hameaux de la commune.

Avant de terminer cette description, il convient de dire un mot d'une grotte, malheureusement abandonnée aux pâtres de la montagne qui la dégradent de plus en plus. Elle s'appelle la Garguette et se trouve dans les rochers qui dominent le village chef-lieu. On y arrive assez difficilement; mais une fois dans l'intérieur, à l'aide de torches, on découvre les moulures les plus artistiques, des têtes de monstres inconnus, des petits agneaux, des autels, une madone sur un piédestal dominant toute la grotte. Le tout forme un ensemble féérique. Cette grotte n'a pas été étudiée au point de vue préhistorique.

La commune avait, en 1835 : en bois, 380 hectares ; en terres, 874 ; en prés, 30 ; en vignes, 80 ; en pâturages, 1,754. En tout, 2,894 hectares imposables et 160 maisons.

En 1839, le directeur des contributions directes évaluait à 2,056 fr. le revenu de ses maisons et à 27,989 fr. 94 c. celui des propriétés.

Elle a payé, en 1873 : à l'Etat, 3,191 fr. 39 c. ; au départe-

(1) *Choix de documents inédits*, p. 284.

ment, 1,443 fr. 03 c. ; à son propre budget, 3,106 fr. 86 c. ; en non-valeurs, 147 fr. 05 c. Total : 7,888 fr. 33 c.

Sa population a beaucoup varié ; elle était : en 1789, de 120 familles et de 700 personnes ; en 1820, de 709 ; en 1840, de 786 ; en 1850, de 752 ; en 1860, de 685 ; en 1870, de 718 ; en 1880, de 668 ; et en 1895, de 568.

Il y a 10,797 mètres de la mairie au Buis, son chef-lieu de canton ; 35,084 à Nyons et 124,876 à Valence.

Au point de vue féodal, la seigneurie de Plaisians a passé des Mévouillon aux Plaisians, de ceux-ci aux de Baux, aux Saluces, aux La Baume-Suze, aux Poitiers St-Vallier, aux d'Orcel, d'Apt et aux Covet de Marignane, dont une fille épousa Mirabeau, le fameux orateur de la Convention, et ne put vivre avec lui. On ne croit pas dans le pays qu'un seul de ces seigneurs ait habité le château aujourd'hui méconnaissable, et en effet les Mévouillon lui préféraient le Buis, les de Baux leurs habitations multiples et les derniers seigneurs aussi. Cependant, pour rester fidèle à notre rôle, nous dirons un mot de ces familles diverses.

Une sentence arbitrale de 1216 assure à noble Raymond de La Piarre ou de Pierre toutes les prétentions des seigneurs de Plaisians sur Eygaliers, moyennant l'abandon des siennes sur Plaisians (1).

Les Mévouillon sont connus ; Raymond, l'un d'eux, fit hommage de Plaisians à l'évêque de Die, en 1241, nous ignorons pour quelle cause, et ce devoir fut renouvelé en 1290.

Des Mévouillon, la haute seigneurie échut aux Dauphins de Viennois, leurs donataires et aux de Baux d'Avellin, par le mariage, vers 1300, de Bertrand, premier comte d'Avellin, baron d'Aubagne, seigneur de Pertuis, avec Agathe de Mévouillon. De cette union naquit Agout de Baux, sénéchal de Beaucaire qui, en 1324 et en 1332, fit hommage au Dauphin pour les châteaux de Plaisians et de Guibert, sous la

---

(1) Inventaire de la Chambre des Comptes.

réserve des droits du pape. Ce même seigneur, en 1337, accordait à ses vassaux un pardon général pour tous crimes ou délits commis, sauf pour vol, homicide, etc.

Bertrand, fils d'Agout, devint sénéchal de Saintonge en 1346 et bailli de Senlis en 1355. Il renouvela l'hommage de son père pour Plaisians et Guibert et, en 1347, se reconnut homme-lige de corps du dauphin Humbert II. Deux ans plus tard, il obtint de ce prince la confirmation des libertés octroyées en 1288 aux habitants de Plaisians et de Guibert, à la demande de Rostaing de Sault, et recevait en 1361 le serment de fidélité de ses vassaux. Alix de Baux, comtesse d'Avellin, son héritière, femme d'Odon de Villars-Thoire, recteur du Comtat, vers 1380, et ensuite de Conrad, comte de Fribourg, morte sans postérité, chargea en 1420 Guigues de l'Espine de prêter hommage au roi-dauphin pour Plaisians et Guibert (1).

Le 1er février 1390, Hugues de Saluces, seigneur de Montgay, épousait Marguerite de Baux, fille de feu Bertrand, frère de Raymond V, prince d'Orange, dotée de 20,000 florins d'or par ce dernier, de 4,000 par Guillaume de Véga, d'Uzès, son premier mari, et de la terre de Plaisians par son père. Hugues de Saluces, à son tour, dota avec la même terre Antoinette, sa fille, lorsqu'elle se maria en secondes noces avec Louis de La Baume-Suze.

La famille de ce gentilhomme n'était guère connue avant lui ; il fut père de Bertrand et de Pierre qui, en 1489, échangea quelques fonds de terre à Bollène et à la Garde-Paréol avec Aimar de Poitiers, baron de Sérignan, contre les seigneuries de Plaisians et de Villefranche. Un des fils de ce gentilhomme, Jean dit Joannas, posséda les mêmes seigneuries, et l'autre, appelé Guillaume, eut pour successeur François de La Baume qui lutta souvent avec succès contre le baron des Adrets et contre Montbrun, et laissa une nom-

---

(1) Barthélemy, *Inventaire des titres de la maison de Baux*.

breuse postérité. Parmi ses enfants, nous remarquons Georges, baron d'Aps en Vivarais, capitaine de 50 hommes d'armes, qui s'unit avec Jeanne de Maugiron et eut d'elle Timoléon, époux de Catherine de Polignac. Celle-ci donna Plaisians à son neveu Louis Arnaud de Polignac qui le vendit à Joseph d'Orcel, d'Apt, trésorier de France en Provence, pour 56,169 livres 15 sols, le 20 novembre 1687.

On trouve après cette famille les Covet de Marignane alliés aux Riquetti de Mirabeau et aux d'Orcel dont ils furent héritiers.

Jean-Joseph d'Orcel, père de M. de Plaisians et de M. de Bezaure, acquit la seigneurie du vicomte de Polignac.

Barthélemy d'Orcel la reçut de Jean-Joseph, son père, avec substitution au profit de Jacques-Elzéar d'Orcel, sieur de Bezaure. Effectivement, ce dernier en hérita et la laissa à une de ses filles, épouse de M. Covet de Marignane.

Nous n'avons rien dit des Plaisians, parce que nous les avons trouvés à Solérieux et dans les environs de Grignan; ajoutons que l'un d'eux joua un rôle sous Philippe-le-Bel, dans sa lutte contre le pape, si la ressemblance des noms ne nous trompe pas.

Telle est sommairement exposée l'histoire du fief et de celui de Guibert qui en dépendait.

L'histoire religieuse de Plaisians se réduit à ces détails donnés par le *Dictionnaire topographique de la Drôme:* paroisse du diocèse de Gap, sous le vocable de S. Blaise et prieuré bénédictin dépendant d'abord de l'abbaye de Saint-Victor de Marseille, et ensuite de celle de l'Ile-Barbe près de Lyon, uni à la cure dès le XVe siècle.

La succursale remonte à 1807 avec Eygaliers pour annexe.

Quant à Eyguières, ancien prieuré de l'ordre de St-Benoît, il fut annexé à la paroisse à une époque inconnue, et le curé de Plaisians y faisait le service.

L'église actuelle de Plaisians ne remonte pas au-delà de 1603, époque où Freyzier, maçon du Buis, s'offrit de la construire aux Allègres pour 60 écus et un quintal de chanvre ; le clocher remonte seulement à 1769.

Les archives communales conservées au dépôt départemental nous permettent de fournir quelques renseignements sur la condition du tiers état à Plaisians dans les deux derniers siècles.

Voici notamment une lettre de M. de Suze du 20 mai 1656, adressée à M. de La Berchère, premier président au Parlement et intendant intérimaire, fort explicite à cet égard :

« J'ay un extrême regret de ce que je suis contraint d'implorer vos faveurs avant qu'avoir commencé de vous rendre mes très humbles respects ; mais l'appréhension que les pauvres habitants de Plezian ont des menaces qu'on leur faict des logements des gens de guerre me reduict à cette necessité pour vous faire sçavoir, Monsieur, que c'est une terre qui m'appartient, située dans la montagne et où, sans mentir, les habitants mangent du pain de gland la plus grande partie de l'année, et encore n'en peuvent pas avoir à suffisance pour se rassatier. Si je n'estois obligé de partir en diligence pour me rendre dans l'armée de Flandres où j'auray l'honneur de commander une compagnie dans le régiment de cavalerie de Son Eminence, je n'aurois pas manqué, Monsr, de vous aller rendre mes debvoirs et vous supplier très humblement, comme je fais, d'avoir la bonté de soulager ces misérables, les garantir d'une entiere désolation et de me faire encore la grâce de croire que je seray tousiours avec beaucoup de respet, M^r^, vostre très humble et très obéissant serviteur, Suze. »

On lit dans un mémoire des consuls que Georges de La Baume, créancier de la communauté pour des sommes exorbitantes, se fit passer vente des domaines de Command et de Bravoux, du vingtain de tous les fruits, des moulins banaux à blé, du droit de fournage et du lait de tout le bétail, une fois l'année (15 mars 1593 et 4 octobre 1601). Les habitants se pourvurent contre ces actes devant le Parlement de Grenoble et la cour, le 13 juin 1633, réduisit les créances de Catherine de Polignac et de Jean-François de La Baume, son fils, à 17,169 livres et 50 charges de blé, et les condamna à délaisser les domaines, moulins, vingtain, double fournage et autres choses, lorsque toutefois elle aurait été au préalable effectivement payée.

Cet arrêt ne fut pas exécuté et la commune attaqua Joseph-Barthélemy d'Orcel en 1732-33.

Il résulte d'un compte de 1772 à 1775 qu'une transaction intervint entre les parties le 26 mai 1778 et qu'une somme de 46 livres fut payée aux avocats Le Maistre, Barthélemy et Anglès pour savoir si cette transaction pouvait être attaquée.

Un document de 1789 énumère ainsi les charges féodales : 72 livres pour cense due à cause du pacage au défends de Boémians, un vingtain de tous les grains; un autre vingtain des grains et de l'huile, au moulin du seigneur ; une cense annuelle d'un quart d'émine de blé, mesure du Buis, par chaque personne au-dessus de 7 ans ; une poule par famille, plus deux charges de blé sur différents fonds. Le seigneur a, de plus, quatre domaines considérables, affermés avec les droits ci-dessus, 5,200 livres. De son côté, le prieur lève la dîme à la cote 22e.

Dans le même compte, la recette des ressources arrive à 2,346 livres et la dépense à 2,336 livres.

En 1789, les charges locales comprenaient 6 livres pour le cierge pascal, 18 au secrétaire, 40 au maître d'école, 30 au garde champêtre, 6 pour le député aux assises de la maîtrise de Die, 6 à la sage-femme.

Tels sont les faits saillants que nous y avons recueillis

POET-EN-PERCIP

L'ordre alphabétique nous conduit cette fois dans une commune limitrophe de Plaisians dont le nom de *Podium* en latin signifie élévation, colline et, de fait, le village est environné de côteaux de tous les côtés, sauf du nord où existe la vallée qui conduit à la Roche-sur-le-Buis. Comme le *Cartulaire de St-Victor* de Marseille mentionne dans ces parages, en 1060, une dame Percipie, mère de Rupert, évêque de Gap, son nom resta à la colline (1). A Hauterives (Drôme), on dit encore *am Barat* pour à Barat, *am Goiffieu* pour à Goiffieu, etc., et dans le langage vulgaire, aller en Avignon et en Arles, rappelle la même forme.

Le voisinage de Mévouillon et du Buis explique assez la dépendance de cette seigneurie des premiers maîtres de ces deux localités.

En 1293, les Mévouillon la donnèrent aux Dauphins et ceux-ci en reçurent l'hommage des de Baux d'Avellin, seigneurs en même temps de Plaisians et de Brantes, et de Girard Medici, de Mollans.

Selon Guy Allard, Catherine de Chastel, fille de Bertrand, et veuve de Guillaume de Tresvaux, vers 1422, d'une famille déjà rencontrée à Nyons, aurait possédé le Poet, et selon l'inventaire de la Chambre des Comptes l'aurait vendu, en 1426, à noble Guigues de l'Espine pour 260 florins. La notice sur Aulan a donné déjà quelques détails sur cette famille, et grâce au savant historien de Malaucène, nous allons les compléter ici. Ils tirent leur nom d'une terre située en Dauphiné qui passa aux de Baux de Brantes, Plaisians, etc., et à Guy de Morges, seigneur du Châtelard. Dès les premières

---

(1) On l'appelle aussi le Poëton.

années du XIIIe siècle, ils étaient nombreux à Malaucène et y tenaient les premiers rangs. Parmi les diverses branches qu'ils formèrent, on trouve celles de l'Espine, d'Aulan, du Poet-en-Percip, du Poet-Sigillat et de La Rochette.

Guy de l'Espine hérita de son père des titres de seigneur d'Aulan, des deux Poet et de La Rochette et conserva des biens à Malaucène où il vivait en 1433. Il fut mandataire d'Alix de Baux d'Avellin et son capitaine aux Baux, et ensuite viguier de Malaucène. Son fils exerça la même charge et s'unit avec Madeleine Dupuy (1450). Ils eurent Elzéar, mari de Suzanne de Pracomtal et Claudie, femme de Guillaume Gaucelin, seigneur des Pilles et de Valouse (1471).

Michel, fils d'Elzéar, mourut en 1540, laissant Foulquet, Raynaud et Louis, chevalier de l'ordre de St-Jean de Jérusalem et commandeur de St-Gilles.

Foulquet recueillit tous les fiefs de la succession paternelle, sauf le Poet-en-Percip qui échut à Raynaud, son frère cadet. Ce Raynaud, plusieurs fois viguier de Malaucène, épousa, en 1565, Françoise Dupuy, fille de Dalmas et de Catherine d'Urre et laissa le Poet à Jacques, son fils, qui le transmit à son tour à Guillaume, mort en chassant le sanglier d'une blessure faite par un maladroit compagnon.

Joseph-Philibert et François Joachim, ses enfants, se partagèrent le Poet. Le dernier, reçu chevalier de Malte, quitta la croix, se maria et eut sept fils, dont l'un consul de Malaucène signait Du Pouet et les autres religieux ou militaires.

Leur héritage fut recueilli par les enfants de Joseph-Philibert, leur oncle. Celui-ci vivait en 1669 et Guillaume, son fils, en 1670. Joseph-Antoine-Guillaume, son petit-fils, fut père 1° de Gabriel-Jean-Joseph, dit le comte de l'Espine, chambellan du souverain d'Autriche, colonel et propriétaire d'un régiment dans cet état, gouverneur de Milan vers 1827, etc.; 2° de Jean-Baptiste-Guillaume officier de dragons au régiment de Custine, qui habita Malaucène, Carpentras et Avignon où sa famille occupe encore un rang distingué.

Des de l'Espine le Poet échut par alliance aux Suarez d'Aulan dont l'histoire a été déjà exposée dans ce travail.

Le Poet, dans un climat froid, sur le penchant de l'une des collines élevées qui l'entourent, se livre, comme Plaisians, à l'agriculture. Faute d'archives, il n'a presque pas d'histoire.

Selon le *Dictionnaire topographique*, l'église paroissiale dépendait, sous le vocable de St-Simon, du diocèse de Gap et du prieuré de Rioms.

La commune a 140 hectares de bois, 220 de terres, 10 de vignes, 2 de prés, 300 de pâturages, etc. M. Mermoz, en 1839, lui donnait 591 hectares imposables d'un revenu de 6,383 fr. et de 298 fr. à ses 34 maisons.

Elle a payé, en 1873, 626 fr. 82 à l'Etat, 303 fr. 08 au département, 1029 fr. 37 à son propre budget et 31 fr. 76 pour les non-valeurs.

Sa population a peu varié : 90 habitants en 1789, 129 en 1820, 180 en 1840, 159 en 1850, 125 en 1860, 146 en 1870, 117 en 1880, 106 en 1895.

La distance de la mairie au Buis, son chef-lieu de canton, atteint 13,251 mètres, à Nyons 43,911 et à Valence 133,703.

D'après un dénombrement de 1540, Michel de l'Espine possédait le château et la châtellenie du Poet avec toute juridiction, régales, lods, treizains, droits d'alberger les terres hermes, droit de prélation et de rétention, droit d'herbage et de vingtain sur les agneaux, de pulvérage et de bûcherage, droit de vingtain sur tous les grains, des censes en blé, poules et argent, les corvées des bœufs, le devès de Costeras, le four et la faculté de bâtir un moulin et de recevoir de nouveaux habitants.

En 1789, chaque propriétaire n'eût-il qu'une maison, devait au seigneur 4 émines de blé et autant d'avoine, chaque habitant 4 cosses de blé (les 12 faisant l'émine) pour droit de fournage et, de plus, concourait à l'entretien du four; tout possesseur d'une couple de bêtes de labour, même d'ânes, une émine de blé et deux journées de labourage ; tout possesseur de brebis ou chèvres une livre de fromage blanc ou tomme ; chaque habitant une poule ou geline, 2 sols d'argent et 6 liards pour trente brebis ou chèvres et les lods.

Le seigneur exigeait de plus une dîme sur toute sorte de grains et sur les agneaux à la cote 20e et sur la dîme ecclésiastique elle-même, depuis 50 ans.

Il s'est emparé du bois de Banne et n'en laisse aux habitants que l'usage ; il empêche aussi le défrichement des terres « gastes ».

La commune n'avait alors ni industrie, ni commerce ; elle était administrée par un châtelain et deux consuls annuels, et un conseil formé des chefs de famille autorisait leurs propositions. C'était là aussi le régime municipal de Plaisians.

POET-SIGILLAT

Entre Ste-Jalle et St-Sauveur dans la vallée de Bodon ou de l'Ennuie, s'élève à mi-coteau un modeste village appelé le Poet-Sigillat ou le Poet sur Ste-Jalle. M. de Coston pense que Sigillat vient de *Sancta Galla*, Ste-Galle, de Valence, dont on a fait Ste-Jalle. La mairie est distante de Remuzat, son chef-lieu de canton de 10,453 mètres nord-est, de Nyons de 22,098 et de Valence de 111,890.

On n'y voit aucun monument etses possesseurs au moyen âge ont dû habiter ailleurs. Selon Guy-Allard, Raymond de Mévouillon en fit hommage pour la moitié à l'évêque de Die en 1246, et un de ses successeurs renouvela ce devoir en 1290.

Marthe et Rambaude Guilhem, d'une famille provençale, portèrent la seigneurie à Marquis et à Rambaud de l'Espine qui la reconnurent au Dauphin en 1334.

Marquis succéda à son frère, comme le prouve un hommage de 1349 au même prince, et épousa en secondes noces Philippe ou Philippine Eynard ou Monteynard.

Guigues de Morges, ayant acquis le domaine direct de cette terre, en fut investi en 1350. On trouve cependant, après cette date, des hommages de Bertrand de l'Espine en 1360, de Philippine Eynard en 1374 et de Guigues de l'Espine en 1413, d'Hercule de l'Espine en 1601, de Guillaume en 1677. Ce qui prouverait un morcellement du fief.

Les Thollon de Ste-Jalle, dès 1540, en tenaient un quart et les de l'Espine le reste ; Louise de Bonne, veuve de Jean-Antoine de Thollon, en 1666, s'en qualifiait dame.

Au dire du même Guy Allard, Lancelot de Poitiers, seigneur d'Allan, et Louis d'Urre en étaient seigneurs en 1426.

De son côté, le *Dictionnaire topographique de la Drôme* fait relever le Poet-Sigillat, par moitié, des abbés de l'Ile-Barbe, l'attribue en 1275 aux d'Autane et ensuite aux Mévouillon, en 1330 aux Guillaume et aux Bésignan, en 1407 aux Monteynard qui le vendent en 1412 aux Thollon. La part des Bésignan passa, vers 1667, aux Fortia qui, en 1713, la donnèrent en dot à une de leurs filles, mariée chez les Coriolis de Limaye. Recueillie, en 1341, par les L'Espine, la part des Guillaume fut vendue, en 1596, aux La Tour-Gouvernet et par ceux-ci aux Duclaux qui, en 1789, en étaient coseigneurs avec les Coriolis

L'*Inventaire des Dauphins*, publié par M. le chanoine U. Chevalier, mentionne sans date un hommage au dauphin Jean par noble Raymond de Montauban, seigneur de Montmaur, pour Pierrelongue et le domaine direct de la moitié du château du Poet dans la vallée de Bodon et un hommage de Guillaume Pons *(Poncii)* pour sa parerie du Poet.

Enfin, l'inventaire manuscrit de la Chambre des Comptes rappelle les hommages de 1329 au dauphin par Guigues de Morges, seigneur de Jansac, pour l'arrière-fief que possédait au Poet noble Joffrey de Besignan; de 1349 au même prince par le marquis de L'Espine pour deux portions indivises du Poet au diocèse de Sisteron ; de 1350 et 1353 par Guillaume de Morges, fils de Guigues ; de 1352 par le marquis de L'Espine ; de 1373 par Aimar de Morges, fils de Guillaume ; de 1407 par noble Jean Eynard (Monteynard) pour ses possessions aux château et mandement du Poet au-dessus de Ste-Jalle ; de 1412 par noble Siffroy de Thollon, seigneur de Ste-Jalle, acquéreur de Jean Eynard ; de 1413 par noble Guigues de l'Espine dit d'Espinette, pour la moitié de ses biens et droits au château du Poet, sa maison forte ou tour voisine du village ; de 1483 par noble Louis de Thollon, pour Ste-Jalle et le Poet, trois parts de la juridiction dudit Poet et deux parts de ses revenus et émoluments ; de 1597 par noble Jacques de La Tour ; de 1697 par Guillaume de L'Espine pour la coseigneurie du Poet-Sigillat.

Il s'y trouve aussi divers dénombrements qui indiquent la part de chaque coseigneur.

Le 1er, de 1540, est de Falques ou Fauquet de Thollon qui déclare posséder au Poet deux parts du mandement avec juridiction haute et basse, valant 25 livres de revenu.

Le 2e, de la même date, est de Michel de L'Espine. Il s'y proclame possesseur de la 3e partie des château et châtellenie du Poet avec haute et basse juridiction, droit de régale, de lods, de prélation et rétention, droit d'alberger les terres gastes et vacantes et de nommer ses officiers, le tiers du vingtain de tous les grains, le tiers des censes indivises, des corvées de gens et de bœufs, le tiers du fort et la faculté de construire un moulin et de recevoir de nouveaux habitants. Celui de Fauquet de L'Espine ajoute les droits de chasse et de pulvérage.

Le 3e, de 1677, fut fourni par Guillaume de L'Espine qui se déclara possesseur du quart des droits seigneuriaux comprenant le droit de fournage, les censes et le vingtain d'un produit annuel de 120 livres, de la justice et juridiction.

Un dernier acte est analysé dans le même inventaire :

c'est la vente du 16 septembre 1596 par noble Renaud de L'Espine à noble Jacques de La Tour, seigneur de St-Sauveur, pour 3,000 écus de 60 sols pièce.

De toutes les familles citées, il en est peu qui ne soient déjà connues; ainsi les Bésignan, les Duclaux, les de L'Espine, les Fortia ont été rencontrés à Bésignan, au Poet-en-Percip et aux Pilles ; les Thollon seront étudiés à Ste-Jalle, les La Tour à St-Sauveur ; les autres n'ont fait que passer au Poet et n'y ont pas laissé de souvenirs.

L'abbaye de St-May, dépendance de l'Ile-Barbe, desservit d'abord la paroisse, du diocèse de Sisteron ; ce fut ensuite un prieur-curé.

Population : 384 habitants en 1820, 391 en 1840, 360 en 1850, 339 en 1860, 344 en 1870, 300 en 1880, 245 en 1892.

Contenance : 255 hectares en bois, 692 en terres, 40 en vignes, 12 en prés, 459 en pâturages, etc. ; total : 1,535 et 82 maisons en 1835.

M. Mermoz évaluait, en 1839, à 14,294 fr. le revenu de ses 1,489 hectares imposables et à 957 celui de ses 82 maisons.

Contributions directes en 1873 : 1,576 fr. 21 à l'Etat ; 734 fr. 20 au département ; 1,236 fr. 49 à la commune ; 69 fr. 58 en non-valeurs.

Distance ; à Remuzat, chef-lieu de canton, 10,453 mètres ; à Nyons, 22,098 ; à Valence, 111,890.

Tarendol, sur la même colline, mais plus près de la montagne, est un hameau de Bellecombe, dont il est séparé par un immense précipice et se trouvait dans la même seigneurie.

Son histoire se réduit à la découverte d'un autel aujourd'hui conservé au Musée de Valence et portant l'inscription suivante :

FIILIX, SMII
RI.F. BAGINO
IIT BAGINA
TIABVS
V.S.L.M.

Felix, Smeri filius, Bagino et Baginatiabus votum solvit libens merito.

Félix, fils de Smerus, à *Baginus* et aux Baginatiæ avec reconnaissance, en accomplissement de son vœu (a dédié cet autel).

Les divinités de cette inscription ne figurent pas dans les dictionnaires mythologiques ; on a cependant rencontré un Jupiter Baginas dans un village de l'Allobrogie ; mais les *Baginatiæ* paraissent pour la première fois.

M. Allmer se demande si le mont Vanèze, où l'Ennuie prend sa source, ne tirerait pas son nom de ces dieux et déesses ; il est peut-être aussi probable que Bésignan (*Besinhanum*, *Besignanum*) équivaut à *Bagini anum*, temple ou domaine de Bagin, l'a étant devenu *e*, comme dans *pater*, père, etc., et le *g* un s ou un *z*, comme dans un hameau de Pommerol, écrit et prononcé indifféremment Fromagère et Fromazère (1), et dans le nom patois de Sainte-Jalle, prononcé S*ta*-*Zalo*.

POMMEROL

Une notice anonyme manuscrite nous apprend que la paroisse dépendait jadis du diocèse de Gap, de la viguerie de Sisteron et de l'intendance de Provence. Elle est placée entre Ste-Marie et Bruis, à l'est, Moidans et Rosans au sud et sud-ouest, Cornillac à l'ouest et La Charce au nord.

Le nom de *Castrum de Pommariolo* équivaut à château du Verger et les habitants y cultivent encore le pommier et le poirier.

---

(1) Allmer, *Revue épigraphique du midi de la France* et *Bulletin de la Société d'Archéologie de la Drôme*.

Des montagnes assez élevées y entretiennent le froid et la neige assez longtemps, en hiver, et une température agréable, en été. Jamais les chaleurs n'y sont très fortes, à cause du vent du nord qui les tempère et souffle presque tous les jours, après midi.

Le territoire de la commune a la forme d'un entonnoir évasé au fond, d'où s'élève un monticule conique à trois angles appelé le Châtelas, légèrement bosselé, où il se produit parfois, comme en 1855, des glissements de terrain assez considérables. Il y avait au sommet une tour carrée et tout près un château, gardé par un concierge et par un châtelain en 1330 et 1331 (1). Il n'en reste plus que les débris du mur d'enceinte.

Ce château appartenait en 1272 à Moncalin de Pommerol vassal de Raymond de Mévouillon qui traita en 1269 avec l'abbé de l'Ile-Barbe pour la juridiction de La Charce, Cornillac, Bruchet, les Tourrettes, Remuzat et Pommerol, et fut condamné à rendre hommage à l'abbé (2).

Raymond, en 1305, vendit ce fief au comte de Provence et celui-ci en confia la garde à Pierre Isoard. On y trouve plus tard Jourdan de Rivière, comme seigneur et Hugues, son frère, seigneur de La Charce, en guerre contre Raymond d'Agout, seigneur de la vallée de l'Oule ou de Cornillon. Les Rivière, secondés par Guillem et Bertrand de Remuzat, chevaliers, père et fils, obligèrent leurs adversaires à la paix. Bertrand Flotte, seigneur de Montmaur, en dressa les conditions, et l'acte passé, le 2 août 1279, reçut l'approbation de nombreux gentilshommes. Il y est rappelé que les parties s'étaient battues plusieurs fois en bataille rangée avec infanterie et cavalerie et qu'il y avait eu des morts et des blessés, entre autres parmi ces derniers le fils du sei-

---

(1) *Inventaire des Archives des Bouches-du-Rhône*, B, 479, 481, 488.

(2) Guy Allard, *Notes manuscrites*.

gneur de Remuzat. D'Agout fut condamné à payer 1,000 florins d'or aux Rivière (1).

Après ces derniers, le *Dictionnaire topographique de la Drôme* place les Beauvoir au commencement du XIVe siècle et ensuite les Baratier, dont une fille porta le fief aux Raymond de Modène. Parmi les membres de cette dernière maison, Esprit, né à Sarrians le 16 novembre 1608 et mort à Pernes en 1670, se fit remarquer dans l'expédition du duc de Guise à Naples et en écrivit l'histoire.

Charles, son frère, rendit hommage au roi-dauphin pour Pommerol ; François fit de même vers 1688 et Charles-Gabriel vers 1780. Malgré cela, rien ne prouve qu'ils aient habité la seigneurie.

Ses derniers possesseurs paraissent avoir été les Grandis de Pommerol.

Bâti au midi et sur le versant du Châtelas, le village comptait, en 1860, quatorze familles, Marsol 3, Trescoussoux 3 et la Fromagère 6. La population de la commune, de 170 habitants en 1820, de 158 en 1840, de 151 en 1850, de 147 en 1860, de 119 en 1870, de 115 en 1880 est descendue à 87 en 1892.

Toutes les eaux de la commune se perdent dans neuf ravins ordinairement à sec, réunis en un seul appelé le Béal des Aubes, et passé le moulin, la Pommairole, affluent de l'Oule. Elle coule dans un lit de 10 mètres de large, entre deux montagnes, dont l'une a été toute découpée par la nature en clochetons, tourelles, forts et monuments divers. Il y a là un spectacle grandiose dont le seul tort est d'être éloigné des villes. Les productions agricoles comprennent les céréales et les fruits. On y comptait, en 1835, 219 hectares de bois, 377 de terres, 20 de prés, 322 de pâturages, etc. et, quatre ans plus tard, le revenu des 960 hectares imposables arrivait à 5,760 fr. et celui de ses 35 maisons à 380.

(1) Notice manuscrite aux Archives de la Drôme.

Elle a payé en 1873 : à l'Etat, 581 fr. 69 ; au département, 281 fr. 69 ; et pour son propre budget, 592 fr. 82, plus 23 fr. 83 pour non-valeurs.

Les montagnes s'appellent le Fourchat, Rocherousse, Lostières et Lhomme ou montagne de St-Roman. Cette dernière passe pour contenir de l'or et de l'argent, mais sans preuves. On y remarque une vaste caverne habitée, dit-on, par les Sarrasins ou par l'homme préhistorique, dont le fond n'a jamais pu être exploré, malgré les trésors que la légende y place. Divers objets en cuivre jaune y ont été recueillis, et près de l'ancienne chapelle de St-Roman, tout à fait voisine, la culture a mis à jour plusieurs tombeaux.

Des explorateurs peu sérieux ont prétendu qu'une caverne renfermait des inscriptions indéchiffrables. M. Autrand, instituteur de l'endroit, y a vu simplement des figures géométriques peintes en rouge : triangles adhérents ayant leur base sur la même ligne, représentés une fois ; triangles égaux entre deux lignes parallèles qui leur servent de bases, de façon à représenter des losanges, treillis ou carrelages, reproduits quatre fois.

M. Autrand, au lieu d'une caverne, en signale trois, de 30 mètres de profondeur chacune : celle du *coffre*, la *caverne écrite* et la *grand'caverne*. La fumée les a noircies toutes les trois et des fragments de pierre calcinée se détachent de la partie ayant servi de foyer.

D'après le *Dictionnaire de Provence* d'Achard, les habitants sont robustes, actifs et pauvres parce que leur travail ne les dédommage pas de leurs peines. Telle est aussi l'opinion d'un écrivain anonyme, en 1860, qui ajoute ce détail intéressant : « On n'y constate ni crime, ni délit. »

La paroisse, desservie autrefois par un prieur-curé que nommait l'évêque de Gap, avait S. André pour patron. L'église actuelle, construite aux frais de la population, remonte seulement à 1824.

Distance : 11,870 mètres N.-E. de Remuzat, son chef-lieu de canton, 27,364 de Nyons, 117,156 de Valence.

PROPIAC

A 8,078 mètres N.-O. du Buis, son chef-lieu de canton, à 22,895 de Nyons et à 112,687 de Valence, la petite commune de Propiac, située dans une série de montagnes et de vallées que domine le Mont-Ventoux, mérite l'attention de l'archéologue, du touriste et des malades, rhumatisants, fiévreux et autres.

Suarès, évêque de Vaison, dans une description en vers latins des paroisses de son diocèse, se contente de dire, d'après son traducteur du moins : « Les débris sont communs du côté de Propias. »

Effectivement, on y trouve des tombes couvertes en dalles, en tuiles plates et en tuiles ordinaires ; M. Gamet, en remuant le sol, y a découvert des tronçons de colonnes, des hachettes en serpentine, un anneau romain, un glacis et un gros morceau de plomb.

Au midi et près de l'établissement de bains, les ruines d'une chapelle et d'un château existent encore, et, d'après la tradition, l'ancien village aurait occupé le versant nord du coteau placé en face du village actuel.

D'autres preuves de l'antiquité du lieu se tirent de son nom et de la présence d'une inscription romaine au moulin.

M. d'Arbois de Jubainville, membre de l'Institut, a prouvé que les noms terminés en *acum* étaient à l'origine des noms de personne que le mot *predium* (domaine), sous-entendu, transformait en adjectifs. Partant de cette donnée, *Propiacum* équivaudrait à domaine *propien* ou de *Propius* et ne doit pas s'écrire Propriac, Propias, ni Perpiac.

Le romain ou gallo-romain Propius est aussi inconnu que celui du dévot à Jupiter rappelé dans l'inscription suivante, conservée au moulin du village :

I. O. M.
M. DOMITIVS
FESTVS
EX VOTO

Jovi optimo maximo Marcus Domitius Festus ex voto.

(Dédié) à Jupiter très bon et très grand par Marcus Domitius Festus, en accomplissement d'un vœu.

Un petit autel anépigraphe, aujourd'hui à Avignon, ornait aussi la toiture d'un puits près du Salin.

Il a été découvert plusieurs tombes antiques près de l'ancienne chapelle de St-Marc, sur le mamelon voisin des bains ; toutefois aucun document connu ne rappelle les seigneurs de l'endroit avant la famille de Propiac, citée par Valbonnais, ni avant les Mévouillon, maîtres de la contrée entière. L'un de ces derniers rendit hommage à l'évêque de Die en 1231 et un autre en 1290. Comme l'évêque de Vaison tenait aussi une part du fief, il est vraisemblable que les deux églises avaient à l'origine reçu cette terre de quelque famille puissante des environs du Buis.

Quoi qu'il en soit, Propiac se trouve compris dans la donation faite au Dauphin de Viennois en 1293. Il y avait déjà un vassal, en 1282, en la personne de Raimbaud Joffrey ou Geoffroy, pour le château du lieu.

L'évêque de Vaison, en 1269, possédait la moitié du château féodal et de la seigneurie qu'il albergea au Dauphin. Il les lui vendit en 1337 pour 10 florins d'or à prendre sur le péage de Nyons. Hugues et Raymond de Venterol les tenaient alors du prélat.

Des auteurs y signalent ensuite Richelet d'Arlo, Raymond d'Agout et Bertrand de Plaisians (de 1327 à 1347) ; Gerenton d'Alauzon (1347) ; Didier de Bésignan (1362) ; Ponce de Remusat (1349) et Rostaing de Remusat (1443) ; Louis Louvet (1446) ; Henri Vigier, d'Usson en Auvergne et Louis Nicat, d'une famille notariale du Buis (1458). Vigier avait acquis la part de Louvet pour 80 florins et il la revendit à Louis Nicat pour 40 écus d'or (1458). Noble François Nicat céda ses droits à Louis de Thollon, seigneur de Ste-Jalle, moyennant 600 florins (1514). Un acte nous apprend qu'Anne de Nicat, en 1514, avait sous sa juridiction 8 chefs de famille et percevait 23 florins de revenu, et en 1540, 8 livres. Elle épousa Benoît Colomb, de Valréas.

Faulquet de Thollon, le 8 août 1541, aliéna sa part de seigneurie à Marguerite Choiselet, veuve de Guillaume de Renoard, de Carpentras, pour 600 livres.

Colomb et sa femme, en 1546, cédèrent leur seigneurie aux consuls et habitants de Mérindol au prix de 1,025 florins, et ceux-ci la rétrocédèrent à Catherine Renoard, épouse de noble Jean Albert, moyennant le droit de riverage et de glandage, une cense de 5 florins, un emplacement pour construire un moulin banal et une terre au moulin Salin. Catherine se réserva la source salée où les habitants pourraient prendre de l'eau et donna 200 écus de soulte.

En 1561, Marguerite de Renoard, dame de Propiac, en épousant François de Vincens, seigneur de Savoillans, lui porta en dot sa part de fief. Louis et Antoine, leurs enfants, se qualifièrent seigneurs de Propiac, et Henri de Vincens, fils de Louis, religieux Récollet, dit le Père de Propiac, décédé à Avignon, en odeur de sainteté, le 4 août 1689, avait son portrait sur toile chez les Capucins de Crest, d'après M. le chanoine Perrossier.

Cette famille du Comtat, connue dès 1250, forma la branche des Vincens de Mauléon, de Causans et celle qui s'établit au Buis.

François de Vincens laissa de Marguerite de Renoard une fille appelée aussi Marguerite, mariée, en 1594, avec Pierre III de Cheylus, d'une ancienne maison du Vivarais.

De cette union naquirent : 1° Thomas, coseigneur et ensuite seul seigneur de Propiac, père d'Henri, vibailli du

Buis ; 2° Gaspard, tige de la branche de Propiac, d'où sortirent Alexandre de Cheylus, capitaine de vaisseau et major des troupes de la marine à Toulon, décédé en 1744, et Louis-François-Agricol de Cheylus, capitaine de vaisseau.

Les enfants de ce dernier vendirent Propiac à M. Girard qui sortait de Mérindol et qu'une charge acquise à Dijon avait anobli.

C'est des Girard que descend un M. de Propiac, auteur de plusieurs ouvrages.

A l'histoire sommaire des maîtres du château ou de ses ruines doit succéder naturellement celle de la commune. Son village chef-lieu est bâti au fond d'un bassin entouré de collines, tout près du torrent d'Aigues-Marses, affluent de l'Ouvèze, venu d'Ollon et grossi du ravin de Beauvoisin et de celui de Propiac même.

Ce dernier est, pour nous, le plus intéressant. Une route excellente le suit de loin et rencontre à mi-côte une source abondante, probablement minérale.

Au fond se trouvent deux fontaines salées dont le Parlement de Grenoble, en 1709, défendit l'usage aux habitants de Propiac et de Mérindol, tant pour eux que pour leurs bestiaux.

Plus haut, en se rapprochant de Mérindol, s'élève le château dit du Salin ou l'hôtel des Bains actuel. Il est alimenté par la source des eaux minérales magnésiennes et séléniteuses, tellement abondante, selon M. Scipion Gras, qu'elle pourrait faire tourner une roue hydraulique « Sa température est de 15 degrés ; elle contient des *chlorures* et des sulfates alcalins, du *sulfate de chaux* et beaucoup de *sulfate de magnésie*, qui la rend purgative.

En voici l'analyse faite en 1867 au laboratoire de l'Ecole des Mines de Paris :

Acide carbonique libre et des bi-carbonates.	0 gr.	8000
Id. id. des carbonates. .	0	7230
Acide sulfurique.	0	4227

Acide chloridrique	0	5120
Silice.	0	3000
Alumine et Oxide de fer	0	Traces
Chaux	0	5500
Magnésie	0	2200
Potasse	0	2350
Soude	0	6700
Un litre d'eau.	4 gr.	1227

Guettard fait sortir la source du Salin de platrières dominées par des rochers calcaires et par une couche d'argile ocreuse. Ces platrières ne comprendraient-elles pas, comme à Condorcet, du sulfate de strontiane? Les vertus curatives de la source contre les rhumatismes sembleraient l'indiquer aussi bien que leur ressemblance extérieure.

Le médecin Nicolas (Jean-François), né à Châtillon en Diois, le 20 mars 1738 et décédé à Avignon à la succursale des invalides le 13 novembre 1810, fut le premier qui signala l'efficacité des eaux de Propiac. Avant lui pourtant des malades s'y rendaient, mais faute de logement commode, ils ne pouvaient y séjourner.

MM. Gilles et Dame, devenus propriétaires de la source, y firent construire un hôtel, il y a quelque 50 ans, très bien tenu, où l'on a vu réunis plus de cent baigneurs à la fois (1).

L'établissement jouit à la fois du soleil du Midi et d'une brise constante qui en tempère les ardeurs.

Une preuve évidente de l'efficacité des eaux de Propiac se tire de l'affluence toujours croissante des baigneurs; ce n'est ni la réclame des journaux, ni celle des guides qui les y amènent. En Dauphiné même, on ignore cette station, sise en plein désert, mais environnée de toutes les beautés d'une

(1) Voir Alf. Saurel, *Notice sur la commune et les eaux minérales de Propiac*. Avignon, 1762, in-12.

nature bouleversée jadis par les révolutions du globe et de ruines pittoresques.

C'est dans les restes de l'ancien château, voisin de l'hôtel, que Nicolas, alors médecin au Buis, inaugura la secte des Illuminés du Midi, avec l'appui de Condorcet.

On a prétendu que le cardinal Siffrein Maury fit ses premières études chez M. Faure, prieur de Propiac. L'état civil ancien du lieu y signale seulement la présence, en 1763, de Jean-Jacques Maury, confondu sans doute avec l'orateur.

En 1839, la commune contenait 1.047 hectares imposables d'un revenu de 10,051 fr., soit 9 fr. 60 l'un et 22 maisons d'un revenu de 447 fr.

Le cadastre accusait, en 1835, en bois, 2,122 hectares ; en terres, 415 ; en vignes, 65 ; en prés, 5 ; en pâturages, 445 ; en routes et rivières, 25, etc. ; total : 1,206 qui diffère de celui de 1839 (1).

Elle a payé 1,701 fr. 09 à l'Etat, en 1873 ; 601 fr. 85 au département, et 1,292 fr. 15 pour son propre budget ; 85 fr. 39 au fonds des non-valeurs ; total : 3,680 fr. 90.

Sa population a peu varié de 1820 à 1892 : elle était, à la première date, de 111 habitants, et à la dernière de 102.

Productions : blé, soie et huile d'olive.

Au spirituel, Propiac formait une paroisse du diocèse de Vaison dont le curé percevait la dîme ; elle a été érigée en succursale en 1848.

(La Chesnaye des Bois, *Dictionnaire généalogique*, t. IV à la fin, édit. en 7 vol. in-12. — Inventaire manuscrit de la Chambre des Comptes, d'Aubais, *pièces fugitives*, I, 241)

---

(1) Une note de la mairie porte la contenance à 795 hectares seulement.

REILHANETTE

Au pied du mont Ventoux, sur un mamelon rocheux, ce village domine la belle et verte vallée circulaire de Montbrun ; mais ni son château ancien, ni ses maisons ne présentent le même coup d'œil pittoresque. Leur couleur noirâtre forme seulement un contraste d'un bel effet.

Son nom, selon M. de Coston, rappelle des terres nouvellement défrichées, *Reilla* en bas latin signifiant choc de charrue. Il s'écrivait jadis *Rellania* en 1303, *Reyllania* en 1306 et *Reilliana* en 1317. Il dut s'appeler Reilhanette pour se différencier de Reillane qui en est peu éloigné, dans les Basses-Alpes.

Guy Allard l'appelle Rheliane et y place un château carré, ayant au milieu une chambre et une tour aussi carrées ; le village est sous le château et bien clos de murailles.

Dès 1227, Raymond de Mévouillon y possédait plusieurs tenanciers et ses droits provenaient d'une vente que lui avaient consentie Rostaing d'Esparron et Adélaïde, son épouse. Il en paya le prix, en 1254, à Guillaume et à Rostaing, fils des vendeurs.

Raymond de Mévouillon vendit la seigneurie en 1296 à Allemand Dupuy. On trouve ensuite Hugues Dupuy en 1332 et 1335, Bastet en 1340 et 1349, comme héritier d'Hugues, son frère ; Allemand, fils de Bastet, en 1362 et 1413.

Trois ans plus tard, en 1417, le gouverneur de la province et le Conseil delphinal investissaient de Reilhanette Gaucher Adhémar de Monteil, acquéreur d'Allemand Dupuy et de Rostaing et Antoine, ses fils. Le prix s'était élevé à 3400 florins et les lods au 6e denier à 666 florins 8 gros.

Les familles des Mévouillon, des Dupuy et des Adhémar

ont été étudiées déjà ; quant à celle des d'Agoult, les généalogistes la font remonter aux princes d'Apt, seigneurs et barons de Sault.

Raymond IV, chevalier, seigneur de Barret, Mison, etc., sénéchal de Provence et chambellan des ducs de Bourgogne et d'Anjou, commanda en 1380 quinze galères armées pour la délivrance de la reine Jeanne et 50 lances contre le vicomte de Turenne. Louise de Glandevès lui donna Foulquet, conseiller et deuxième chambellan du roi René.

Ce gentilhomme légua les terres de Reilhanette et de Montfort, en 1481 et 1489, à Marie, sa fille illégitime, qui les porta à Louis de Justas, seigneur de Puypin, son mari, vassal du roi-dauphin en 1473.

Hélion de Glandevès, héritier de Jeanne de Justas, son épouse, rendit hommage, en 1517, et Gaspard de Glandevès, sieur de Montfort en Provence, remplit le même devoir en 1538.

Selon Guy Allard, Odile de La Piarre, héritier d'un d'Agoult et seigneur de Théus et de Remollon, laissa Gaspard de La Piarre dont la veuve, Anne de Glandevès, rendit hommage au roi en 1602. Antoinette de La Piarre, fille de Gaspard, porta Reilhanette à Pierre de Rolland qui se reconnut vassal du roi-dauphin en 1612.

On y trouve ensuite Pierre Cantelme de Rolland en 1645, François Cantelme en 1676, Jean-Joseph Cantelme en 1686, Mme Rolland de Blacas en 1789.

L'*Armorial du Dauphiné* cite une sentence du Parlement et de la Chambre des Comptes de 1461 exemptant des tailles et impôts un Pierre Rolland, quoique plébéien, parce qu'il possédait le château d'Argenson et affirme que ce genre d'anoblissement par la possession du fief cessa en 1579, sous Henri III.

A la fin du XVIIe siècle, le village clos de murs renfermait 60 habitants et les revenus de la seigneurie atteignaient 1,000 livres.

François de Cantelme des Rollands, seigneur de Reilhanette, demeurant à Mourmoiron au Comtat-Venaissin, énumérait ainsi, en 1735, les droits qu'il percevait dans sa terre : une tasque à la cote 26e pour les grains et à la 20e pour les raisins ; — un droit de cavalage, consistant en une émine comble d'avoine, due par chaque habitant ; — un droit de fournage exigé de ceux qui ne cuisaient pas leur pain au four banal ; — quelques censes ou redevances représentant le prix de la cession primitive du sol aux tenanciers, le tout ensemble affermé 462 livres ; il possédait en outre un four banal dont le fermier donnait 36 livres ou deux charges de blé et deux de méteil, par an, et deux moulins, l'un à huile et l'autre à blé, d'un revenu de 234 livres ou de treize charges de blé et autant de méteil. Toutefois, les inondations fréquentes du Thoulourenc, affluent de l'Ouvèze, diminuaient souvent le produit de ces usines (1).

En 1789, Reilhanette comprenait un village et 22 granges éparses, 65 familles et 345 habitants. Son territoire en plaine, le meilleur du pays, appartenait au seigneur, et le sol en pente, argileux, marneux « et d'une qualité très amère », à ses vassaux. D'après un document de la même année, la population s'occupait exclusivement du travail de la terre et ne parvenait qu'au moyen de privations à payer les charges royales et les droits seigneuriaux ; étranger à toute industrie et à tout commerce, « chacun vivait, comme dit l'Ecriture, sous sa vigne et son figuier. »

Un châtelain (représentant du seigneur), deux consuls et un secrétaire greffier administraient la commune ; des prud'hommes répartissaient la capitation et jugeaient les comptes du collecteur et des consuls à la fin de leur exercice. Ces consuls convoquaient les assemblées des chefs de famille, et là, devant le châtelain, les délibérations étaient prises à la pluralité des voix. Quant à la recette des imposi-

(1) Archives de la Drôme, C, 4.

tions royales, dont le montant s'élevait à 1,400 livres, elle se donnait publiquement aux enchères. Il y avait aussi des charges communales, telles que l'achat du cierge pascal, les gages du sonneur et ceux du secrétaire greffier, de 18 livres ensemble ; l'abonnement du droit d'inspection des boucheries ou pied fourché, 9 livres ; les voyages à la maîtrise de Die, à cause des bois, 8 livres ; le traitement du maître d'école pour six mois, 72 livres ; celui du garde champêtre, même somme et l'entretien des édifices communaux, 36.

Les dépenses extraordinaires comprenaient 36 livres pour l'amortissement ou *novennium* de la cure, et 15 ou 18 des frais de levée des miliciens.

On lit à la suite de l'article relatif aux droits seigneuriaux, tasque, lods, mouture, fournage, censes personnelles et réelles, corvées d'hommes et de labourage, d'un produit total de 1,200 livres, le vœu suivant : « Il serait fort à dé-« sirer que les communautés eussent le pouvoir de se rédi-« mer à prix d'argent des servitudes envers les seigneurs. « Outre l'humiliation qui résulte de cette espèce d'escla-« vage, la charge en est encore aggravée par la consistance « des redevances qui sont toutes en grains. Ce qui était, à « l'origine, un petit objet, en est un aujourd'hui très consi-« dérable, à cause de la cherté des céréales. »

Parmi les autres vœux de la même époque, on remarque ceux de la diminution du prix du sel, de l'homologation des cadastres ou parcellaires à rendre moins onéreuse et enfin de l'adoption de la *dénonce* (dénonciation) pour empêcher la dégradation des bois et conserver les fruits des arbres, les vignes et les autres récoltes. « Cet usage est reçu en Provence et l'on s'en trouve très bien ; cela évite les frais des gardes champêtres qui coûtent beaucoup et souvent ne font qu'augmenter le nombre des voleurs de campagne. » On se demande qui aurait été juge de ces dénonciations et quel était le moyen de ne pas brouiller ensemble tous les habitants d'une commune.

Les historiens dauphinois ne mentionnent guère que le fait suivant relatif à notre sujet : La Motte-Gondrin, lieutenant général en Dauphiné, ayant mis garnison dans le château de Montbrun, s'assura de même de Reilhanette, « et « ayant fait recherche de quelques séditieux qui estoient « accusez d'avoir excité le feu (de révolte contre l'autorité « de l'église), il les fit mourir et raser leurs maisons ; le « château de Montbrun eut le même destin le mois d'octobre « suivant, le roi en ayant commandé la démolition (1). »

Ceci se passait en 1560. M. Arnaud ajoute que peu de temps auparavant, tout près de Reilhanette, Montbrun avait fait prisonnier le prévôt des maréchaux venu pour l'arrêter.

Au point de vue religieux, la paroisse, du diocèse de Gap, dépendit à l'origine de St-André-lès-Avignon, et son église, dédiée à S. Michel, « en fort bon estat, en 1599, bien fermée et garnie de tout ce qui est nécessaire », se trouvait, en 1650, toute découverte, sauf au chœur (2). Les dîmes appartenaient au curé et la 24e partie, destinée aux pauvres, se distribuait le Jeudi-Saint par les consuls et le décimateur.

En 1835, Reilhanette comprenait 406 hectares de bois, 430 de terres, 10 de prés, 472 de pâturages, 93 de vignes, etc., en tout 1,479 hectares et 107 maisons. M. Mermoz, directeur des contributions directes de la Drôme en 1839, portait le revenu des propriétés bâties à 1,705 fr. et celui des 1,449 hectares des propriétés non bâties à 19,082 fr., soit 13 fr. 17 l'un.

Elle a payé, en 1873 : à l'Etat, 2,459 fr. 49 c. pour ses contributions ; au département, 1,053 fr. 26 ; à son receveur municipal, 3,033 fr. 55, et au fonds des non-valeurs, 131 fr. 14 ; total 6,677 fr. 44 c.

De 1820 à 1895, sa population de 498 habitants en 1840, de 462 en 1820, est descendue à 338 en 1892.

Distance : de Nyons, 49,738 mètres S.-E. ; de Séderon, son chef-lieu de canton, 18,280 Ouest, et de Valence, 139,530.

---

(1) CHORIER, *Histoire générale du Dauphiné*, II, 548.

(2) *Inventaire des archives des Hautes-Alpes*, III, pp. 7 et 24. — *Histoire des protestants de Dauphiné*, I, 56.

REMUZAT

Ce chef-lieu de canton de l'arrondissement, à 27,364 mètres Nord-Est de Nyons et à 117,156 de Valence, occupe une vallée peu étendue, environnée de collines au nord et au midi, et de montagnes, à l'est et à l'ouest. Deux rivières baignent son territoire, l'Eygues sortie de Laux-Montaux, tributaire du Rhône et l'Oule, venue de Montmorin qui se joint à elle à peu de distance du bourg. L'une et l'autre sont sujettes à de subites et fortes crues, très dangereuses pour leurs rives et pour les riverains. Aussi, de 1811 à 1816, sur l'initiative de M. Monnier, maire, et aux frais des propriétaires intéressés, une digue de 1,447 mètres construite sur l'Oule et une autre de 675 sur l'Eygues, ont-elles préservé le bourg et le vallon des ravages des deux rivières.

Selon Achard, en 1787, le cimetière de Remuzat était séparé du village par l'Oule, « une de ces rivières qu'on peut « appeler un torrent. Il est arrivé plus d'une fois, pendant « les crues d'eau, que les cadavres portés à la sépulture ont « été enlevés des mains de leurs porteurs et traînés fort « loin par les eaux. Malgré la nécessité de faire des ponts « sur ces rivières, il ne paraît pas qu'on s'en occupe. »

Pareil danger, de nos jours, n'est plus à redouter, le cimetière actuel se trouvant placé en dessous du champ de foire et de l'église, assez loin de la rivière.

Le même auteur ajoute : « Le caractère des habitants ap- « proche beaucoup de l'indépendance ; ils sont d'ailleurs « affables et bienfaisants ; ils entendent très bien le com- « merce qu'ils ne font qu'en petit.

« Remuzat porte pour armes : *d'azur à une croix haussée « et perronnée de trois marches d'or* ; autour de l'écu se « trouve le mot Remuzat (1). »

(1) *Dictionnaire de Provence.*

M. de Coston dérive *Ramusatum* de *ramus*, rameau et branche, mot qui a formé le nom de diverses localités. L'a changé en *e* fournit *Remusatum* et *Remusacum*, le *c* et le *t* se remplaçant volontiers dans les chartes (1).

Au dire d'Achard, « le climat du pays est froid et sain ; « les collines sont couvertes de chênes et de hêtres. Les « vignes y sont d'un bon rapport et l'on y fait de très bon « vin et abondamment. » M. Delacroix ajoute que le vallon est agréable et fertile en fruits, jardinage et chanvre et qu'il y a de belles plantations de mûriers et de noyers (2).

Ce dernier auteur ajoute : « Il n'y a guère que trois siècles que le bourg occupe l'emplacement actuel Il a remplacé un petit village qui était vis-à-vis, au-delà de la rivière d'Oule, dans un lieu très penchant. On voit encore les vestiges des remparts qui en formaient l'enceinte. »

Il donne à la commune 308 hectares de bois communaux, 565 de terres et jardins, 186 de vignobles, 17 de prairies, 451 de pâturages, 108 de rivières et chemins, 42 de terres incultes, etc. ; total 1,679 et 163 maisons.

M. Mermoz, en 1839, portait le revenu des 1,571 hectares imposables à 28,278 fr., soit 18 fr. l'un, et à 4,056 les maisons.

Les contributions de 1873 ont produit : à l'Etat, 4,232 fr. 05 c. ; au département, 1,798 fr. 82 ; à la commune, 3,745 fr. 23 ; au fonds de non-valeurs, 205 fr. 65 ; total 9,981 fr. 75.

Quant à la population de 706 habitants en 1860, de 655 en 1820, de 680 en 1870, elle est descendue à 550 en 1892.

Il n'a pas été fait de recherches préhistoriques dans la région ; mais il en est bien peu qui puissent offrir comme elle des renseignements aussi anciens. En effet, le rocher du Caire, au pied duquel se trouvait l'ancien village, est séparé, par des vallées, des montagnes de St-May et de St-Laurent,

(1) *Etymologie des noms de lieu de la Drôme*, p. 219.
(2) *Dictionnaire de Provence* et *Statistique de la Drôme*.

où S. Marius fonda, vers 556, l'abbaye de Bodon, détruite plus tard par une invasion barbare et convertie au XIe siècle en prieuré bénédictin sous la dépendance de l'Ile-Barbe près de Lyon. D. Bultaud regarde ce dernier monastère comme le plus ancien du Lyonnais, le fait remonter à l'an 400 et rétablir par S. Benoît d'Aniane, mort en 821.

Les religieux de Bodon et de l'Ile-Barbe couvrirent la contrée d'églises et de chapelles ; à Remuzat seul on connait encore aujourd'hui celle de St-Michel, en face du bourg, celle de St-Auban, du côté de St-May, et celle de St-Pierre, dans la direction du Poët-Sigillat, et la *Statistique de la Drôme* y place jusqu'à trois monastères de Templiers, sans indiquer la source de ce renseignement (1).

Les religieux envoyés de l'Ile-Barbe dans la Val d'Oule en étaient à l'origine seigneurs temporels et spirituels ; mais peu à peu les seigneurs de Mévouillon et les comtes de Provence leur soulevèrent maintes difficultés.

De là nécessité pour l'historien de Remuzat de s'occuper de cette vallée, dont il faisait partie, avec Cornillon, Cornillac, St-May, Lemps, Pommerol et La Charce.

Les Mévouillon, maîtres de la baronnie de ce nom dès la naissance de la féodalité, furent d'abord vassaux des religieux de St-May, et Raymond, l'un d'eux, en 1251, leur rendait hommage pour le château de *Remusa*, pour Cornillon, Cornillac, Pommerol, etc., ajoutés aux fiefs anciens qu'il tenait d'eux dans le voisinage. Pareil devoir fut renouvelé en 1293 et en 1305. Guy Allard, dans ses notes, assure même que lors du mariage d'une Mévouillon avec Draconet de Montauban, la Val d'Oule forma sa dot.

L'*Inventaire des Dauphins* signale, en 1270, un accord

---

(1) Le Laboureur, *Les Mazures de l'Ile-Barbe*, I, 172-3. — Une visite épiscopale de 1644 signale les chapelles de St-Aubanet, de St-Quenin, de St-Pierre et de St-Jacques sans patrons, sans revenus ni service.

entre Raymond de Mévouillon-le-Jeune et l'abbé de l'Ile-Barbe, au sujet de la juridiction de cette même vallée et un second accord en 1272 entre le même Raymond et Isoard de Chalancon pour le même territoire.

Le fait le plus important pour notre sujet résulte de la vente consentie, le 5 novembre 1305, par le baron de Mévouillon à Charles II, dit le Boîteux, comte de Provence et roi de Sicile de la même vallée, précédemment cédée au Dauphin de Viennois pour 1,300 livres.

Charles II fut représenté à l'acte de vente de 1305 par Ricard Gambatesa, sénéchal des comtés de Provence et de Forcalquier et par Gombert et Ardoin, avocats et procureurs royaux.

Voici quels étaient les fiefs et châteaux vendus alors :

Clermont et Cornillon, inféodés à Amédée de Rosans ; Remuzat, inféodé au même de Rosans et à Rostand de Cornillon ; La Bâtie des Tourrettes et la moitié de Montmorin, tenues en fief par Hugues Dupuy.

Pommerol et La Charce inféodés à Pierre Isoard.

Bruis, inféodé à Hugues d'Aix.

Le vendeur jouissait partout des chevauchées, terres, bois, montagnes, fours, eaux, moulins, censes, péages, tasques, dîmes, hommages, hauteet basse justice, et il en faisait abandon au comte de Provence, moyennant 20,000 livres de revenus, dont 7,000 pour Cornillon et 13,000 pour le reste.

Fort de son titre, Charles II écrivit au Dauphin, en 1304, pour lui défendre de rien acquérir dans une vallée appartenant à l'Ile-Barbe, sous la sauvegarde des comtes de Provence. Un hommage de la même année rendu au même prince stipulait en outre que les fiefs irrégulièrement aliénés au Dauphin par le baron de Mévouillon appartiendraient au comte, qu'il paierait aux religieux de l'Ile-Barbe une pension de 120 livres et qu'enfin les anciens traités seraient confirmés. Un dernier acte du 31 décembre 1305 scella ces conventions, et André de Marzieu, abbé du monastère lyonnais, vendit à Gambatesa, sénéchal de Provence, mandataire de Charles II, la juridiction de la Val d'Oule moyennant 1,333 livres 6 sols à prendre sur les Cosses ou octrois de Sisteron.

Pour l'intelligence de ces divers actes, il est utile de rappeler que Charles Ier, en 1261, avait, dans un traité avec l'abbé de l'Ile-Barbe, pris sous sa protection tous les biens de son monastère dans les diocèses de Die, Gap, etc., et que le même comte avait inféodé, le 30 avril 1262, aux religieux bénédictins, toutes leurs possessions de la Val d'Oule et d'ailleurs, à la condition de lui rendre hommage, de se soumettre à ses chevauchés, de payer une émine de blé par maison et la moitié des lods des immeubles vendus et enfin de l'autoriser à acquérir dans la vallée les fiefs qu'ils ne voudraient pas.

Le comte de Provence, par l'acte de 1305, redevenait de la sorte le maître de biens aliénés autrefois.

Un autre comte, Robert, dit le Sage, mandait, en 1331, à ses vassaux de la Val d'Oule de prêter hommage à ses petites-filles, Jeanne et Marie ; ensuite on trouve la vallée en la possession de la maison d'Agoult. Raymond, l'un de ses membres, comte de Sault, donnait, en 1348, à la reine Jeanne les terres et places de Cornillon, Cornillac, Remuzat et autres, et une généalogie imprimée de la famille fait restituer les mêmes fiefs en 1350, par la même reine à Raymond III. Comme rien n'indique l'origine des droits des d'Agoult sur la vallée, nous avons consulté la généalogie précitée pour connaître le premier d'entre eux qui s'en proclama seigneur. Ce fut Raymond II, baron de Sault, né vers 1272, et père de Raymond III. On a vu dans la notice sur Pommerol que ce dernier s'engagea dans une guerre fâcheuse contre Hugues et Jordan de Rivière, seigneurs de Ste-Marie et de La Charce, secondés par Guillaume et Bertrand de Remuzat, père et fils, et dut leur payer 1,000 florins d'or en réparation des dommages causés. M. Roman lui fait prêter hommage en 1385 à la comtesse de Provence pour Barret et la Val d'Oule. Il laissa Raymond IV dont une fille appelée Jeanne épousa Pierre de Mévouillon et mourut en 1448 (1).

Or, le mariage de Béatrix de Mévouillon avec Jean de Grolée, d'une famille du Bugey, qui hérita des Bressieux, dans l'Isère, au commencement du XVe siècle, fit entrer la Val d'Oule chez les Grolée-Mévouillon. Rien d'étonnant dès lors qu'en 1560 le baron de Bressieux, alors absent du Dauphiné, ait fait rendre hommage par un mandataire au roi de Sicile pour Remuzat, Cornillon, Beaujeu, etc.

Aimar-Antoine de Grolée-Mévouillon, qui s'était distingué aux batailles de Pavie et de Marignan (1515 et 1525), rendit lui-même pareil devoir.

Nous verrons bientôt à Remuzat les successeurs des membres de cette famille ; pour le moment, il convient de mentionner quelques faits se rattachant à notre sujet.

Il a été question déjà des tentatives des Dauphins pour prendre pied dans la Val d'Oule, malgré les comtes de Provence. En 1340, Humbert II y nommait un châtelain dont les usurpations, six ans plus tard, excitèrent les plaintes des seigneurs de la vallée. On trouve encore, en 1362, un hommage rendu à Charles, successeur et donataire du dernier dauphin, par Jean Yllaire, coseigneur de la Val d'Oule et de Ste-Marie. Toutefois, des difficultés plus sérieuses survenues entre les souverains du Dauphiné et ceux de la Provence naquirent surtout de l'échange passé en 1463 de la ville de Gap et de la seigneurie de Montalquier contre le mandement de la Val d'Oule et la châtellenie de Cornillon. Malgré la remise de Gap par les officiers delphinaux à ceux du roi René, le Parlement de Grenoble s'opposa vivement à

(1) M. Roman cite une inféodation du 8 novembre 1399 par Louis II d'Anjou, comte de Provence à Guillaume de Saignes-Contor, mari de Catherine d'Agoult, de la seigneurie de la Val d'Oule. (*Tableau historique des Hautes-Alpes*, p. 291.)

l'échange opéré, comme contraire aux clauses du transport du Dauphiné à la France, en ce que le suzerain ne peut vendre ses vassaux sans leur consentement, et, de plus, sans que la Chambre de Paris eût été consultée.

Le roi-dauphin, le 1er juillet 1495, enjoignit au Parlement et à la Chambre des Comptes de Grenoble de passer outre à toute opposition ; le Parlement refusa de nouveau d'enregistrer des lettres contraires à l'intérêt et aux libertés de la province. Il y eut sans doute un accommodement, car en 1470, Jean de Cossa, sénéchal de Provence, ordonnait à de Berre et à Chassegros de mettre le Dauphin en possession de la Val d'Oule, et, en 1492, l'abbé de l'Ile-Barbe rendait hommage au comte de Provence. Ce même sénéchal avait déjà, en 1465, déchargé Astorge, seigneur de La Piarre et de la Val d'Oule et les autres seigneurs de la châtellenie de Cornillon, de l'hommage dû à son maître, et leur avait enjoint de le prêter au Dauphin.

La réunion de la Provence à la couronne, à la mort de Charles III d'Anjou, neveu du roi René de Lorraine, aplanit sans doute le différend de Gap et de la Val d'Oule, car on trouve cette dernière dépendante du Parlement d'Aix, de l'intendance de Provence et de la viguerie de Sisteron jusqu'en 1790, d'abord comme terre adjacente, jouissant de quelques privilèges et ensuite soumise à toutes les obligations des autres terres provençales.

D'après un état des biens de la claverie de la Val d'Oule, de 1329 à 1345, le comte de Provence possédait à Remuzat environ quinze maisons en toute propriété, ainsi que leurs dépendances, et vingt-huit maisons communes avec le prieur de St-May, la haute seigneurie, la moitié du fournage et des revenus du moulin, le quart du péage et la moitié de celui du col de Cibeyrans (Soubeiran), des services en argent et en denrées, les lods et treizains, les bans, la moitié ou le tiers des amendes, selon que les délits avaient été commis au-delà ou en deçà du pont de l'Eygues, une émine d'avoine pour le cavalage, de tout habitant domicilié depuis un an, sauf des hommes de Barral, de Rosans et de Pons de Remuzat. Ces divers droits et ceux de Cornillon se louaient, en exceptant les lates ou peines pécuniaires contre les débiteurs récalcitrants et les amendes, 90 livres coronats à François Flotte. En 1329, le juif Mardochée affermait le péage 28 livres dont un quart destiné au comte de Provence et le reste aux coseigneurs du lieu.

A Cornillon, le comte jouissait du fournage et de la moitié des revenus du moulin, de services en argent, en blé, en poules, de corvées d'hommes, d'ânes et de bœufs, de la haute seigneurie et de la juridiction, des cinq sixièmes du péage, d'un fromage par bergerie, des lods, treizains et amendes.

Il avait à La Charce un péage, des services en blé, en vin, en cire, en poivre, en poules, un fromage et un chevreau par bergerie, le cavalage ou redevance en avoine pour la nourriture des chevaux du seigneur, une corvée personnelle due par quatorze habitants du château, deux corvées de chaque possesseur d'un troupeau de bœufs, 12 deniers coronats par feu ou famille, les 13 valant 1 tournois d'argent, une paire de gantelets pour le moulin de Redortier, etc. C'étaient à peu près les mêmes redevances à Pommerol, avec la haute et basse justice. On ne trouve à Cornillac, en faveur du comte, que les revenus du péage et encore Pons de Remuzat en prenait une part. Il percevait à Lemps 120 émines de blé de redevance annuelle et avait le droit avec l'abbé de l'Ile-Barbe de punir les crimes et délits commis à main armée dans le territoire du lieu et dans ceux de Remuzat et de St-May.

Ajoutons que les successions des condamnés et des hommes de main-morte décédés sans enfants grossissaient encore les revenus de la cour de Provence ; ainsi, en 1339, elle acquit une terre de Guillaume Chapuis, trois vignes de Douce Pelissier, une d'Archimbaud, condamné par contumace à 200 livres d'amende pour rupture de ban, le mobilier de Catherine Reynaud, morte sans postérité, le jardin de Mouron, accusé de meurtre, les biens de Guin, de Salerne, de Guy Reynaud, de Bertrand de Pommerol et de Raimbaud de Curnier (1).

Indépendamment des comtes de Provence, il y avait à Remuzat des seigneurs particuliers dont l'histoire est fort peu connue.

Selon Guy Allard, en 1270, Isoard de Chalancon promettait de rendre la seigneurie à Raymond de Mévouillon qui, en 1304, l'inféoda à Hugues d'Urre pour la tenir en fief de l'abbé de l'Ile-Barbe. Le même baron en 1305 vendait ses droits sur les châteaux tenus de lui par Amédée de Rosans et Rostaing de Cornillon.

On ne trouve pas d'autre mention des d'Urre à Remuzat ; quant aux Cornillon ou Cornillac, il est probable qu'ils prirent le nom de leur terre et formèrent la famille nombreuse de Remuzat, si souvent rencontrée dans les Baronnies et qui eut des branches à Montélimar, à Marseille et à Malaucène.

On lit en effet dans le testament de Guillaume de Remuzat, daté du 29 avril 1324, par lequel il donne ses biens de Benivay, Propiac, le Buis et Ollon à Poncet, ceux de Malaucène, Barroux et Entrechaux à Bertrand et ceux de Pennafort, Rochebrune et Linseul à Mondon, son troisième fils, les noms de ses exécuteurs testamentaires Raybaud et Pons, dits Cornillac (*Cornilhanum*), ses frères.

La Chesnaye-des-Bois fait éteindre les Remuzat chez les Pelissier qui, en 1446, héritèrent de leur nom et de leurs biens. On trouve en 1340 Pons de Remuzat et Barral de Rosans, seigneurs en partie de Remuzat et, en 1379, Guillaume et Bertrand en guerre avec les d'Agoult.

Les Rosans figurent aussi bien souvent dans les archives des Baronnies et des Hautes-Alpes ; mais il n'est pas ques-

---

(1) Inventaire des archives des Bouches-du-Rhône, B, 2066 à 2080.

tion d'eux dans celles de Remuzat, fort incomplètes et toutes modernes.

On a vu déjà les Grolée Mévouillon en possession de la Val d'Oule, qu'ils vendirent en 1615 aux La Tour-Gouvernet.

Une partie de Remuzat passa des Laval aux Rivière dès 1367 et une autre partie appartenait au prieur et seigneur de St-May, prieur et coseigneur de Remuzat, prieur de Clermont, Cornillac, Cornillon, Eyrolles et Notre-Dame du Monestier de St-Ferréol.

En 1729, ce prieur possédait la moitié de Remuzat en pariage avec le marquis de La Charce, et avait comme lui ses juge, châtelain, greffier et procureur d'office, exerçant à tour de rôle leurs fonctions, chacun pendant une année. Les 112 habitants payaient aux deux coseigneurs une émine de blé chacun (1) et au-dessus de 7 ans une cense de quatre civayers moins un quart de blé. Le prieur avait encore un tiers du péage, évalué 6 livres et des censes réelles valant 3 livres, la dîme des grains à la cote 13e pour les deux tiers, l'autre tiers appartenant au curé avec la dîme du vin à la cote 20e.

Le prieur de Blégiers de Taulignan, en 1717, affermait tous ses droits aux frères Autran pour 1,500 livres et le curé, en 1726, 260 en argent et diverses quantités de grains et de vin estimé le tout ensemble 583 livres.

Ce dernier, en 1787, abandonna ses revenus au prieur de St-May et réclama une portion congrue de 700 livres, plus 350 au vicaire.

Les visites épiscopales et les papiers de la paroisse qui nous donnent ces détails ajoutent que vers 1760, il y avait 391 communiants, anciens catholiques, 110 enfants de moins de 12 ans, et 14 nouveaux convertis; en 1727, 150 habitants catholiques et 10 nouveaux convertis ; 122 catholiques et trois réformés en 1758 ; que les pauvres y jouissaient de quelques rentes et d'un mont de piété, à la même date, et

---

(1) L'émine pesait 38 livres et se divisait en 12 civayers.

que la commune donnait 80 livres à un instituteur; que l'église du village, en 1664, était dédiée à S. Sébastien, que l'ancienne, sous le vocable de S. Michel, sur une hauteur au-delà de l'Oule, en Dauphiné, servait encore au culte en 1758, à cause de la dévotion à S. Eutrope et que le cimetière, voisin de cette église, devait être transféré en deçà de l'Oule depuis 1693.

Tels sont les renseignements recueillis ça et là ; ceux de ses archives nous en fournissent quelques autres que nous allons résumer.

Un office de maire, en 1693, incorporé au corps de la communauté moyennant 180 livres, valait au premier consul les honneurs de l'édit d'août 1692, sans aucun gage. Il y avait deux consuls et dix conseillers, « la cessation des assemblées ayant causé de graves dommages. » Les charges publiques, en 1725, s'élevaient à 1,612 livres, savoir : 750 pour le roi, 48 pour le taillon, à raison de un feu un quart, 6 au châtelain, 12 au greffier, 6 aux consuls, 45 au garde champêtre, 130 au maître d'école, etc. A la même date, il était question de s'entendre avec Jacques-Philippe-Auguste de La Tour, marquis de la Charce, au sujet de la pension due pour les moulins banaux; en 1730, de l'établissement d'une horloge « pour régler la journée des artisans, des journaliers et les heures des malades pour les bouillons »; en 1737, de l'agrandissement de l'église ; en 1784, de la demande d'un ingénieur, à la suite des ravages causés par un orage affreux et par la rivière d'Oule, menaçant d'emporter le pont construit depuis vingt-deux ans pour mettre en communication les deux agglomérations de Remuzat, et enfin, en 1789, de démarches pour un marché hebdomadaire le mardi, les foires accordées par Henri II en 1548, pour les 24 février, 30 juin et 4 octobre, ne suffisant plus à la population.

Une déclaration des consuls, en 1688, donne pour seigneurs à Remuzat le marquis de la Charce et l'abbé des Pilles, prieur ; elle ajoute que le bourg n'a ni fossés, ni murailles ; que l'Oule et l'Eygues inondent fréquemment son territoire et que le torrent sorti de la montagne de Clermont remplit souvent les maisons de gravier. En 1731, le marquis de la Charce, demeurant à Fontaine-Française, y possédait 400 livres de revenus, et l'abbé de Taulignan, prieur, 550. Six ans plus tard, l'intendant de Provence défendait à l'un et à l'autre la perception de tout droit de péage. D'après un dernier document de 1745, la commune avait alors 267 livres de charges ordinaires, 100 d'extraordinaires et 652 de dettes. Le sol, de très mauvaise qualité, « ardu et penchant, sujet aux ravines et couvert de pierres », produisait peu de blé, mais assez de vin ; il n'y avait aucune antiquité, ni curiosité, point de commerce et une fabrication de ratines l'hiver produisant 300 livres. Une note de Nicolas de Meissas y signale, en 1789, une épidémie ayant « tout le caractère d'une fièvre putride, pétéchiale et maligne. » La misère étant extrême, il fit distribuer en pain, en vin et en viande les secours obtenus de la commune et des seigneurs et les remèdes nécessaires. L'auteur rend hommage à la bonté et à la vigilance de M. Marcellin, subdélégué de l'Intendant, et au dévouement de MM. Allemand, vicaire, et Montagne, maître en chirurgie.

La *Statistique de la Drôme* signale au quartier de Champbon des géodes remplies de cristaux qui ont le poli et l'éclat des diamants les mieux travaillés.

Quant à l'existence des trois monastères de Templiers dont parle le même ouvrage, elle nous paraît absolument fantaisiste.

RIOMS

Cette commune du canton du Buis, à 19,984 mètres Est de son chef-lieu, à 38,658 de Nyons et à 128,450 S.-E. de Valence, occupe le versant nord d'une colline, servant de rive gauche à l'Ouvèze, entre Montauban, la Rochette, St-Auban et Mévouillon. On y va de St-Auban à l'ombre d'une forêt de châtaigners et, une fois arrivé sur son sol, l'œil cherche en vain une agglomération méritant le nom de village. Les Aires, avec huit ou neuf maisons, possèdent la mairie et l'école ; c'est, du reste, un quartier agréable, distant d'un kilomètre du hameau de la Combe sur Montauban.

L'église, sur le coteau, a dépendu tour à tour de Montguers, de Ste-Euphémie et de St-Auban.

Son nom de *Rionia* et de *Rionis* en 1060, de *Riomis* en 1296, de Rions en 1294, de Ruans en langage populaire, semble identique à celui de Riom en Auvergne et offre à M. de Coston une physionomie celtique (1). Comme les âges préhistoriques n'ont pas été étudiés dans ces parages, nous nous bornerons à rappeler qu'il existe sous le rocher de l'Aigle une excavation connue sous le nom de Tanière du Loup qui a bien pu servir d'habitation humaine.

Quoi qu'il en soit, outre le nom du quartier de *Villevieille*, on voit dans le *Cartulaire de St-Victor*, de Marseille, une donation faite aux religieux de cette abbaye de l'église de St-Pierre de Rioms par Rupert, évêque de Gap, fils de Percipie, par Hugues et Rambaud, ses frères, par Pons de Caderousse et Pons de St-Auban, clercs, et par Hugues Baile et Rostaing de Venterol.

---

(1) *Etymologies des noms de lieu de la Drôme*, p. 220.

A ces familles succédèrent les barons de Mévouillon et ceux de Montauban éteints avec Draconet, père de Randonne. Celle-ci, en 1284, donna ses biens à Ronsolin qui, à son tour, les céda aux Adhémar de Lombers.

L'*Inventaire des archives des Dauphins* révèle la suzeraineté de ces princes sur la région, avant la cession d'Hugues Adhémar, puisque, en 1278 et 1284, Raymond Geoffroy de Castellane, mari de Randonne de Montauban, et Hugues de Montbrun, seigneur de Reilhanette, en 1276, se reconnaissaient leurs vassaux pour Rioms, Montguers, etc.

En 1334, Guigues Rosset ou Rousset remplissait le même devoir comme seigneur de Rioms, au nom de Cécile Barret, son épouse. Or, l'*Armorial du Dauphiné* mentionne trois familles Rosset : l'une en possession du village de ce nom et de Savines, près Embrun, remontant à 1096 ; la deuxième, issue de Pierre, secrétaire du Parlement de Dauphiné en 1586, et connue sous le nom de La Martelière, et la troisième formée par un châtelain de Cornillon, en 1696.

Il doit s'agir ici de la première, témoin les hommages rendus à Humbert II, en 1337, et à ses successeurs les rois de France, en 1378, par Guigues de Rosset et par Jacques de Rosans, héritiers d'Isoarde ou de Yolande de Rosset, fille de Guigues.

Le nouveau possesseur de Rioms sortait d'une famille déjà rencontrée à Remuzat, dont la postérité garda le fief jusqu'au mariage de Jeanne de Rosans avec Jean de Draguignan, venu de Provence aux Baronnies vers l'an 1500. Ce gentilhomme, en 1583, en vendit une portion à François de L'Homme, seigneur de La Fare, qui eut Gaspard pour successeur en 1631. Ce dernier avait conservé sans doute une part de la seigneurie ou bien avait racheté la portion vendue, puisqu'en 1645, Charles de Draguignan déclarait tenir Rioms du roi-dauphin.

Antoinette, fille de Charles, en épousant, en 1652, François Aubert ou Albert d'Alauzon, lui porta ses droits. D'après un document authentique (1), Gaspard Aubert, fils de noble Maurin, de Quinson en Provence, s'était marié, en 1548, avec Françoise de Rosans, et son fils, appelé aussi Gaspard, avec Marguerite Artaud, en 1571. De la dernière union naquirent deux fils dont un seul, César, fit souche et laissa François, gentilhomme ordinaire de la chambre du roi en 1654, et commandant d'une compagnie du régiment de Givry, avec laquelle il servit en Italie, en 1655 et 1658. Deux ans plus tard, il était capitaine réformé à la suite du même régiment ; mais le maréchal de Turenne, en 1666, lui confia sous le nom de M. de Lauzon, une compagnie de cavalerie et, en 1668, le roi le créa major au régiment de Montauban. Il eut d'Antoinette de Draguignan : Dominique, en 1657, et Antoine-René, en 1661. Le premier obtint la main d'Henriette de La Tour, de Bellecombe, le 20 juin 1695, et laissa d'elle un autre François qui devint commandant du Diois. Une lettre de Reynaud, subdélégué de l'intendant au Buis, annonçait le 21 février 1761 aux consuls de Montauban cette nomination en ces termes : « Le Roy a bien voulu reconpan-« cer les servisses et le mérite distingué de M. d'Albert de « Rions, lieutenant-colonel et commandant du bataillon de « milice de Valance, en lui donnant la majorité (charge de « major) de Die et le commandement dans le Diois, les Ba-« ronnies et le Gapençois. Ceux qui ont l'honneur de con-« noitre cet officier sont enchantés de la justice qui lui a été « rendue... Je puis vous assurer qu'aussi bon sujet que bon « patriote, il ne désire que le bien du service, l'intérêt de « l'Etat et surtout de vos cantons (2). »

La *Biographie du Dauphiné* l'accuse d'avoir inquiété les Réformés, alors que l'*Histoire des Protestants de la province* garde le silence à son endroit.

---

(1) Deux jugements de l'intendant Bouchu refusèrent de se prononcer en faveur de la noblesse des d'Albert. (Archives de la Drôme, C. 31.)

(2) Archives de la Drôme, E. 1501.

Marié d'abord avec Catherine de Lachau et ensuite avec Magdeleine Artaud, il eut plusieurs fils, dont l'un le 27 mars 1769, capitaine réformé au régiment de dragons, le remplaça, pendant son absence, dans le commandement du Diois et des Baronnies ; un autre, Hector-François, est qualifié dans le testament de Magdeleine Artaud, sa mère, des titres de seigneur de Rioms (ou Rions), Tarendol, Bellecombe et Pennafort, et de chef d'escadre des armées navales. A ce dernier, le bailli de Suffren a décerné l'éloge suivant : « C'était un homme instruit, brave, plein de zèle, désintéressé et excellent marin. »

François-Hector, dit le comte de Rions, naquit en 1728 a St-Auban, selon les uns, à Avignon, selon d'autres. L'état civil de St-Auban est muet sur ce point. Capitaine de vaisseau dans l'expédition envoyée en Amérique, il prit une part glorieuse aux combats livrés de 1779 à 1783 par les comtes d'Estaing et de Grasse et enleva aux Anglais le vaisseau l'*Expériment* chargé de 250,000 livres d'argent monnayé. A la suite de la fatale journée du 12 avril 1783 où le comte de Grasse fut vaincu, un conseil de guerre vota des éloges au commandant du *Pluton* (d'Albert de Rions) pour sa belle résistance à quatre vaisseaux ennemis. Rentré en France la même année et promu chef d'escadre, il fut envoyé à Toulon comme directeur général du port (1784) et commandant de la marine (1785). Là, quelques paroles imprudentes au sujet de la garde nationale suscitèrent contre lui une grande irritation et le renvoi de deux ouvriers de l'arsenal amena son arrestation et les violences de la foule. Instruite des faits, l'Assemblée nationale décida qu'il n'y avait lieu de poursuivre ni le commandant, ni ses accusateurs. Le président Target lui écrivit même une lettre d'estime et de considération. Mais le comte se plaignit à Louis XVI qui le plaça à Brest à la tête d'une flotte de 30 vaisseaux (1).

(1) La *Biographie du Dauphiné* donne les titres des mémoires publiés alors par François-Hector d'Albert sur l'affaire de Toulon.

Comme il avait, en 1790, sollicité la faveur d'assister à la Fédération du 14 juillet, à titre de représentant de la flotte, sa demande fut accueillie, malgré l'opposition de Robespierre. Il prêta le serment civique et à son retour, la publication du code pénal lui aliéna ses marins qui méprisèrent ses ordres. Il donna aussitôt sa démission (4 octobre 1790). Elevé au grade de contre-amiral le 1er janvier 1792, il refusa cette haute situation et se retira à l'étranger auprès des princes. Revenu en France, en l'an VIII, le ministre de la police générale le plaça en surveillance à St-Auban (Drôme), le 12 floréal an IX et il promit fidélité à la Constitution le 11 vendémiaire an X ; mais l'année suivante, il se retira à Draguignan où il mourut le 3 octobre 1802. Ses biographes placent sa mort à Anneyron et Avignon, à la date indiquée ; nous avons préféré les renseignements contenus dans son dossier d'émigré.

Ses biens de Rioms, Ste-Euphémie, St-Auban et Bellecombe ayant été confisqués et vendus, les deux enfants nés du mariage d'Adeline-Emmanuelle-Magdeleine-Françoise-Sophie-Félicité d'Albert, sa fille unique, avec Etienne-Edouard-Louis de Colbert, marquis d[illegible] annet près Luc (Var) réclamèrent, en 1828, une indemnité et il leur fut alloué 11.601 fr. 13 c.

Sa veuve, Thérèse-Pauline Clerc de Ladevèze, avait, de son côté, obtenu, en l'an XI, la restitution de sa belle bibliothèque, composée d'ouvrages choisis sur les sciences, les lettres, la religion et les beaux-arts.

Tels sont les renseignements recueillis sur une famille dont l'*Armorial du Dauphiné* ne parle pas et qui eut cependant son heure de célébrité, de gloire et d'épreuves.

Rioms, à la vérité, en eut d'autres qui possédèrent sur son territoire des domaines et une partie du fief, comme Guil-

---

François, son père, dut mourir à Paris vers 1792, dans un âge avancé, étant alors maréchal des camps et armées de la République.

laume Roger, en 1343, Davin, prêtre, en 1541 ; les St-Remy, successeurs des de L'Homme et les Bardel ayant droit des St-Remy, les Martin et les Guichard de Montguers et d'Olive ou plutôt de L'Ollivier, au XVIIe siècle ; mais il a été impossible de recueillir sur eux des faits assez intéressants pour rajeunir leur mémoire.

Quant au clergé, on sait seulement que la paroisse dépendait du diocèse de Gap et de l'abbaye de St-Victor de Marseille et que le prieur abandonna sa dîme au curé.

Le territoire de Rioms, entre St-Auban et la Rochette, présente les montagnes de la Lirette et du Croc (1,310 mèt. d'altitude) et la partie nord-est peut être seule cultivée. On y comptait, en 1835, en bois 200 hectares, en terres 390, en vignes 12, en prés 24, en pâturages 280, etc. ; total 936. M. Mermoz, en 1839, évaluait à 2,748 fr. le revenu de ses 916 hectares imposables, soit 3 fr. l'un et à 211 fr. celui de ses 23 maisons.

Les quatre contributions de 1873 y ont donné : à l'Etat, 299 fr. ; au département, 143 fr. 57 ; à la commune, 664 fr. 64 et aux non-valeurs, 22 fr. 91 ; en tout, 1,130 fr. 50.

De 98 habitants en 1820 et en 1880, sa population a peu varié ; elle était, en 1892, de 79 (1).

ROCHEBRUNE

Cette commune du canton du Buis, comme Rioms, tire son nom de *Roca*, *Rocha* et *Rupes Bruna*, soit de la couleur sombre des montagnes qui l'entourent, soit de quelques ro-

(1) *Cartulaire de St-Victor*, de Marseille ; — *Inventaire des Dauphins ;* id. des archives de la Drôme, C, 31 ; Q. 142 ; id. de la Chambre des Comptes, manuscrit.

ches grisâtres, droites ou couchées au sommet de la colline sur laquelle le village chef-lieu est assis, dominant les deux vals évasés où coule le Rieufroid, affluent de l'Ennuie, tributaire lui-même de l'Eygues.

Elle ne possède ni ruines, ni monuments, ni archives, ni curiosités. Il y a bien une grotte de 15 à 20 mètres de profondeur, presque au sommet d'une sorte de montagne, appelée la Cuve de St-Vincent, fouillée à pure perte par un habitant du pays, à la recherche d'un trésor, mais nullement au point de vue des études préhistoriques.

Le voisinage de Ste-Jalle permet d'y supposer plusieurs domaines gallo-romains, témoin les découvertes de Tourre, à St-Vincent et de Gamet, à St-André. Le premier, vers 1850, mit à jour une tombe de six dalles renfermant des ossements humains et un pot rempli de cendres de bois, placé aux pieds du défunt ; le second, diverses pièces de monnaie dont on n'a pas la description. Le quartier de St-André possédait jadis un village, d'après la tradition, et des substructions en pierres de taille, ainsi que des vases en terre bien travaillés, dans des tombes du côté de la tête des morts, corroborent cette opinion. Enfin, à la Viste, entre Ste-Jalle et Rochebrune, sur une étendue de terrain d'environ 500 mètres, se rencontrent souvent des tombes en dalles d'une époque lointaine ; mais aucun érudit n'a étudié ces trouvailles.

Au point de vue féodal, le territoire de Rochebrune appartint, morcelé ou en entier, à une vingtaine de familles différentes dont l'histoire exigerait de longs développements, si la plupart d'entre elles n'avaient été déjà rencontrées ou ne devaient l'être bientôt.

Comme à Rioms et dans le voisinage, les Mévouillon y apparaissent dès l'origine de la féodalité, et en 1256, lors du mariage d'une fille de leur maison avec un Montauban, sa dot ayant été assise sur Rochebrune.

Des Montauban la seigneurie échut aux Adhémar de Lombers et aux Dauphins. Mais, au-dessous de ces familles puissantes et suzeraines, d'autres plus obscures en possédèrent le domaine utile, c'est-à-dire les revenus. Vers 1200, R. de Rochebrune servait de témoin à un acte passé aux Templiers de Roaix et, en 1308, Imbert de Rochebrune, dit de Ste-Jalle, allait avec quelques voisins injurier et menacer, à Montségur, l'évêque de St-Paul-Trois-Châteaux (1).

Selon Guy Allard, les d'Arzeliers jouissaient, en 1202, de Ste-Jalle et de Rochebrune et cet auteur cite Hugues en 1318, Humbert, Raymond et Giraud, en 1351. Blandine, leur parente, entra chez les du Saix, en 1320, et Berthe, fille de Giraud, s'unit, en 1368, avec François d'Alauzon. La paroisse d'Arzeliers, dans les Hautes-Alpes, dépendit d'une famille de son nom, de 1094 à 1390 ; Le Saix, dans le même département, eut le même sort, de 1203 à 1400. On a vu que Pierre, sorti de la dernière, prit alliance avec Blandine d'Arzeliers et vendit peu après sa part de Rochebrune à Jean de Sahune qui, devenu vieux et sans postérité, la céda aux Dauphins. L'un de ces princes la transmit à Raymond de Baux, prince d'Orange, le 10 septembre 1341, moyennant l'hommage et le secours annuel de 12 hommes armés pendant 40 jours. Bientôt après cette obligation était levée au prix de 15,000 florins d'or (2).

On trouve, en 1414, une donation de Sahune, Condorcet, Rochebrune et Esparron par Guillaume Rolland à Marie de Baux et à Louis de Châlon, son fils.

Au XIVe siècle, Raymond de Remuzat, acquéreur des droits des d'Alauzon, et Jean Alleman, fils de Gilet se déclaraient vassaux des Dauphins pour Rochebrune que la postérité de l'un et de l'autre garda quelque temps. Après eux figurent les Morges de l'Epine en 1350 ; les Meyssenas et les

(1) *Inventaire des archives dauphinois de M. Morin-Pons*, n° 19. *Cartulaire de Roaix*, publié par M. U. Chevalier.

(2) Notes manuscrites de Guy Allard ; Inventaire de la Chambre des Comptes ; id. *des titres des de Baux*, par Barthélemy.

Artellar ou Artillar (1351) ; les Thollon de Ste-Jalle ; les Luirieu ; les Armand, de Lus ; les Renard de St-Julien, les d'Agoult et les Giberti.

Ces diverses maisons, étudiées ailleurs, n'ont pas laissé de souvenirs dans la commune ; nous rappellerons seulement que Jeanne de Sassenage, dame de Ste-Jalle, fille de François et d'Alix de Châlon, épousa Humbert de Luirieu, seigneur de La Cueille, d'une grande famille du Bugey, et vendit, en 1402, sa part de Rochebrune à Soffrey de Thollon, conseiller delphinal. La postérité de celui-ci l'aliéna aux Armand (en 1625) et celle des Armand aux Renard. Les d'Agoult, acquéreurs des Renard, avaient formé plusieurs branches ; Barthélemy, coseigneur de La Baume des Arnauds, en obtenant la main, en 1543, de Françoise de Remuzat, fille de Claude, seigneur d'Ollon et de Rochebrune et de Marguerite de Thollon, avait acquis de la sorte des droits sur ces terres ; plus tard, la branche de Bonneval posséda Rochebrune par achat des Renard (1656). Basile-Bénédict d'Agoult, coseigneur de ce fief, devint compagnon d'armes du roi de Suède Charles XII. Il était né à Genève en 1686 et rentra en France en 1716, à l'invitation du régent. Devenu catholique, il recouvra les biens que son père avait abandonnés en s'expatriant.

On ne trouve guère d'autres faits saillants à l'actif des divers maîtres du fief, antérieurs à Jean-Joseph de Giberti, comte de Correggio, noble génois, demeurant à Sablet (Vaucluse), qui en fut le dernier.

Le 23 mai 1787, il affermait ses biens et droits seigneuriaux de Rochebrune, tels que lods, censes, vingtains et autres, le domaine de Linseul excepté, à Teste et Brun, pour six ans et 1,950 livres par an, 12 paires de poulets de grains, en août, deux dindons à Noël, un agneau à Pâques et quatre émines de noix en octobre ; si le seigneur venait habiter le château, il devait jouir du pré de Sault et de deux émines de terre pour jardin.

Ses biens furent séquestrés à la Révolution, mais comme il prouva sa résidence continuelle en France, ils lui furent rendus. L'absence d'archives communales ne permet pas d'aborder l'histoire du tiers état ni celle du clergé. La paroisse dépendait du diocèse de Sisteron et de l'ordre de St-Jean de Jérusalem ; elle est devenue succursale en 1820 seulement.

En 1839, Rochebrune comptait 1,724 hectares dont 590 en terres, 455 en bois, 485 en pâturages, 40 en vignes, 13 en prés, etc.; ou 1,576 imposables, d'un revenu de 11,347 francs, soit 7 fr. 20 l'un et 74 maisons, d'un revenu de 651 fr.

Ses quatre contributions ont valu, en 1873 : à l'Etat, 1,242 fr. 97 ; au département, 578 fr. 01 ; à son budget municipal, 1,238 fr. 64 ; aux non-valeurs, 58 fr. 61 ; total 3,118 fr. 23.

De 356 habitants en 1820, de 375 en 1840, de 381 en 1850, de 371 en 1860, de 259 en 1870, sa population est descendue à 225 en 1892.

Outre les causes générales de la dépopulation des Baronnies, telles que maladies de la vigne et des vers à soie, Rochebrune en offre une toute particulière : c'est, dit-on, l'absence de filles à marier.

Il a été question plus haut du fief de Linseul, placé sur la montagne de ce nom, entre Beauvoisin, Ubrils et Rochebrune, qui passa des Mison aux Remuzat, de 1330 à 1421, et appartenait aux Giberti, en 1787. L'inventaire de la Chambre des Comptes l'appelle *Nissol* ou *de Nissolio*, et pour en faire Linseul, il faut lire *de Insolio*, ce qui n'offre pas la moindre difficulté.

Distance de Rochebrune au Buis, 12,914 mètres, à Nyons, 21,738 et à Valence, 111,530. Productions : vin, blé et olives (1).

---

(1) Inventaire de la Chambre des Comptes et notes de GUY ALLARD, manuscrits. — *Inventaire des archives de la Drôme*, E, 4501. — *Généalogie des d'Agoult* ; CHORIER, *Histoire de la maison de Sassenage* ; — *Annuaires de la Drôme*.

ROCHE-SUR-BUIS

I. — Topographie et Féodalité.

Dans une vallée gracieuse, s'ouvrant à l'est du Buis, s'élève au milieu de vignes et d'oliviers un modeste village tout près d'énormes rochers, sur un sol bouleversé par d'anciens cataclysmes. La Roche, *rupes* ou *Rocha*, voisine du Buis, qui donna son nom au pays, sert encore de base à un château dont la masse, il y a peu d'années, menaçait d'écraser les maisons des habitants.

La commune, traversée par le Menon, affluent de l'Ouvèze, jouit aussi de deux sources considérables qui servent avec lui aux arrosages. Elle a plusieurs hameaux : Sias, Tourniaire, Clément, Prayraud, Barnoin, Carras, Alauzon et Jean-Jean. Son sol, argileux au midi et calcaire au nord, convient à merveille aux arbres à fruits et à la vigne.

La *Statistique de la Drôme* lui donne 388 hectares de bois, 800 de terres labourables, 76 de vignobles, 28 de prés, 1,500 de pâturages, 60 de routes et rivières, 49 de terres incultes, etc. ; total : 2,905. M. Mermoz, en 1839, attribuait un revenu de 1,960 fr. à ses 178 maisons et de 40,515 fr. à ses 2,701 hectares imposables, soit 15 fr. l'un.

Elle a payé, en 1873, 4,033 fr. 33 à l'Etat, 1,902 fr. 94 au département, 3,181 fr. 54 pour ses propres dépenses, 160 fr. 40 au fonds de non-valeurs, soit 9,286 fr. 21 en tout.

Sa population, de 722 habitants en 1830, de 701 en 1840, de 676 en 1850, de 644 en 1860, est descendue à 623 en 1870, à 575 en 1880 et à 481 en 1892.

On n'a pas exploré une grotte profonde située dans la partie nord, et les renseignements sur les Celtes et les Gaulois de la contrée font défaut.

La période romaine, au contraire, a laissé arriver jusqu'à nous des preuves de sa richesse.

En 1871, M. Fillol, propriétaire à Sias, découvrit, en cultivant ses terres, une urne remplie de pièces de monnaie en argent et en billon, du poids total de 8 hectogrammes. Il y en avait 218, dont 50 de Philippe Ier et II, 36 de Gordien III, 23 de Gallien, 18 de Trajan Decius, 12 de Valérien, 12 de Salonine, 8 de Volusien, 7 d'Octacilie, 5 d'Etruscille, 3 de Posthume, 16 de Trebonianus Gallus, 2 de Maximin, 1 d'Alexandre Sévère, 1 d'Antonin, etc. Comme ces empereurs ont régné de l'an 235 à l'an 268 de notre ère, le propriétaire qui avait confié ce trésor à la terre devait avoir péri dans quelque combat ou pris la fuite devant quelque invasion (1).

Les Gallo-Romains et les premiers vassaux des barons de Mévouillon sont restés sans histoire. Sous la féodalité, Raymond de Mévouillon, déjà accablé de dettes, assignait le revenu de la Roche à ses créanciers, dans son testament de 1242. Un autre Raymond, en émancipant son fils, en 1281, s'en réservait le produit. Le fils échangeait bientôt après la seigneurie de la Roche avec Guillaume Artaud, seigneur d'Aix et de Châtillon au Diois et Flotte, son épouse, contre Montclar, Vérone et Roche-sur-Grane, ce que le Dauphin approuva sous la réserve de ses droits (1288).

Les Mévouillon, en 1293, cédèrent la Roche à ces princes, et cependant lors de la prise de possession de l'héritage de Raymond devenu dominicain, elle ne fut pas comprise dans l'énumération (1307).

Guy Allard prétend qu'en 1316, le religieux l'inféoda à Nicolet d'Orle ? qui lui donna 310 livres. L'abbé Vincent la fait aliéner, en 1314, par Isoard d'Aix aux d'Agoult, barons de Sault. Elle passa bientôt en partie à noble Agout de Baux, seigneur de Brantes et de Plaisians, par échange, vers 1326, avec Isoard, seigneur d'Aix, contre le château de la Motte (Chalancon) et des terres au diocèse de Gap.

---

(1) *Bulletin de la Société d'Archéologie de la Drôme*, VI, 207-9.

Raymond d'Agout, en 1329, rendit hommage aux Dauphins pour un quart de la Roche, d'Alauzon, de la Rochette et d'Autane ; Agout de Baux, mari de Catherine Artaud, en 1332, se reconnut vassal des mêmes princes ; Catherine Artaud, en 1347 et 1349, remplit le même devoir ; en 1399, ce fut au tour de Guigues Artaud, seigneur d'Aix ; en 1413, de Louis Artaud, fils de Guigues ; en 1585 et 1601, d'Esprit Artaud de Montauban ; en 1621 et 1645, de Jacques Artaud de Montauban ; en 1687, de Jean-Pierre Artaud.

Celui-ci fut le dernier de sa branche. « N'ayant point d'hé« ritiers mâles, vieux, infirme, il disposa de ses biens par « un testament daté du 20 mars de l'an 1734. Aux consuls, « recteurs de la Charité, 3,000 livres sont léguées pour se« cours, distribution annuelle de soupes, aliments, vivres « jusqu'à concurrence de l'intérêt. Ce don, cette part du « pauvre, bonne, on le voit, mieux que la gloire et l'illustra« tion de sa race, fera bénir le nom d'Artaud (1). » C'est la conclusion de l'historien de la Roche-sur-le-Buis, et c'est aussi la nôtre. L'auteur ajoute que le fief, le patrimoine et la succession du noble défunt passèrent aux mains de Jean-Laurent de Caritat, comte de Condorcet et son héritier du chef de son épouse, unique fille de Pierre Artaud.

En 1771, par suite probablement d'embarras financiers, François-Hélène de Caritat, transmit la seigneurie à Louis d'Ailhaud, chevalier, baron d'Entrechaux, mari de Thérèse de Caritat, au prix de 150,000 livres. Celui-ci, le 2 mai 1776, testait en faveur de Jean d'Ailhaud avec fondations d'aumônes à Bouvières, Chaudebonne, L'Estelon et Castelet et legs de 1,000 livres pour célébrations de messes à la Roche et, à défaut d'acquittement, pour les pauvres du lieu et de 11,400 livres, dont 6,000 pour les pauvres, avec l'intérêt de cette somme, et, en cas d'excédant, pour doter une fille pauvre. Le dernier seigneur marchait, on le voit, sur les traces ho-

(1) L'abbé VINCENT, *Notice historique sur La Roche-sur-Buis.*

norables de ses prédécesseurs. Il descendait d'une famille illustrée par Jean Ailhaud, chirurgien de Lourmarin, inventeur ou propagateur d'une poudre purgative, « hydragogue actif, qui, selon M. le docteur Barjavel, doit nuire dans bien des cas. » Il en fit d'abord l'essai sur des habitants de Cadenet et, avec ses premiers bénéfices, alla se faire recevoir docteur à Aix. De là il se rendit à Paris, où il obtint un privilège exclusif pour la vente de son remède universel. Au moyen de bureaux de débit dans les principales villes et de réclames dans les journaux, la vente s'en établit sur une large échelle et Ailhaud devint un des plus riches seigneurs des Etats de Provence où il acquit les terres de Montjustin, Vitrolles, Le Castellet, Entrechaux, etc., et un bel hôtel à Aix. Il mourut à Vitrolles ou à Aix en 1756 laissant un *Traité de l'origine des maladies et des effets de la poudre purgative*, en latin et en français, plusieurs fois réimprimé.

Son fils et héritier, Jean-Gaspard, continua l'exploitation de la source de richesse découverte par son père et publia, de 1760 à 1777, de nombreux écrits pour la recommander. Il prit les titres de baron du Castellet, seigneur de Vitrolles et de Montjustin, conseiller secrétaire du roi et gouverneur de Forcalquier. Décédé le 11 novembre 1779, dans un âge peu avancé, il avait eu pour fils Jean-Pierre-Gaspard, chevalier, baron d'Entrechaux, décédé à Arles le quatrième jour complémentaire de l'an VIII. C'est à lui que la seigneurie de la Roche appartenait à la Révolution. Jean-Baptiste-Pierre-Joseph, né de son mariage avec Marguerite-Thérèse de Caritat le 10 octobre 1764, était docteur-médecin à Vitrolles en 1820, et son frère, Joseph-Antoine-Gaspard Ailhaud de Brisis, habitait Nyons à la même époque.

D'après les notes de Guy Allard, Mabille d'Agoult, fille de Raymond, épousa Guillaume Artaud, seigneur de Glandage, et n'ayant pas d'enfant, donna ses biens à ce gentilhomme, vers 1329. Guigues Artaud, son parent, successeur du seigneur d'Aix, déjà maître de la portion de la Roche, inféodée en 1290 par Raymond de Mévouillon, devint de la sorte seigneur en totalité de la Roche. Mais le mariage de Catherine Artaud avec Agout de Baux, en premières noces, et avec Raymond d'Agout, en secondes (1349), fractionna de nouveau la seigneurie pendant quelque temps, car à sa mort, sa part fit retour à Guigues Artaud, son frère.

M. Barthélemy analyse un acte de 1324 portant reconnaissance au Dauphin par Agout de Baux d'Avellin pour les trois quarts du château de la Roche, les trois quarts de la haute seigneurie des châteaux d'Alauzon, la Rochette et la moitié de celui d'Autane ; un acte d'hommage de 1332 par le même gentilhomme au Dauphin pour la Roche et Villefranche, la haute seigneurie d'Alauzon, la sixième partie d'Autane, le château du Poet sur Alauzon et leurs territoires ; un autre acte semblable de 1344 pour trois parties du château de la Roche, trois parties d'Alauzon et la Rochette et la moitié d'Autane, et enfin un hommage lige et serment de fidélité à Humbert II, baron de Mévouillon, pour le château de la Roche et ses dépendances par Catherine Artaud, veuve d'Agout de Baux. Le fils et héritier de Catherine, Amiel de Baux, seigneur de Caromb, se fit attribuer, en 1374 la nue propriété et les droits provenant de la dot de sa mère sur le château de la Roche. Il fut sénéchal de Nîmes et de Beaucaire en 1367 et mourut sans postérité.

Tels sont les renseignements recueillis sur les seigneurs de la Roche. Au tour à présent de leurs vassaux.

II. — Les Vassaux.

Les habitants de la Roche reçurent de Raymond de Mévouillon, le 12 des calendes d'octobre 1282, les libertés suivantes :

Permission de tester et de disposer de leurs biens et meubles à leur gré ; la succession des intestats revient à leur plus proche parent au quatrième degré.

permission, sans congé du seigneur et de ses officiers, de vendre, donner et échanger leurs biens, meubles et immeubles, à qui ils voudront, en payant les lods et le treizain, et de changer d'habitation en transportant leurs meubles, à volonté.

Le seigneur ne pourra mettre ses sujets en caution pour lui ni leur faire souscrire une obligation au-delà de 60 sols.

Ils ne pourront être forcés à faire des voyages à leurs dépens, à moins de rentrer chez eux le même jour.

Les devès ou défens du château seront de la même durée qu'à Mévouillon.

Le travail au béal du moulin ne devra pas excéder trois journées.

Les possesseurs d'un âne feront une journée par an pour le seigneur avec leur bête et ceux qui n'ont pas d'âne une journée ; s'il avait besoin d'autres journées, il payait la location de leur bétail.

Ni lui ni les siens n'auront droit de prendre leurs foins ou leurs vivres sans les payer ou donner gages ou cautions.

Le foin lui sera vendu au prix du Buis.

Il lui est interdit d'exiger des poules, des œufs, du pain, du vin, de la viande et autres vivres, sans les payer.

L'amende des faux poids et fausses mesures est fixée à 5 sols.

Une poule lui sera livrée pour 6 deniers, un poulet pour 2, une oie pour 8 ou 12, selon le temps, 8 œufs pour un denier.

Celui qui aura juré contre Dieu, la Sainte Vierge ou les Saints paiera chaque fois 5 sols d'amende.

Le possesseur d'une paire de bœufs devra, comme au Buis, une cense annuelle de 5 sols ; elle sera de 4 sols pour un bœuf et de 3 sols pour un manouvrier, en ayant égard à sa force et à sa pauvreté.

Cette cense sera doublée lorsque le seigneur mariera une de ses filles, ira en guerre, à Rome, en Terre-Sainte, au-delà des mers ou à St-Jacques, acquerra une juridiction ou devra être sorti de prison. Elle ne sera due qu'une fois par an, lors même qu'un autre cas surviendrait. Ils lui seront soumis pour le plaid et la guerre (1).

Les réparations du château et sa clôture seront faites aux frais du seigneur.

Il paiera les personnes et le bétail employés à son service, à raison de 3 à 4 deniers par jour, selon les saisons.

Le droit de tavernage (débit en taverne) se lèvera comme au Buis.

Les habitants dispensés des *corrades* et du *cavalage* (2) lui devront la gâche ou guet.

Sont réservés au seigneur les droits qu'il avait avant ces libertés.

Pour l'investiture et la concession de celles-ci, il sera payé au seigneur le vingtain du blé, du vin, des légumes et de toutes autres denrées, selon la coutume.

L'acte de cette concession fut passé au château de la Roche en présence de Rostaing de Sault, de Raymond de Ste-Jalle, de Guillaume Reynier de La Penne, damoiseau et de quelques autres personnes.

Sur les plaintes des habitants, Raymond de Mévouillon, le 18 novembre 1295, modifia et compléta les franchises premières, dans le fort d'Alauzon, après avis favorable d'arbitres communs.

Il est permis de vendre les biens meubles à qui bon semblera, sauf à des ennemis et à des personnes exclues par le droit, sans permission du seigneur ou de son bailli et sans payer ni lods ni treizains.

En temps de cherté des vivres, le blé, le vin et les autres récoltes pourront être portées et vendues au Buis.

Les biens des intestats appartiendront à leurs proches parents jusqu'au sixième degré.

(1) Secours pour conseils de justice et pour la guerre.

(2) Courses à pied ou corvées et courses à cheval.

Licence est accordée de disposer par donation entre vifs jusqu'à la valeur de cent livres, sans permission et sans lods, les personnes exclues par le droit étant exceptées.

Les défens (bois réservés) appelés Devès, ne seront interdits au bétail que du 1er mai à la veille de Noël, et le seigneur ne pourra en créer de nouveaux.

Les habitants auront le droit de choisir des procureurs ou mandataires, au nombre de deux, trois ou quatre, pour soutenir leurs procès, sauf contre le seigneur ou ses héritiers ; mais la communauté, ou la majeure partie de sa population, ne pourront établir des syndics ou procureurs sans l'autorisation du seigneur et de son bailli, ou de ses successeurs et héritiers.

Faculté est donnée en payant une créance, en vendant, en testant et en contractant de prêter serment, pourvu que ce ne soit ni contre le seigneur, ni contre ses ayant-droit, et de s'assembler (*se aiostare*), pour le bien de la communauté, lorsque le seigneur ne sera pas lésé ; mais il faudra sa permission ou celle de son bailli, s'il en est rédigé un acte.

La double cense exigée pour chacun des cas spécifiés en 1282 est maintenue.

Au sujet du carnage ou tribut sur la viande ou le bétail de boucherie, Raymond de Mévouillon en exonère ses vassaux, mais il se réserve un droit sur le vin vendu en gros ou en détail dans le château et son mandement, à raison de 2 deniers coronats par muid.

Lorsqu'un immeuble est donné en dot à une fille, sœur ou parente, aucun lod ni treizain ne sont dus, seulemend le fonds reste assujetti à la redevance antérieure ; si l'immeuble est évalué en argent, lods et treizains sont exigibles pour sa valeur, et s'il est possédé comme tenure, ces droits seront payés, après un intervalle de dix ans.

Exemption des lods et treizains pour les fruits et récoltes vendus est octroyée et cette vente s'affectuera sans la permission du seigneur ou de son bailli.

Une amende de 60 sols est infligée à l'adultère, et si elle n'est pas payée, le coupable sera fouetté en plein jour d'un portail à l'autre.

Enfin les habitants devront parachever leur église du bourg dans 4 ans, en prenant la chaux et les pierres dans les fonds du seigneur.

Comme les libertés de 1282 n'avaient pas été gratuites, celles de 1295 ne le sont pas non plus, et le seigneur reçoit 30 livres de ce chef.

L'acte fut passé à Aulan, dans la chambre du seigneur de Mévouillon, devant Bertrand de Remuzat, notaire, Ponce Roux, clerc, Bernard Vache, dominicain, Henri de Pierre-Verte, damoiseau et plusieurs autres témoins.

Remarquons, en passant, que si les libertés de 1282 s'occupaient surtout de l'émancipation des personnes et des biens, celles de 1295 embrassaient de plus, les franchises municipales, avec la permission de s'assembler pour les intérêts de la commune. Malgré les restrictions qui accompagnaient cette faculté, la brèche désormais ouverte ne tarda pas à laisser entrer la liberté municipale.

Il existe un hommage du 6 octobre 1314, rendu à Raymond d'Agout, fils d'Isnard de Pontevès, seigneur de la vallée de Sault et coseigneur de La Roche, par Raymond de Pierre-Verte, Isnard et Guillaume Taxil, Guillaume et Etienne Faraud, nobles, et par Escoffier, Tendille et divers roturiers du lieu, par lequel les uns et les autres se reconnaissent ses hommes liges et sujets pour un quart de la seigneurie, selon les six chapitres du code féodal, sous la réserve des trois quarts restants à Isoard, leur autre coseigneur.

Les nobles debout, tenant leurs mains dans celles du seigneur lui donnent le baiser de paix, et les roturiers, à genoux, les mains jointes, lui baisent les pouces.

A cette occasion, les habitants obtiennent la confirmation de leurs franchises et l'acte est rédigé à la Roche, sur la place de la chapelle, près du fort, en présence d'Audibert de

Barracon, chevalier, de Rolland de Pierre-Verte et de Pierre-Albert, damoiseaux.

Une autre concession du 29 juillet 1337 montre la bienveillance de noble Agout de Baux, seigneur de Brantes et de Plaisians, envers ses vassaux de ces deux terres et de La Roche, car il leur fait remise de toutes condamnations pour crimes et délits jusqu'au jour de l'acte, et les exempte de toute enquête à ce sujet. Fait à Brantes, sur la colline de Fontblanche devant nobles Rostaing de Manson et Agier d'Ayrec.

Le même Agout de Baux, chevalier, ayant légué par testament à Catherine Artaud, son épouse, les droits qu'il avait à La Roche et à Aiauzon, celle-ci, devenue veuve, réclama l'hommage des habitants et ratifia leurs libertés, le 14 septembre 1346, par acte au pied du fort, devant la porte de la chapelle, en présence de noble Raymond d'Agout, chevalier, seigneur de la vallée de Sault, de nobles Guillaume de Bésignan, chevalier, seigneur de la terre de ce nom, de Falcon, damoiseau, fils du seigneur de la vallée de Sault, de Guillaume Balbi, prêtre et de Robert, notaire.

L'archiviste Bouvier, délivra aux habitants de La Roche une copie des libertés delphinales « soubs l'espoir qu'ils le gratifieraient » ; mais il ne dit pas s'il reçut satisfaction. Ces libertés de 1349, imprimées plusieurs fois, regardent plutôt l'histoire de la province qne celle de La Roche ; nous les négligerons, Il n'en est pas de même d'une concession en date du 26 février 1363, par laquelle Amélius ou Amiel de Baux, seigneur de La Roche, réduisit la taisse (tâche ou tasque) et le vingtain dus pour les collines de Chanalet et de l'Adrech de St-Christol au seul vingtain des fruits et récoltes.

Ce seigneur leur céda, de plus, les oliviers de la terre de St-Domenge (Dominique) pour le luminaire des églises de La Roche et de Notre-Dame de Sias, par moitié, et la terre elle-même, par acte passé dans le fort devant nobles Bertrand du Chastel, bailli de la baronnie, Bérenger Fulpi, de Sauzet et Jean Tisseur, serviteur d'Amélius.

A quelque temps de là, les habitants, qui avaient acheté du blé pour leur provision à Mévouillon, furent empêchés de l'enlever par les péagers Monet Bernard et Jacques Jullian ; Guillaume Allègre, Mellion Raybaud et noble François Ventayrol, consuls et conseillers de La Roche s'en plaignirent à Etienne Alleman, jurisconsulte et juge-mage des baronnies de Mévouillon et Montauban, qui les déclara exempts de la leyde et du péage pour leurs provisions de ménage. Ce jugement fut rendu le 19 avril 1398.

Une transaction du 30 janvier 1414, intervenue entre Louis Artaud, écuyer, seigneur de La Roche, les consuls, Gaus et Allègre, et les habitants Blanc, Gaudibert, etc., au sujet des corvées ou *corrades* dues, pour leurs personnes et pour leur bétail, avait décidé qu'à l'avenir, il serait fait chaque année 5 journées personnelles et 4 de leurs bêtes de travail, applicables « aux négoces et œuvres du seigneur, » à La Roche, La Rochette, Poet-en-Percip, Alauzon et le Buis, à sa requête, sans aucun salaire, mais avec imputation de leurs dépenses.

A cette époque la population trouvait exorbitante la servitude imposée en 1292, par la raison que le seigneur d'alors avait moins de terres que le seigneur actuel, que le lieu était plus peuplé avant les mortalités et les guerres dernières, qu'elle éloignait les nouveaux habitants et empêchait les anciens de trouver des épouses dans les localités voisines.

La concession de 1414 avait aggravé la condition des vassaux, au lieu de l'améliorer, et les plaintes et protestations éclatèrent en 1513, à la suite de la nomination d'un bannier et des proclamations ou criées contenant le code primitif de la seigneurie : Guillaume Artaud écoutant les griefs des réclamants se prêta à une revision et modification des articles incriminés.

L'acte qui en fut dressé mérite une analyse complète.

A la vérité, M. l'abbé Vincent, dans sa *Notice historique sur La Roche* nous a déjà devancé ; mais sa lecture, d'ailleurs incorrecte, ne fait pas connaître les changements accordés par Guillaume Artaud.

Il existe une autre transcription imprimée dans les *Documents historiques inédits tirés des collections manuscrites de la Bibliothèque nationale et des archives ou des bibliothèques des départements* (t. IV, p. 348 et suiv.), d'après une copie faite sur l'original par M. Berbrugger, ancien élève de l'école des Chartes et bibliothécaire à Alger.

Seulement, le savant éditeur de ce recueil, M. Champollion-Figeac, a cru voir dans cet acte un accord entre les habitants de La Roche-de-Glun et d'Alanson (Drôme) et Guillaume Artaud, leur seigneur. Or, il regarde La Roche-sur-le-Buis et Alauzon, comme le prouve le nom du seigneur, la mention de la rivière de Menon et celles des cimetières de St-Christol (de La Roche), de Notre-Dame de Sias et de St-Martin d'Alauzon.

Quant à Alanson sur La Roche-St-Secret, dans le canton de Dieulefit, sa distance de La Roche-de-Glun et de La Roche-sur-le-Buis suffit amplement à l'écarter ; Alauzon au contraire, dans la dernière commune, correspond à merveille à toutes les indications de l'acte de 1513.

Voici, d'après le cartulaire de La Roche-sur-le-Buis conservé aux archives de la Drôme, et d'après M Berbrugger, l'analyse du document :

1. Défense est faite de jurer et blasphémer le nom de Dieu, de la Vierge et des Saints sous peine chaque fois, de 50 sols la première, de 100 sols la deuxième et de la perforation de la langue, la troisième.

Ce premier article, conformément à un acte de 1425, non retrouvé, réduit l'amende, en pareil cas, à 5 sols chaque fois.

2, Nul ne pourra jouer à jeu quelconque pendant l'office divin, prédication et sermon, à peine de 25 sols d'amende pour chaque fois et chaque délinquant. (Cet article est annulé et révoqué).

3. Défense de porter des armes offensives, cachées et défendues, à peine de 10 sols (annulée).

4. Nul ne doit laver draps, tripes et objets sales à la fontaine, à peine de 5 sols d'amende (annulé, à moins qu'un dénonciateur n'intervienne, selon la transaction du 3 janvier 1498).

5. Il est défendu de mettre ou faire mettre « charonhados » ou autres infections près de la ville et dans la terre de Paran, appartenant au seigneur, à peine de 10 sols d'amende (article restreint au lieu de La Roche et à la terre de La Paran, pour l'avenir).

6. Défense de faire assemblée illicite et conciliabule avec ou sans armes à La Roche et dans le mandement, d'écouter ou dire des paroles préjudiciables au seigneur ou à autrui, à peine de 10 francs d'amende, indépendamment de la punition imposée par le droit (maintenu à La Roche en se conformant au droit commun).

7. Défense de tenir des faux poids et fausses mesures à peine chaque fois de 10 francs d'amende, outre la peine de droit (réduit, selon les libertés du lieu, à 5 sols).

8. Interdiction d'ouvrir des chemins et sentiers dans les territoires de La Roche et d'Alauzon, sans autorisation de la justice, à peine de 25 sols pour chaque contravention (article annulé).

9. « Que chescune persone au dret de sa possession tenha bon chemyn et esbuchat, et mès que l'on pueyssa passar sans dangier ny domage, sur la pena de ung chescun et per chescune fés de 5 sols. » (annulé).

10. « Que nulle persone non aye à peschar en la ribiera de Menon, de nuech ambe lo lume, ny de jourt, per portar defora lo luoc, sur la pena de ung chescun et de chescune fés de dès soulz » (annulé à perpétuité).

11. « Que dengune persone non deia lojar ribaudos publicques audit luoc, plus hault que una nuech, ny ruffians, » à peine de 5 sols (annulé).

12. Défense de chasser dans les vignes lorsque les raisins y sont et dans les blés non moissonnés, à peine de 10 sols (annulé, à moins qu'un dénonciateur n'intervienne selon les libertés delphinales).

13. Défense à qui que ce soit d'entrer le jour ou la nuit dans les possessions d'autrui, et d'y prendre fruits quelconques, sans la permission du propriétaire à peine de 5 sols d'amende le jour et de 10 la nuit, et chaque fois (annulé, à moins d'intervention d'un dénonciateur légitime, selon les libertés delphinales).

14. Défense d'entrer dans les vignes d'autrui et d'y grapiller, avant que toutes ne soient vendangées, sans la permission du propriétaire, à peine de 5 sols d'amende (annulé, à moins de dénonciateur légitime).

15. Pareille défense pour le glanage avant la mise en gerbiers de toutes les gerbes (annulé comme pour le grapillage).

16. Défense de cueillir aigrats ni raisins dans les vignes d'autrui, sans permission, à peine de 5 sols (annulé).

17. Nul ne doit casser, faire casser ou arracher un arbre à fruit dans les possessions d'autrui, sans l'autorisation du propriétaire, et cela surtout dans les devès de Veuse et de Pomeirouls appartenant au seigneur, à peine de 50 sols, chaque fois (annulé, sans dénonciation légitime).

18. Défense de tailler des poutres et solives dans les mandements de La Roche et d'Alauzon pour les porter au dehors, sans la permission du seigneur, à peine de 25 sols (sera observé seulement pour les poutres employées aux constructions, selon l'accord de 1498).

19. Que nul n'ose tirer de sa juridiction les sujets du seigneur à peine de 50 sols (cassé et révoqué).

20. « Que nulle persona non ause levar neguns blas, ny liens (légumes), ny autres grans que farien lo vinten ou taysse, ou demye-taysse à monseignor, sense licence du vintenier, sur la pena de ung chescun et per chescune fés de dez soulz » (maintenu).

21. « Que nulle persona non ause ne déia mesclar las gerbas de las terras que fan lo vinten, taysse ou demyetaisse, ambe les autres que non fan gis, sur la pena de ung chescun et par chescune fés de dez soulz » (maintenu).

22. Défense de laisser paître le bétail de quelque espèce que ce soit dans les fonds d'autrui, surtout les vignes, près, blés, jardins et vergers d'oliviers, quand les fruits sont pendants, à peine de 5 sols d'amende et de réparation du dommage (nul et révoqué à moins d'intervention d'un dénonciateur, selon les libertés delphinales).

23. Défense de laisser courir son bétail dans le territoire sans gardiens suffisants à peine pour chaque troupeau gros ou petit de 5 sols, pour chaque bête grosse, de 10 sols et pour chaque porc ou chèvre, de 25 sols (annulé, comme le précédent).

24. Défense de mettre ou faire entrer les chèvres dans les endroits anciennement défendus, dans les vergers d'oliviers à peine de 10 sols et de réparation du dommage (maintenu selon la transaction intervenue antérieurement).

25. Défense d'introduire le bétail, quel qu'il soit, dans les champs moissonnés d'autrui avant que les gerbes ne soient enlevées ou rangées en gerbiers, à peine de 10 sols (annulé, sans l'intervention d'un dénonciateur légitime).

26. « Que touta persona déia far pourtar à sos chins chescun ung croc, durant que lo rasins son en las vinhas, sur la pena de sincq soulz » (maintenu sauf pour les chiens de garde du gros et du menu bétail).

27. « Que nulle persone non ause ny présumisse metre d'engun bestiari dedins las eglises ny cimenteris de Saint Christol près de La Roche, Nostre-Dame de Sias, St-Martin de Alauzon, ne aultres que sien dedins los mandemens predictz, et aquo sur la pena de ung chescun et per chescune fés de dez soulz » (maintenu, à condition pourtant qu'il y ait un ordre spécial à ce sujet).

28 « Que nulle persone de quelque stat que sié non agé ny

puisse tenir ni regir d'enguns bens de pupilles ny aultres, sans licence de la justice de monseignor, sur la pena de ung chescun et par chescune fés de 25 soulz » (annulé à moins de requête des parents et amis, selon les libertés delphinales).

29. « Que tous tutours et gouvernadors ou administradors, tutrix ou administratrix de bens de pupilz ou de autres, sian tengus et déian faire degut (dû) inventari de bens, enfre ung més contant au jourt de la tutele, si non que aguesson de la justice licence, et aquo sur la pena de 25 soulz » (accordé).

30. « Que nulle persone non tenhe ny aye à tenir, dedins lesdits mandaments de La Roche et de Alauzon, dengu bestiari gros ni menu d'altruy, à myey creys (mî-croît) ou myeges drèches, sans licence du seignor, sur la pena de ung chescun et per chescune fés de 50 soulz » (nul, révoqué et cassé, au moins pour bêtes à laine et chèvres, bien que le contraire du contenu de la dite criée eût été usité par le passé et soit encore pratiqué à La Roche et lieux voisins).

31. « Que nulle persone non ause ny présumisse metre ny fere metre dengun bestiari, tant gros que menut, estrange, dedins lesdits mandamentz de La Roche et Alauzon, sans licence du seignor, per pasturgar, et aquo sur la pena de une chescune fés et per ung chescun de dez francz » (nul et révoqué).

32. « Que nulle persone non ause ny présumisse tenir dengun aver (troupeau) enfre losdits terraires morbos ny infect » qui ne soit visité par prudhommes du lieu ou nourriciers, à peine de 25 sols (accepté, à moins que le possesseur du troupeau ou ses gens n'aient averti dans les trois jours le seigneur ou ses officiers).

33. « Que nulle persone non age rompre ny pourtar las clausures des ors (jardins), pras, vinhas ou de aultres possessions, sur la pena per chescune fés de cincq soulz » (révoqué, à moins de dénonciation légitime, selon les libertés delphinales).

34. Que nulle persone non ause far coyre ses pastes en aultres fors que du seignor, et que non ayan emportar lo pan du fourt sans payar lo drech au seignor ou à son fournier, sur la pena de ung chescun et chescune fés de XXV soulz. » (accepté aux conditions suivantes, faire cuire les pâtes au four seigneurial et payer un pain sur vingt, selon la coutume ; bien entretenir le four du seigneur et obtenir des fourniers, selon l'estimation des consuls, une indemnité lorsque, par leur faute, pâtes ou pains des habitants auront été endommagés).

35. Que dengune persone non ause ny dege moulre,ny far moulre ou detricar sos blas et olives en aultres molins que dudit seignor de LaRoche, sur la pena, per ung chescun et chescune vegade, de L soulz et de confiscation dudit bla et desdictes olives ; (accordé selon la transaction intervenue à ce sujet, reçue par Elzéar Engiran. Quant aux olives, elles seront détriquées au moulin du seigneur, en payant la 13e partie de l'huile, et ce moulin sera convenablement installé et géré par gens capables, munis des ustensiles nécessaires, le tout aux frais du seigneur).

36. « Que nulle persone venent d'ung luoc infect de pestilence, non ause intrar audit luoc sans licence du seignor ou de las gardes, sur la pena de ung chescun et per chescune fés de dez francz, » (maintenu exactement pour l'avenir).

37. « Que nulle persone non ause ny dege chassar de nuech ambe la lune, ny de jourt à la granade ou autrement à las perdrix, sans licence du seignor, sur la pena de ung chescun et per chescune fés de L soulz. » (admis selon pourtant les usages et coutumes observés jusqu'ici à La Roche).

38. « Que nulle persone non age passar par dessus les barris (remparts) et murs rompus de la ville, de nuech ou de jourt, quant los portaulx seront sarrés per los negocis de la ville. Et aquo sur la pena per ung chescun et chescune fés de XXV soulz, oultre la pena de drech, » (accordé en restreignant la défense aux seuls chefs de famille).

39. « Que nulle persone non ause injuriar aultruy de parolle ny de fach, sur la pena de ung chescun et de chescune fés, de dez soulz, et s'il y a effusion de sang, sié à l'arbitre dau juge. » (Annulé, s'il n'y a pas dénonciation légitime).

40. « Que nul habitant ny habiteyris de La Roche non ause ny dege, per sy ny per aultruy, pourtar per vendre foro du luoc dengunes victualhes, comme pan, vin, fromaiges, haous (œufs), poulasses, gallines, dengun bla ou fen, palhes, ancolles, soffran, noses, ortholages, griotes ny aultres serieyses ny fruytes, sans presentar à mon seignor ou à son commys au chastel, et aquo affin que age sa provision premièrament, ny vendre à dengun estrange sans licence dudit seignor ou de son commys, sur la pena, de ung chescun et per chescune fés, de dez soulz » (cassé et révoqué ; le contraire étant permis sans contradiction).

41. « Que dengune persone non ause ny dege vendre ny encharsir (surenchérir) audit seignor ou à son commis les dictes victuailles à plus que non valon ny empoyrien trobar au Boix, juxta le cours commun, et aquo sur la pena de dez souls » (révoqué et le contraire observé).

42. « Que nulle pesone non ause ny présumisse scripre ny faire scripre dengunes investitures, nouveaulx achapts, affictamens (locations), sinon que au notary de mon seignor, sur la pena de ung chescun et per chescune fés de XXV soulz, » (sera observé selon la teneur des libertés delphinales).

Ce document, curieux au point de vue du langage et des mœurs et coutumes d'alors, paraît être moins une concession de franchises qu'un règlement de police ; il élargit pourtant d'une manière considérable le cercle de la condition sociale des habitants.

Franchissons un siècle entier pour arriver à une émancipation plus complète. C'est une transaction du 5 juin 1618 qui nous renseigne à ce sujet.

A la suite de procès engagés entre noble Jacques Artaud

de Montauban, seigneur de La Roche-sur-le-Buis et d'autres places et les habitants devant les cours du parlement de l'Edit à Grenoble et à Castres, un accord intervint entre les parties, grâce à la médiation de Jean Sigaud et de François de La Bastide, docteurs en droit et avocats au bailliage du Buis. En voici le résumé :

1. Les consuls, manants et habitants de La Roche ou autres tenant feu et domicile au mandement du lieu paieront annuellement, à perpétuité, à noble Jacques Artaud, seigneur de La Roche, Alauzon et autres places, et aux siens, le droit de guet ou de gâche qu'ils lui ont reconnu et confirmé de nouveau, à raison d'une émine de blé froment et de 16 pots de vin, mesure du lieu, payables le blé à la Saint-Barthélemy et le vin « au partir de la cuve. » Moyennant cette obligation, il les exonère pour toujours, à l'avenir, de la garde de son château et maison forte, en temps de paix et de guerre. Dans ce château il sera tenu de recevoir les meubles, fruits et habitants en temps de guerre.

2. Les consuls cèdent et remettent audit seigneur les moulins de la commune, que celui-ci leur rétrocède et donne par nouveau bail, albergement et emphytéose perpétuelle. — Ces moulins à blé sont situés à la Cluse (écluse) ou ailleurs et comprennent des bâtiments, des béalages (canaux), prise d'eau, écluse, privilèges et dépendances. Il lui sera payé une cense annuelle et perpétuelle de 13 charges de blé froment, bon et recevable, portable en son château à Noël, et il se réserve la mouture franche pour lui, sa famille et domestiques et pour le fermier de la seigneurie, le cas échéant.

3. Les corvées réelles, personnelles ou autres sont abolies.

4. Remise leur est faite des arrérages dus pour doublement de censes jusqu'au jour de l'acte, et, s'il arrivait que les consuls et habitants fussent obligés de doubler les censes pour mariages ou autres cas prévus dans les transactions antérieures, celle qui a été convenue pour la suppression du

guet ou gâche n'y sera pas comprise ni celle des 13 charges de blé des moulins.

5. Le seigneur promet de faire cesser la demande et l'exaction des droits que les hoirs de Madeleine de La Tour prétendent lever sur eux de la moitié du guet ou gâche, s'engageant à les garantir de ce chef.

6. Comme ledit seigneur n'a exigé pour ces concessions aucune indemnité, les parties renoncent au procès engagé, confirment les transactions anciennes non modifiées et promettent de faire approuver cet accord par la souveraine cour de Grenoble.

L'acte de 1618 fut écrit dans la maison consulaire de La Roche devant Garcin et Arnaud, du Buis, Deydier, de Sahune et Chabert, de Charens.

Dans un dénombrement du 12 décembre 1687, noble Jean Pierre Artaud de Montauban, seigneur de La Roche, déclare y posséder le château et maison forte, avec un jardin, un pré et une cour, la juridiction entière, les lods au 6e denier, la directe universelle, le droit de prélation et d'amende, 12 poules de cense annuelle, le vingtain de tous grains et de la vendange, le four banal à la cote 20e, le moulin banal à huile sous le droit de treizain, une cense due par les consuls du Buis d'un sol, d'une poule et d'un clou de cheval, plus le tiers des lods, le droit de guet consistant en une émine de blé et 16 pots de vin de chaque habitant de La Roche, une cense personnelle de 3 sols de tout habitant sans bœufs et de 4 sols de celui qui en avait, une cense de 13 charges de froment de huit émines chacune pour les moulins à blé, le trentain des agneaux et des chevreaux, une cense en huile pour le détriquage des grignons des olives, une maison au village avec grange, pré, terres, vignes et vergers nobles, le tout valant un revenu de 2,000 livres environ.

Ces libertés n'ayant pas été obtenues à la même époque, il peut être intéressant de noter l'origine de quelques-unes. En janvier 1276, par acte passé devant Jacques Albert, notaire, les syndics de La Roche et ceux d'Alauzon, grâce à la médiation de Raymondet de Mévouillon, fils de Comitissonne, fixaient les limites de leurs territoires : celui de La Roche allait du château au Serre de Chauzal et la Fourche sur la montagne de Sanguinet, descendait à la baume de Trehenson et au rif de Brudel ; remontait au Serre de Miclay et au Col d'Arceil, allait de là au chemin d'Alauzon au Buis, à la grange des Oliviers, au pré et terre d'Henri de Pierre-Verte au rif du Col de Guibert et au sol de Plaisians.

Une difficulté survint en 1299 entre les syndics et communauté de La Roche et ceux d'Ubrils ou Ubrieux, ancienne localité voisine ; Henri de Pierre-Verte, damoiseau et Saunier, du Buis, arbitres communs, la terminèrent en accordant aux habitants de La Roche la faculté de faire paître leur bétail et de l'abreuver sur le sol d'Ubrils, d'y cultiver des terres, d'y défricher *esbressare* et écobuer *fornellatas facere*, mais non celle de bûcherer au-delà d'un faix d'homme ; les bergers, gardant leurs troupeaux, pouvaient y faire du feu pour se chauffer. Par réciprocité, les habitants d'Ubrils obtenaient les mêmes privilèges sur le territoire de La Roche.

Ne quittons pas Ubrils sans rappeler qu'en 1444, les syndics du Buis et ceux de La Roche provoquèrent une sentence arbitrale rendue par noble Antoine d'Alauzon, de Rosans et Guillaume Masson, marchand du Buis, maintenant cas derniers dans leur droit de pacage à Ubrils, depuis le col de ce nom jusqu'à Roche-Agulhe, Roche-Renard, Chanalet, Autane, la rivière et pas d'Ubrils.

Il existe aussi, à la date de 1314, une délimitation entre le Buis et La Roche ; mais les bornes plantées révèlent des noms sans intérêt pour le lecteur.

Après diverses contestations survenues entre Louis Artaud, seigneur de La Roche et les habitants du lieu, Guillaume Masson, du Buis et Alamand Rivète, notaire à Carpentras, décidèrent, le 13 octobre 1422, qu'aucun bétail ne pourrait être mis dans les prés du lieu, ceux des particuliers exceptés, du 1er mars à la Ste-Luce. En 1459, il fut convenu que les bœufs pourraient y entrer depuis la Toussaint jusqu'en février.

Dix ans plus tard, les consuls adjugeaient à Rollet Corripie, maçon, la reconstruction du mur d'enceinte, près de l'église et de la poterne.

Pour subvenir aux dépenses causées par ce travail ou par d'autres, les consuls, le 27 juillet 1453, vendaient le vingtain, ou 20e partie des récoltes, à Ollivier, pour un an et 35 florins.

Jean Artaud, seigneur, le 21 février 1467, autorisa ses sujets à vendanger à leur gré, après avis donné lui permettant de préparer ses tines et tonneaux. Ce même seigneur permit d'assigner au pâturage des vaches un territoire spécial au-delà de la rivière de Menon.

Il paraît que la famine menaçait la commune en 1474, témoin la procuration donnée à plusieurs habitants pour acheter du blé et du seigle.

A une époque où l'entretien du gros bétail agricole constituait une ressource précieuse à la population, les questions de pacage la préoccupaient sans cesse. Outre les actes déjà cités, il en existe un autre du 23 avril 1480 où Jean Artaud, seigneur de La Roche et d'Alauzon, de concert avec les consuls, défendit le Devès de La Coste, situé en partie sur La Roche et en partie sur Alauzon, aux bêtes à laine, du 1er mars à Noël, à peine d'amende et la vente par ses gens d'affaires de l'herbage du même quartier, sauf de Noël au 1er mars.

Comme en 1489, le même seigneur et Guillaume, son fils, réclamaient certains droits de mutation, il fut décidé que par amour de la paix il leur serait donné 15 florins, pour une fois, et qu'à l'avenir ils ne pourraient en exiger pour les biens échus d'un parent à un autre parent, à titre de succession, testament ou décès d'intestats, ni les contraindre à en recevoir l'investiture.

Guillaume Artaud se tourna d'un autre côté pour accroître ses revenus et, en 1498, transigea avec ses vassaux, se faisant adjuger pour leurs droits de pacage et autres à La Roche et Alauzon le quarantain des agneaux et des chevreaux, à la Magdeleine, le trentain, s'ils en ont 30 ou 10 deniers par agneau et chevreau entre 30 et 40. Au cas où le 22 juillet, le seigneur ayant été appelé ne comparaîtrait pas, les jurés du lieu recevraient la cotisation. Les habitants pouvaient envoyer leur bétail gros et menu dans les pâturages de La Roche et d'Alauzon et le seigneur s'interdisait le droit d'en vendre l'herbage. Si le bétail étranger, s'écartant des drayes accoutumées, causait quelque dommage, les habitants avaient droit à une indemnité, et en cas de retenue de bétail, les officiers du seigneur devaient être payés pour leur intervention. Défense était faite au seigneur et aux habitants de garder aucun bétail étranger dans le territoire de La Roche. S'il arrivait que les vassaux, faute de bétail, fussent hors d'état de consommer l'herbage, le seigneur pourrait le vendre et alors ils seraient exempts des quarantain et trentain. Il est permis aux habitants de couper et vendre au dehors du bois vert ou sec, sans permission, et de se servir à leur gré de l'eau des rivières, valats et fontaines pour arroser leurs propriétés.

A titre d'indemnité pour les trentain et quarantain, le seigneur abandonne à ses sujets le Devès de Vense, entre le rif du Bosc-d'Aurent, les Aires et la cîme du bois de Vense.

L'avant dernier jour de décembre 1511, le même seigneur acceptait le four bâti par ses vassaux sur la place, l'ancien, au-dessus du village, ne pouvant plus servir ; mais il y réclamait un fournil plus vaste.

Un acte du 18 novembre 1540 contient la vente par Violet à Barnoin, Laugier et Clémens, consuls représentants de la commune, d'une maison, située hors du lieu, avec cour et droits de sortie et de passage, pour 20 florins.

La même année, le 23 juin, Jeanne de Chaponay, épouse

de Claude Artaud, écuyer, sur le vu d'une permission de l'année précédente accordée par son mari, autorisait la construction d'un moulin à huile, « pour moudre les olives et meoilhons. » Mais comme, par transaction antérieure avec Guillaume et Claude Artaud, père et fils, les habitants s'étaient soumis à moudre leurs olives au moulin seigneurial et à payer le treizain de l'huile, et les seigneurs engagés à tenir leur moulin en état, des plaintes s'élevèrent en 1542 contre l'inobservation de cet accord et le vibailli reçut la promesse de Claude Artaud de laisser les habitants libres d'aller moudre où ils voudraient, toutes les fois que « son moulin ne seroit suffisant pour la commodité du lieu. »

III. — Quelques détails particuliers.

Les derniers actes du cartulaire de la Roche, qui nous a fourni tant de révélations sur la seigneurie, mentionnent encore, en 1557, des difficultés survenues entre les habitants et Reynaud de La Tour-Gouvernet, mari de Catherine Artaud, demeurant ensemble à St-Sauveur. Ainsi, le 10 juin de cette année-là, les consuls recevaient à titre d'albergement ou d'emphytéose perpétuelle les moulins à farine, ancienne propriété de Nicolas Artaud, avec leurs « appendances et dépendances », sous la réserve de la directe, d'une cense annuelle de treize sommées de blé, des entrées ou introges évaluées à quinze sommées, et de la mouture franche des grains de la provision de sa famille et de celle de Nicolas Artaud, écuyer de La Roche.

La cense des moulins suscita bientôt après un différend devant la cour de Grenoble et la chambre de l'édit de Castres entre la population et Jacques Artaud de Montauban. Ce seigneur, en effet, prétendait la doubler lors du mariage de ses sœurs, et exiger toutes les corvées annuelles, et le droit de gâche ou de guet, à une émine de blé et à seize pots de vin de chaque habitant. Une transaction du 5 juin 1618 maintint le droit de guet au seigneur, et l'obligea à exempter ses vassaux pour toujours des corvées réelles et personnelles et de la garde de son château, où en temps de guerre, il recevrait leurs personnes, leurs meubles et leurs récoltes. Le bail à long terme des moulins leur fut aussi renouvelé aux conditions suivantes : remise entière des arrérages de la cense et promesse, en cas de doublement, de l'en excepter tout comme celle du guet, de résister à la prétention de Madeleine de La Tour sur la moitié du droit de guet et de les garantir en cas de procès. Moyennant ces concessions, les habitants se désistaient de leur instance, confirmaient les accords antérieurs non modifiés et s'engageaient à obtenir l'approbation de l'acte par la cour de Grenoble.

A un siècle d'intervalle, la lutte recommença avec Jean-Pierre Artaud, qui se fit adjuger la directe universelle sur Alauzon, les lods, la vingtième partie des grains, vins et légumes, les eaux pluviales des rues, le droit de pêche, comme un des habitants, et les dix deniers dus par les possesseurs de moins de quarante agneaux ou chevreaux. L'arrêt du Parlement lui enlevait, en revanche, le doublement de la cense dans les cas stipulés en 1282 et le tavernage sur la vente du vin. Les frais de ce procès s'élevèrent à 3,300 livres et les moulins servirent de gage au prêteur de la somme. Les canaux qui les mettaient en jeu ayant été comblés par un éboulement de terrain, vers 1690, les consuls furent autorisés à en créer de nouveaux dans les fonds du seigneur moyennant indemnité. En outre, pour concilier les intérêts de l'industrie et ceux de l'agriculture, la jouissance des eaux par le meunier fut réduite aux mardis, mercredis et jeudis.

Il existe un « advertissement », imprimé pour les consuls contre Isabeau de La Tour, dame de Puyméras, pour une cause assez obscure dont l'issue est ignorée. Lors d'un procès entre Esprit et Laurent Artaud au sujet du rachat du fournage et du vingtain de La Roche, aliénés à 800 écus, Esprit, désireux de les racheter à ce prix en consigna le montant entre les mains des consuls, le 2 février 1591, et déclara le même jour, devant notaire, en présence du vibailli, qu'il n'avait donné aucun argent et garantirait la commune contre toute recherche à ce sujet. Or, le 11 avril suivant, il transigeait avec Laurent Artaud pour le même rachat moyennant 1,500 écus, sur lesquels 500 seraient payés en trois termes et les 1,000 autres placés sur des communautés à désigner. Le premier terme échu, Esprit somma Laurent d'en choisir une et, sur son refus l'attaqua en justice. Le 26 octobre 1592, par un nouvel accord, Laurent ratifia la transaction précédente et Esprit lui alloua la somme consignée en 1591 ; celui-ci en céda alors 500 écus à Etienne de La Tour et, en 1616, sa fille Isabeau les réclamait.

L'avocat des consuls après cet exposé, invoquait l'inobservation des formalités requises pour la validité de la créance prétendue et les arrêts du Parlement sur les dettes communales non vérifiées (1).

Après les procès viennent les guerres ; mais sur ce point les renseignements nous font défaut. A la vérité, un acte de 1414 rappelle vaguement les ravages des compagnies Bretonnes et des soldats de Raymond de Turenne (vers 1390) ; mais, en histoire, il faut des faits précis. Pendant les troubles du XVIe siècle, le village eut à souffrir les violences des Réformés et une visite épiscopale de 1599 constate « la ruyne et démolition de l'église perrochiale qui soloit estre scituée sur un haut rocher joignant le chasteau » ; mais elle n'indique pas la date de ce méfait. Les historiens du Dauphiné et du Comtat nous apprennent, d'autre part, qu'en 1573, Pape-St-Auban, lieutenant de Charles Dupuy-Montbrun, assiégea la Roche et s'empara de son château par capitulation. Les capitaines Fauchet (de Die) et Fallet

(1) En 1674, ces dettes arrivaient à 4,537 livres de capital et 1,858 d'intérêts ; en 1789, à 2,000 environ.

(d'Avignon), en sortirent l'épée au côté, et les soldats étrangers un bâton blanc à la main ; quant aux nationaux, St-Auban leur refusa la vie, sous prétexte de pillages, vols et autres griefs.

Vers la fin de l'année suivante, François des Seguins, fils de Gabriel et de Marguerite de la Salle, connu sous le nom de seigneur des Baumettes, par plusieurs actions d'éclat, et créé gouverneur de Villedieu, entreprit de ravitailler La Roche dont les catholiques s'étaient emparés. A cette occasion, il paya non seulement de sa personne, mais leva et entretint à ses frais un corps de deux cents hommes pour garder la place. Le roi, en récompense lui donna six mille livres, le 29 décembre 1575 et Henri IV confirma cette largesse le 24 décembre 1597.

Les *Annales du Midi* ont publié, sous la signature du savant M. Tamisey de Laroque, plusieurs lettres adressées au capitaine des Seguins, décédé en 1604, par le cardinal d'Armagnac, colégat, en 1573 et 1575.

A l'époque des *Ligues* de la paix, en 1579, Jacques Colas, visénéchal de Montélimar, dirigea ses adhérents vers les Baronnies et s'empara de Mévouillon et de La Roche-sur-le-Buis ; sa campagne dura peu, car Lesdiguières lui reprit la première de ces places et Gouvernet la seconde.

Ici s'arrêtent nos renseignements ; ajoutons toutefois qu'à un siècle d'intervalle les consuls demandaient au Parlement l'autorisation de clore leur bourg démantelé, au moyen de portes et de murailles, afin d'en interdire l'accès aux gens de guerre qui venaient y prendre les meubles des habitants et la sortie au dehors des jeunes gens enclins à la maraude des fruits.

Il est souvent question aux XVIe et XVIIe siècles de contributions, appelées *aides*, destinées au soulagement d'autres communes de la province, surchargées de logements militaires ; mais le total n'a pas été conservé.

M. l'abbé Vincent appelle le château « un géant bardé de

fer » et « une sentinelle debout sur un roc » ; quant au village, entouré d'un rempart flanqué de tours et muni de créneaux et de fossés, avec deux portes armées d'une herse, il était défendu par les fortifications et par le courage de ses habitants.

Le quartier de Collet, les rues St-Dominique, Novale et Quinson (1) assuraient la circulation et débouchaient vers la rue principale, allant d'un portail à l'autre. Devant celui du Buis une place servait aux amusements et parfois aux exécutions de la justice. C'était un baile ou bailli, nommé par le seigneur, qui la rendait, assisté d'un lieutenant, d'un procureur et d'un greffier ; ses jugements ressortissaient à la cour de Mévouillon, transférée au Buis dans la suite.

Livrée tout entière à la culture de la vigne, de l'olivier, des céréales et des fruits, la population eut à subir, en 1474, une disette qui l'obligea à créer un grenier communal, en 1351, la peste suivie du massacre des Juifs, des inondations en 1717 et 1739, la perte des oliviers en 1709 et en 1788, et une invasion de chenilles, vers 1668. Un document de l'année 1789 assure que la plupart des habitants se nourrissaient alors de blé, de seigle, d'épeautre, de pommes de terre et de glands (2).

Avant l'imposition des tailles sous Charles VII, Louis XI et leurs successeurs, les charges étaient purement féodales. Or, l'impôt foncier grevant les fonds roturiers seuls atteignait 771 livres en 1683 et 968 en 1692, outre la taille négociale de 692 livres en 1685.

En 1789, les tailles et droits de quittance s'élevaient à 2,023 livres, les vingtièmes à 927, dont 1/7 sur les forains du Buis et la capitation à 700 livres. Les charges locales comprenaient 120 livres au garde, 100 au maître d'école et 6 pour

(1) Il y eut au XVIe siècle un capitaine de ce nom.

(2) En 1729 le *quinerodon* s'ajoutait aux glands ou les remplaçait. (Archives de la Drôme, E, 4372).

le cierge pascal ; 129 1/2 pour gages du châtelain et des consuls et 60 pour achat de meules de moulins.

Il y avait alors 550 habitants de tout âge, obligés pour la majeure partie à aller travailler au dehors pour se nourrir, à cause de la mauvaise qualité du sol, des ravins causés par les pluies, des inondations du Menon, de la cherté du sel, du mauvais état des chemins et de l'absence de tout commerce et de toute industrie.

Ajoutons que la commune était administrée par un châtelain et trois consuls nommés chaque premier janvier en assemblée des chefs de famille, et que les archives fermées à deux et trois clefs dans deux coffres étaient à peu près inabordables.

Malgré les détails déjà données au sujet des redevances féodales, des documents de 1744 et de 1789 permettent de connaître à fond la condition des habitants de la Roche au XVIIIe siècle. En effet, un projet d'acquisition de la seigneurie par M. d'Anlan, en 1744, exigea des renseignements précis pour l'évaluer (1).

M. Ginoux, notaire à Mollans répondit qu'avant le système des billets et l'augmentation des espèces, l'estimation des droit seigneuriaux équivalait à 2 1/2 %, celles des biens nobles à 3 et des biens roturiers à 5 %.

Or, le vendeur demandait le 2 % des droits seigneuriaux généraux et le 2 1/2 sur les droits particuliers ou censes foncières, le 4 % sur le revenu des moulins et artifices et le 3 % sur les domaines nobles, ce qui portait à 200,000 livres environ le prix de la seigneurie.

Le château qui domine le bourg, ajoutent ces documents, est fort vaste et sa situation des plus salubres ; les bâtiments, les caves, creusés dans le roc, et les écuries sont en bon état, et, de la terrasse on jouit d'une vue magnifique.

---

(1) L'évêque de Gap, de la famille de Caritat, songeait alors à engager son frère et M. de Condorcet, son neveu, à vendre La Roche. (Archives de la Drôme, E, familles (non classées).

Dans les immeubles entrent une grange à Alauzon d'un prix de ferme de 550 livres, après réparations. On ignore le produit réel des vignes, terres labourables et vergers d'oliviers. Toutefois, ces derniers rendent de 25 à 30 moulins d'olives qui, à 20 émines combles chacun, représentent de 30 à 36 quintaux d'huile et à 20 livres l'un, 750 livres ; les fonds à 30 charges de blé de 20 livres l'une donnent 600 livres. Enfin, le pigeonnier rapporte 100 livres. Avec la feuille de mûriers non comprise on arrive à un total de 2,000 livres.

Voici maintenant l'évaluation des droits féodaux :

Moulin à huile ou pressoir, 200 ;

Cense de 13 charges de blé sur le moulin à farine, 300 ;

Four banal, 200 ;

Fournage de 37 grangers à 12 ou 13 charges de blé, 300 ;

Gâche ou guet, 230 ;

Tasque ou vingtain des grains et du vin, 900 ;

Dîme des agneaux et chevreaux non évaluée ;

Les lods de 2 à 300 ;

Le total obtenu correspond à peu près au prix de ferme s'élevant à 2,400 livres.

Le seigneur possède, en outre, la directe universelle, mais non la directe foncière, c'est-à-dire que les *terres gastes* ne lui appartiennent pas et il peut seulement les faire cultiver comme premier habitant ;

Le droit de prélation ou de préférence en cas de vente, le droit de chasse et de pêche, celui de déshérence, le vingtain des agneaux et les amendes ;

Le droit à tous les égouts du village et des grands chemins affectés à l'arrosage des jardins autour du château et affermés 200 livres ;

La provision indéfinie des légumes pour sa maison ;

La 20e partie des briques et tuiles fabriquées dans la seigneurie ;

Le ban des vendanges ;

Les langues de bœufs tués à La Roche.

Enfin, la ville du Buis doit lui fournir la viande nécessaire à son ménage au prix des habitants, un fer à cheval, 7 clous et 7 sols et les consuls en chaperon sont obligés de lui tenir l'étrier, à son entrée dans la ville.

Deux pensions inextinguibles, l'une de 150 livres et l'autre de 40 ou 45 constituent les seules charges du seigneur, dont les droits ont été fixés en 1724 par un arrêt du Parlement de Grenoble.

Ces détails ne manquent ni d'intérêt ni d'originalité, bien que la vente de La Roche n'ait pas eu lieu alors.

Si nous consultons le document de 1789, nous y trouvons 550 personnes de tout âge ; un château menaçant d'écraser une partie du village ; un sol maigre, l'absence de chemins, de foires, de marchés ; un moulin à farine affermé au profit de la commune, 104 émines de blé et 300 livres d'argent ; une pension de 36 livres sur les Etats de Bretagne, pour fournitures à l'armée campée en Provence en 1746, irrégulièrement acquittée ; 1,300 livres de dettes pour emprunt lors du procès de 1720 contre le seigneur ; 300 pour les intérêts employés à une mission décennale et 400 aux anciens consuls pour reliquats de comptes ; une dîme au prieur à la cote 20e sur tous les grains et le vin ; un vingtain pareil au seigneur ; la cense du guet à 1 émine de blé, 16 pots de vin et 3 sols (1) ; un impôt en argent sur les bœufs ; un autre sur l'huile pour le détriquage des olives, à la cote 13e au lieu de la 20e comme dans le voisinage.

En résumé, la situation n'était pas des plus prospères à la veille de la Révolution ; est-elle bien meilleure aujourd'hui ? Au point de vue des libertés publiques, la réponse n'est pas douteuse, au point de vue fiscal, voici la différence :

En 1873, les impositions de l'Etat, du département et de la commune se sont élevées à 9,286 fr. 21 cent.

---

(1) L'accord de 1557 ne mentionne pas ces 3 sols, ni celui de 1618.

En 1744, les droits féodaux et les propriétés seigneuriales s'affermaient 2,400 livres et la dîme 900, admettons les mêmes chiffres en 1789 et ajoutons-y 2,023 livres de tailles, 927 des vingtièmes, 700 de la capitation, 226 d'impositions locales et 189 de charges ordinaires et extraordinaires, le total sera de 3,765 livres.

On ne voit pas clairement si les droits féodaux d'Alauzon entraient ou non dans les chiffres de 1744 ; il y aurait lieu en cas de négative, de les ajouter au total déjà donné.

IV. — Culte, bienfaisance et écoles.

La Roche dépendait, au spirituel, de l'évêché de Gap et le prieuré, de l'ordre de St-Benoit, de l'abbaye de St-André-lès-Avignon. L'église de St-Michel, près de la porte de Sias, hors de l'enceinte murée, remontait à 1293 environ ; elle remplaça une chapelle de l'intérieur du bourg, beaucoup trop étroite. L'une des deux était paroissiale et sise sur le rocher joignant le château ; en 1599 elle était ruinée et démolie et le service religieux se faisait dans une maison de la commune. Une visite épiscopale de 1641 mentionne l'église de St-Jacques et de St-Christophe en bon état, une autre de 1736 donne à la paroisse 450 communiants pour 164 familles anciennes catholiques et 4 nouvelles converties.

Au delà du Menon s'élevait l'église de St-Christophe, et au manse de Sias, celle de Notre-Dame fondée par les Bénédictins qui y levaient la dîme des grains et des fruits. Il existe encore l'église de Notre-Dame des Sept Douleurs, rongée et détériorée par l'humidité, et celle de Notre-Dame attribuée par la légende à un nommé Brusset.

Les habitants, en 1666, réclamaient au prieur ou à ses fermiers « le prix des courses et autres jeux et exercices qu'on appelle vulgairement joies, à certain jour de vœu ». Or, d'après une délibération consulaire du temps, les joies de Notre-Dame d'Août consistaient en courses, danses, jeux de paume et de quilles, avec tir à l'arquebuse ou au fusil.

Une autre création due aux idées religieuses prit le nom d'œuvre et de confrérie de la charité ; elle existait déjà en 1402, témoin le legs d'une vigne à Bois-Sillone que lui fit Pierre Girard. Le juge du lieu, en 1423, poursuivait la rentrée d'une émine de blé de pension, comme administrateur des pauvres ; plus tard, un des consuls prit le même titre.

Il y avait aussi la confrérie du Saint-Esprit, qui là, comme ailleurs, distribuait des aumônes.

Ces diverses institutions reçurent une extension nouvelle en 1734, époque du legs de 3,000 livres fait par Jean-Pierre Artaud en faveur des malades et des pauvres, auxquels les intérêts de cette somme devaient assurer des bouillons et des secours, selon l'état dressé par le seigneur ou son châtelain.

M. de Caritat, comte de Condorcet, héritier médiat de M. d'Artaud, devait des arrérages, lorsque le 11 avril 1770, l'abbé d'Ailhaud acquit la seigneurie. Comme ce nouveau seigneur offrait les 3,000 livres de capital et 2,400 d'intérêts, les habitants le prièrent de garder le tout pour assurer le service de la fondation de bienfaisance de ses prédécesseurs.

Louis d'Ailhaud, baron d'Entrechaux, transmit son héritage, le 2 mai 1776, à Jean-Gaspard d'Ailhaud et laissa 1,000 livres à La Roche pour des messes et pour secours aux malheureux, au cas où elles ne seraient pas acquittées, plus 6,000 livres dont les intérêts devaient servir aux bouillons des malades et en cas d'excédent à la dotation d'une fille pauvre. En 1789, les consuls touchaient encore 596 livres qu'ils distribuaient sur billets du châtelain et du curé et rendaient compte de leur gestion annuelle. La 24e partie de la dîme équivalente à 7 émines de blé et à 5 de « cosséal » entrait aussi dans la distribution des secours aux indigents.

Si les détails précédents prouvent que la bienfaisance était en honneur à la Roche avant 1790, l'instruction publique ne l'était pas moins. On y trouve une école dès 1638 et un maître avec 10 écus de traitement. Après Clément, en 1639, paraît Fazende, en 1649, obligé outre l'enseignement primaire, à faire promesses et certificats et à lire les papiers des habitants, Mathieu, son successeur, traite à 20 livres par an, un maître catholique, « homme d'honneur » à 24, vers 1670, et Clément à 18, vers 1680.

Malgré ces chiffres peu élevés, deux concurrents dix ans plus tôt briquaient l'emploi : Michel (Jean) voulait 100 livres et Barbeyrassi, vicaire du lieu, 18 seulement, sans les dons volontaires des familles. Ce dernier fut préféré. Rastel, vers 1690 obtient même traitement et débat la rétribution mensuelle avec les familles ; vers 1700 il lui était alloué 100 livres.

Jean Rol, vicaire, vers 1710, moyennant 10 florins et un mois de vacances s'engageait à instruire avec soin tous les enfants des deux sexes qui lui seraient envoyés. Escoffier, son remplaçant, de La Roche même, se contentait de six livres et demie par mois, alors que Gauthier, autre candidat, en réclamait dix à douze.

Avec Reynier, de La Rochette, l'enseignement devient gratuit en 1733 et la commune lui alloue 100 livres. Escoffier reprend du service en 1737 pour huit mois et 50 livres, et l'année suivante, pour 60 et neuf mois de classe. 150 livres figurent au budget communal de 1748 ; mais les traitements de Girousse, de Chaix et de Lachau n'atteignirent jamais cette somme, car, ils ne servaient d'ordinaire que la moitié de l'année.

Après avoir étudié le passé de La Roche, M. l'abbé Vincent, son premier historien, termine ainsi sa notice : « Les remparts, le château-fort, découronné, le portail, des rues étroites, des maisons étagées, un intérieur sans luxe, sans lumière et sans soleil, un bourg du XVe siècle avec ses traits demeurés belliqueux, tout dénonce les mœurs d'une autre époque. Le moyen âge vit dans La Roche, à l'état de squelette... Vu de loin le donjon semble entier ; il domine encore et garde un air provocateur. Les murs de circuit, les tours angulaires, le corps de logis sont d'un aspect imposant... Mais l'animation, le bruit, l'activité sont absents et le touriste en quête d'émotions y a sous les yeux une armure presque complète des temps féodaux ».

Il resterait à parler d'Alauzon, un des hameaux de La Roche, autrefois, fief autonome et longtemps divisé en deux parts. Une tour dite fort Cocorelette y dominait au loin le pays ; mais l'histoire de ses possesseurs exigerait presque un *nobiliaire*. On y trouve en effet, une famille du nom d'Alauzon, comme il y en avait une à La Roche du nom de ce fief ; viennent ensuite les Mévouillon, les Montauban, les Adhémar et les Dauphins ; les Colins en 1278, les d'Agout et les de Baux, de 1332 à 1334 ; Catherine Artaud, dont Guigues Artaud (1) fut héritier en 1399 ; Louis Artaud, fils de Guigues en 1413 ; Jacques Artaud en 1453 ; Jean de Turinel et Jeanne Artaud, sa femme, qui vendent leur part à Pierre de Rosset, seigneur de St-Sauveur, mari de Catherine de Moreton, en 1572, avec l'intervention d'Anne de La Tour, veuve de Sébastien Artaud ; noble Ozée d'Albert en 1597, et François d'Albert, gentilhomme ordinaire de la Chambre du roi et commandant du régiment de Givry, en 1661 ; noble Jean du Roux de Montauban, acquéreur du fief vers le même temps ; Pierre de Pelletier de Gigondes en

(1) Les Artaud, d'après le jugement de maintenue de l'intendant de Sève du 24 juillet 1641, ne produisirent pas alors de titres antérieurs à Hugues Artaud, en 1402, seigneur Motte, Bellegarde, etc. Louis, seigneur de La Roche, testa en 1438, en faveur de Jean, son fils et celui-ci, en 1490, en faveur de Guillaume. Ce dernier, seigneur de La Roche et d'Aulauzon, fit héritier son fils Etienne avec substitution pour Aymon et Claude. A Claude succéda Antoine auquel Sébastien fut substitué en 1541. Nicolas, frère d'Antoine, laissa Esprit Artaud de Montauban et celui-ci Jacques, marié en 1612 avec Jeanne de Massues. Charles et Jacques naquirent de ce mariage et le dernier fut reconnu ancien noble. (Archives de la Drôme, E, 3921).

1676 ; Jean-Pierre Artaud en 1687 ; Antoinette de Draguignan en 1688 ; les d'Albert (1), ses héritiers et enfin les d'Ailhaud (2). Distances : du Buis 3,573 mètres, de Nyons 34,733, de Valence 124,025 (2).

LA ROCHETTE

Cette commune du canton du Buis, comme La Roche, à laquelle elle confine à l'Ouest, étend son territoire entre St-Auban, au Nord, Mévouillon et Aulan au Midi. Son village chef-lieu traversé par la route du Buis et par celle de Nyons à Séderon et à Orpierre, tire son nom de sa situation sur une petite roche, *Rupeta* et *Rupecula*, détachée d'un

---

(1) En 1698, nobles Dominique et Antoine-René d'Albert d'Alauzon produisirent devant Bouchu, intendant de Dauphiné : un certificat du viguier, des consuls et notables de Quinson, établissant que noble Maurin d'Aubert, avait commandé une compagnie d'infanterie contre Charles-Quint ; un contrat de mariage du 15 février 1548, entre noble Gaspard d'Aubert, fils de Maurin, et Françoise de Rosans ; un autre acte de mariage, du 28 mars 1571, de noble Gaspard Aubert avec Marguerite Artaud ; un accord du 7 juin 1606 entre nobles Ozée et César, nés de cette dernière union ; le mariage de César Aubert avec Jeanne Melchion ; l'acte de baptême de François, fils de César ; des lettres patentes du 30 janvier 1654, nommant François d'Aubert de Lauzon (Alauzon) gentilhomme ordinaire de la chambre du roi ; des certificats de St-André-Montbrun, de M. de Givry et du duc de Modène prouvant ses services militaires ; un brevet de major dans le régiment de cavalerie de Montauban du 20 janvier 1668 ; l'acte de mariage du même avec Antoinette de Draguignan, du 30 janvier 1652 et enfin l'acte de baptême de Dominique, du 15 mai 1657.

(Archives de la Drôme, C, 31).

(2) *Inventaire des Dauphins*, publié par M. Chevalier ; Inventaire manuscrit de la Chambre des Comptes ; Archives de La Roche à la Préfecture et à la Mairie ; *Notice historique sur La Roche-sur-Buis*, par l'abbé Vincent.

grand rocher qu'un tremblement de terre, jeta en partie dans le val compris entre St-Auban et la Rochette. Les blocs détachés alors gisent encore sur le sol. On ignore la date de cet éboulement ; mais une relation, malheureusement incomplète, du 15 février 1756, signale des secousses souterraines dans le territoire d'Aulan, de La Rochette sur St-Auban et de Mévouillon, vers la Toussaint de l'année précédente. Il y eut des terrains éboulés, et l'on entendit comme des coups de canon au vallon de St-Donat sur Aulan, les secousses furent plus violentes à Montfroc, à Ste-Colombe et Laborel. Le 12, vers les 4 heures du soir, nouvelle secousse et le 13, une troisième, qui dura près de six minutes. Des personnes à la campagne sentant remuer la terre sous leurs pas perdirent l'équilibre, et le prieur qui lisait son bréviaire tout près du château, s'enfuit tout effrayé. Là en effet, le mouvement fut tel que les maisons du village, bâti sur le rocher et le château lui-même, malgré ses épaisses murailles, en furent ébranlés et les vitres secouées. Pendant ce temps un grand bruit souterrain pareil à un écroulement se fit entendre ; toutefois, le ciel resta calme et serein, au point qu'on aurait porté une bougie allumée sur l'esplanade du château. Une tempête effroyable qui dura quatre heures suivit ces phénomènes, sans causer de dommages aux maisons. Mais on s'aperçut que les montagnes avaient baissé (1) et que des affaissements de terrain s'étaient produits à Aulan et à La Rochette.

Une brochure intitulée *Le Canton du Buis*, mentionne un autre éboulement pareil en 1315, sur lequel on manque de renseignements.

A l'origine de la féodalité, quelques familles seules possédaient des territoires étendus : au nord de la Drôme, étaient

---

(1) Une partie de la grange de Chanaud, près d'Aulan et le village des Lauds près Villebois virent le soleil pour la première fois en décembre et janvier, à partir de ce moment.

les Dauphins et les comtes de Valentinois, et au midi, les Mévouillon, les de Baux et les d'Agoult. Peu à peu, par suite d'héritages, d'alliances ou d'achats, les descendants ou les protégés de ces suzerains se taillèrent des seigneuries dans les portions du sol ainsi obtenues, et se bâtirent des châteaux au sommet des rochers abrupts.

La Rochette offrait aux Mévouillon une position stratégique importante à l'entrée du val étroit de la Gresse, afluent de l'Ouvèze ; ils y construisirent un fort, échu aux Dauphins en 1293. Mais sous la domination de ces princes et des rois de France,leurs héritiers, le fief divisé en fractions, échut à diverses familles.

Une charte, du 17 mai 1319, nous y montre Guigues de Morges, seigneur de Vercoiran, réclamant à ses vassaux l'hommage dû à noble Mison *de Agoyto*, seigneur de Beaurières (*de Beyreriis*), dont il avait acquis les droits. Après l'accomplissement de leur devoir et sous la réserve de ceux d'Hugues *de Fulhans*, le nouveau seigneur confirma les libertés et franchises des habitants de la Rochette sous Mévouillon (1).

D'après la généalogie imprimée des d'Agoult, Raymond, l'un d'eux, fils du baron de Sault et d'Isoarde de Die, né vers 1162 et décédé en 1224, laissa un autre Raymond, seigneur de Luc, Savournon, etc., et coseigneur de Mison. Ce dernier eut un 3e Raymond, auteur de la branche de Luc, et Isnard, dit d'Entrevennes. Bertrand, surnommé de Mison et fils d'Isnard, confirma, en 1292, les libertés de Beaurières. Il vivait encore en 1339 et son fils Raymond l'avait précédé au tombeau, après avoir avec lui aliéné La Rochette à Guigues de Morges. Ainsi s'explique la charte de 1319, bien que l'inventaire manuscrit de la Chambre des Comptes attribue encore une part de la Rochette, en 1329, à un Raymond d'Agoult.

---

(1) Archives de la Drôme, E, 2922.

Une alliance de ces derniers avec une Mévouillon leur avait sans doute apporté cette seigneurie.

Il n'est pas facile de reconnaître le Guigues de Morges et l'Hugues de Foillans de la charte de 1319, car, en effet, si Chorier rattache les seigneurs de Morges et ceux de Trémìnis, Foillans, etc., aux Bérenger, princes de Royans, il cite des Guigues dans les deux branches, et avance même que les descendants de Raynaud, dit de Morges, frère de Pierre III et tous les deux fils de Fromont Bérenger, possédèrent les terres de l'Epine, de Ventavon, du Chastelard et de la Motte.

On peut y joindre celle de la Rochette, témoin les hommages au dauphins et aux rois-dauphins, rendus en 1345, pour la moitié, par Guigues de Morges, seigneur du Chastelard et de l'Epine, acquéreur de Raymond de Morges, par suite de l'échange de Jansac ; en 1353, par Guy de Morges, fils de Guigues, en 1362, par Jean de Theis du Rosset, ayant droit du même Guy ; en 1380, par Guillaume de Morges, seigneur de l'Epine et, en 1413, par Antoine Gillin, acquéreur des droits de ce Guillaume.

On peut ajouter qu'une transaction avait cédé aux de Rosans la moitié de la Rochette appartenant à Guy de Morges et que Barral de Rosans en rendit hommage au roi en 1373. En outre, un échange intervenu entre le même Barral et Gabriel de Morges, seigneur de l'Epine, héritier de Guigues, son oncle, réintégra ce dernier dans sa part de La Rochette, moyennant l'abandon de ses droits à Rosans (1).

Indépendamment de ces premiers seigneurs, il y en avait d'autres à la Rochette. Ainsi, Agout de Baux d'Avellin, seigneur de Plaisians et de Brantes, dans son testament du 9 mai 1340, en donnait à Catherine Artaud, son épouse, les trois quarts, et instituait héritier Bertrand, son fils. Deux ans

(1) *Histoire de la maison de Sassenage.* — Inventaire de la Chambre des Comptes.

plus tard, ce gentilhomme et sa femme vendaient au Dauphin les trois quarts du domaine supérieur de la même terre pour 200 florins et en rendaient hommage, en 1344, pour les droits conservés.

Le domaine utile ou les revenus avaient été également morcelés, puisque, en 1336, Pelestor de Félines, héritier de Laurette, sa mère, en reconnaissait au Dauphin la moitié indivise et que son frère Hugonet, en 1343, remplissait le même devoir. Cette famille porta d'abord le nom de Quint, avec Aimar et celui de Félines, près Dieulefit, avec Jarenton. Ces changements de noms et la possession simultanée du domaine direct ou suzeraineté et du domaine utile créent aux historiens de nombreuses difficultés.

On ne s'explique pas la possession de la Rochette, en 1351, par Guillaume Cornillan ; mais Barthélemy d'Eygluy, en 1362, y tenait ses droits d'Agnès de Morges ; Antoine Gillin, docteur, avait acquis les siens de Guillaume de Morges, vers la même époque ; Guillaume Artaud, fils de Guigues, seigneur d'Aix, y représentait, en 1412, Agnès de Morges et, en 1424, Louis de Bardonnenche, Andrevette Gillin, son épouse.

Ces divers possesseurs n'ont pas laissé de souvenirs à la Rochette ; toutefois les de l'Epine et les Suarès, leurs successeurs, ont été un peu plus heureux.

On retrouve les de l'Epine dans les environs de Die à la fin du XIIIe siècle, et un mémoire de famille, daté de 1761, fait connaître leur filiation.

Rican, placé en tête du tableau, se qualifiait chevalier et seigneur de l'Epine et d'Aulan vers l'an 1300, et Reybaud, Ribaudet ou Baudet, son fils, posséda les mêmes terres, conjointement avec son frère Marquis Ier. Après eux viennent Bertrand, Guy ou Guigues (1425), Marquis II, Elzéar (1471), Michel, Faulquet (1549), Louis et Guillaume. Quelle que soit l'utilité des généalogies pour l'intelligence de l'histoire locale, de simples prénoms intéressent médiocrement le lecteur, lorsque une courte biographie ne les accompagne pas. Or, ici les renseignements recueillis ne permettent pas de la donner. On sait seulement qu'un accord de 1429 entre Marguerite de l'Epine, veuve d'Antoine Gillin, avec Guy ou Guigues et Marquis II de l'Epine, d'une part, et Andrivette Gillin, épouse de Louis de Bardonnenche, d'autre part, attribua la paisible possession de La Rochette à Marquis, vassal du roi-Dauphin en 1430, ainsi que Michel, son petit fils et Hercule, fils de Faulquet. Le dernier et Guillaume, son fils, vendirent le 26 septembre 1628, à Antoine de Roux de Montauban, seigneur de Forest et coseigneur de Sigottier, tous leurs droits à la Rochette pour 12,465 livres et la juridiction pour 6,000.

On trouve dès lors Antoine de Roux et Antoine-René de Roux en possession de la seigneurie.

Ajoutons que Guillaume, père de Marguerite-Geneviève de l'Epine, devenue Mme de Valouse, et d'Elisabeth, mariée avec François de Suarès, seigneur de Villabeille, en 1635, fut le dernier représentant mâle de sa famille.

Antoine de Roux de Montauban avait épousé Marie de l'Epine, sœur de ce Guillaume, et c'est la raison sans doute qui l'engagea à devenir possesseur de la Rochette, où il n'habita pas, car le 5 avril 1663, Antoine-René de Roux se disait domicilié à Forcalquier, et donnait ses biens par testament à Honorade d'Eyroux, son épouse.

Cette succession amena un procès, en 1712, entre François-Henri de Suarès, seigneur d'Aulan et du Poet-en-Percip, adjudicataire de la Rochette au prix de 37,000 livres, Jean d'Eyroux de Pontevès, gouverneur de Forcalquier, héritier d'Honorade, sa tante, Henri de Roux, baron de Jarjayes, demeurant à Nîmes et Jean-Jacques de Bermond de la Blache, lieutenant-général aux soumissions du siège de Forcalquier, fils de Marie de Buisson, cohéritière d'Honorade d'Eyroux.

L'absence d'une grande partie des pièces de la procédure

ne permet pas de suivre les phases de l'affaire ; mais la Rochette demeura au seigneur d'Aulan dont la postérité la possédait encore en 1790.

Cette famille a eu sa notice dans la monographie d'Aulan.

Quant aux Barjeton de Massargues auxquels le *Dictionnaire des Gaules* d'Expilly l'attribue en 1766, ils ne sont jamais cités dans les rares archives de la commune.

Il n'est pas possible d'étudier la condition des habitants sous les de Morges, les de l'Epine, les de Roux et les d'Aulan, faute de documents précis. Toutefois, un dénombrement de 1677 fourni par Honorade d'Eyroux, accuse la possession de la justice, de trois domaines de 70 charges de semence ensemble, de deux maisons dans le village avec leurs dépendances, de deux moulins banaux et d'un pré, d'un revenu de 159 livres, d'un four banal à 2 cosses de blé par habitant, du vingtain de tous les grains récoltés et celui des agneaux et des chevreaux, d'un péage et droit de pulvérage à 2 sols par 30 têtes de bétail et par paire de bœufs, de 2 corvées de tout couple de bœufs, des lods au 6e denier, du droit d'investiture et de prélation et d'une cense de six chapons.

En 1541, Faulquet de l'Epine énumérait le vingtain des récoltes de 23 vassaux, la 25e partie du pain cuit au four banal, des moulins produisant 3 charges de blé, 4 corvées de bœufs, et en outre 20 sommées de terres et 8 sétérés de pré.

On possède un bail à ferme consenti en 1756 par le mandataire de Jean-François de Suarès, marquis d'Aulan, gouverneur de Roquemaure, à Tourniaire et ses fils, des domaines de la Rochette, des censes personnelles en blé et des ruches à miel pour 6 ans et 1,875 livres par an, plus 12 livres pour réparations et l'obligation de planter 2 douzaines d'arbres et autant de saules et de peupliers et de fournir les fourrages nécessaires aux chevaux du seigneur, lorsqu'il viendrait habiter le château. Comme les droits de justice, les amendes, les lods, la chasse, les censes foncières, les rentes et pensions, les moulins et les poules et chapons n'entraient pas dans le bail, le produit total n'est pas révélé.

Une déclaration fournie, en 1735, par M. d'Aulan mentionne encore le vingtain des grains comprenant 4 charges de blé, une de seigle, une d'orge, une d'avoine, 3 d'épeautre et 2 émines, estimées ensemble 105 livres ; un droit de fournage dû par 144 personnes depuis l'âge de 3 ans, domestiques et forains non compris, à 2 cosses chacune, soit 3 charges de blé ou 45 livres, et un moulin à farine appensionné 160 livres.

Au point de vue religieux, la cure de la Rochette dépendait du prieuré de Mévouillon et de l'ordre de St-Ruf. En 1666, l'abbé Edme Camus de La Bâtie affermait à Morenas, de Montbrun, ses dîmes et domaines de la Rochette et du Poéton (Poet-en-Percip) pour 4 ans et 650 livres par an, sur lesquelles 150 livres revenaient au curé et 45 au desservant du Poet ; c'était là leur portion congrue ou traitement, et encore devaient-ils aux pauvres la 24e partie de la dîme et les *joies* de la jeunesse du lieu. Ces joies coûtaient de 5 à 6 écus en 1613 et la dîme s'affermait alors 30 charges de blé et en 1735, 450 livres.

A cette date, l'église, qui était ruinée, se releva vers 1641.

La succursale de la Rochette remonte au 6 mars 1820 avec le Poet comme annexe.

Il n'est pas fait mention d'école ; mais en 1761 les pauvres y reçurent une terre de 8 émines au Pré d'Aumenge.

Là s'arrêtent nos renseignements sur le passé de la Rochette.

Quant au présent, quelques notes de statistique le feront connaître : il y avait, en 1839, 330 hectares de bois, 380 de terres labourables, 25 de vignes, 20 de prés, 300 de pâturages, 25 de routes et chemins, etc., total 1,100, dont 475 à peu près stériles.

M. Mermoz, en 1839, portait le revenu de ses 1015 hectares imposables à 10,150 fr., soit 10 fr. l'un et de ses 110 maisons à 750 fr. Les contributions directes de 1873 attribuent 1,326 fr. 41 à l'Etat, 572 fr. 33 au département, 1,025 fr. 41 à la commune et 63 fr. 33 aux non-valeurs, soit en tout 2,987 francs 48.

De 242 habitants en 1830, 275 en 1840, 311 en 1860, 304 en 1850, la population est descendue à 296 en 1897.

Distance du Buis, son chef-lieu de canton, 19,858 mètres, de Nyons 40,410, de Valence 130,202.

Le village actuel, divisé en deux sections par la route de Nyons à Séderon et de cette ville à Orpierre, se trouvait jadis sur le versant méridional de la montagne, où une partie est demeurée ; l'autre partie, fixée dans la plaine, n'offre rien qui attire plus spécialement l'attention des touristes et des archéologues.

Sources : *Inventaire de la Chambre des Comptes ; id. des Dauphins de Viennois ; id. des Archives de la Drôme ;* papiers des d'Aulan et des l'Epine dans le même dépôt, série E, supplément aux familles.

ROUSSIEUX

Au midi et presque en face de Verclause, entre La Fare et Chauvac, un coteau couvert de broussailles s'élève à 875 mètres d'altitude et présente ensuite un plateau cultivé. Là, autour de l'église et de la mairie quelques maisons placées sans ordre forment la principale agglomération de Roussieux, à 19,585 mètres de Remuzat, son chef-lieu de canton, à 45,209 de Nyons et à 134,981 de Valence.

La montagne de la Clavelière, qui le domine, le sépare de Montguers et de Montauban et délimite les vallées de l'Eygues, au nord et de l'Ouvèze, au midi.

Son nom *Rosseuf* en 1214, et *Rossevium* en 1284, viendrait, selon M. de Coston, de ronces par altération, ou de *ros* et *ross*, tertre couvert de fougères ou de bruyères, ce qui, dans les deux cas, répond très bien à ses produits forestiers.

En 1839, la commune comprenait 352 hectares de bois, 255 de terres labourables, 7 de vignes, 9 de prés, 19 de chemins et rivières et au total 942 hectares dont 655 stériles ou inexploitables.

M. Mermoz, directeur des contributions directes de la Drôme, portait le revenu de ses 923 hectares imposables à 5,558 fr., soit 6 fr. l'un et celui de ses 28 maisons à 389.

Elle a payé, en 1873, à l'Etat 592 fr. 57, au département 275 fr. 35 ; 752 fr. 88 pour ses propres dépenses et 33 fr. 42 pour non valeurs ; total 1,624 fr. 22.

Quelle peut bien être l''histoire d'une population d'honnêtes et laborieux cultivateurs ? Elle se réduit évidemment, comme à la Rochette, à quelques faits relatifs à ceux qui en possédèrent la seigneurie.

Bien que l'historien de l'abbaye de Bodon ou St-May place Roussieux sous la dépendance de cet établissement religieux fort ancien, le premier titre conservé remonte seulement à 1214, c'est un accord entre Draconet et Raymond de Montauban, père et fils, et Raymond de Mévouillon au sujet du château de Roussieux et d'autres terres, le tout réclamé par le dernier baron, au nom de Mételine, mère de Saure, son épouse. Guillaume de Baux, arbitre du différend, décida que Draconet et Raymond de Montauban abandonneraient à Raymond de Mévouillon tous leurs droits à St-Marcellin-lès-Vaison, à titre d'indemnité (1).

Dans un autre acte de 1266, l'abbé de l'Ile-Barbe, près de Lyon, et de St-May, transige avec le Dauphin, seigneur de Montauban, pour le domaine et la seigneurie que possédait Bertrand de Mison à Lens, La Fare et Roussieux et pour l'hommage prêté à l'abbé.

---

(1) *Inventaire des Dauphins*, p. 251.

Une nouvelle difficulté surgit, en 1273, entre les religieux de l'Ile-Barbe, le mari de Randonne de Montauban et Pierre de Mison à l'occasion des mêmes terres (1).

Comme la donation de la baronnie en 1284 par Randonne de Montauban à Ronsolin de Lunel, son fils, les mentionne encore, il est évident qu'elle en avait conservé le haut domaine. D'après Guy Allard, le comte de Provence, en 1306, aurait cédé ses droits à l'abbé de l'Ile-Barbe, mais la baronnie qu'il convoitait, échut aux Adhémar de Lombers et par eux aux Dauphins.

Le domaine utile ou la seigneurie passa, vers 1330, aux de Rosans, déjà rencontrés à la Rochette et aux de Morges ; l'un de ces derniers, appelé Guigues, seigneur du Châtelard, traita avec le Dauphin pour le fief tenu à Rosans et à Roussieux par Ferrand de Rosans et fut déchargé des accusations portées contre lui pour malversations commises étant bailli du Briançonnais, du Gapençais et des Baronnies et châtelain du Buis. Il dut payer cependant 2,000 florins pour l'investiture et l'hommage de quelques fiefs et se reconnaître vassal du prince (2).

Guillaume, fils de Guigues, en 1350 et 1353, Aimar, en 1373, et Guillaume, frère et héritier d'Aimar, en 1376 remplirent le même devoir.

Ces détails paraissent indiquer soit une parenté soit une identité des de Morges de Roussieux avec ceux de la Rochette. Les de Rosans se retrouvent aussi à Roussieux vers la fin du XIVe siècle, et le mariage de l'un d'eux avec Catherine d'Alauzon, en 1400, donna naissance aux Rosans d'Alauzon qui transmirent le fief aux Chabestan. En 1576, Louise Gruel était veuve de Foulques d'Alauzon, seigneur de Roussieux.

Ces familles n'y habitaient pas, et Clémence de Chabes-

---

(1) *Id.* p. 223 et 226.

(2) *Inventaire de la Chambre des Comptes.*

tan, fille de Bertrand, seigneur de Ribeyret, Alauzon, Roussieux, etc., porta le fief à Guillaume Bouvard, originaire de Bourgogne, demeurant à Valréas. Ce gentilhomme testa en 1562 et périt la même année à l'attaque de Bollène. Il laissait entre autres enfants, Jean, possesseur avec Guy Diez, de Roussieux, Montferrand et Rosans, en partie, vers 1571. Après lui, vinrent Balthazar en 1610, Jean et Léonard qui prouva sa noblesse devant l'intendant de Dauphiné en 1668; Léonard-Gaspard marié en 1703 avec Catherine de la Tour, rendit hommage pour Roussieux, en 1708. Ses descendants servirent dans les armées du roi, Joseph-Gaspard en qualité de lieutenant au régiment de Tallard, en 1728, René-Alexandre comme capitaine au régiment de Monaco, Antoine Hyacinthe, avec le même grade.

D'après la tradition locale, l'un d'eux périt dans un duel avec le seigneur de Chauvac.

Les rares documents conservés ne mentionnent pas le fait et se bornent à constater la possession de Roussieux, en 1735, par Isidore-Jacques-Etienne des Achards, conseiller au Parlement de Grenoble. Sa déclaration pour le dixième y signale seulement un moulin banal (1) et quelques droits seigneuriaux sur 20 habitants, d'un revenu total de 200 livres ; son successeur y possédait encore, en 1789, un domaine roturier.

A cette dernière date, dans leurs réponses à la Commission intermédiaire, les officiers municipaux y accusaient 22 ménages et une population de 100 personnes (2), un sol peu fertile, des récoltes sujettes à la « tartarée » qui les détruisait souvent et des montagnes et rochers stériles ; 6 paires de bœufs, 4 mulets, 6 bourriques et 200 bêtes à laine ; des charges dépassant 700 livres pour la taille, la capitation et

(1) *Archives de la Drôme*, c. 96.

(2) Elle n'a pas bien varié depuis : 125 en 1830, 111 en 1840, 131 en 1850, 122 en 1860, 103 en 1870, 85 en 1880 et 72 en 1897.

le 20e ; un vingtain établi par transaction de 1595 à cause « du soutien que le seigneur faisoit pendant les guerres » et qui durait encore après la paix ; des censes en blé, quelques censes personnelles et des lods au 6e denier du prix, en cas de vente ; une dîme au prieur à la cote 17e affermée 400 livres ; une imposition de 100 livres pour le garde et le maître d'école.

Ces redevances réunies formaient avec les impôts un total de 15 à 1600 livres.

Il y avait alors un procès pendant au Parlement au sujet des censes.

Quant à l'administration municipale elle comprenait le châtelain, nommé par le seigneur, 2 consuls annuels, 2 péréquateurs et un secrétaire.

Les archives conservées alors dans un meuble à la maison commune ont disparu depuis, et l'histoire locale déplore cette perte.

Au spirituel la paroisse du diocèse de Gap avant la Révo-ution est devenue en 1807 une simple annexe de Chauvac.

Sources : *Inventaire de la Chambre des Comptes*, manuscrit *Id. des Dauphins* ; — *Id. des Archives Dauphinoises* de M. Morin-Ponset Mistarlet, pour la généalogie des Bouvard. — *Archives de la Drôme.*

SAHUNE

I. — Les Seigneurs.

On dit plaisamment dans les Baronnies que le fondateur de cette seigneurie s'écria d'un air satisfait en la voyant prospère : *assez d'une*. Ce jeu de mots très facile avec la forme latine et romane, *Asseduna*, l'est beaucoup moins avec l'*Ansaduna* et l'*Anseduna* de la fin du XIIIe siècle et fort peu avec l'*Asseuna* de 1248. Voyons ce que sa topographie et son histoire nous apprennent à cet égard.

L'Eygues depuis Remuzat a creusé son lit dans un étroit défilé qui s'élargit en dessous de Villeperdrix. De là, deux collines élevées et parallèles, souvent couronnées de rochers, enserrent un agréable vallon (1) jusqu'à la jonction de la rivière avec l'Ennuie, son affluent, près de Curnier. Or, la commune où nous sommes arrivé englobe à la fois les collines et le vallon qu'elles abritent. La route nationale du Pont-St-Esprit aux Alpes suit le cours de l'Eygues, et près d'elle s'est formé un hameau, en face de l'ancien village. Celui-ci placé sur le versant nord de la rive méridionale n'offre rien de remarquable au point de vue artistique et pittoresque. Ses rues sont étroites et mal tracées et ses maisons de médiocre apparence. Quant à ses remparts et à ses portes encore debout en 1789, ils ont à peu près disparu depuis, tout comme le rocher qui menaçait alors d'écraser les maisons. Malgré cela l'agglomération a conservé un air de moyen-âge visible. Une partie seulement du territoire communal, sous la protection des montagnes qui l'entourent en demi-cercle entre Villeperdrix et Montréal, présente une belle végétation et des vergers d'oliviers productifs. Ailleurs, les céréales, les légumes et les arbres à fruits, le prunier notamment, attirent tous les soins d'une population agricole et laborieuse.

Il n'est pas très facile de préciser l'époque de la fondation de Sahune, car les uns en font honneur aux Celtes et d'autres aux religieux de l'abbaye de Bodon ou de St-May, dans le voisinage, au VIe siècle ; il est plus probable qu'il remonte seulement à l'origine de la féodalité, c'est-à-dire au XIe siècle.

Effectivement, l'époque préhistorique n'y est révélée par

(1) L'*Inventaire de la Chambre des Comptes*, l'appelle vallée d'Aleune.

aucune trace de l'industrie primitive, et aucune inscription n'y rappelle les Romains et Gallo-Romains, comme à Ste-Jalle et à Curnier.

Quant à l'étymologie de son nom que M. de Coston proclame difficile à cause de ses variantes orthographiques elle a été expliquée par une société savante des environs de Paris et signifie *assemblée* et par extension *village*. Le mot *saüner*, dit-elle, est si parfaitement français qu'on en produirait des exemples depuis la chanson de Rolland. Elle cite à ce propos l'inscription suivante de la cloche de l'Hôtel-de Ville de Compiègne (1), datée de l'an 1300 :

A mon son la ville saüne
Pour la nécessité commune.

Le premier seigneur du village en prit le nom à une époque reculée ; mais comme *Anseduna* peut se traduire par Ancezune et Sahune, des auteurs y ont vu deux familles distinctes. Ainsi M. Delloye a décrit un sceau du XIIIe siècle portant le nom d'Adélaïs d'Ancezune et l'inventaire manuscrit de la Chambre des Comptes de Grenoble mentionne une donation, en 1231, de la moitié des châteaux de Sahune, Montréal, Curnier, etc., à Raymond de Mévouillon par Gérenton *de Asseduna*, fils de Bertrand de Caderousse ; de son côté, M. Barthélemy dans l'*Inventaire des titres des de Baux* signale des Sahune à Orange et dans les environs, de 1263 à 1286, et la notice sur Nyons nous a révélé des coseigneurs de cette ville du nom de Caderousse, en 1206 (2).

Enfin, M. Courtet dans le *Dictionnaire* des communes de Vaucluse affirme que la famille d'Ancezune vint s'établir dans le marquisat de Provence vers le milieu du XIe siècle et il s'appuie sur les *Mémoires nouveaux* de Le Laboureur.

Ces renseignements suffisent à notre étude, et nous appel-

(1) *Bulletin de la Société historique de Compiègne*, V 51.

(2) *Dictionnaire des communes de Vaucluse*, par M. Courtet. — Notice sur Nyons déjà publiée.

lerons de Sahune les seigneurs de ce village, avec Valbonnais et divers documents consultés. Le premier du nom Gertut et non Gérenton, vivait en 1231, sous la suzeraineté des Mévouillon ; toutefois les évêques de Die possédaient les trois quarts de la haute seigneurie du fief et les Mévouillon leur en prêtaient l'hommage, le recevant eux-mêmes des Sahune. Artaud, fils de Gertut, Eynard ou Aimar Arnaud et Jean en 1272, 1282 1288 se déclaraient encore vassaux des mêmes barons. De Randonne de Montauban la seigneurie échut à Ronsolin de Lunel, son fils, et par lui aux Adhémar de Lombers qui la cédèrent aux Dauphins.

Jean de Sahune, mari de Saure Alleman, fille de Sibylle d'Aix, dame de Ste-Jalle, acquit de ce chef certains droits dans cette dernière localité, et en 1294, il y réclamait la succession de Guillaume Fabre, décédé sans enfants. Guillaume Artaud, en 1278, ayant cédé la moitié de Montanègues, près de St-Nazaire-le-Désert, à Armand de Sahune, père de Jean, celui-ci en prit possession en 1287, et fit flotter sa bannière sur la forteresse du lieu. Comme il eut des difficultés à ce sujet avec l'évêque de Die, le chapitre pendant la vacance du siège épiscopal, enjoignit au châtelain du Désert de le rétablir dans ses droits. Aussi à la mort sans postérité du seigneur de Montanègues revendiqua-t-il sa succession. (1)

Toutefois, ni ces ressources éventuelles ni les revenus de la baronnie de Sahune ne remplissaient pas ses coffres, et il se vit contraint de recourir aux financiers florentins appelés Lombards pour désintéresser ses créanciers. Dès 1320. il se déclarait débiteur de 3,750 florins à Bernard Clerc et de 4,000 à Simon Philippe et associés. Une quittance finale de 1327 prouve que Barthélemy Simon lui avait aussi fait des avances d'argent et Philippe Simon un prêt de 200 sommées d'avoine, ce qui indiquerait peut-être une expédition mili-

(1) Archives de l'évêché de Die : *Mémoire du Procureur général.*

taire inconnue. En 1335, Jean Manfrey lui fournissait encore 200 florins et, trois ans plus tard, Philippe Barbic et compagnie vendaient leur créance sur lui à Jacques de Champflour : de là un emprunt nouveau de 1,500 florins.

Une protestation en cour de Rome du seigneur obéré semblerait indiquer des conditions usuraires de la part des Florentins ; mais on n'en connait pas le résultat. On sait pourtant que le Dauphin paya toutes ces créances et obtint de la sorte la restitution des titres qui les établissaient. Pareille libéralité s'explique par la donation à Humbert II des biens du seigneur de Sahune alors vieux et décrépit et hors d'état de se libérer. L'acte portait que Jean et Saure conserveraient leur vie durant la jouissance de la baronnie et qu'il serait nul s'il leur survenait des enfants. Le dernier cas ne se présenta point, malgré la qualification de fils de Jean de Sahune donnée à Robert, par Guy Allard ; quant au premier, un acte antérieur de 1334, en restreignait beaucoup l'effet, puisque Raymond ou Reynaud de Morges avait acquis d'eux pour 9 ans les fruits et revenus de Sahune, Montréal, Montanègues, Paris et St-Nazaire. (1)

Si les finances des vassaux du Dauphin dans les Baronnies n'étaient pas toujours prospères, celles de ce prince qui jouait volontiers au puissant monarque ne suffisaient pas souvent à couvrir les frais de sa cour et de ses expéditions aventureuses. Ainsi, le 10 novembre 1341, il inféodait au prince d'Orange, son neveu, la baronnie de Sahune à la condition de reconnaître sa suzeraineté, de lui rendre hommage et de le servir dans ses guerres avec 12 hommes armés pendant 40 jours, à peine de confiscation. Ensuite, à deux ans de date, il la lui vendait au prix de 15,000 florins d'or au coin de Florence, avec exemption de tout droit de haute seigneurie et l'en investissait par la livraison des clefs des villages et des châteaux de Sahune, Montréal et Rochebrune.

---

(1) *Inventaires des Dauphins* et *de la Chambre des Comptes.*

Les conditions du service militaire furent alors modifiées et adoucies, car au lieu de 12 cavaliers armés Raymond de Baux, ne devait plus en fournir que 3 pendant 40 jours chaque année aux frais d'Humbert II. Il lui était permis en outre d'aliéner les châteaux de la baronnie à son gré, à la seule condition d'obliger l'acquéreur à se reconnaître son vassal ou emphytéote immédiat et médiat du Dauphin.

On a vu dans la Notice sur Condorcet que les de Baux, sortis du curieux village de ce nom près d'Arles, devinrent princes d'Orange par le mariage de Bertrand Ier avec Tiburge (1130-1180) et de Condorcet par celui de Raymond Ier avec Malberjone, fille d'Isoard d'Aix-au-Diois (1224-1282).

Ajoutons que Raymond IV, petit-fils de Raymond Ier, épousa Anne de Viennois, fille de Guy de Montauban (1314-1340) et que Raymond V, leur fils, obtint d'Humbert II l'inféodation de Sahune, et laissa Constance, femme du vicomte de Tallard et Marie dont Jean de Chalon obtint la main en 1382.

Des actes analysés par M. Barthélemy signalent quelque opposition de la part des officiers d'Humbert II à la paisible jouissance de Sahune, car en 1344, le Dauphin enjoignait aux bailli et juge mage de toutes les Baronnies de cesser toute poursuite contre Raymond V, son neveu et, en 1345, à Henri de Villars, régent de la province, d'observer intégralement les conventions passées entre Anne de Viennois, princesse d'Orange et son fils Raymond V, au sujet de Sahune.

Ce même Raymond, en 1389, céda à sa nièce, Anne de Baux, épouse de Juel Rolland, « les hommages et fidélités » de la baronnie de ce nom, et l'un et l'autre en fournirent le dénombrement en 1423 (1).

Après Juel de Roland, Sahune et Condorcet passèrent à

---

(1) *Barthélemy, Inventaire... des de Baux.* — Notice sur Condorcet, tome Ier.

Jean de Chalon, époux de Marie de Baux, Ce nouveau seigneur descendait des anciens comtes de Bourgogne et joua un rôle dans la province de ce nom. Louis, son fils, surnommé le Bon, guerroya contre le roi de France, Charles VII, battit Mathieu de Foix, gouverneur du Dauphiné et fut vaincu à son tour et blessé à la bataille d'Anthon (1430).

Guillaume de Chalon, fils de Louis, encourut la disgrâce de Louis XI qui le fit emprisonner et, pour obtenir sa liberté il dut céder au monarque la souveraineté de ses terres. Il en obtint cependant la restitution, mais son fils Guillaume, les perdit à son tour.

Elles furent alors données à Imbert de Baternay, conseiller et chambellan du roi. On sait que ce personnage, né vers 1438, et mort en 1523, jouit d'une grande faveur auprès de Louis XI, acquit de grands biens et remplit d'importantes missions. M. Mandrot a magistralement écrit sa biographie avec d'amples détails.

Le prince d'Orange, réconcilié avec Charles VIII qu'il accompagna à la conquête de Naples, rentra en possession de Sahune et de Condorcet et les donna à Etienne de Chalon, frère illégitime de Jean II. Etienne eut pour fils Gaucher, mari de Catherine de Poitiers, qui à défaut de postérité, institua héritiers Jean, Louis et Charles de Poitiers, ses cousins germains, descendants de Lancelot, fils légitimé du dernier comte de Valentinois.

Jean de Poitiers, un des cent gentilshommes de la maison du roi, laissa deux filles, Sébastienne, unie à un Caritat auquel elle porta Condorcet, et Blanche, épouse de Gaspard Pape, capitaine de 300 hommes de pied, devenu de la sorte baron de Sahune.

Nous étudierons sa famille à St-Auban où nous allons arriver bientôt, nous bornant à donner ici le tableau généalogique des descendants du célèbre jurisconsulte dauphinois :

I Guy Pape épousa Catherine de Cézerin.

II François — Claudine d'Aubres.

III	Philibert	épouse	Claudine de Résignan, 1515.
IV	Gaspard	—	Blanche de Poitiers.
V	Jacques	—	Lucrèce de Perez, 1573.
VI	Guy II	—	Mabille des Massues, 1604.
VII	Gaspard	—	Blanche de Périssol, 1644.
VIII	Guy III	—	Elisabeth de Massanes, 1671.
IX	Guy-Ant^e	—	Charlotte Dupuy-Montbrun.

De ce mariage naquirent trois filles : Mmes de Leriget La Faye, de Bimard et de Trémolet. Ainsi est expliquée la présence à Sahune, en 1735, de Pierre-Annibal de Bimard, baron de Montdragon.

C'est lui probablement qui vendit le fief en 1762 à Michel de Pourcet, du Pont-St-Esprit, représenté, il y a quelques années par un baron de Sahune, conservateur des forêts de la Couronne. (1)

II. — Le Tiers Etat.

Grâce aux archives de la commune en grande partie conservées, il est possible d'esquisser la condition des habitants sous les derniers maîtres du fief. Ainsi, une transaction du 27 décembre 1614, les oblige à reconnaître Guy Pape pour leur unique seigneur juridictionnel et foncier, à lui payer chacun 1 émine d'avoine et 1 quintal de foin, s'ils ont des prés, pour chevalage et guet, la 24e partie de tous les grains, le lin et le chanvre exceptés ; la 20e partie des raisins, le droit de fournage à la cote 30e et le droit de mouture à la cote 24e, 2 quintaux d'huile d'olive et les corvées accoutumées. Ils s'engagent, en outre, à ne détourner aucune eau pour arrosage, sans sa permission. Exception était faite en faveur des descendants de Michel de Colombe, affranchi des servitudes et devoirs précédents en 1348.

---

(1) *Jurisprudence de Guy Pape*, par Chorier. — *Etymologies des noms de lieu de la Drôme*, au mot Sahune.

Par un autre accord du 19 octobre 1641, le même Guy Pape autorisait la plantation d'oliviers dans tous les fonds et le défrichement des terres hermes et gastes, non accensées, en lui payant la 24e partie de la récolte et 350 livres pour les lods des moulins à huile possédés par la commune.

Le 7 mars 1678, Blanche de Périssol, veuve et héritière bénéficiaire de Gaspard Pape, annulait le bail des revenus seigneuriaux que le défunt seigneur leur avait passé. De leur côté, les habitants lui promettaient d'acquitter toutes les redevances établies, une pension de 2 quintaux et 15 livres d'huile d'olive et 17,500 livres pour les arrérages du prix du bail annulé.

A son tour, le 11 avril 1693, Elisabeth de Massanes, veuve et héritière de Samson Pape, en confirmant la transaction de 1614, liquidait à 14,506 livres tous les arrérages de censes dus et acceptait la cotisation aux tailles de son fonds de Plumian. La somme de 14,506 livres fut acquittée au moyen de l'imposition d'un quinzain sur les grains, d'un dizain sur la vendange et sur les olives, d'un capage sur le bétail et d'une cotisation sur les immeubles.

Une délibération consulaire de 1701 énumère l'émine d'avoine pour le chevalage et le guet, le quintal de foin des possesseurs de prés, et l'huile d'olive stipulés en 1614 et 1678, plus la 20e partie des agneaux et des chevreaux, la 20e de la chaux et des tuiles cuites dans le lieu, une corvée, 8 charges, 4 émines de blé de censes et les lods au 6e denier pour les ventes et au 12e pour les échanges ; elle attribue en outre au seigneur des biens roturiers d'un revenu de 156 livres et des biens nobles estimés 1,014.

En 1717, Guy-Antoine Pape se faisait reconnaître seigneur universel et juridictionnel unique, avec le droit exclusif de chasse et de pêche, de vérification des poids et mesures, de visite des rues et chemins, le droit d'aubaine et de succession des étrangers, la propriété des rivières, fontaines et eaux pluviales des rues, des langues des bœufs et vaches tués à la boucherie.

M. de Pourcet, en 1766, voulut encore étendre ses droits et porter les censes de la 24e à la 20e partie et priver la population de ses droits de pacage ; mais il rencontra une résistance sérieuse.

Enfin, en 1789, la municipalité, énumérant ses charges, y comprenait le vingtain de tous les grains, des légumes, de la vendange, de la chaux, des tuiles et briques, des agneaux et chevreaux ; une cense personnelle d'une journée, 1 émine d'avoine, 1 quintal de foin pour 3 quintaux de la première fauchaison et un demi quintal de la 2e ; 80 émines de froment des censes foncières ; les lods au 6e et au 12e denier ; 1 sol pour l'eau de la fontaine et 4 pour les broussailles prises au Devès. (1)

A ces charges purement féodales s'ajoutaient : les tailles et autres impôts annuels ; la dîme des grains, du vin, du chanvre, des agneaux et chevreaux, à la cote 24e ; l'entretien des portes et des remparts et surtout du pont de bois sur l'Eygues, très souvent endommagé ou détruit. Vers 1600, Perrin, Favier et la femme Brès avaient légué « un brocheau d'huile d'olive » pour cette dernière dépense ; mais pareille ressource devenait insuffisante, lorsque la rivière emportait les bois de ce pont jusqu'aux Pilles comme en 1657, et lorsqu'on votait des corvées en 1756, 600 livres en 1664 et 5,308 en 1766 pour le rétablir. Si l'on trouve en 1647 un habitant chargé de veiller sur lui, moyennant l'abandon des droits de péage et la fourniture de poutres de cinq cannes de long, ce mode de conservation dut cesser dans la suite, car ce péage communal, dont le tarif datait de 1303 et qui s'affermait 24 livres en 1633, fut supprimé par arrêt du 22 mai 1745 (2).

Les chemins de Sahune à Montréal et Remuzat, de Mon-

---

(1) Archives communales, analysées dans le tome IV de l'*Inventaire de la Drôme* et archives de la Préfecture, C, 5.

(2) Archives de la Drôme, affiche de 1771. — *Inventaire sommaire*, t. IV, p. 102 et suiv.

tréal à Villeperdrix, de Nyons, de la Bonnefont, de Condorcet, de Tripoule, du Col-d'Aguille, du Poet, d'Arpavon, de Planian et Pont-Vieux étaient entretenus, en 1645, par les propriétaires riverains; quant à celui du Claux où les habitants allaient, l'hiver, jouir du soleil, il était réparé les jours de fête avec le concours de tout le monde.

Dans les dépenses ordinaires entrait aussi l'entretien de la maison commune, fixé à 12 livres par an, du four banal, des moulins à huile et des fontaines, sans oublier l'horloge publique, réparée en 1737 par le prieur de Rochebrune. Avant l'acquisition de celle-ci, la population se servait « d'un sabinier du Devès », en guise de montre solaire, et au moment du partage de ce territoire en 1735, il fut défendu de couper l'arbre indicateur de l'heure, à peine de 100 livres d'amende. Il est au surplus fait mention en 1745 d'une montre en bois à l'horloge.

Il y avait aussi les gages du châtelain, du secrétaire, du garde annuel, des gardes auxiliaires dans la saison des fruits et les jours de foire, sans oublier ceux du prédicateur du carême (1).

Toutes ces dépenses s'augmentaient encore des frais de *procès*, de *présents* et de voyages faits pour la communauté.

Constatons à son honneur que les procès révélés par ses archives se réduisent à un très petit nombre, au sujet de la délimitation d'Arpavon, de la dîme et des dettes, et qu'en matière de crimes, il existe seulement une « ordonnance du « juge de Sahune, licencié en droit, au châtelain de publier « la sentence qu'il avait rendue dans le procès des consuls « et du procureur d'office contre Philippine-Guillaume, at- « teinte et convaincue de sortilège et d'inceste et condamnée

(1) Le garde Ballot recevait, en 1745, un traitement de 48 livres, deux paires de souliers et le double des amendes pour délits ruraux réglées en 1664, de six sols à trois livres pour vols de fruits, de jardinage, de bois de clôture, etc. Le prédicateur obtenait 100 livres en 1750.

« à être brûlée vive par l'exécuteur de la justice du 5 août « 1579 », et la dépense en 1640 d'une livre « pour recherche « d'un nommé Jousellon, accusé du crime de sorcier. »

Quant aux présents, il y avait ceux que la reconnaissance ou la politesse attribuait au seigneur du lieu et ceux que la crainte des Bohémiens valait à ces nomades. En 1608, M. de Condorcet, malade, reçut un chevreau et un chapon ; et au mariage de son fils, en 1661, un mouton ; en 1638, M. de St-Auban, lors d'un accord passé avec lui, acceptait quatre chapons et sept livres de fromage ; en 1641, au passage à Allan de l'intendant de la province, il fut porté au seigneur huit chapons et une perdrix ; déjà, l'année précédente, à son retour d'Italie, il lui avait été offert trois chapons, en 1649, le conseil lui votait 300 livres pour reconnaître ses soins à les faire exempter des logements militaires et à leur venir en aide dans un procès ; en 1763, M. de Pourcet, acquéreur de la seigneurie, obtenait deux agneaux, quatre dindons et six charges de fruits, à la suite d'un don de 54 livres à la jeunesse et de chaperons aux consuls (1).

Les Bohémiens étaient éloignés en 1590 avec 2 testons, en 1638 avec 44 sols, en 1640 avec 8, en 1641 avec 4 livres 9 sols, en 1663 avec 43 sols.

Les *voyages* nous fournissent d'assez curieuses informations ; ainsi, en 1649, à propos de l'indemnité due à de Colombe pour son séjour à Grenoble, « à raison des aides », on ajoute : « Il est très joly garçon et certainement si vous vous en savez servir, il sera nécessaire à la communauté. » M. de Condorcet, député à Paris en 1662, avec Cathelin de Colombe et un laquais, du 22 avril au 17 septembre, fit les dépenses suivantes : d'Allan à Die avec 3 chevaux de louage et un conducteur, 12 livres 10 sols, de Die à Grenoble, 25 livres 9 sols, de Grenoble à Lyon par voie du messager

(1) En 1761, le conseil avait décidé l'achat de trois chaperons en serge écarlate de Londres aux consuls.

45 livres, de Lyon à Paris 175, de Paris à Lyon par le coche d'eau 145, de Lyon à Valence, en bateau 28, de Valence à Crest, avec chevaux et conducteur 19, de Crest à Bourdeaux 21, etc. Enfin, Gros, maître d'école, demandait 6 livres en 1630 pour être allé à Curnier demander la permission « de conjurer les chenilles » qui ravageaient les arbres fruitiers.

Il serait facile d'énumérer d'autres dépenses accidentelles comme l'achat de la fontaine Eydoux au prix de 300 livres en 1753, le paiement des porchers et du chevrier en 1640, la plantation de 4 douzaines de mûriers près du champ de foire en 1759; mais nous les négligerons pour celles plus importantes de l'*école* et de la *guerre*.

Des *exemples* ou modèles d'écriture ronde cursive, autrefois annexés à un compte consulaire de 1588, nous révèlent à cette époque l'existence d'une école. Ce sont des quatrains où l'intention morale vaut beaucoup mieux que le style; voici le premier :

Dieu tout puissant, puis, père et mère honore ;
Sois juste et droict, et en toute saison,
De l'innocent prends en main la raison,
Car Dieu te doit là haut juger encore.

Cinq ans plus tard, le maître d'école de St-Michel de Sahune, appelé Chaussenc, ayant appris la vacance des écoles du Buis, écrivit aux consuls de cette ville pour leur offrir ses services. Il avoue, dans sa lettre, ne connaître que les premières conjugaisons et quelques règles du grammairien Pelisson et ajoute : « Si vous vous pouvyes comp-« tenter de ce que je vous presente icy avec mon escripture, « je vous servirays aussy fidellement et advancerays aussy « bien vos enffans de mon petit sçavoyr qu'homme de lettres « sauroit fayre, sans rien tourmenter les enffans. » Bien que professant la religion reformée, il instruira les catholiques « en leur relligion et facson, comme les autres. » Enfin, pour apprendre aux filles « à lisre, escripre et bonnes

« mœurs et principallement la cordure », il a une femme dans son pays, « aussy propre qu'il en aye point en Dauphiné » qu'il fera venir, si ses offres sont agréées (1).

On ignore la décision des consuls du Buis ; mais ceux de Sahune avaient, en 1597, traité avec Boudet, en 1603 avec Jean, en 1613, 1618 et 1644 avec de Colombe, en 1615 avec Legrand, en 1620 avec Gensanne, en 1622 avec Autran et Boulet, en 1625 avec Buis et ainsi de suite jusqu'en 1787.

Ces maîtres recevaient un traitement de 30 livres et un rôle d'écoliers payants ; ils obtinrent dans la suite 100 et même 150 livres. En 1722, Grangeon s'intitule « preseteur » et en 1725, Mazen se montre calligraphe habile (2).

De ces détails ressort avec évidence l'intérêt que prenaient les consuls à l'instruction de la jeunesse.

Les renseignements sur les guerres du moyen âge à Sahune nous font défaut, et à la fin du XVIe siècle, il est même question d'un seul fait militaire un peu important. Voici la narration de Chorier : « Montbrun n'avoit pas « encore fait paroistre ses armes dans la plaine en corps « d'armée. La prise de Sahune les y attira ; pendant qu'elles « étoient occupées dans les montagnes, les catholiques en- « trèrent dans cette place non par force, mais par surprise. « Elle appartenoit à Saint-Auban, qui y avoit mis ses meu- « bles et ses effets les plus précieux, comme dans un lieu « qu'il jugeoit assez fort, pour n'être pas facilement em- « porté. Montbrun, qui estimoit Saint-Auban, mena lui- « même ses troupes devant cette place, qu'il reprit en plein « jour par escalade et à coups de main, sa réputation aïant « secondé le courage de ses soldats, contre ceux qui la de- « fendoient. De là, il assiégea Condorcet et le prit, et en- « suite Nyons, Livron, Loriol et Dieulefit » (3).

---

(1) *Inventaire sommaire* du Buis, t. III, p. 11.

(2) *L'Instruction primaire dans la Drôme avant 1789, l'arrondissement de Nyons ;* broch. imprimée à Grenoble de 40 pages, in-12.

(3) *Histoire générale de Dauphiné*, II, 652.

Ceci se passait, en 1573 ou 1574, Chorier, ne donnant pas les dates. Sept ans plus tard, Antoine de Clermont-Montoison ordonnait à Antoine de Vocance de démanteler promptement la place avec l'aide des pionniers du lieu et des villages voisins. L'opération fut-elle exécutée ? Une lettre de Saint-Auban aux consuls, du 8 juin 1627, porte qu'ayant appris « le prochain rasement de leurs murailles, « il s'efforce d'avoir la réponse du maréchal (de Créquy-« Lesdiguières) avant son départ » et en 1789, l'entretien des portes et des remparts constituait encore une des charges de la commune. D'où il faut conclure que « le rasement » ne se fit pas ou que les murailles furent relevées.

Les logements militaires, depuis Charles VIII, Louis XII et François Ier et particulièrement à la fin du XVIe siècle, obligèrent souvent les consuls à emprunter de l'argent pour entretenir des garnisons ou pour aider aux villes qui en avaient. Il faut convenir cependant que la protection des Saint-Auban leur épargna parfois de grosses surcharges. La preuve s'en tire d'une lettre de Lucrèce de Peretz en 1611 où elle leur reproche leur ingratitude. « Vous avés « oublié les biens, faveurs et supports que vous avés reseu « de feu M. de Saint-Auban, vostre bon seigneur et moy, « qui seuls, après Dieu, sommes cause que vous avés du « pain à manger, car vous savés très bien que nous vous « avons garanti des concussions, ransonnements, logements « de jandarmerie, pillages et aultres sortes de ruines, de « quoy tous vos voysins estoient accablés. Je n'eusse jamais « creu cela de vous aultres que j'ay plus aimé que tous les « aultres de nos subjets ; vous faites en cela un grand mes-« pris de moy, comme si je ne peux plus vous ayder ne « nuire ; vous vous trompés, car Dieu me donne assés de « pouvoir pour fere l'ung et l'aultre quand le bezoin le re-« querra, et le tout avec raizon et justice... Dieu le vous « pardoint et vous fasse cognoistre vostre debvoir à l'avenir « envers selle qui n'a jamais esté que vostre bonne dame et « amye. »

Comment la population laborieuse de Sahune parvenait-elle à faire face à tant de dépenses ? Un document de 1689 présente la commune avec une population de 102 ménages dont 4 assez riches, 12 qui vivent en travaillant et le reste pauvre. En 1727, elle a 96 hommes, 89 femmes, 25 veuves, 59 garçons, 61 filles, 15 valets, 12 servantes, 39 garçons et 38 filles de moins de 10 ans, total 434 ; en 1789, on y compte 500 personnes environ et le sol ingrat ne suffit pas à les nourrir On y récolte du blé, de l'épeautre, du vin, de l'huile d'olive et des cocons. Il s'y tient trois foires, l'une à St-Georges, l'autre à Saint-Léonard et la troisième à la Croix de Septembre ; cette dernière est la plus fréquentée ; quant au marché du jeudi, il est insignifiant. Il s'y fabrique quelques étoffes de laine, mais le mauvais état des chemins empêche tout commerce. Elle jouit d'un droit de pacage et de bûcherage en payant 4 sols de pension au seigneur du lieu et 36 à celui de Condorcet, d'une maison commune, d'un moulin pour les olives, du pré de la foire et d'une hôtellerie pour vendre le vin en détail. Ses revenus comprennent 72 livres du four banal, 100 du moulin à huile, 30 des mesures à huile, 6 des mesures du vin et 4 des *régailles* communales et encore faut-il des réparations aux bâtiments. En résumé, son budget annuel arrivait chaque année de 240 à 271 livres.

La plus grosse portion de ces charges se prenait sur l'impôt foncier s'élevant, vers 1760, à 820 livres. Il y avait de plus la capitation (impôt personnel et mobilier), le dixième et les frais accessoires.

En 1839, ses 1,554 hectares imposables (1) représentaient 23,300 livres de revenus et ses 167 maisons 1,554, soit 26,026 francs. Elle a payé en 1873 pour contributions directes :

---

(1) En bois 431 hectares, en terres 456, en vignes 123, en prés 10, en pâturages 410, en routes et rivières 98, en terres incultes 22, etc.; total 1,652 en 1835.

à l'Etat 3,447 fr. 34 c., au département 1,442 fr. 46, à son receveur 1,799 fr., et au fonds de non-valeurs 151 fr. 65 ; total 6,840 fr. 73. Voici les fluctuations de la population :

1830	1840	1850	1860	1870	1880	1896
586	686	672	685	662	672	559

Actuellement la commune est administrée par un maire, un adjoint et dix conseillers ; en 1789, elle avait seulement deux consuls et trois conseillers élus tous les ans qui se réunissaient devant le châtelain, avec huit notables, « personne ne paraissant presque aux assemblées générales ; en 1672, on demandait 24 membres au conseil et, en 1647, 12 à cause du refus des habitants de se réunir » soit par paresse, soit par mauvaise intelligence qu'ils ont entre eux ; en 1638, ce nombre était de 16 et, en 1636, de 20, outre le châtelain ou représentant du seigneur, trois consuls et trois conseillers électifs.

Nous avons à peu près recueilli sommairement tout ce qui intéressait le tiers état et il ne nous reste plus qu'à dire un mot du clergé, avant de quitter le village.

Une note manuscrite de 40 ans de date environ place au quartier de Saint-Jean une église desservie autrefois par les religieux de l'abbaye de Bodon ou de St-May et ensuite par les Bénédictins de l'Ile-Barbe près de Lyon. Elle affirme qu'au moment de la rançon de François Ier, fait prisonnier à Pavie (1525), la part afférente au prieur fut si forte qu'il se vit contraint d'aliéner au seigneur du lieu les biens de son bénéfice. Un fait certain, c'est que la vente eut lieu, car l'*Inventaire sommaire* des archives de la commune mentionne « les ruines d'un vieux couvent appelé Saint-Jean avec fonds autour », dont le seigneur jouissait vers 1689 (1).

On sait, par une déclaration de 1728, que la cure perpé-

(1) *Inventaire sommaire*, t. IV, 109. L'enclos du monastère de Saint-Jean, dont on aperçoit les ruines de la route nationale, est un vrai oasis de verdure. Il s'étendait du torrent de Marderie au ruisseau de Berge.

tuelle et séculière de Sahune, sous le titre de Saint-Michel et de Saint-Georges, avait l'évêque de Sisteron pour patron et collateur ; que ses revenus atteignaient 290 livres dont 41 de charges, sans les messes de fondation, et que vers 1684, le prieur avait abandonné son bénéfice au curé pour lui tenir lieu de portion congrue.

Une curieuse transaction de 1597, étudiée en 1880 dans ce même *Bulletin*, a déjà fait connaître les *gachefuocs*, *de fructu* ou banquets dus par le prieur aux habitants de Sahune, dont il se vit alors déchargé au prix de la réduction à la cote 24e de sa dîme du blé, du seigle, de l'orge et des raisins seuls (1). Ces banquets, au nombre de trois, étaient offerts « à toutes personnes mâles, maîtres, servi« teurs ou enfants, le premier la veille de Noël, l'autre la « veille de la Circoncision et le troisième la veille du jour « des Rois, auxquels de *fructu* icelui prieur était attenu « donner à tous venants pain, vin, noix et du meilleur à « discrétion, et les autres deux, l'un le jour de la Circon« cision à tous les compagnons du lieu qui lui porteroient « un petit oiseau appelé *petouze* (roitelet) communément, « l'autre à toutes les femmes qui y voudroient aller à goû« ter, le lundi de Pâques. »

En parcourant les Baronnies, nous avions déjà rencontré des *joies* ou réjouissances pour la jeunesse, mais jamais pareille servitude au prieur. La chasse au roitelet qui se retrouve dans le Comtat semblerait rappeler les premiers seigneurs de Sahune ; elle prouve en tout cas les heureuses dispositions de nos pères à créer des fêtes et des récréations à leurs vassaux.

L'église aurait été reconstruite vers 1667 et agrandie en 1738 ; elle n'offre rien de remarquable. Il est question, dans les registres de baptêmes, mariages et sépultures, de la mort édifiante, vers 1730, de Marie-Anne Sauzet, en Cham-

---

(1) *Inventaire sommaire*, IV, 115.

pagne, et de la mort horrible, le 3 novembre 1721, de Garde et de Tardieu, âgés de 28 et de 22 ans. A leur retour du Comtat où régnait la peste, ils avaient forcé la ligne, et la crainte de leur voir apporter la contagion rendait féroces les gens les plus pacifiques en d'autres temps. Douze grenadiers se mirent à leur poursuite, Garde, déjà malade, fut blessé à l'épaule, puis poignardé et achevé à coups de baïonnette. Tardieu, plus hardi, se jeta dans l'Eygues, en ce moment fort grosse, et s'étant dressé au milieu de l'eau, reçut plusieurs coups de mousquet. Il essaya d'aborder sur la rive gauche en criant miséricorde, et se trouva emporté soudain près des grenadiers qui l'assommèrent dans l'eau à coups de pierre et de baïonnette. Les cadavres de ces deux jeunes gens ne pouvant être brûlés à cause de la pluie, leurs vêtements seuls furent réduits en cendres. Laissons cette scène lugubre accomplie par des étrangers à Sahune, pour rappeler une famille Bernard dont un membre fut maître graveur du roi chez M. Beaucousin en 1688 (1).

Distance de Remuzat 13 kilom., de Nyons 16, de Valence 106.

SAINT-AUBAN

I. — Les Seigneurs.

Placé sur une légère colline (2), à gauche et non loin de l'Ouvèze, ce village est à demi caché, au nord et à l'est, par

---

(1) *La nouvelle biographie universelle* ne cite pas ce Bernard. — *Inventaire sommaire des archives de la Drôme*, IV, 115.

(2) *Les auteurs*, d'après la *Statistique de la Drôme*, le placent sur un rocher élevé.

Voici la description qu'en a fait pour nous M. Reynier, maire de la commune :

« Il est bâti en amphithéâtre sur le flanc d'une colline dont la pente des bosquets de châtaigners. Au midi, une montagne élevée et un défilé sauvage le séparent de la Rochette ; à l'ouest, il jouit d'une vue agréable sur la vallée de Ste-Euphémie. Son territoire du côté de la Clavelière et la Bâtie-Verdun offre un aspect sévère et monotone qui valut autrefois à la vallée le nom de Ruine ou de Ruègne ; la route de Nyons à Sisteron le traverse, tandis que celle du Buis à Orpierre suit le cours de la rivière.

Remonter les âges jusqu'à l'origine de l'agglomération n'est pas chose possible ; on n'y a recueilli aucune trace remarquable de l'industrie primitive, ni aucune inscription romaine, alors que Mévouillon en avait une à Silvain et Vercoiran une aux Nymphes.

A la vérité, le saint martyr, dont le pays prit le nom, vivait dans les premiers siècles chrétiens, et l'abbaye de Bodon ou de St-May posséda, à une époque indéterminée,

---

est douce, au levant, et presque abrupte, à l'ouest et au nord, le Charruy et l'Ouvèze coulant à 150 mètres de profondeur ; la place Pékin, qui tire son nom de mûriers apportés, dit-on, de Chine par le chevalier Albert de Rioms, le domine au midi.

« Fortifié au moyen âge, St-Auban possède encore une partie de ses vieux remparts ; les deux portes de ses fortifications attestent les attaques furieuses des assaillants : et on y voit des traces de commencement d'incendie ; enfin, le nom du portier Girard, qui les ouvrait, moyennant 6 livres par an, a été conservé par la tradition.

« D'une construction massive, sans terrasse ni créneaux, le château féodal, crevassé en maints endroits, a subi quelques outrages pour le dégagement des rues du village ; quant aux tours, elles sont habitées ou habitables.

« Trois ou quatre maisons qui portent l'empreinte du style de la Renaissance, y révèlent la présence, vers la fin du XVIe siècle, de gentilshommes ou de bourgeois aisés.

« Aujourd'hui, la route de Nyons le traverse dans toute sa longueur, des tilleuls ombragent ses avenues, de belles fontaines ont remplacé les vieilles citernes, et il a pris un aspect moderne encore accentué par l'établissement d'un bureau de poste, d'une perception et d'une brigade de gendarmerie.

l'église de Notre-Dame de l'Espinasse ; mais on manque de renseignements certains sur les origines du village.

Une charte de l'an 1060 qui contient la donation de l'église de Rioms à l'abbaye de St-Victor de Marseille par Pons de St-Auban, sa femme, et ses fils, et par Ripert, évêque de Gap, prouverait l'existence d'une famille portant le nom de la terre dès les premiers temps féodaux, et disparue peu après, car les Mévouillon, en vertu d'une acquisition, d'un héritage ou d'une alliance, la transmirent aux Montauban dont l'histoire nous est connue (1).

On trouve, en 1277, un hommage de Raymond Raimbaud, chevalier, à Randonne de Montauban, fille de Draconet et épouse d'abord du seigneur de Lunel, et ensuite de Raymond-Geoffroy de Castellane, et l'année suivante un hommage de ce dernier au dauphin de Viennois.

On a vu déjà qu'en 1284, Randonne de Montauban donna ses biens à son fils Ronsolin de Lunel et celui-ci à Hugues Adhémar, seigneur de Lombers, qui traita avec le Dauphin Humbert Ier en 1302 pour liquider la succession.

Les Adhémar, possesseurs de Montélimar, de la Garde et de Grignan, ont occupé une large place dans notre histoire locale ; ils s'allièrent avec les Mévouillon et les Montauban et parurent souvent dans les Baronnies.

Giraud Adhémar avait épousé Draconette, veuve de Bertrand de Baux et sœur de Randonne, dernière baronne de Montauban (2) ; il testa, en 1310, en faveur de son fils aîné de même prénom et légua Saint-Auban à Guigonnet, son autre fils, qu'il voua à la cléricature. Cinq ans plus tard,

---

(1) *Cartulaire de Saint-Victor.*

(2) Le 13 avril 1274, Bertrand de Baux, fils de Guillaume, seigneur de Pertuis, déclarait dans son testament qu'il percevait 50 livres sur les revenus de St-Auban donnés en dot à Draconette par le seigneur de Montauban et qu'il les accordait à celle-ci, outre 10,000 sols tournois et tous ses meubles et bijoux. (BARTHÉLEMY, *Inventaire des titres des Baux.*)

dans un nouveau testament, il renouvelait les mêmes dispositions, en ajoutant que Guigues, Hugues et Guillermet, ses autres enfants, seraient tenus aux écoles et munis de livres.

Guigues ou Guigonnet, seigneur de St-Auban, fut chanoine de Valence et de Metz et assista en 1343 au mariage de Giraud, son frère, avec Tacette ou Tassiette de Baux.

Pour expliquer les hommages rendus le 28 mai 1353 par Giraud, seigneur de Montélimar, à Henri de Villars, lieutenant du Dauphin, et le 19 juin 1362 par Guigues, il est à propos de rappeler que la propriété de Saint-Auban était restée à Giraud et l'usufruit à Guigues. On trouve des hommages de la même famille pour la même seigneurie en 1383, en 1413 et en 1420. Mais Lancelot de Poitiers, fils illégitime de Louis II, dernier comte de Valentinois, ayant enlevé et ensuite épousé Delphine Adhémar, fille de Guyot, baron de Grignan, vendit le fief à Guy Pape, jurisconsulte dauphinois, le 29 avril 1439.

Jusqu'ici, les seigneurs des Baronnies que nous avons rencontrés s'étaient distingués surtout à la guerre ; l'acquéreur de St-Auban, au contraire, va s'illustrer dans la science du droit.

Ses ancêtres, anciens possesseurs du fief de La Pape, près de Lyon, en avaient pris le nom ; mais Jean s'établit à St-Symphorien-d'Ozon, près de Vienne, par suite de son mariage avec Claudine Aimar. Guy, leur fils, y naquit au commencement du XVe siècle. Son oncle, Pierre de La Pape, official de Lyon, très fort en droit civil et canonique, dirigea de ce côté les études du jeune homme dont le caractère sérieux se prêta merveilleusement à ce genre de travail. Reçu docteur à Pavie en 1430, il fit à son retour quelques lectures publiques à Turin et perdit bientôt après sa mère et son oncle qui lui légua une riche bibliothèque. De Lyon où il débuta, il vint à Grenoble, s'unit avec Louise Guillon, fille d'un membre du conseil delphinal, son compatriote, et acheta la terre de St-Auban. « Cette femme, dit Chorier, ne

« fut pas longtemps heureuse ; son mari étoit sévère et sa « sombre sévérité participoit quelquefois de cette rude dureté « qui fait tant de peur à ce sexe doux et timide, qui n'atta- « que que par les faibles armes de sa beauté et qui ne se « défend que par ses larmes. Il rendit par son peu de com- « plaisance sa femme moins raisonnable ; son jugement « s'affoiblit et se troubla.... Il ne la perdit guère mieux par « sa mort, qu'il l'avoit déjà perdue par sa haine, qu'elle « écouta en instituant Jean et Etienne Guillon, ses frères, « ses héritiers, et en ne faisant aucune mention de lui dans « son testament. »

L'acquisition de Saint-Auban donna aussi à Guy « des inquiétudes qui firent plus de bruit que ses chagrins domestiques. » Lancelot de Poitiers prétendit qu'il avait été surpris lorsqu'il avait traité avec lui ; mais les conventions avaient été jurées, et la jurisprudence canonique d'alors donnait force de loi aux actes même nuls soutenus par un serment. il recourut à l'official de St-Paul-trois-Châteaux qui se prononça pour la validité de la vente et la métropole d'Arles confirma cette décision.

Nommé en 1440, membre du conseil delphinal, appelé peu après parlement, il commença dès lors à préparer ses ouvrages de droit et faillit partager la disgrâce de Guillon, son beau-père. Louis, fils de Charles VII, exilé de la cour, s'était retiré en Dauphiné et voulait y régner en maître. Il députa Guy Pape à Nicolas IV, successeur d'Eugène IV, en 1447. Le nouveau pontife, très bon jurisconsulte lui-même, accueillit gracieusement l'envoyé du prince, qui le chargea, au retour, de négocier avec l'évêque de Valence la reconnaissance de la souveraineté delphinale sur ses terres. Malgré les succès diplomatiques du gendre, la persécution dont le beau-père avait été victime recommença bientôt et Guy Pape faillit en être atteint. On l'accusait de n'avoir pas, dans ses voyages, payé ses hôteliers ; mais il lui fut facile de se justifier, et le Dauphin, convaincu de sa droiture, le nomma maître des requêtes de son hôtel et l'envoya auprès du roi négocier une réconciliation. Charles VII écouta volontiers l'ambassadeur, mais demeura inflexible. Pendant que l'armée royale arrivait en Dauphiné pour obliger Louis à se soumettre, Guy Pape se réfugia en Suisse. Il ne tarda pas à venir reprendre ses fonctions de conseiller au parlement et ses travaux de jurisconsulte (1).

Il mourut à Grenoble en 1475, selon les uns, en 1477, selon les autres, en laissant plus de vingt traités, analyses ou commentaires sur diverses matières de droit civil ou canonique, des *conseils* ou collection de mémoires sur les procès qui lui étaient confiés, un recueil d'aphorismes ou préceptes, sous le nom de *Singularia*, et enfin ses *Decisiones* souvent réimprimées depuis 1480 et analysées par Chorier dans la *Jurisprudence* de Guy Pape.

C'est là, dit un de ses biographes, que « son âme généreuse, sa vie active, son inépuisable science » se montrent à chaque ligne. On y trouve aussi l'histoire de notre jurisprudence, l'exposé des missions confiées à l'auteur et des jalons précieux pour l'étude de nos conquêtes morales (2).

Il n'entre pas dans notre sujet d'y relever une foule de détails curieux, mais étrangers à Saint-Auban ; il suffira de rappeler avec Chorier ceux qui ont rapport à cette terre. « Il y fit, dit notre guide, de nouveaux statuts dont personne ne murmura. Il obligea, l'an 1460, les habitants de lui rendre l'hommage qu'ils lui devoient ; mais il n'ajouta rien, pour ses intérêts, à l'ancien usage. Il nourrissoit ceux qui étoient soumis au droit de corvées, pendant qu'ils travailloient pour lui, et dans le haut crédit où il étoit, il ne lui auroit pas été impossible de se décharger de cette dépense. Il régloit ses désirs par ce qui lui étoit permis et non par

(1) CHORIER, *La Jurisprudence de Guy Pape*, 1769, in-4°.

(2) MALLEIN, *Etude sur Guy Pape*. Grenoble, 1860, broch. in-12 de 36 pages.

ce qui lui étoit possible, et lorsqu'il maria sa fille avec Guigues de Dorgeoise, ses sujets de St-Auban lui firent un présent de 80 florins. La dot d'une fille est un des cas de la subvention extraordinaire que les sujets doivent à leurs seigneurs. Il pouvoit tirer contre eux des avantages de cette contribution, quoiqu'elle fût volontaire ; il consentit néanmoins qu'ils fissent les actes nécessaires, pour empêcher qu'elle pût jamais être un titre qui en fît un droit nécessaire et indispensable. »

De la part d'un jurisconsulte, de semblables concessions ne paraissent pas dignes de tant d'éloges ; si, en effet, le seigneur avait des droits, les vassaux en avaient également (1), et les surcharger aurait été une violation du pacte primitif ou d'accords antérieurs.

On a vu que le mariage de Guy Pape avec Louise Guillon ne fut pas heureux ; devenu veuf, il épousa Catherine de Cizerin et cette union lui fit oublier tous les chagrins de la première. Il eut d'elle quatre fils et deux filles. *Jean*, l'aîné, domestique commensal de François Ier, ne laissa pas d'enfants de Catherine d'Urre, fille d'honneur de la reine Claude ; *François*, seigneur de St-Auban, eut de Claudine d'Aubres, fille d'un coseigneur de Vinsobres, un fils appelé Philibert ; *Humbert* devint protonotaire apostolique et prieur de Chabottes ; *Rodolphe* mourut jeune. De ses deux filles, Françoise entra chez les d'Orgeoise et Claudine chez les La Font de Savines.

Philibert succéda à François, son père, et testa en 1528. Claudine de Bésignan lui donna, entre autres fils, Gaspard, capitaine de 300 hommes d'armes, qui servit en Italie sous Montluc ; le maréchal, dans ses *Commentaires* ou *Mémoires*, le traite avec assez de dédain : « Je ne le pouvois estimer dans mon cœur, dit-il, parce qu'il n'avoit jamais

(1) Nous dirons bientôt que Gaspard Pape fut rappelé à l'observation des libertés du lieu par les consuls et habitants.

vingt hommes d'apparence en sa compagnie, car il aimoit mieux un teston qu'un homme de bien. » En 1558, le comte de Tende, gouverneur de Provence, le fit nommer mestre de camp et ensuite commandant de Barcelonnette. Comme il avait embrassé la réforme vers ce temps-là, de Tende et Crussol le chargèrent de lever et de commander 1,000 hommes de pied avec lesquels il contribua en 1562 à la prise de Barjols et à celle de Villefranche du côté d'Orléans ; mais il échoua devant Moulins. Le prince de Condé l'ayant choisi pour remplacer des Adrets, il fut fait prisonnier en route, près de Tarare, et ses lettres de provisions allèrent passer sous les yeux du célèbre baron qui songea dès lors à changer de parti. Le 15 mai 1563, Crussol l'envoya commander dans le Comtat et la principauté d'Orange et il reprit aux catholiques plusieurs places et notamment Malaucène et Bedoin. Il fut tué au siège de Montpellier en 1567.

Voici le portrait qu'en a tracé M. J. Courtet, dans Sa *Valmasque :* Le gentilhomme cumulait, avec l'orgueil de sa caste, l'instinct un peu cupide et rusé de son pays natal. Pour parvenir à son but, il savait prendre les allures tortueuses du renard ; mais les obstacles venaient-ils à se prolonger ou à se compliquer, il rugissait comme le lion, et comme le roi des forêts, il en appelait à ses griffes puissantes. Son menton large et carré accusait un entêtement invincible. Ses lèvres épaisses dénotaient des appétits sensuels. A ce front légèrement déprimé, à ces yeux gris et durs, à ces os maxillaires vigoureusement prononcés, à cette pose quelque peu théâtrale, on pouvait se convaincre que la miséricorde ne devait pas être son apanage. Enfin, son nez fortement recourbé le faisait ressembler, mais en beau, au personnage le moins évangélique de la fameuse cène de Léonard de Vinci. »

Jacques, né de son mariage avec Blanche de Poitiers en 1545, a laissé des *Mémoires* sur les événements de son temps, écrits sans art, mais intéressants par les détails.

Quelques parties en ont été publiées (1). Il raconte qu'il fut élevé dans la maison de l'amiral Coligny et courut de grands dangers à la St-Barthélemy. Il abjura pour sauver sa vie et se retira en Dauphiné où, en 1573, il prit les armes à l'appel de Montbrun. Dans ses expéditions des Baronnies, il échoua devant le Buis, prit la Roche dans le voisinage et, nommé gouverneur du Comtat, le 12 septembre 1577, alla secourir Menerbe qu'il défendit vigoureusement. On ne trouve rien sur lui dans les auteurs de 1578 à 1586. Cette année-là, il était en Rouergue et les habitants de Milhaud résolurent de le faire périr, pendant qu'il serait au prêche. Il échappa à ce danger et accompagna Châtillon en Lorraine d'où l'un et l'autre se replièrent sur le Languedoc après une habile retraite. Il testa le 15 janvier 1594 et dut mourir peu après.

Selon Chorier, Jacques Pape, un des plus fermes soutiens du parti des réformés, s'acquit tant de réputation et de crédit qu'il prétendit au gouvernement général du Dauphiné et le disputa à Lesdiguières. Cet auteur ajoute, sans préciser de date, que la fortune « donna ses faveurs à la vertu, que ses ennemis mêmes révéroient comme héroïque. »

Il avait épousé Lucrèce de Perez ou de Peiretz (d'autres disent à tort de Pienne, de Pierret et de Pierre) et eut d'elle un fils, Guy II, et trois filles.

Guy II, gentilhomme ordinaire de la chambre de Louis XIII, épousa, en 1604, Mabille des Massues, fille du seigneur de Vercoiran, et de Justine Dupuy-Montbrun; il figure deux fois dans la *Correspondance* de Lesdiguières qui l'envoya aux députés du synode du Pont-en-Royans et lui recommanda, en 1622, « de parler cler et de sortir de ses irrésolutions. »

---

(1) M. Roman ne croit pas que le fragment, imprimé dans les *Mémoires de la ligue*, soit de Jacques Pape; c'est plutôt un rapport adressé au roi de Navarre par les réformés dauphinois. (*Correspondance de Lesdiguières*, III, p. 185).

Parmi ses enfants, *Jean-Louis*, seigneur de Vercoiran, devint, en 1630, mestre de camp d'un régiment d'infanterie ; *Guy*, seigneur de Sahune, fut lieutenant-colonel au régiment de Lesdiguières (1), et *Gaspard*, commandant des régiments de Sully et de Lesdiguières, continua la famille. Ce gentilhomme laissa de Blanche de Perissol d'Allières qu'il avait épousée en 1644 : *Samson*, seigneur de St-Auban, Sahune, Vercoiran, Ste-Euphémie, Autane et Allan, mort sans postérité ; *Jacques*, seigneur de Ste-Euphémie (2), et *Guy III*, qui obtint la main d'Elisabeth de Massaneset laissa Guy IV, marquis de St-Auban, père de Guy-Antoine, marié à Romans, le 28 mai 1718, avec Marguerite (ou Marie)-Charlotte Dupuy-Montbrun, auquel elle donna trois filles : Olympe, épouse de Jean-Baptiste de Trémolet, en 1748, Emilie-Elisabeth, de Pierre-Annibal de Bimard, en 1749, et Charlotte-Marguerite, de Jean-François Lériget de La Faye, tué en Italie, en 1747, où il était colonel du régiment Royal-Comtois.

La fille unique de M. de Bimard, baron de la Bâtie-Montsaléon (Marie-Françoise-Emilie), ayant contracté mariage, le 25 mars 1770, à Ste-Euphémie, avec Jean-Baptiste-Joseph David de Sade, devenue comtesse, possédait, à la Révolution, St-Auban, Ste-Euphémie, Vercoiran, Autane, Montbrun, etc. Ses biens de St-Auban comprenaient le bâtiment du château, des terres à Pierrefeu, à l'Anche, au Serre, à la Garenne, à Sautebouc, au Bousquet, à Chanenove, à la Blace, au Moulin, et le domaine de Douas.

De son côté, François-Hector d'Albert y jouissait d'une maison et de vergers, clos de murs, du domaine d'Aguzon et Grange Neuve, des terres de Champmoustier, de la Carpouraude, de Lainé, du Parc, de la Tuilière, de Micouraudes,

---

(1) Chorier ne mentionne pas ce Guy.

(2) L'*Armorial du Dauphiné* en fait un lieutenant-colonel, qui s'établit en Hollande.

de Vire-Vieille, du Cheval, de la Ciresse, de Sautebouc, du Bosquet des Châtaigners, de Sauvaire, de Pierrefeu, du Serre, de Lentane, de bâtiments et dépendances à Gresse et au Pont, d'un pré au Palais et au Cros, et d'un jardin sous le village.

Jean de Draguignan avait acquis, en 1531, une part du fief, et en 1534, Antoine Silve, une autre.

François-Hector d'Albert de Rions, chef d'escadre, descendait des Draguignan, venus de Provence aux Baronnies vers 1500, Antoinette, leur héritière, ayant porté ses biens, vers 1652, à François d'Albert, son mari.

Nous retrouverons les Silve ou Sylve à Gouvernet et la Bâtie-Verdun sur St-Sauveur et à Ste-Euphémie, avec les Draguignan (1).

II. — Les Vassaux.

Les main-mortables qui avaient succédé aux esclaves et aux serfs ne pouvaient, à l'origine, rien posséder en propre, et les biens cultivés par eux faisaient retour au seigneur, en cas de mort sans enfants. On conçoit aisément, dès lors, que la première concession à obtenir visait à l'exercice libre du droit de propriété et à la faculté d'acquérir et de disposer à leur gré du fruit de leurs travaux. Aussi la plus ancienne charte de St-Auban consacre-t-elle la liberté entière de tester, l'attribution de l'héritage des intestats à leurs proches parents jusqu'au quatrième degré, et de celui des défunts sans héritiers légitimes, au seigneur du lieu.

L'acte explique cette faveur par des services rendus à

(1) Chorier, *Jurisprudence de Guy Pape;* — Rivoire de La Batie, *Armorial du Dauphiné ;* — Mallein, *Etude sur Guy Pape ;* — Rochas, *Biographie du Dauphiné*, Archives de la Drôme, Inventaire sommaire, t. III et série Q ; — U. Chevalier et Lacroix, *Inventaire des archives dauphinoises de M. Morin-Pons.*

Giraud Adhémar, seigneur de Montélimar et de St-Auban, et par le désir d'accroître la population de ce dernier fief. On y voit figurer Armand et Guillaume de Condorcet, damoiseaux, Jordan de Clermont, Raymond, Bermond et Isnard Pictavin, Pierre Aymar, Richard de Peyre et Guillaume Artilhier, agissant en leur nom et en celui de la population.

Comme le temps a effacé la date de ce parchemin, la présence de Guillaume de Condorcet à un accord de 1291 permet de le faire remonter à 1260 ou 1280.

L'accord de 1291, passé entre les consuls de St-Auban et ceux de la Fare, indiquerait une organisation municipale dans les deux communes, si la qualification de consuls n'équivalait souvent à celle de simples mandataires. Il stipulait un droit réciproque de pacage et de [illegible]erage, mais non celui de construire des fours à chaux ou de faire du charbon. Du côté de la Fare, le territoire avait pour limites la Clavelière ou devès des seigneurs de Durfort, le col de Laravine, le chemin passant devant le château du lieu, le bois de Costebelle de dame Pelestort et de Pierre de Mison, son fils, le serre de Puméan et les communes de Montferrand et de Roussieux; celui de St-Auban était compris entre Durfort, les Gapians, l'église de Notre-Dame de l'Espinasse et le chemin de la grange de Raymond Bermond.

En cas de guerre ou de siège devant St-Auban, le pacage était permis avec réciprocité dans tout le territoire de la Fare.

Trois ans plus tard, un accord pareil, confirmé en 1388 par Jacques de Rosans, seigneur de Rioms, stipulait les mêmes droits dans ce dernier lieu; toutefois, le bois de la Faye-de-Boyns devait être divisé par quatre experts en deux parts, l'une pour le seigneur et l'autre pour St-Auban. La vaine pâture s'étendait aux prés en hiver.

Il y eut encore en 1494 une extension du pacage au Croc et Plan-de-Cros sur Rioms en faveur de St-Auban et de

Montguers, et en 1491 un traité semblable avec Ste-Euphémie au Plan-de-More et de Laulagnier, entre la poterne de Messéal, la montagne de Golenier vers Dulion, d'une part, et entre St-Auban et la chapelle de St-Colomban, d'autre part (1).

Ces documents, suivis d'autres semblables en 1549 et 1559, prouvent la constante préoccupation des habitants d'assurer la nourriture de leur bétail gros et menu, et justifient l'acquisition par les consuls, en 1414, du tènement de Fontfroide et, en 1460, de la moitié de celui de la Clavelière. La première vente fut consentie par le seigneur de Bellecombe et ratifiée, en 1460, par Rodolphe de Theis et Béatrix d'Aspres, ses successeurs; la seconde le fut par Arnaud dit Prayal et par Laugier, au prix de 60 florins, et elle comprenait les droits de vingtains, cinquains, tailles, censes et services.

Enfin, une transaction, intervenue, en 1513, entre Louis de Thollon, seigneur de la Fare et coseigneur de la Clavelière, et les consuls de St-Auban, leur confirme le pacage de la Fare et de la Clavelière et la faculté d'y labourer, moyennant le vingtain des récoltes.

D'après cet exposé, il est facile d'expliquer, en 1677, la possession en commun avec le seigneur de 200 sétérées de terres incultes dont 100 affectées à la vaine pâture et d'un droit de pacage à Rioms et Montguers, ainsi qu'un arrêt confirmatif du parlement de Grenoble en 1760.

Indépendamment des soucis d'une population agricole et pastorale, les consuls s'inquiétaient avec le même zèle des besoins du bourg. Un accord de 1518 avec le seigneur y autorisa la construction d'un four à cuire le pain sous la redevance d'une émine d'annone (gros blé), une d'épeautre et un liard par chef de maison, et l'usage du sien aux mêmes

(1) Archives de St-Auban à la préfecture de la Drôme et à la mairie; *Inventaire sommaire*, t. III, pages 44 et 363 et suivantes.

conditions; il lui interdisait le droit de vendre, louer ou alberger les herbages et pâturages sans leur consentement, avec réciprocité, de les inquiéter pour dommages causés par le bétail, s'il n'y avait dénonciation préalable, d'établir un bannier ou garde sans leur avis. Mais il lui conservait le pulvérage ou droit de passage du bétail, s'il y avait la couchée d'une nuit, la faculté de clore le portail de Pequin (1), en en construisant un autre à ses frais avec le concours des habitants pour les matériaux et les manouvriers. La place voisine du portail devait être publique. Tous les chefs de maison, de la St-Michel à la St-Jean, étaient astreints à une journée de travail pour « les affaires du seigneur », mais il les nourrissait et cette journée remplaçait la corvée due pour le béal du moulin.

L'eau de ce béal pouvait être affectée à l'arrosage des prés, jardins et cheneviers, du samedi matin au lundi, au lever du soleil.

Tous actes contraires étaient annulés et les dépenses de l'arbitrage mises à la charge des contractants, par moitié.

Il y eut encore d'autres difficultés avec François Pape (vers 1512) au sujet du pacage dans ses prés que Giraud Adhémar avait permis, du serment de fidélité et du charroi des meules de moulin; avec Philibert Pape (vers 1520), pour le fournage et l'interdiction de l'entrée du bétail dans les vignes; et enfin avec Gaspard Pape, vers 1560, qui avait ouvert une poterne, établi un garde et fait des proclamations contraires à leurs libertés.

Ces proclamations, ayant existé jusqu'en 1674, déterminent les amendes encourues pour trouble à la possession d'autrui (25 livres) ; pour ouverture de passage ou chemin indû (30 sols) et pour usurpation de chemin public, draye, rue ou ruelle (5 liv.) ; pour pacage en temps prohibé, de jour ou

(1) Ce nom ne vient donc pas des mûriers apportés de Chine par M. d'Albert de Rioms.

de nuit (25 liv.); pour injures verbales ou voies de fait légères (10 liv.); pour blasphèmes (50 liv.); pour « monopole » et conspiration contre le seigneur ou ses officiers (50 liv.); pour aide à tout malfaiteur étranger (25 liv.); pour refus de la monnaie du roi (10 liv.); pour vente de blé et de vin à des mesures dépourvues de la marque du seigneur (50 liv. et confiscation); pour négligence d'entretenir les chemins chacun en droit soi (10 sols); pour récusation du châtelain dans les affaires de sa compétence (10 liv.); pour transport de gerbes, de légumes et de grains hors du territoire avant le paiement de la 27e partie due au seigneur (25 liv. et confiscation); pour enlèvement de l'aire du blé et des grains avant le même paiement (10 liv.); pour détournement de gages pris ou saisis par la cour de justice (25 liv.); pour assemblées consulaires sans la présence du châtelain ou de son lieutenant (50 liv.); pour mouture hors du moulin seigneurial (10 liv.); pour chasse aux perdrix, lièvres, lapins et autre gibier sans permission (25 liv. et confiscation); pour introduction de bétail infect (10 liv.); pour transport de juridiction (50 liv,); pour vente de vin, les jours de foires, marchés et autres jours, sans permission (25 liv.). L'article 29 défend la pêche et tout dégât dans le devès et la garenne du seigneur; le 31e fixe au jeudi, de 8 à 9 heures, les audiences du châtelain. Les cinq premiers articles ont disparu.

Comme la libre circulation et les rapports avec le voisinage étaient grandement entravés par le mauvais état des chemins et par les péages du Dullion et de St-Auban, des difficultés surgirent à ce sujet. En 1371, quelques personnes de St-Auban, pour avoir passé à Dullion, sans payer le péage, furent assignées par Raymond Reybaud, seigneur du lieu, et par les seigneurs de Montauban et de Mévouillon, mais elles furent reconnues exemptes de tout droit, comme d'autres localités des vallées de l'Ouvèze et de l'Ennuie.

Le péage de St-Auban suscita de plus longues procédures. Antoine de Draguignan, condamné par le vibailli du Buis à entretenir les chemins et le pont. et à tenir affichée sa pancarte, en appela au parlement qui le débouta. Des inondations, causées par les défrichements, au dire d'un mémoire, ayant emporté le pont de St-Pierre, Charles de Draguignan, fils d'Antoine, reprit l'instance, sans plus de succès, et à son tour, Antoinette de Draguignan, veuve de François d'Albert d'Alauzon, se plaignait des habitants qui, à diverses reprises, avaient déchiré sa pancarte. Ceux-ci réclamèrent alors l'exécution des sentences antérieures, et en 1687, le parlement obligea la propriétaire du péage à réparer les chemins royaux, le pont St-Pierre et le *pontillard* dans un mois, et, après ce délai, permit aux consuls d'en employer les revenus à ce travail, à moins qu'elle ne leur abandonnât ses droits.

La vie communale, comme on le voit, n'était pas exempte de préoccupations, et cependant, il nous reste encore des révélations à faire. Ainsi, en 1346, une association de malfaiteurs menaçait au quartier de St-Roman de livrer aux flammes les maisons de Gay, de Corneis et des hoirs Eustache. On sait seulement que le juge de St-Auban proclama l'innocence de plusieurs prévenus.

En 1396, un accord entre noble Raymond de La Garde, Favier, Samuel, Bertin et autres, d'une part, et l'adjudicataire du souquet (octroi) sur le vin établi pour construire 134 cannes de murailles autour du village, à raison de 33 par an, obligea la population à lui fournir, pendant quatre ans, la chaux, les pierres et le sable nécessaires.

Les fortifications suscitèrent en 1407 un procès contre les Pictavin, qui, en leur qualité de nobles, se prétendaient exempts d'y contribuer et de faire le guet. Siffred de Thollon, en 1412, les obligea à garder les portes du lieu, comme les autres habitants, lorsque le bailli des Baronnies l'ordonnerait, et à monter la garde sur les remparts en cas de danger.

Ce cas se présenta en 1507, et voici la narration que nous a laissée le jurisconsulte François Marc des excès commis par des troupes de passage au service du roi Dauphin, allant en Italie combattre les Génois.

La compagnie du capitaine Pomeron, composée de 500 hommes de pied, arrivée près du Buis, se rangea en bataille, déploya son étendard et commença l'attaque de la ville avec des couleuvrines, des javelots, des arbalètes et d'autres armes, mettant le feu aux portes avec des fagots, incendiant un pigeonnier voisin et coupant les arbres à fruits d'un verger. Après ces excès, elle se dirigea vers Ste-Euphémie et tenta inutilement de s'en emparer. Comme le bourg était bien défendu, la troupe coucha dans les granges voisines et en brûla une vingtaine le lendemain matin. De là, elle fit route à St-Auban. C'était le dimanche de la Passion. Les habitants instruits de son arrivée lui députèrent M. d'Alauzon et offrirent des vivres au capitaine et à ses hommes, pour les éloigner. Mais ceux-ci refusèrent la proposition et attachèrent l'envoyé à un arbre; ensuite, ils s'attaquèrent aux portes, y mirent le feu et pénétrèrent à l'intérieur par une brêche, en criant : « Tuez, tuez tout. » Leur fureur n'épargna pas même l'église, où ils prirent des croix en argent, des calices et jusqu'aux hosties consacrées. Le prieur, le curé et 36 personnes des deux sexes furent tués, plusieurs autres blessées grièvement, les meubles emportés et des méfaits nombreux commis.

Arrivée à Embrun, où se trouvait le lieutenant de la province, capitaine général de l'infanterie, cette troupe mal contenue rencontra enfin un justicier. René de Laureyn, du duché de Lorraine, portant un collier de fer au cou, un espagnol, nommé Alphonse Caster, et un fantassin, appelé Perceval du Mont, de la ville de St-André, furent arrêtés, conduits aux prisons de Serres et transférés à celles de la porte Troyne de Grenoble. Là, par ordre du roi, le parlement instruisit l'affaire. Ils avouèrent avoir fait partie de la compagnie de Pomeron et s'être trouvés à St-Auban ; mais ils nièrent d'y avoir commis des meurtres et allumé des incendies. Après la déposition des témoins, Laureyn et l'espagnol, à cause de leurs crimes, furent condamnés à mort, Perceval, au fouet et au bannissement perpétuel du pays.

Il est probable que pendant les troubles de la fin du XVIe siècle, le nom de St-Auban, guerrier de renom au service de la Réforme, valut une sauvegarde au bourg, puisque les historiens et les archives n'y mentionnent aucun fait d'armes. On y trouve seulement, en 1567, M. d'Espinouze, chef réformé, avec 60 cavaliers auxquels il fut livré 600 pains, 2 charges de vin, 2 moutons, de la viande, des volailles, du fromage et des œufs, et le capitaine Sablière qui reçut 150 pains, 3 moutons, 25 « polailhes » et 3 charges de vin.

Trois ans plus tard, Gargas, gouverneur du Buis, y plaçait une garnison commandée par M. de Verclause, composée de quinze hommes.

Lors des derniers mouvements, vers 1633, le maréchal de Créqui octroyait une sauvegarde aux habitants des seigneuries de M. de St-Auban, « à cause de son mérite » ; ce qui atténuait un peu les 1,244 livres de frais occasionnés par ses troupes.

C'est alors aussi qu'un arrêt du conseil du roi ordonna la démolition des murailles, châteaux et forteresses de St-Auban, Ste-Euphémie, Condorcet, Mirabel, etc. (26 janvier 1633) (1).

L'arrêt ne fut pas exécuté, puisqu'une notice due à l'obligeance de M. Reynier, maire actuel, porte : « Le château « féodal, construction massive, sans créneaux ni terrasse, « est encore debout, quoiqu'il soit crevassé en maints en- « droits et que, d'un autre côté, on lui ait fait subir quelques

---

(1) Archives de Livron ; *Inventaire de la Drôme*, E, 9596.

« outrages pour établir un dégagement des rues du village. « Les tours sont assez bien conservées ; elles sont habitées « ou habitables. »

En terminant cet exposé, rappelons que les affaires communales étaient gérées par des consuls et que les délibérations existantes portent sur le monopole de la boucherie et de la boulangerie en vue d'obtenir des conditions de prix avantageuses ; sur les écoles ; sur la plantation de poteaux indicateurs aux croisées des chemins (1699), sur la propriété du four (1703) et la conservation des archives (1767).

Il paraît que le zèle des chefs de famille, pour assister aux assemblées, se ralentissait parfois, car on trouve, en 1680, une proposition de les réduire à douze personnes, attendu l'impossibilité d'en réunir un nombre suffisant, et, en 1748, une demande à l'intendant d'élire de nouveaux consuls, « nul ne voulant en faire la fonction. » C'étaient là, sans doute, de passagères défaillances, témoin le zèle déployé par les administrateurs du lieu pour améliorer la condition des habitants pendant les siècles antérieurs (1).

III. — Dernières notes.

M. le chanoine Isnard, notre érudit collègue, attribue la fondation de Notre-Dame de l'Espinasse à St-Marius au VIe siècle. On a vu, dans l'analyse des documents cités qu'elle se trouvait du côté de la Fare et de la Clavelière. Depuis 1291, il n'en est plus question. La chapelle de St-Colomban, également citée en 1491, ne reparaît plus dans les documents consultés. L'*Inventaire des archives ecclésiastiques des Hautes-Alpes* nous révèle, en 1708, le prieuré de St-Pierre de Chais, de l'ordre de St-Benoît et, en 1641, l'église de St-Auban, dédiée à St-Antoine, formant

(1) Archives de St-Auban et *Inventaire sommaire* précité. — Archives de l'Isère ; Inventaire B, 1326 et 1762.

un prieuré-cure sous le titre de St-Pierre de Chaissi. Ce prieuré, en 1693, abandonné au curé pour sa portion congrue, rapportait 428 livres, et celui de St-Pierre, 120 (1).

C'est tout ce que l'on sait de l'histoire ecclésiastique du lieu où la Réforme, sous les Pape St-Auban, rencontra d'assez nombreuses adhésions.

Les écoles y apparaissent plusieurs fois aux XVIIe et XVIIIe siècles. Ainsi, en 1683, Deméans reçoit 62 livres par an de la commune et 15 écus des pères de famille; en 1691, le même se contente de 30 livres et de 2 sols par mois de chaque élève. Girousse obtient 66 livres et Chauvet, en 1747, traite pour six mois à 36. Seyma, en 1587, s'engageait, moyennant trois semaines de congé et 60 livres, à bien instruire la jeunesse dans la lecture, l'écriture et la doctrine, à écrire les délibérations et les rôles de tailles, et à sonner l'*Angelus*.

Des lettres de 1601 et de 1649 assurent le quart de la dîme de la Clavelière aux pauvres, et c'est tout ce qu'on sait sur le chapitre de la bienfaisance.

Il existe, en revanche, un procès-verbal de visite par un médecin et trois barbiers d'un laboureur soupçonné d'avoir la lèpre en 1464 ; mais les détails de l'opération appartiennent plus à la science qu'à l'histoire.

Saint-Auban, pays de chasse et de pêche, conserve quelques maisons de la Renaissance ; une belle route le traverse ; des tilleuls ombragent ses avenues ; de belles fontaines y ont remplacé les vieilles citernes d'autrefois et établissements, tels que bureaux de poste et de perception et brigade de gendarmerie lui assurent les avantages d'un bourg considérable.

On jouit de là d'une horizon gracieux et de sites pittoresque du côté du couchant.

---

(1) *Inventaire sommaire*, t. III et IV.

C'est la patrie ou tout au moins la demeure du chevalier Albert de Rions, déjà rencontré dans nos courses ; de M. de Lachau ou du Palais, d'abord marin et ensuite commandant de place à Francfort, et du colonel et du commandant de Lachau. qui se trouvèrent à la prise d'Alger.

On cite parmi ses curiosités naturelles la *Grotte de l'Ours*, fort peu explorée encore, et la source de Gressore, appelée à tort *Fontaine des coquilles*, qui forme d'abondantes stalagmites (1).

Distances : du Buis, 17 kilomètres ; de Nyons, 37 ; de Valence 127.

Etendue : *L'Annuaire de 1899* la porte à 1,654 hectares ; la *Statistique de la Drôme* en 1835, à 1,619 dont 180 en bois communaux, 600 en terres et jardins, 30 en vignobles, 10 en prairies, 500 en pâturages, 35 en routes et rivières, 2 en édifices publics, et le directeur des contributions directes, en 1839, à 1,591 pour la partie imposable.

Le même auteur évalue à 1,854 francs le revenu de ses 132 maisons et à 21,956 fr. celui des terres, soit 13 fr. 80 l'hectare.

Contributions: Sur les 4 contributions directes de 1873, l'Etat a reçu 2,937 fr. 49, le département 1,250 fr. 96, la commune 2,115 fr. 03, et le fonds de non valeurs 130 fr. 04 ; total : 6,433 fr. 52.

La *Population*, de 502 habitants, en 1820, a subi quelques variations depuis lors : 463 en 1840, 525 en 1850, 500 en 1860, 550 en 1870, 509 en 1880, 426 en 1899 et 425 en 1789.

Le sol est peu fertile sur le versant des deux rives de l'Ouvèze et assez bon dans la vallée. En 1789, le blé, l'épeautre, l'orge, l'avoine, les noix et les châtaignes y formaient les seuls produits agricoles. Les céréales y étaient insuffisantes et le pain s'y faisait avec du blé, des pommes

---

(1) Notes dues à l'obligeance de M. Reynier, maire de la commune.

de terre et des glands. Aucune industrie et aucun commerce ne venaient grossir les revenus de la population. Ses charges ordinaires comprenaient le salaire du garde et du maître d'école, l'entretien de deux planches et quelques frais accessoires.

Le seigneur y percevait une émine de blé, une d'épeautre par habitant et exigeait une corvée, outre la 27e partie des grains et de la vendange, le tout évalué 2,000 livres. Il y avait deux domaines.

Pour sa part, le prieur y levait la dîme à la côte 20e pour les grains, la vendange et les agneaux et possédait un domaine et quelques fonds d'un revenu total de 1,100 livres.

Les revenus des pauvres se composaient de 6 charges de blé donnée par le seigneur et de la 24e partie de la dîme allant à 9 livres en argent, à 6 émines de blé et 6 d'épeautre.

On peut avec ces chiffres se rendre compte des progrès accomplis dans la commune.

SAINTE-EUPHÉMIE

Le village est placé dans la vallée que l'Ouvèze arrose ; mais le territoire communal s'étend sur les collines nord et sud qui servent de rives à la rivière. Les Justillanes et les Moures forment deux modestes hameaux.

Dépendante de la baronnie de Montauban elle passa de la famille de ce nom aux Dauphins et à plusieurs coseigneurs, avant d'appartenir aux princes de Monaco et à Mme de Sade, dépossédée à la Révolution.

Randonne de Montauban, fille de Draconet, porta sa part de seigneurie à Ronsolin de Lunel qui la transmit aux Adhémar de Lombers et ceux-ci aux Dauphins.

L'histoire de ces suzerains, déjà étudiée à Montauban, ne saurait être reproduite ici ; il suffira de rappeler que la part des Dauphins et des rois de France, leurs successeurs, équivalant à la moitié environ du fief et d'un revenu de 55 livres, avec le péage de Dullion, fut aliénée en 1543, à noble Jacques Quenin dit Rousset, moyennant 551 livres.

Les archives locales ne donnent pas de renseignements sur ce gentilhomme dont la domination fut de courte durée, les habitants ayant racheté sa parerie en 1557, en lui remboursant le prix d'acquisition et en payant au roi une plus-value de 137, livres, la même année et de 525 écus en 1593 (1).

On a seulement rencontré à Nyons des vassaux devenus seigneurs, malgré les avantages d'une pareille mesure pour abolir peu à peu le régime féodal. Mais loin de favoriser une émancipation si naturelle, le pouvoir d'alors la rendait onéreuse et difficile par la mise aux enchères fréquentes de la plus-value des fiefs aliénés. Aussi la population de Sainte-Euphémie ne demeura-t-elle pas longtemps sa propre maîtresse.

Comme le prince de Monaco, Honoré de Grimaldi, avait perdu au royaume de Naples des terres et des revenus importants, en servant les intérêts de la France, Louis XIII, en mai 1642, pour le récompenser, lui donna le duché-pairie de Valentinois, auquel, en 1647, fut annexée la terre de Sainte-Euphémie.

En vain, le seigneur de Saint-Auban, possesseur d'une part du fief s'opposa-t il à cette union, un arrêt du parlement de Paris, du 7 juillet 1648, réduisit simplement le lot du prince concessionnaire aux trois huitièmes de la juridiction et à la moitié des droits civils, avec faculté de rachat pour l'autre moitié.

Il résulte d'un mémoire de ses agents, en 1717, qu'ils

(1) Inventaire manuscrit de la Chambre des Comptes, au mot Ste-Euphémie.

n'avaient découvert aucune provision des offices de juge, lieutenant de juge, procureur ducal, greffier, notaire, châtelain et vichâtelain, ni aucun renseignement sur les revenus seigneuriaux, évalués pourtant 418 livres vers 1617 (1)

Si les détails sur l'administration des Monaco nous manquent tout à fait, jusqu'à l'époque de leur dépossession vers 1790, il n'en est pas de même de celle des Dauphins, qui plusieurs fois s'y révèle. En 1338, c'est une procuration à Bertrand, Quinide et Ayraud pour jurer la paix conclue entre Humbert II et le comte de Savoie ; en 1341, ce sont deux concessions importantes : 1e la liberté aux hommes liges du prince de disposer de leurs biens, avec défense à sa cour de s'en emparer, en cas de mort sans enfants et sans testament ; 2o l'abolition du ban vin pendant la durée des foires, afin de faciliter la vente du vin du cru ; plus tard, c'est un compromis entre les vassaux du prince et ceux des autres coseigneurs, au sujet d'une contribution en blé.

Tout à côté du roi dauphin diverses familles revendiquaient une fraction du territoire, qui en comprenait jusqu'à huit. Il y eut, les Adhémar, les Raimbaud ou Raybaud, les Durfort, les Barrière, les du Barroux, les Mauvoisin, les Rosans, les Ollivier, les Draguignan, les Remuzat, les Vilette, les Pape St-Auban, les de Bimard, les de Sade et d'autres encore, presque tous mentionnés déjà dans les notices précédentes.

D'après les notes de Guy Allard, un cinquième du fief était resté aux Adhémar qui le transmirent aux Pellafol, ceux-ci aux d'Ambel et les d'Ambel à Claude d'Urre. Ce dernier rendit hommage au roi dauphin en 1446-47 et lui vendit ensuite ses droits.

De 1235 à 1356, les Raimbaud obéissent tour à tour aux Montauban et aux Dauphins ; en 1330 ils n'ont plus de juridiction à Sainte-Euphémie mais quelques revenus seulement que vers 1413, Briande, une de leurs descendantes, transmet à noble Jacques de Vilette, de Veynes.

(1) Inventaire précité et archives de la Drôme, E, 2940.

Les Durfort, autres coseigneurs, dès 1270, y formèrent deux branches, dont l'une s'éteignit chez les Dupuy-Montbrun, par suite du mariage vers 1339, d'Eléonore, sœur et héritière de Guillaume, avec Ripert Dupuy, fils puiné d'Alleman ; Arnaud, qui appartenait à l'autre branche, vendit sa part des château et territoire de Sainte-Euphémie, avec celle des héritiers de Rican de Durfort, à Bertrand Olivier, devenu ainsi vassal du Dauphin et possesseur de près de la moitié du fief (1).

Une fille de Ripert Dupuy et d'Eléonore de Durfort, en épousant Raymond de Rosans, introduisit cette famille dans la seigneurie où Jean et Guillaume possédaient, vers 1446, une maison, un four, un quart du fief avec juridiction, la moité du fournage et de certaines corvées, deux émines de grains, un quart du pulvérage, de l'herbage et des terres gastes, avec quelques immeubles.

Bertrand de Rosans, en 1461, albergea le moulin delphinal et Antoine de Rosans en 1491, acquit la fraction du fief appartenant à Henri Gruel, fils de Pierre, président du parlement de Grenoble.

Au XVIe siècle, un Guillaume de Rosans, ayant refusé de concourir à la reconstruction de l'église, plaidait contre la communauté. Vers le même temps, Jean de Draguignan, par suite de son alliance avec Jeanne de Rosans, remplaçait la famille de son épouse. Elias ou Elie de Draguignan eut à défendre sa noblesse contre les consuls qui la contestaient et Antoinette de Draguignan, dame de Rioms, s'unit, vers 1652, avec François d'Albert d'Alauzon.

Outre ces coseigneurs, on voit encore à Sainte-Euphémie, aux XIVe et XVe siècles, les Remuzat avec des vassaux, des censes et des immeubles, le tout sous la dépendance des Dauphins, auxquels Pons dit Cornilhan et Amédée, son fils, rendirent hommage en 1334, Bertrand, en 1356, François,

---

(1) Sources citées.

en 1362, Jean, dit de Rousset, en 1413 et Béatrix d'Aspres, sa veuve, en 1422.

Les d'Urre, seigneurs de Vercoiran, de 1446 à 1472, étendaient aussi une part de leur juridiction sur Sainte-Euphémie et ils la transmirent aux des Massues, lors du mariage de Jacques, l'un d'eux, avec Jeanne d'Urre (1). Les seigneurs de Vercoiran de ce nom n'étaient pas, semble-t-il, d'humeur fort paisible et l'un d'eux, Christophe, avait même péri dans une rixe. Ils reparaîtront sur la scène en étudiant la commune où ils habitaient.

Quant aux Pape Saint-Auban ils nous sont connus jusqu'aux mariages de M. de Bimard avec une de leurs descendantes et de Mlle de Bimard avec M. de Sade.

Parmi les autres possesseurs de parcelles de fief à Sainte-Euphémie, une mention appartiendrait aux Barrière, de Caderousse et aux de Barroux qui en rendaient hommage au Dauphin en 1334, si l'on avait sur eux quelques renseignements. L'inventaire de la Chambre des Comptes se borne à dire que Guillemette Barrière, fille de Joffrey, épousa Raymond de Mauvoisin, des seigneurs de La Penne, et que la succession des deux familles échut à Isabelle Brun, mariée vers 1388, à un Litrange, Latrange ou Lestrange.

Il faut noter encore le don viager de Sainte-Euphémie fait par Charles VII en 1424 et 1428 à Raymond de Montauban de Montmaur, son chambellan, en considération de ses services ; la vente en 1592 de la même terre ou de partie seulement par François et Marcianne de Maubec et Marc de Cordon, leur neveu, à noble Jacques de La Tour, de la seigneurie de Bellecombe et de tous leurs droits, censes et revenus à Sainte-Euphémie, Vercoiran, Autane et Durfort.

Après cette longue et même incomplète énumération des seigneurs du lieu, l'attention doit se porter sur l'histoire de leurs vassaux.

---

(1) François des Massues dit d'Urre, acquit, vers 1613, les droits, lods et censes de la commune (Drôme, E, 2983).

Un acte de 1338 en nomme quinze seulement et ajoute que les autres sont allés moissonner au loin, à cause de leur pauvreté. Mais il semble qu'il s'agit ici seulement de la population du fief delphinal.

Vers la fin du XVIe siècle, dans une requête au duc de Mayenne, il est exposé que « le lieu a esté cloz et fermé, « detenu et occupé par ceulx de la religion réformée, aux- « quels ils ont tousiours contribué et esté contraincts de « recevoir les soldats qu'ils y ont vu mettre, et deffraier « les troupes de gendarmerie y ayant passé et repassé plu- « sieurs fois, à rayson de quoy ceulx de la garnison de « Meouilon auroient tousiours coru sur les paouvres sup- « pliants, comme sur terre d'ennemy, ransonans et meurtris- « sans les paouvres habitants du lieu, et y ayant eu, « plusieurs et diverses foys, ravage de tout le bestail cham- « pestre, le prix duquel revenoit à plus de 1200 escus. »

Vers 1620, une autre requête, adressée à la Chambre des Comptes pour obtenir diminution des feux, porte : « Le « terroir du lieu est de si petite étendue que huit paires « de bœufs le pouroient aisément cultiver (1) et la plupart « dudit est montueux, ruineux et inculte, et l'on ne peut y « recueillir du blé que pour la moitié de l'année. Depuis « l'an 1595, les nobles et exempts ont acquis grande quantité « de biens qui étoient taillables et en acquièrent tous les « jours, et le ruisseau de l'Ouvèze, par ses violences et « débordements, emporte et gâte tout le meilleur terrain. »

L'état des feux de 1759 y accuse un feu et un peu plus d'un tiers de feu pour les fonds taillables et un 24e de feu noble.

Comme à Saint-Auban, les pâturages préoccupèrent cons-

(1) Sa contenance imposable était, en 1839, de 1,078 hectares d'un revenu de 10,991 fr., la statistique de 1835 dit 1,147 dont 280 en bois, 350 en terres, 50 en vignes, 30 en prairies, 350 en pâturages, 25 en chemins et rivières, 60 en terres incultes ; il y avait à cette époque 97 maisons, d'un revenu de 1,313 fr.

tamment les administrateurs de la commune; en 1285, une sentence arbitrale autorisait les habitants à paquerer dans le territoire de Durfort, sous réserve de la juridiction maintenue à Rostaing et Lagier Raimbaud ; en 1474, ils albergeaient le pacage de Durfort appartenant à Béatrix d'Aspres et, en 1477, le parlement de Grenoble leur attribuait pareille faveur à Vercoiran, à cause d'une cession que leur avaient faite à la Bâtie de Rican Adhémar, noble Baude d'Autane et Déodat de Catunat, prieur de La Roche; vers 1549 on délimitait St-Auban et Sainte-Euphémie et vers 1600, il y avait des difficultés pour leurs droits d'usage à la Clavelière.

Le four excita aussi quelques réclamations et, en 1593, il fut transféré de la Placette tout près des murailles; quant aux moulins, canaux et dépendances, Guy Pape les albergea aux consuls pour 12 charges de beau blé de pension.

Enfin la commune acquit au prix de 1500 livres les immeubles de noble Henri Bremond, sieur de Rosset, provenus de l'héritage de la dame de Rioms.

Outre son château fort, démoli en 1633 (1), le bourg était ceint de murailles et il existe une adjudication de la 20e partie des récoltes en 1345, par les consuls à Liautard et Boisson, à la condition d'en construire 85 cannes.

A quelque temps de là, Mostier et Gastinel, procureurs de la communauté, ainsi qu'Ayraud et Quinide, ayant fait démolir des maisons hors du bourg et employé les matériaux aux murs d'enceinte, étaient poursuivis par Bucher, procureur delphinal ; mais le juge majeur des Baronnies, Etienne Alaman, les mit hors de cause sur la production d'un ordre de Gandelin, bailli des Baronnies, relatif aux fortifications du lieu.

L'église, totalement ruinée en 1599, n'était encore qu'en partie couverte de tuiles en 1641. Elle était desservie en 1551 par un prieur et son vicaire, et en 1736 par un prieur-curé.

---

(1) Drôme, E, 9596.

A cette dernière date la paroisse, du diocèse de Gap, comprenait de 20 à 22 anciens catholiques représentant 70 communiants environ, et de 44 à 45 familles de nouveaux convertis. La succursale actuelle remonte au 16 mars 1820.

Au point de vue protestant, Sainte-Euphémie formait une église avec Saint-Sauveur et Vercoiran pour annexes ; on y trouve des pasteurs de 1600 à 1660 (1). Les commissaires de l'édit de Nantes n'étant pas d'accord sur sa conservation, elle fut interdite par arrêt du Conseil du 25 juin 1685.

Aujourd'hui le pasteur relève du consistoire de Dieulefit.

Un acte de 1330 y mentionne une *charité*, aumône ou hôpital, un chapelain-curé et un clerc. Dans la suite on y trouve deux confréries et une abbaye de la Jeunesse ou de Maugouvert. Il y avait un maître d'école, vers 1620, à 10 écus de gages par an ; en 1649, la commune assurait 30 livres à Cariès pour dire la prière générale et apprendre à lire aux enfants de plusieurs particuliers de la religion réformée, à raison de 24 écus de 3 livres. L'année suivante, il lui était redû 19 livres. On a les noms de Giraud, en 1660, de Marin, prieur-curé en 1690, de Chevalier, en 1699, de Seyma, en 1703, 1711 et 1739, de Paris, en 1706, de Pelegrin, en 1707, de Girard, en 1717, de Gresseau, en 1720, de Michel, en 1721 et de Jarjayes en 1738 et 1748.

Il y avait à Sainte-Euphémie quelques Juifs, et sur l'accusation ridicule d'avoir empoisonné les fontaines ils y furent massacrés. On possède une quittance de 50 florins payés par les habitants au trésorier delphinal, en 1350, à titre d'indemnité.

Population : 396 habitants en 1830, 350 en 1840, 338 en 1850, 353 en 1860, 318 en 1870, 313 en 1883, 254 en 1899.

Contributions : en 1873, il revint à l'Etat 1627 fr. 22 ; au département 673 fr. 47 ; au budget communal 1268 fr 35 ; au fonds de non valeurs 103 fr. 47 ; en tout 3672 fr. 50.

---

(1) Les archives du lieu mentionnent Petit, à 10 écus par mois, Bouvier, Durand, Bonteux, Chapon, Murat, etc.

Productions : blé, vin, soie, chanvres renommés, truffes, amandes.

Distances : du Buis, son chef-lieu de canton 12 kil. ; de Nyons 36 ; de Valence 126.

SAINT-FERRÉOL

Au nord-est de Condorcet et à peu de distance de la Bégude, chef-lieu actuel de cette commune, un défilé étroit conduit le touriste dans un cirque rempli de verdure et de fraîcheur. Là coulent, en effet, le Bentrix, affluent de l'Eygues, et les ruisseaux de Valouse et des Trente-Pas, tributaires du Bentrix.

Le vieux village se montre au nord, sur le versant d'une colline ; à l'est, apparaît le Monestier ; au sortir du défilé se forme une agglomération nouvelle ; entre elle et le village, s'élève le château.

Des montagnes, de 1053 à 1158 mètres d'altitude, protègent ce val du côté des Trente-Pas.

Aux VIIe et VIIIe siècles, les moines de Bodon ou Saint-May, firent un petit Eden du quartier dit le Monestier, transformant des champs incultes et rocailleux en terres arables, en jardins et en vergers où croissait l'olivier franc. « On y découvre encore, dit M. le chanoine Isnard, de nombreux tombeaux d'un seul bloc, de vastes fondations en pierres de taille et des tuyaux de fontaines pour amener les eaux au prieuré » (1).

---

(1) *Bulletin de la Société d'Arch[éolo]gie*, I, 165. En 1267, Raymond de Baux se plaint à Alphonse de Poitiers d'injures et de torts de ses officiers qui ont pris au château de Saint-Ferréol, qu'il tient pour

Le passage des Lombards au VIe siècle et ensuite des Sarrazins au VIIIe siècle, explique peut-être suffisamment ces ruines.

Après la destruction du monastère, les évêques de Die héritèrent-ils du territoire, soit des Mévouillon, soit des Isoards ? Les preuvent manquent. Toutefois, dans un accord de l'année 1210 entre Aimar de Poitiers et Humbert, il est stipulé que le comte de Valentinois tiendra en fief rendable, du prélat diois, ce que possédaient les neveux de défunt Nicolas, évêque de Viviers, dans les château et mandement de Saint-Ferréol.

Plus tard, en 1237, Geoffroy de Bourdeaux, de la famille des Isoard, reconnaissait la suzeraineté de l'évêque de Die sur Saint-Ferréol ; Isoard en faisait autant, en 1255, à Amédée de Genève et en 1276, à Amédée de Roussillon.

Les de Baux, princes d'Orange, en s'alliant avec une héritière des Isoard d'Aix, devinrent seigneurs de Châtillon, place fort convoitée par les évêques de Valence et de Die. Des arrangements successifs les transportèrent à Saint-Ferréol et Condorcet.

Ainsi, en 1286, Nicolas de Saint-Ferréol se déclare vassal et homme lige de Bertrand de Baux IV, pour le quart des château et territoire de Saint-Ferréol. En 1291, le même prince intervient en faveur de la population au sujet des pâturages réclamés par Aubres, les Pilles et Condorcet. Il mourut vers 1314, après avoir légué à Bertrandet, fils de Guillaume de Baux et de Tiburge d'Anduze, les châteaux de Saint-Ferréol, Condorcet, Gumiane et Guisans, sous la suzeraineté de Raymond de Baux. Trois ans plus tard, Tiburge d'Anduze ratifiait l'accord passé par elle au nom de son fils, avec Raymond IV, son beau-frère et Guy Dauphin au sujet des testament et codicille de Bertrand IV.

---

l'évêque de Die, un homme et l'ont emmené sans motif et établi des foires à Condorcet, qu'il occupe pour l'évêque de Viviers. (*Correspondance d'Alfonse de Poitiers*, I, 339).

Une convention de 1340 entre Raymond IV et l'évêque de Valence et Die assurait à ce dernier une somme de 1500 livres viennoises pour Châtillon et les châteaux énumérés dans une donation de 1294, ceux de Saint-Ferréol, Condorcet, le Buis et Guisans exceptés.

La même année, Raymond IV institue son fils de même nom pour son héritier universel à Saint-Ferréol, Gumiane, etc., et ce prince a des difficultés avec Guillaume de Baux I, que des arbitres obligent à reconnaître, et à servir Raymond V avec un homme d'armes et dix piétons armés, en temps de guerre (1).

En 1372, Jean de Baux, seigneur de Camaret, lègue à Florencie, son épouse, les revenus des châteaux de Saint-Ferréol, Guisans et Gumiane, et en 1381, Guillaume de Laudun, donne une vigne à Savin Viniau, pour le récompenser des services rendus par lui à Catherine de Baux, dame de Sérignan, Camaret, etc., et en partie de Saint-Ferréol.

Dès ce moment, on ne trouve plus de mention des de Baux dans la seigneurie ; mais les Saint-Ferréol y demeurent, témoin l'arrêt du parlement de Grenoble du 17 décembre 1618 portant réunion et rachat du fief et de celui de Vesc, obtenu par Pierre-André de Leberon, évêque de Valence et Die, contre noble Charles de Vesc, sieur de Comps et Antoine de Saint-Ferréol.

Pour l'intelligence du fait, il faut rappeler qu'en 1578, les deux terres avaient été vendues à Claude de Lhère de Glandage pour 866 écus 40 sols, et qu'il les rétrocéda à nobles Hélain de Saint-Ferréol et Mary de Vesc, savoir, Saint-Ferréol moyennant 660 écus et Vesc, pour 550.

L'évêque de Valence, au moyen de la faculté de rachat attribuée aux biens d'église aliénés, obtint la seigneurie de

---

(1) Columbi, *De rebus gestis episcoporum Valentinensium*, etc. p. 114, 123, 127 et 135. — *Cartulaires de Die*, p. 49. — Barthélemy, *Inventaire des titres des de Baux*.

Vesc en 1618 et le 2 décembre 1619 l'inféoda et transporta à noble Charles de Vesc.

En novembre de la même année, le prélat avait albergé la terre de Saint-Ferréol à nobles François et Christophe des Bertrands, seigneurs d'Eyroles, pour 1 sol tournois de cense annuelle et 4,100 livres d'introges. Ces albergataires se subrogèrent, le 30 décembre suivant, noble Jean de Morges, coseigneur de Saint-Ferréol (1).

Or, Marguerite de Marron, dite de Carlas, et Anne de Gabriac, veuves et héritières bénéficiaires de défunts Alain et Laurent-Antoine de Saint-Ferréol, père et fils, ayant revendiqué la coseigneurie, François et Christophe des Bertrands, le 24 novembre 1622, se départirent de leur albergement de 1619 et Jean de Morges, de sa subrogation en faveur des veuves de Saint-Ferréol.

Jean-Baptiste, fils et héritier de Marguerite de Marron, devait à l'évêque de Die, comme on l'a vu, 4,100 livres d'introges ; le prélat le fit condamner à les payer, par la cour de Toulouse, le 13 novembre 1636.

Pour sortir de procès, Olivier-Joseph de Saint-Ferréol promit, en 1642, d'acquitter les 4.100 livres en rendant au prélat la coseigneurie de Saint-Ferréol et, en payant dans un an, 3,000 livres pour les lods, dépens et intérêts. La coseigneurie fut alors inféodée à Christophe et Bertrand d'Eyroles, successeurs des Pelissier, auxquels La Chesnaye des Bois attribue Saint-Ferréol bien avant cette époque. Toutefois, en reculant leur existence jusqu'en 1270, il ne commence leur généalogie qu'avec Rodulphe, marié en 1407 avec Dauphine de Remuzat, fille de François, seigneur de Tarendol et en partie de Saint-Ferréol, et de Catherine Bellon, dame du Pègue. D'après cet auteur, les Remuzat s'éteignirent « par la mort des enfants de Jean, fils de Fran-

(1) Evêché de Valence et de Die. — *Livre blanc*, aux archives de la Drôme.

çois, dans les Pelissier qui en prirent le nom. » Il cite à ce propos un accord du 28 juin 1446 entre Béatrix d'Aspres, veuve de Jean de Remuzat, et femme en secondes noces de Rodulphe de Theis, héritière des enfants de son premier mari, et Etienne de Pelissier, fils de Rodulphe et de Dauphine de Remuzat, auquel fut cédé le restant des fiefs et terres de Saint-Ferréol, Eyroles et Valouse, dont Rodulphe et Dauphine avaient déjà une partie.

« Il est rapporté dans cette transaction que peu auparavant, le château de Saint-Ferréol avait été pris et saccagé par les gendarmes du vicomte de Turenne (1); à l'occasion de quoi ladite dame d'Aspres, qui l'avoit meublé de nouveau à ses frais, demandoit des indemnités. »

Le procureur de Dauphine de Remuzat, Jean d'Urre, seigneur de Mollans, rendit hommage, le 21 août 1428, à Jean de Poitiers, évêque de Die et Valence, pour Saint-Ferréol, et l'année suivante à Jean de Lattier, châtelain de Bourdeaux, au nom du même prélat, investit Rodulphe et Ferréol de Pelissier des droits seigneuriaux qu'ils avaient acquis au même lieu.

Etienne, fils de Rodulphe, prit le nom de Remuzat, du chef de sa mère et fut seigneur de Saint-Ferréol, Eyroles et Valouse et reçut l'hommage de Didier de Rastel pour un arrière-fief situé à Saint-Ferréol, en 1452. Il remplit lui-même pareil devoir en 1449, pour Saint-Ferréol envers Louis de Poitiers, évêque de Valence et Die.

Parmi ses enfants figure Guillaume, cohéritier d'Etienne, son père, protonotaire apostolique et évêque d'Orange, « un

---

(1) Le fait se trouve confirmé par un mémoire, inséré dans le *Choix de documents inédits*, publié par M. le chanoine Chevalier, où il est dit que depuis trois ans (1392) la guerre de Raymond de Turenne a causé de grandes pertes, et qu'à Saint-Ferréol aux Baronnies, des Anglais de la compagnie de feu le comte d'Armagnac, s'efforcent d'escalader les châteaux du Dauphin et y commettent plusieurs méfaits, (p. 216).

« des plus grands prélats qui aient été sur ce siège, » employé en plusieurs négociations par François Ier qui lui accorda la coadjutorerie de son évêché pour Louis de Pelissier, son neveu.

Jean et François, fils d'Etienne, seigneurs de Saint-Ferréol, ayant été accusés d'avoir pris les armes contre le prince d'Orange, leur souverain, et tenté de s'emparer de sa capitale, furent absous le 19 janvier 1467 et rentrèrent en possession de leurs biens confisqués.

. Jean Ier s'unit avec Gabrielle Dupuy-Montbrun et laissa Jean II et Martin, seigneur de Saint-Ferréol, Eyroles et Valouse, époux de Benoîte de Grammont-Vachères et père de Jacques.

Ce dernier, par testament du 14 février 1546, appelait à Saint-Ferréol cinquante prêtres pour ses funérailles et faisait des legs aux pauvres, à ses sujets, à sa mère, à sa femme et à ses filles et instituait Claire, l'une d'elles, son héritière (1).

Claire donna sa main à Jean de Morges, seigneur de l'Epine, le 25 juin 1556, et, en 1616, bien qu'elle eût des enfants mâles, fit héritières les dames de Collans, filles de feu Jean de Collans et de Jeanne de Morges, épouses de nobles Christophe et François des Bertrands, et leur enjoignit de porter le nom et les armes de Pelissier.

Jacques et Jean de Morges héritèrent de Jean, leur père ; quant à la seigneurie elle appartenait en 1757 aux Bertrands de Pelissier.

Il n'a pas été possible de recueillir des renseignements sur le tiers état ni sur le clergé de cette commune, du canton de Nyons, à peu près dépourvue d'archives sauf pour l'état civil.

Le *Dictionnaire topographique de la Drôme* y place une chapelle au XIVe siècle et un curé au XVIe ; il ajoute que les

---

(1) *Dictionaire généalogique*, VII, 352 et suiv.

dîmes appartenaient en partie à ce dernier et en partie au prieur de Saint-May auquel le bénéfice était uni depuis la fin du XVIe siècle.

Productions, blé et vin.

Population, 296 habitants en 1899 ; 440, en 1839 ; 386 en 1883.

Contenance, 2,148 hectares, dont 2,089 seulement imposables (1), d'un revenu en 1839, de 13,787 francs et 111 maison, d'un revenu de 1,356 francs.

Contributions de 1873 : à l'Etat, 1,744 fr. 66 ; au département, 770 fr. 77 ; à la commune, 1,225 fr. 63 ; au fonds de non valeurs, 78 fr. 56 ; total 3,819 fr. 62.

Distances : de Nyons, son chef-lieu de canton, 12 kilom. ; de Valence, 79.

SAINTE-JALLE

Une notice manuscrite rédigée en 1860 et conservée aux archives départementales décrit le village en ces termes.

Il est situé sur un monticule au pied d'une éminence appelée Pierrefeu, à cause des silex qui s'y trouvent. Bâti en forme d'amphithéâtre, il présente trois quartiers : 1° l'ancien château, au nord, qui le domine, et dont il ne reste que deux grandes tours habitables : 2° l'ancienne place avec les hautes et basses rues ; 3° la bourgade. Les deux premiers sont entourés de remparts et le troisième, construit au pied

---

(1) Il y avait en 1835, 763 hectares en bois, 376 en terres, 27 en vignes, 6 en prairies, 906 en pâturages, 59 en chemins et rivières, 9 en terres incultes, etc.

du village en allant au midi, renferme la place nouvelle et la fontaine, avec une conque fort bien sculptée, apportée d'un couvent de religieuses de l'Isle au Comtat. Depuis l'ouverture de la route de Nyons à Sisteron et de celle de Sainte-Jalle au Buis on y a construit plusieurs maisons et restauré les autres. Avant 1789, un pont-levis, jeté sur un modeste torrent, donnait accès sur la place actuelle : ensuite une porte solide, bien ferrée, en protégeait l'entrée. Deux autres portes existaient à l'extrémité de la rue du château et de la basse rue du bourg. Près de là passe une rivière appelée l'Ennuie, qui sort de la Bâtie-Verdun et se jette dans l'Eygues à Curnier ; ses eaux servent à l'arrosage de la vallée et font mouvoir cinq moulins à farine. Elle reçoit à Sainte-Jalle le Rieufroid, venu de Rochebrune, parfois dangereux pour les riverains. Les montagnes de Grès, à l'ouest, l'Hubac, au sud-ouest et Montlaux ou Monlaux atteignent de 755 à 756 mètres d'élévation ; elles sont cultivées à leur base et passablement boisées au milieu. Le climat y est humide est froid. On y récolte du vin, du blé et des noix (1). A cause de sa situation, le village a dû remplacer une station préhistorique ; il est d'ailleurs fort ancien, témoin l'inscription existante dans la chapelle de Notre-Dame de Beauvert, à droite, sur un pilier du chœur, portant :

L. VERATIVS. RVSTICVS. AED
PAC. BAC. LEG. BENEFICIARIA
EX MVL. ET AERE. FRACTO

M. Long lit : *P. Veratius Rusticus* ædem *Pacis pagi legatione beneficiaria ex mulctis et aere fracto (restituit, fecit ou dicavit).*

M. le chanoine Isnard voit dans la première lettre un L et non un B pour un P, et l'estampage lui donne raison (2).

---

(1) Archives de la Drôme. Collection de notes.

(2) *Bulletin de la Société d'Archéologie,* I, 270 ; XXIII, 656-59 et 531.

Les auteurs ne sont pas d'accord sur l'interprétation de ce texte ; mais l'opinion de M. Allmer nous paraît aussi naturelle que logique. « La construction de la phrase, qui le « compose à elle seule, exige nécessairement la présence « d'un verbe : ce verbe nous ne pouvons le reconnaître que « dans le mot abrégé LEG, et nous lirions l'inscription « ainsi :

« *L. Veratius Rusticus, ædilis pagi Bag... legat beneficia-* « *ria ex mulctis et ære fracto.*

« Lucius Veratius Rusticus, édile du pagus Bag... assigne « (à ce temple) les profits provenant des amendes et du « bronze brisé. »

La découverte à Tarendol sur Bellecombe d'un petit autel en pierre offert par Félix, fils de Semerus, à Baginus et aux Baginahæ, avec reconnaissance, en accomplissement d'un vœu, a permis de supposer à Sainte-Jalle un *pagus Baginensis* et de rapprocher le nom de ce dieu, du mot Besignan, compris dans sa circonscription. En effet, *Besignanum* ou *Besinhanum* comprend les mots *Basin* et *hanum*. Or, le changement d'*A* en *e* dans *pater*, *mater*, *frater*, etc., donne Besin et celui de G en *Z*, en *S* et, comme dans *gengiva* gencive, *fraga*, fraises, etc. produit Bagin.

Si maintenant on met en présence *Sancta Galla*, Sainte-Jalle et Santo Zalo, en langage vulgaire, on conçoit aisément que Bagin ou *Baginus*, surnom de Jupiter, peut très bien avoir fourni Besin et Begin et, en le faisant suivre du mot *anum*, temple, créé le nom de Bésignan.

Le *Pagus Baginensis* embrassait évidemment la vallée de l'Ennuie et son chef-lieu, placé à Sainte-Jalle.

Des invasions barbares détruisirent le village ; les ruines en existent encore près de Notre-Dame de Beauvert. Là, un prieuré dépendant de Saint-May attira bientôt quelques familles de cultivateurs. « La richesse du terroir, la douceur de la température et la piété provoquèrent ensuite un mouvement d'émigration toujours croissant. Peu à peu le nouveau village s'agrandit et l'ancien bourg gallo-romain s'appella Ste-Galle du nom de sa patronne, vierge chrétienne, libératrice de la ville de Valence que Zaban et ses Lombards avaient assiégée vers 574. Ce choix était fait à dessein pour dissiper les craintes d'une population naissante contre de nouveaux envahisseurs (1).

Pendant la domination des Burgondes et des Francs, l'histoire se tait sur la vallée ; mais, à la mort de Rodolphe-le-Fainéant (1032), le trône élevé à Mantaille, en 879, par Boson, s'écroule tout à fait, et chaque fonctionnaire se forme avec ses débris une seigneurie indépendante. On ignore si les Isoard, comtes de Die ou les barons de Mévouillon furent les premiers possesseurs de Ste-Jalle. Toutefois, la mention dans le *Cartulaire de l'église de Die*, le 30 septembre 1220, d'Humbert de Ste-Jalle, comme témoin, permet de constater l'existence, à cette date, d'une famille qui avait pris le nom de la terre. Après Humbert paraissent, en 1264, Raymond et Imbert comme maîtres du château, avec Draconet de Montauban, Guillaume Artaud, seigneur d'Aix en Diois et Bertrand de Baratier ; en 1271, Reynier ; en 1316, Humbert et Paul ; en 1319, Rixende, veuve de Rostaing et mère de Paul ; en 1339, Paul, chanoine de Saint-Ruf, qui laisse tous ses biens à Marin, son père.

Il n'est plus question d'eux, à partir de ce moment, et leur situation se trouvait alors fort amoindrie par suite de la division du fief entre plusieurs maîtres.

Bertrand d'Arteillard, chevalier, vendit en 1202, tous ses droits pour 4,000 sols viennois, à Arnaud de Sahune, d'une famille déjà rencontrée dans la commune de ce nom.

En 1231, Raymond de Mévouillon y comptait un vassal et en 1271, un autre Raymond rendait hommage au comte et à la comtesse de Poitiers et de Toulouse pour une tour

(1) *Bulletin de la Société d'Archéologie de la Drôme*, I, 269.

acquise de Bertrand de Barret, et pour une partie du château ; enfin un 3e Raymond, dit le Jeune, cédait, en 1285, ses droits sur le fief qu'il tenait de Guillaume Artaud, à Saure de Mévouillon, épouse de Pierre Isoard, seigneur d'Aix, transigeait, en 1287, avec Sibylle d'Aix, dame de Ste-Jalle, fille de Pierre Isoard, et enfin, en 1315 investissait de la seigneurie Gilet Allemand, donataire de la même Sibylle d'Aix, sa mère (1).

Les Montauban, successeurs des Mévouillon, et les Dauphins de Viennois, acquéreurs des Mévouillon, y paraissent encore en 1264, en 1270 et quelque temps après.

En sortant du court et étroit défilé de Saint-Vallier, on aperçoit, à droite, en remontant vers Lyon, une haute colline cultivée, avec les ruines d'une tour à son sommet, dominant à la fois la Valloire et la vallée du Rhône. C'est de là qu'une famille d'origine inconnue étendit peu à peu sa domination sur le Viennois, le Graisivaudan, le Gapençais et les Baronnies. Ses membres s'intitulèrent d'abord comtes d'Albon et ensuite Dauphins de Viennois.

Les Mévouillon et les Montauban, à la fin du XIIIe siècle, ployaient sous le poids de leurs dettes. Ainsi en 1282, Raymond de Mévouillon, ayant assemblé ses vassaux nobles dans une maison du cloître ou de l'église de Ste-Jalle, leur exposa sa triste situation financière et les menaces de ses créanciers. Profondément émus de cette révélation, Guillaume d'Autane, seigneur de Bésignan, Rostaing de Cornillac, Raymond de Montalin, Guillaume Reynier, seigneur de la Penne, Guillaume Pons, chevalier, Hugues de Venterol et quelques autres lui firent abandon pur et simple de leurs créances ; mais cette générosité ne sauva pas le baron, car, en 1293 et 1316, le dauphin Humbert Ier prenait sa place.

La situation des Montauban n'était guère plus brillante,

---

(1) *Inventaire sommaire des archives de l'Isère*, t. III. (Baronnies) et inventaire manuscrit de la Chambre des Comptes.

puisque Randonne, fille et héritière de Draconet, ayant donné ses biens à Ronsolin de Lunel, son fils, et celui-ci à Hugues Adhémar de Lombers, ce dernier, pour se libérer, se substitua le même Dauphin.

Or, Humbert II, avec ses idées princières et ses expéditions lointaines, se trouva à son tour dans le même embarras que les Montauban et les Mévouillon ; aussi le 10 novembre 1341, inféodait-il à Raymond V de Baux, prince d'Orange, la baronnie de Sahune avec les châteaux, territoires et juridictions de Ste-Jalle, Rochebrune, etc., sous l'obligation de l'hommage et du service en ses guerres de douze hommes armés, pendant 40 jours, et le 23 octobre 1343, lui vendait les mêmes terres pour 15,000 florins au coin de Florence et sous la promesse de deux cavaliers armés, 40 jours chaque année. Une clause de l'acte lui permettait même de les aliéner, à la condition imposée à l'acquéreur de se déclarer vassal ou emphytéote immédiat de Raymond et vassal médiat du Dauphin.

Douze ans plus tard, le prince d'Orange transférait sa parerie de Ste-Jalle à Hugues Alleman, de concert avec Guillaume de Baux, son frère, et Anne de Viennois, sa mère (1).

On trouve encore parmi les seigneurs supérieurs : en 1230 et 1241 l'évêque de Die et en 1271, le frère de S. Louis, Alphonse, comte de Poitiers, dont le sénéchal pour le Comtat condamna à l'amende Raymond de Mévouillon, à cause du refus de Guillaume Artaud de livrer le château de Sainte-Jalle.

Comme l'histoire de ces divers suzerains exigerait des détails un peu étrangers à cette étude, il convient de les remplacer par quelques notes sur les principaux possesseurs du domaine utile de la seigneurie. Les Arteillard, les Sérignan, les Durban, les Faraud, les Caderousse, les

---

(1) *Inventaire des titres des de Baux.*

Barret, les Duport, les Sinard, les Bésignan, les L'Epine, et d'autres encore ne paraissent pas y avoir joué de rôle important. Seules, les familles de Mison, d'Aix, de Sahune, d'Alleman et de Sassenage, à cause de leur influence dans la province, sont un peu mieux connues.

Une généalogie des d'Agoult donne pour fils à Raymond Ier et à Isoarde de Die, Bertrand II de Mison, vers 1210, marié avec Isoarde, « présumée de la maison de Ste-Jalle-Vinsobres. » A ce Bertrand succéda son fils de même prénom, auquel une sentence rendue par Pierre de Caderousse attribua Ste-Jalle, en 1248.

Une autre décision arbitrale de 1264, y fixa les droits de Draconet, seigneur de St-Auban, d'Artaud d'Aix, etc. Sacristane, fille de ce Bertrand III, en épousant Fromont de Bérenger de Morges, fils de Pierre, reçut en dot la terre de Ste-Jalle et la transmit probablement aux de L'Epine, déjà rencontrés à Poët-Sigillat et à la Rochette.

Les Sahune ou d'Ancezune, selon qu'ils se rattachent aux Sahune de la Drôme ou aux d'Ancezune de Vaucluse, remonteraient à 1202. A cette date, Arnaud, l'un d'eux, acquérait, comme on l'a vu, pour 4,000 sols viennois, tous les droits de Bertrand d'Arteillard, comprenant les château, village et mandement de Ste-Jalle, avec les vassaux, fiefs, lods, justice, treizains, services, tâches et juridiction.

L'acquéreur, en 1254, avait des difficultés avec Jarente ou Gérente, son frère, aplanies par Raimbaud de Sahune d'Orange, Pierre de Caderousse, chevalier et Pierre de Vérone, damoiseau. En rapprochant cet acte d'un autre de 1233, on constate qu'Arnaud et Gérente, fils de Bertrand de Caderousse, venaient du Comtat. Le premier reçut en fief Arpavon, en 1267, et échangea avec son frère le Poët-en-Percip contre Eyrolles et Sahune. Onze ans plus tard, il rendait hommage avec Jean, son fils, à Randonne de Montauban, pour Ste-Jalle et y recevait celui de Reynier de Ste-Jalle, fils d'Imbert.

Il aurait cessé de vivre vers 1282, car en 1288, les héritiers de Guillaume Duport se déclaraient vassaux de Jean, son fils, et lui-même reconnaissait la suzeraineté de Sibylle d'Aix, dame de Ste-Jalle. Ce gentilhomme affermait, en 1311, ses droits féodaux pour 6,0000 sols couronnés, à la même dame et à Gilet Alleman, son fils, et transigeait en 1320 au sujet du champ de foire.

Comme ses coffres étaient vides et qu'il n'avait pas d'enfants, il céda ses droits au Dauphin.

La maison d'Aix avaient pris alliance chez les Mévouillon par le mariage de Pierre Isoard avec Saure, dotée de 25,000 sols en monnaie du Valentinois ou de Viennois et en 1285, Ste-Jalle lui fut cédée. Cependant, elle en jouissait déjà vingt ans auparavant, puisque en 1265, Pierre Isoard et Guillaume Artaud, son fils, octroyaient des libertés aux habitants.

Saure de Mévouillon testa, en 1286, en faveur de Sibylle, sa fille, épouse d'Odon Alleman. Gilet, leur fils, laissa Odon qui ratifia les libertés de ses vassaux et donna Ste-Jalle en 1346, à Hugues ou Hugonin Alleman, seigneur de Valbonnais.

Ce gentilhomme, autorisé par le dauphin Charles, successeur de d'Humbert II, établit un marché à Ste-Jalle, en 1350. Constance, sa fille, épousa François II de Sassenage qui, devenu veuf, se remaria avec Alix de Châlon et eut d'elle Jeanne de Sassenage. Celle-ci vendit, avec Humbert de Luirieu, son mari, la terre de Ste-Jalle à Soffrey de Thollon pour 4,000 florins. Étienne, un des successeurs de Soffrey, en s'alliant avec Isabeau de Ste-Jalle, accrut encore les droits de sa famille sur la seigneurie (1).

Selon Nostradamus, elle tirait son nom de la ville de Toulon, et l'historien de Provence raconte, sur la foi d'un ancien poète, que Jauffred, seigneur de la même cité, avait

---

(1) *Archives de l'Isère*, t. III (Baronnies).

une fille très belle et très vertueuse appelée Sibylle, recherchée par Cassien Le Courtois, noble marseillais. Or, par une calomnie insigne, le prétendant fut averti d'une faute contre l'honneur, commise par la jeune fille, et il retira sa demande le plus honnêtement possible.

L'affaire toutefois eut du retentissement, et Jauffred, sur l'accusation portée par sa seconde femme, enferma Sibylle dans une tour isolée où elle séjourna quelque temps. Elle recourut à Dieu et à S. Honorat, et un jour qu'à la maison paternelle, il y avait grande compagnie, l'épouse de Jauffred se mit à crier soudain, à l'aide ! au secours ! S. Honorat m'ordonne de proclamer l'innocence de la prisonnière ! Ce furent aussitôt des réjouissances sans pareilles : Sibylle fut rappelée et Le Courtois arriva bien vite réclamer sa main.

« On tient, ajoute Nostradamus, que la maison de Sainte-Jalle soit extraite des branches du mesme tronc de Jauffred, parce qu'elle porte encore le nom de Thollon (Toulon), avec le signe (cygne) d'argent sur l'écu d'azur de ses armes, chose que je ne veux asseurer ny desasseurer, quoy que la maison de Ste-Jalle soit des premières et plus nobles du Dauphiné, tesmoin le grand maistre de Malte, » Didier en 1535 (1).

A l'exemple de l'historien provençal nous n'insisterons pas sur ce point, nous bornant à rappeler avec l'*Armorial* de M. Rivoire de la Bâtie, que les Thollon parurent en Dauphiné en 1350, avec Lancelot, officier de Charles V. Soffrey, conseiller delphinal en 1396, fut père de Pierre, président unique du même conseil en 1421. Leurs descendants combattirent en Italie et Faulquet, comme chef des catholiques, de 1562 à 1578, gouverneur de Carpentras, d'Orange et de Marguerites, se montra digne de ses ancêtres. La *Biographie du Dauphiné* a donné sur lui une notice complète.

---

(1) *Histoires et chroniques de Provence*, p. 797 et 320-321.

Sa branche finit avec Marie, fille de Jean-Antoine et de Louise de Bonne de Tallard, alliée, en 1665. avec Charles-Bernard de Fortia, seigneur des Baumes (de Venisse). Leur succession échut aux Coriolis de Limaye et par eux aux Deydier-Curiol de Mirabeau.

Après cette longue énumération des possesseurs de la seigneurie, il convient d'exposer aussi la condition de leurs vassaux.

Leur premier acte d'émancipation date de 1265. Cette année-là, Guillaume Artaud et Pierre Isoard, père et fils, octroyaient à Rostaing de Montclar et à Girard de Moydans, mandataires de la communauté, l'exemption de toutes tailles et impositions forcées, de tous usages mauvais et de toutes coutumes injustes ; la fixation des droits de mutation dus par les héritiers des défunts et des amendes encourues pour injures verbales (10 sols), coup d'épée ou de couteau (100 sols), coups de poing (20 sols), faux poids (20 sols,) etc. ; la faculté de vendre leurs biens, meubles et immeubles et la limitation des cas impériaux au mariage d'une fille du seigneur, à sa rançon, à sa réception de chevalier, à l'acquisition d'un fief, au voyage d'outre-mer et en cour.

En 1408, Soffrey de Thollon, transigeait pour ces cas à raison de 30 florins ou d'un vingtain pour chacun ; peu après, lors du mariage de sa fille avec Jean Flotte, seigneur de la Roche-dès-Arnauds, et de l'achat du château de Saint-Marcellin-lès-Vaison, il leur réclama la sixième partie de la dot constituée et du prix de vente. Ils répondirent que l'acte de 1265 fixait définitivement la somme due, mais il objecta qu'il y avait alors huit coseigneurs à Ste-Jalle et que Pierre Isoard n'avait pu s'engager pour autrui. Des arbitres furent chargés d'arranger le différend, et ceux-ci décidèrent qu'il y aurait seulement cinq cas, et que pour chacun, la communauté lui paierait chaque année 30 florins et chaque habitant une poule ou sa valeur.

A ces mesures d'ordre intérieur s'ajoutaient, en 1388, des

précautions contre les guerres en perspective et contre les dangers provenant des soldats étrangers qui gardaient la place. François de Sassenage fit donc voter, dans une assemblée générale, la construction de 127 cannes de murailles, au moyen d'un vingtain (20e partie des récoltes) et de la 8e partie du vin vendu pendant 3 ans (1).

Jusqu'à l'époque des troubles du XVIe siècle, on manque de renseignements sur les opérations militaires qui eurent peut-être lieu dans la contrée ; mais le 15 avril 1586, Lesdiguières battit le village avec trois canons, et après en avoir tiré environ 200 coups, « il envoya ses gens à l'assault qui se logèrent au pied de la bresche, laquelle n'estant pas raisonnable, il fut advisé de recommencer la batterie le lendemain, auquel jour le seigneur de Ste-Jalle rendit la place, au matin, sans attendre nouvelle batterie, estant sommés. Ils sortirent en gens de guerre le mesme jour. » (2)

Si l'on ne trouve rien depuis lors, c'est qu'il restait assez de soucis aux consuls pour assurer le pacage et le bucherage, la garde du bétail et les dépenses ordinaires. Ainsi, en 1457, ils acquéraient momentanément dans ce but la seigneurie de Rochebrune, transigeaient en 1497, avec Guigues de Remuzat, seigneur d'Ollon pour le pacage au même lieu, que le parlement de Grenoble autorisait, en 1525, jusqu'au rif de la Baume d'Esparron, descendu de la montagne de Linseul.

Chez une population pastorale, la nourriture du bétail exigeait une attention toute particulière.

Ajoutons que des foires importantes se tenaient à Ste-Jalle dès le XIIIe siècle et que les marchands du Comtat s'y rendaient par le col d'Ollon. Une enquête de 1284, publiée par le savant historien de Malaucène prouve clairement le fait (3).

---

(1) Archives de Ste-Jalle, analysées dans l'*Inventaire de la Drôme*, t. III, p. 379.

(2) *Actes et Correspondance de Lesdiguières*, t. III, p. 25 et 26.

(3) *Histoire de Malaucène*, par M. le chanoine Saurel.

Il a été question aussi d'un marché établi en 1350, et la présence de Lombards, ou banquiers, qui, en 1338, payaient au Dauphin 180 florins d'or et une pension annuelle de 75 florins (1), y attesterait également un certain trafic tout comme le péage du seigneur, supprimé le 28 janvier 1738 (2).

Il paraît aussi qu'en 1342, l'usure y était pratiquée, témoin les poursuites exercées contre un nommé Trébal qui réclamait un tiers en sus de la somme prêtée et refusait de donner les preuves de libération de ses créances (3).

Une déclaration des officiers municipaux à la Commission intermédiaire, en 1789, nous révèle à cette date la situation économique de la commune et mérite d'être analysée.

La paroisse de St-Claude compte environ 500 habitants. Bâties avec pierres brutes, sable et chaux, les maisons, sauf quelques-unes, sont couvertes en tuiles. Pour la plus grande partie, le sol est gras et marécageux, le restant pierreux et aride ; il produit du blé, de l'épeautre rose, peu d'avoine, d'orge et de légumes. Sans les gelées tardives, les noyers et la vigne y prospéreraient ; mais leur produit suffit à peine à la consommation. Pour le plus grand nombre, les habitants se nourrissent d'épeautre mêlé avec des glands et du blé en petite quantité. Ce mélange est nécessité par les grosses impositions dont la commune est accablée. On porte les récoltes à dos de mulets aux marchés de Nyons et du Buis. Des foires du lundi gras et du 6 juin, il reste seulement celle du 24 août et le marché du mercredi est allé au Buis, à cause des troubles du XVIe siècle.

Toutes les terres vagues appartiennent au seigneur et le bucherage de l'Hubac et de Moulaud leur permet seulement d'y prendre le bois de chauffage. Il n'y a pas de biens communaux. Quant aux rivières de l'Ennuie, de Rieufroid,

---

(1) *Inventaire de l'Isère*, B. 3243.

(2) Archives de la Drôme. Collection d'imprimés.

(3) *Inventaire des archives des Bouches-du-Rhône*, B. 1123.

de Merderit, des Peyrouses, de Jaisse, de Marzelières, etc., elles causent de grands ravages et ne servent à rien pour les irrigations, étant à sec au moment des arrosages, dont le seigneur profite seul tous les jours, sauf le samedi matin jusqu'au dimanche à deux heures après-midi.

Demande est faite d'ouvrir une grosse source à la montagne de Vanige sur la Bâtie-Verdun, pour grossir l'Ennuie et fournir de l'eau lorsque gens et bêtes en auront besoin. Il est question aussi d'établir des chemins praticables, de diminuer le prix du sel et d'obtenir un marché, avec les deux anciennes foires supprimées, pour rendre quelque animation à une commune sans industrie et sans commerce.

La municipalité comprend le châtelain ou représentant du seigneur, deux consuls annuels élus le 1er janvier et treize conseillers ; mais dans les assemblées, on convoque tous les chefs de famille. Il est nommé encore deux ou trois auditeurs des comptes, trois experts pour évaluer les dommages causés par les intempéries ou par le bétail, et un secrétaire.

Pour tout revenu, la commune perçoit, sous le nom de souquet, six pots du vin vendu par les cabaretiers, rapportant soixante livres, plus six livres du poids des farines et quatre livres des régailles du ravelin ; mais sur le souquet 24 livres de pension reviennent au seigneur. Les charges locales montent à soixante livres pour le garde-champêtre et autant pour le maître d'école, ce qui réduit à quatre mois par an le service de l'un et de l'autre : elles comprennent encore trente-huit livres de pension à M. Bertrand, du Buis, vingt-quatre livres au seigneur, sans parler de l'entretien de quatre ponts, des chemins, de la cure, de deux églises et du bâtiment du poids des farines.

Les pauvres jouissent, outre la 24e partie de la dîme, d'un revenu de trente-trois livres six sols, par suite de dons faits au bureau de charité et notamment des intérêts des mille livres léguées par Mme la présidente de Limaye, dame du lieu. Ce bureau est formé du seigneur, du curé, du juge ou du châtelain, des consuls et de trois notables.

« L'on observe, en finissant, que le seigneur du lieu ainsi que le prieur, possèdent les meilleurs fonds de la paroisse, que nous payons la dîme sur l'aire, savoir au seigneur à la cote 20e, et au prieur à la cote 22e pour les grains, raisins et agneaux, le vingtain au moulin et au four dudit seigneur et environ vingt-quatre charges de blé et autres *menusies* ? pour les censes dudit seigneur. (1) »

Dans les renseignements qui précèdent il n'a pas été question de l'organisation judiciaire ; mais comme dans toutes les seigneuries, elle comprenait un châtelain, un juge, un lieutenant de juge, un procureur juridictionnel et un greffier.

Après cet exposé, il ne nous reste plus qu'à dire un mot de l'organisation religieuse de Ste-Jalle avant d'aller plus loin.

Dans ses intéressantes recherches sur l'abbaye de Bodon, M. le chanoine Isnard nous a montré St-May et sa vallée toute couvertes d'obédiences bénédictines. Il a mentionné l'incendie, par les Sarrazins, de Notre-Dame-de-Beauvert et les compétitions des évêques de Die, Gap et Vaison sur la succession des religieux de Bodon, terminées par une décision de Charlemagne, en faveur de l'évêque de Provence le plus proche. Jean II, évêque de Sisteron, d'une grande famille du pays, se trouva désigné ainsi pour faire de sa seigneurie le *petit diocèse* du Val-Benoît.

D'après cet auteur, il aurait construit douze églises et les monastères de St-May et de St-Donat, A Ste-Jalle, ses dîmes et ses dépendances seraient allés au premier. Toutefois, si les religieux de l'Ile-Barbe près de Lyon, héritèrent de ceux de Bodon, l'évêque de Sisteron confia Ste-Jalle à l'abbaye de Cluny.

---

(1) Archives de la Drôme, C 3.

On y trouve, en effet, un prieur et deux religieux de cet ordre en 1296, deux autres à Ste-Lucie de Condorcet, son annexe ; en 1303, une maison en état avec deux moines, où l'hospitalité et l'aumône étaient en honneur (1).

Mais de 1607 à 1792, il y a seulement des curés, dont l'un s'intitulait official du *petit diocèse*.

Des notes de 1861 parlent de deux églises, l'une de St-Claude dans le village, sans caractère architectural, et l'autre à Beauvert, à 250 mètres des maisons, et font remonter la dernière à 852, lui donnent la forme d'une croix latine, une voûte de douze mètres d'élévation et un clocher carré, surbaissé d'une galerie de fenêtres, au commencement de ce siècle. Elle était abandonnée à cause de son mauvais état, lorsqu'un don de 2,000 francs, fait par M. Coullet, en 1855, permit de la réparer ; on reconnut alors que c'était pour la troisième fois.

L'auteur de la *Statistique monumentale de la Drôme* y voit un édifice roman de la première période et remarque sa façade en appareil rustique et sa grande porte avec arcade à plein cintre, inscrite dans une autre qui lui sert d'archivolte. « Elle repose sur deux colonnes rondes, cannelées et « engagées, dont l'une est surmontée d'un chapiteau sculpté « en feuillages et l'autre un chapiteau représentant une « figure grimaçante. Le linteau droit, qui repose sur les « chapiteaux doubles des deux colonnettes engagées, « présente une belle frise sculptée en rinceaux élégants. « Immédiatement au-dessus, et au milieu du fronton demi- « circulaire formée par l'arcade historiée qui suit le cintre, « on voit un bas-relief grossier, » composé d'un personnage assis et les deux mains levées, dont celle de droite tient un faucon et l'autre une fleur, d'un joueur de violon, d'un personnage debout, un bâton fleuri à la main et à sa droite, un paon qui se désaltère dans un vase.

---

(1) *Bulletin d'Histoire ecclésiastique* de M. U. Chevalier, t. III, p. 53, 09.

On n'est pas d'accord sur la signification de ce groupe. Les uns y voient trois classes d'hommes : les artistes (violon), les seigneurs (faucon) et les pélerins (bâton). D'autres veulent que le jeune homme au violon représente la jeunesse, le 2e avec l'oiseau au poing l'âge mur et la puissance, et le troisième la vieillesse caduque. M. le chanoine Jouve croit retrouver le seigneur de l'endroit dans le personnage du milieu, à cause de sa couronne et de son faucon, à sa gauche, l'allégorie du mal ou de la vie mondaine et à sa droite, celle du bien ou de la vie spirituelle ou divine. Le paon serait à ses yeux l'emblême de l'immortalité.

La commune, en 1839, comptait 3,3364 hectares imposables d'un revenu moyen de 19 fr. 17 et 164 maisons rapportant 2,647 francs.

Sa population de 603 habitants en 1830, de 684 en 1840, de 709 en 1860 est descendue à 644 en 1880 et à 512 en 1896.

Distance du Buis, son chef-lieu de canton, 15 kil., de Nyons 18, de Valence 108.

Impôts en 1873 : 4,342 fr. 74 à l'Etat, 1,856 fr. 34 au département, 3,830 fr. 61 pour son budget et 123 fr. 95 pour non-valeurs.

Productions : blé, vin, noix, olives.

SAINT-MAURICE

Ce village, placé dans la gracieuse vallée de l'Eygues, aligne ses maisons le long de la route nationale du Pont-St-Esprit à Briançon, et c'était naguères une joie pour ses habitants de voir arriver à toute heure du jour les voitures chargées de voyageurs.

Déjà au XVIIe siècle, au témoignage d'un évêque de Vaison, ce passage était connu.

Trans vada inundantis Bicari et divisa fluenta,
Sancti Mauritii vicus adornat iter.

Le père Boyer de Ste-Marthe a traduit ainsi ce distique :

Sur le rivage droit de l'Aigues dangereux
St-Maurice embellit un chemin fort pierreux (1).

Depuis l'ouverture de la voie ferrée de Pierrelate à Nyons, la circulation a considérablement diminué sur cette route, et la population devra s'en consoler en reconstituant son vignoble jadis renommé, en soignant ses oliviers et ses mûriers et en utilisant pour des usines une dérivation de l'Eygues.

Comme bien d'autres villages, St-Maurice présente un passé couvert de ténèbres ; toutefois les archéologues lui ont trouvé des antiquités dignes d'attention.

En 1867, M. Boisson, alors percepteur à Mirabel, signalait à la Société d'archéologie de la Drôme, à ses débuts, une ville inconnue appelée le Bousquet ou la *ville aux grosses pierres* à 5 kilomètres nord de l'agglomération actuelle. Après avoir franchi les trois étages de la colline ou montagne qui domine la vallée, l'explorateur avait reconnu sur un large plateau, un dolmen au milieu de ruines gallo-romaines, et, sur une surface de quatre hectares, des débris de tuiles antiques, d'armes, de vases et de ciment rouge, mêlé de quartz.

Etait-ce là l'emplacement d'une ville, d'une station militaire permanente ou d'un camp momentané servant à maintenir les communications entre les corps d'armée romaine et les populations en état de paix ?

M. Boisson ne se prononce pas à cette égard, tout en inclinant vers l'idée de l'*agger* d'un camp, à cause du relief

(1) *Histoire de l'église de Vaison.*

des quatre côtés d'un parallélogramme, de 2 mètres d'épaisseur et d'une hauteur presque égale, formé d'un entassement régulier de briques et de débris de construction. D'autre part, la situation se prêtait merveilleusement à une étape entre Vaison, St-Paul-Trois-Châteaux et Valréas.

La découverte d'un large bassin avec revêtement solide de ciment rouge, d'une conduite d'adduction d'eau et d'un canal de fuite prouva clairement à cet archéologue dévoué l'existence d'un habitat ancien. M. Piot, propriétaire du sol, lui montra aussi des médailles romaines, un élégant bracelet et une belle coupe de verre, recueillis aux Grosses Pierres ou tout auprès.

Depuis lors, il n'a plus été question du lieu dit *de Boqueto*, en latin, identifié à tort avec Bouchet, village voisin de Suze-la-Rousse ; aussi faudrait-il l'appeler Bousquet pour éviter toute confusion à l'avenir, car ce quartier a une histoire intimement liée à celle de St-Maurice.

Si, en effet, la position élevée des Grosses Pierres convenait à un campement, celle de St-Maurice sur le chemin de Nyons à Orange et de Valréas à Vaison devait obtenir la préférence des cultivateurs et des marchands. La découverte de maints objets antiques près de son village actuel prouve que les Romains y ont séjourné. M. Boisson signale chez un barbier deux charmantes et presque microscopiques statuettes en ivoire ; chez M. Auzias, des médailles romaines ; dans la plupart des maisons, des lampes en terre, des urnes et des miroirs exhumés du sol et enfin chez M. Roux, une statue mutilée d'Hercule représentant le héros antique, debout, presque nu, avec sa massue et un lion minuscule. Sur le piédestal carré de 0^{m}55 de haut et 0^{m}50 de large, on lit :

MESSIVS
VOT (*um*
(solvit)

Messius a accompli son vœu.

Cette statue, qui mesure $0^{m}68$ de la base aux épaules, privée de la tête, de l'avant-bras droit et de la main gauche d'Hercule, a été acquise depuis 1867, par M. Raspail, zélé collectionneur, et transférée au château de Gigondas (1).

Après les Romains et les Gallo-Romains, sous les Burgondes, les Francs et même les sucesseurs de Boson, un voile impénétrable couvre la région entière. Toutefois, à la mort de Rodolphe III (1032), il est permis de voir les barons de Mévouillon s'adjuger le territoire dont ils avaient la garde. Un acte de 1221 du cartulaire des Templiers de Roaix, près de Vaison, mentionne bien un Guillaume de St-Maurice qui appartenait sans doute aux premiers seigneurs du lieu, vassaux de Mévouillon ; mais ces suzerains appelèrent de bonne heure les Hospitaliers de St-Jean-de-Jérusalem pour établir dans leurs terres des asiles aux pèlerins et aux pauvres. Cet ordre militaire, né près de Jérusalem vers 1100, avait comme celui des Templiers des établissements le long des principales routes.

St-Maurice convenait à merveille à une halte et les chevaliers y construisirent une *Bâtie* ou maison fortifiée. Une alliance avec les Mévouillon transmit leurs droits aux Montauban et en 1283, Guillaume de Villaret, prieur de St-Gilles, reconnaissait la suzeraineté de Raymond Geoffroy, mari de Randonne de Montauban, sur la Bâtie St-Maurice, Venterol, Cairane, et Noveysan (2).

Quelques années plus tard, en 1313, Henri, fils d'Humbert Ier et de l'héritière des dauphins de la 2e race, transigeait en qualité de seigneur de Montauban avec Albert de Châteaunoir, commandeur de St-Jean-de-Jérusalem, qui déclarait tenir de lui en fief les territoires et mandements de St-Maurice, du Bousquet et de Fraxin ou Frays, et tout ce que son ordre y possédait. L'acte ajoutait que les commandeurs

(1) *Bulletin de la Société d'Archéologie, loco cit.*

(2) *Inventaire des Dauphins,* par M. U. Chevalier, n° 1435.

ou baillis ses successeurs, devaient renouveler cette reconnaissance à tout changement de seigneur et de prieur de St-Gilles, que le seigneur de Montauban jouirait de la moitié de la juridiction et que les officiers de justice seraient communs aux contractants.

Là ne se borna pas l'intervention delphinale : le 26 février 1333, Guigues, dauphin, par lettres patentes données à Pierrelatte, accordait un marché le mercredi et des libertés et franchises aux habitants de la *ville neuve* de St-Maurice, qu'Henri, baron de Montauban, avait commencé de bâtir entre Visan et Nyons (1).

Ces faveurs ont fait croire à l'auteur de la *Statistique de la Drôme* que St-Maurice datait de cette époque, ce qui est une erreur, puisque Raymond de Mévouillon et son épouse en avaient cédé, en 1214, la seigneurie à Draconet de Montauban, père et fils, et que cette famille transmit ses droits aux Dauphins. Or, une seigneurie suppose des vassaux. En 1321, le commandeur d'Orange et de St-Maurice reconnaissait tenir de ces princes en fief franc et ancien, la Bâtie du dernier lieu et les territoires de Bousquet et de Fraxin ou Frays avec toute juridiction. La même année, Guigues et Humbert, fils d'Humbert Ier, se déclaraient vassaux du pape et de l'Eglise romaine pour la moitié indivise de la juridiction sous la réserve de la suzeraineté, dans les mêmes territoires, Humbert II, en 1337 et 1342, renouvela cette reconnaissance.

Ajoutons encore que dès 1272 au moins, le haut domaine de St-Maurice, entre l'Eygues et le chemin public de Valréas à Vaison, appartenait aux Montauban, témoin l'investiture donnée à cette date par Draconet, l'un d'eux, à Giraud, seigneur de Guisans (Bouvières), acquéreur des droits de

---

(1) U. Chevalier, *Ordonnances des rois de France,* relatives au Dauphiné, p. 12 — et Inventaire de la Chambre des Comptes.

Sancie, veuve de Reynier de Coard, famille du mandement d'Avalon (Isère) (1).

A quelques années de là, en 1280, Béatrix de Mévouillon, dame de Visan, achetait à son tour, de Bertrand Pelfel, de Vinsobres, le tènement de St-Maurice, et les Dauphins, en 1302, y cédaient des droits à Guillaume de Plaisians, en 1333, à Guillaume Catalan, chevalier, neveu de Benoît XII, en récompense de ses services, et en 1351, à Bertrand Trabut, camérier d'Humbert II, à titre d'indemnité temporaire. Il y eut d'autres concessions sans doute, puisque les d'Arteillard et les Eustache y figurent en 1349.

Sous les rois-Dauphins, la seigneurie, d'abord administrée par des châtelains, échut en 1422, à Jean d'Urre par suite d'une vente à réméré, au prix de 200 écus d'or, et ses héritiers en jouirent jusqu'en 1503, époque où le roi demanda à en être reconnu pour seul maître. Un document de cette date lui attribue 56 tenanciers, un château dominant le village, une maison, un four, un péage, des moulins, la chasse aux perdrix et les pacages, glandage, bûcherage, notariat et greffe.

Une enquête de 1504 ajoute à ces droits la tasque ou 15e partie des récoltes. En 1510, les habitants lui albergeaient encore les herbages et le pulvérage pour 3 livres de cense annuelle, ce qui est aussi établi par une procédure de 1517.

Mais, à la suite d'un échange entre le monarque et Louis Adhémar de Monteil, seigneur de Grignan, celui-ci obtenait St-Maurice, à titre de compensation, pour la coseigneurie de Châteauneuf-du-Rhône et le château de Montpensier, unis au domaine royal (2).

La mort sans postérité du nouveau maître du fief y ramena les d'Urre qui, d'ailleurs, y possédaient, dès le milieu

---

(1) Inventaire manuscrit de la Chambre des Comptes et *Inventaire des Dauphins*, publié par M. le chanoine Chevalier.

(2) Invent. de la Chambre des Comptes.

du xve siècle, les droits des chevaliers de St-Jean-de-Jérusalem. Leur famille avait pris le nom d'un village, voisin de Crest, et ses diverses branches se rencontrent à chaque page de l'histoire du Diois et du Valentinois. Jusqu'ici, Pithon-Curt avait seul abordé leur généalogie, sans donner des preuves bien sûres de ses affirmations. Il appartenait à M. le marquis de Boisgelin de reprendre ce travail et de lui assurer le bénéfice d'une érudition irréprochable. En attendant les secours de cette nouvelle étude, rappelons un accord de 1567 entre Louis et Georges d'Urre ; une investiture de St-Maurice donnée par le roi à Philibert, François, Claude, Louis et Marguerite d'Urre-Brotin, suivie de leur hommage en 1578 ; une vente, le 31 mai 1593, par nobles Claude et Pierre des Blancs, de Visan, « à Francois d'Heurre, seigneur de Paris (Petit-Paris), St-Nazaire-le-Désert, Venterol et St-Maurice », d'une grange sur cette dernière localité, Visan et Tulette, avec ses bâtiments, dépendances et droits d'arrosage, au prix de 1,100 écus d'or sol ; des hommages de François d'Urre en 1621, et d'Antoine d'Urre en 1645 ; un procès contre la commune de Tulette au sujet d'un canal dérivé de l'Eygues en 1643 ; un accord de 1645 entre Alexandre Dupuy-Montbrun, marquis de St-André, seigneur du Nocle et de St-Maurice, capitaine général des armées du roi, possesseur de la Grand'Grange sur St-Maurice et Tulette et les consuls de cette dernière localité, au sujet du rétablissement des chemins coupés par le canal de l'Eygues et de dommages-intérêts pour travaux faits à ce canal par Antoine d'Urre, Louise de Morges, son épouse, et Louis d'Urre, leur fils. Tulette promettait d'exonérer des tailles « et despartement général » quelques-uns des fonds du seigneur contractant (1). Nous ignorons l'origine de la possession de St-Maurice par le marquis de

(1) Drôme, série E. Famille d'Urre, supplément et Inventaire E, 7964 ét 7973.

St-André, mort au Nocle, près de Nevers, en août 1673; mais l'acte de décès à Venterol de Louis-Gabriel d'Urre, le 29 mars 1700, lui donne la qualification de seigneur de St-Maurice et de marquis de Bressieu. Il est établi d'autre part que Mlles de St-Maurice, héritières du seigneur de Venterol, vendirent, au commencement du XVIIIe siècle, la terre ou seigneurie de leur nom à Joseph-Ignace de Villeneuve, d'une ancienne et illustre famille de Provence. Un arrêt du Conseil d'Etat du 3 mars 1733 priva l'acquéreur de son péage, et il eut à soutenir, de concert avec ses vassaux, un procès contre les habitants de Villedieu, au Comtat, qui, par leurs travaux défensifs dans le lit de l'Eygues, menaçaient de corrosion les terrains de la rive droite. Toutefois, comme il s'agissait d'une terre de l'Eglise romaine, le Conseil d'État, le 6 décembre 1755, cassa l'arrêt du parlement de Grenoble condamnant par défaut les défendeurs à démolir leurs réparations, et commit les intendants de Dauphiné à la solution de l'affaire, encore pendante en 1789 (1).

Marie-Madeleine-Pauline de Villeneuve, comtesse du St-Empire, veuve de Joseph-Louis de Vincent de Mauléon, chevalier de Causans, comte d'Ampurie, domiciliée à Avignon et alors à Paris, vendit le 1er octobre 1771 la seigneurie de St-Maurice, pour 170,000 livres et 10,000 d'épingles, à Esprit-Joseph de Castellane, chevalier, seigneur de Chamier, demeurant à St-Paul-Trois-Châteaux.

L'acquéreur appartenait à une grande et noble famille de Provence qui posséda en toute souveraineté la ville de son nom, voisine de Senez. On sait que Boniface Ier vivait en 1089 et que Boniface IV jouit d'une grande célébrité, comme poète et comme guerrier, ayant accompagné Charles d'Anjou à la conquête de Naples en 1264. La branche, établie à

(2) Drôme, Archives C, 28 et 105.

St-Paul-Trois-Châteaux, eut pour auteur, comme celle de Grignan, Scipion de Castellane, seigneur de Noveysan, décédé en 1681.

Esprit-Joseph, seigneur de Pazenam, capitaine au régiment de Conti, épousa le 28 novembre 1747, Anne-Blanche-Justine d'Anglejean, fille du seigneur de Bouchet et d'Anne-Blanche de Boulogne, de St-Paul-Trois-Châteaux.

Devenu possesseur de St-Maurice, il fit reconnaître ses droits par les habitants le 2 août 1780, et grâce à cette pièce importante, il est possible d'avoir des renseignements sur la condition de ces derniers, presque à la veille de la Révolution.

II. — Les Vassaux.

Jusqu'ici, les mutations qui transmirent le fief à diverses familles à travers les âges nous ont seules préoccupé : c'est au tour, maintenant, des vassaux. Ce qui manque, en effet, à nos annales, selon la remarque de M. Augustin Thierry, « c'est l'histoire des citoyens, l'histoire des sujets, l'histoire « du peuple. »

On a vu qu'en 1333, le Dauphin avait octroyé des franchises à la population de St-Maurice, où il voulait créer une *ville neuve* ; mais ces villes du XIVe siècle obtinrent en Dauphiné un médiocre succès, sauf à Roibon. Ce n'était plus alors l'élan communal d'autrefois qui, du nord au midi, poussait à l'émancipation municipale. Un acte, semblable en faveur de Coinau sur Anneyron, se borne à tarifer les amendes encourues pour crimes et délits, à permettre la chasse, la pêche et le pacage du bétail.

Au surplus, les libertés primitives de St-Maurice avaient subi des modifications dans les reconnaissances au roi de 1503 et de 1680, dans un arrêt du parlement de Grenoble du 30 août 1656 et dans une transaction du 26 septembre 1720. Par conséquent, l'analyse de l'acte de 1780 révèlera complètement la condition des habitants, et elle mérite à ce titre de figurer ici.

La seigneurie, placée entre Buisson et Villedieu, Vinsobres, Visan, Valréas et Tulette, est patrimoniale, d'après un arrêt du Conseil et les lettres patentes du roi, d'avril et juin 1773. Ceux qui l'habitent sont hommes liges et justiciables de M. de Castellane, auquel appartient toute juridiction haute, moyenne et basse, avec le droit d'établir juge, lieutenant de juge, procureur et greffier, châtelain, vichâtelain, procureur d'office et sergent. Le châtelain peut seul autoriser les assemblées communales et assiste à la péréquation de la taille, à la répartition de la capitation et à la revision des comptes consulaires. Le serment de fidélité est dû au seigneur direct, universel et foncier. Il exige les lods au sixième denier en cas de mutation foncière et les demi-lods pour donations et échanges, ainsi qu'un droit de champart ou tasque, à la cote 15ᵉ sur tous les grains, le vin et les légumes, sauf sur les haricots et le blé de Turquie. La banalité de ses four et moulin n'est pas reconnue, mais chacun peut y moudre son grain à la cote 20ᵉ et cuire son pain à la cote 24ᵉ.

Bien que le péage, levé sur toutes marchandises, denrées et bétail de passage, à raison d'un sol par bête chargée et de trois deniers par tête d'autre bétail, ait cessé depuis environ 50 ans, le seigneur ne renonce pas à revendiquer son droit.

Il possède aussi le patronage et le droit de nomination au prieuré-cure du lieu.

Relativement aux charges rurales contre lesquelles consuls et députés de la commune protestent, elles comprennent : une journée de travail par séterée, ou à proportion, pour le repurgement du canal du moulin de tout possesseur de prés ou de terrains arrosés ; — une cense sur tous les fonds du territoire, à raison d'un denier tournois par salmée de terre de 1,600 cannes, de deux sols sur les grandes maisons et d'un sol sur les autres, comme sur chaque séterée de bonne prairie, les médiocres devant six deniers seulement.

La chasse aux perdrix lui appartient ; mais il n'est pas question d'autre gibier.

Les habitants jouissent du glandage et du pacage dans les bois, hermes et vacants et de la faculté de prendre du bois sec et mort dans ses forêts pour leurs maisons, sans abus, selon les libertés de 1333 et l'arrêt de 1656. Toutefois, à la prière de ses vassaux et à l'exemple du seigneur de Vinsobres, M. de Castellane leur concède le pacage et le glandage dans tous ses bois et dans les fonds autres que vergers, vignes, prés et terrains ensemencés, sous la cense annuelle et perpétuelle d'un demi-denier. Exception est faite pour les ramières et fonds au-dessous des Civadières jusqu'au gravier de l'Eygues, conformément à l'accord de 1739, pour les fonds attenants à la grand'grange, depuis le fossé de la fontaine du Loup jusqu'au chemin des prairies de ce domaine, et pour le Jas jusqu'à 50 toises des bâtiments.

L'acte attribue encore au seigneur un vieux château et ses dépendances au nord du village et divers immeubles en toute propriété. Il stipule enfin que le procès engagé devant le parlement de Grenoble sera éteint.

Cette reconnaissance est suivie de celles de 131 tenanciers parmi lesquels figurent : 1° Jean-Joseph-Paul-Antoine de Bucelly de Tertulle de Montpezat, coseigneur de Vinsobres, pour 130 salmées de terres, prés, vergers d'oliviers et bois sous la cense de 10 sols 10 deniers et l'obligation du serment de fidélité ; 2° Marc-Louis de Blanc, marquis de Brantes et baron de Buisson, pour vigne et verger aux Plantiers et un domaine au Plan de Fortune, sous la cense de trois sols deux deniers ; 3° les religieux du Pont-St-Esprit, prieurs et seigneurs de Tulette, pour la faculté de prendre l'eau de l'Eygues à Saint-Maurice et de la conduire à leur moulin de Tulette, suivant l'inféodation du 5 février 1418, sous la cense d'une obole d'or, et pour le fuyant du moulin de Saint-Maurice sous la cense d'un écu d'or, d'après un acte du 6 septembre 1706 (Archives de la Drôme, E. 357).

Une déclaration de M. de Villeneuve, en 1735, évalue le revenu du quinzain ou tasque à 500 livres, celui du moulin à 120 et celui du four à 180. Un mémoire imprimé les porte à 3,000 livres et ajoute qu'en 1787, la seigneurie entière s'affermait 9,000 et, en 1812, 8,600, après diverses distractions d'immeubles et la perte des oliviers en 1789.

Cette même année, d'après les réponses adressées à la Commission intermédiaire, les châtelain et secrétaire de St-Maurice, au nom des consuls illettrés, décrivaient ainsi la situation de la commune : ses 112 habitants ou plutôt chefs de famille, exposés aux fièvres, manquent de commerce et d'industrie, sauf pour deux tours à filer les cocons, de foires et de marché, d'hôpital et de maison de ville, de bois et de forêts, le bucherage du bois mort dans les terres incultes leur étant seul permis. Le sol, corrodé au midi par l'Eygues et trop sec au nord, produit d'insuffisantes ressources à leur alimentation; l'hiver dernier a fortement endommagé leurs oliviers et le torrent de Combe-Boulier vient fréquemment menacer leur fontaine (1) et leurs maisons. Enfin, le manque d'argent les prive de troupeaux de bêtes à laine. Leurs charges comprennent 439 livres 14 sols de la taille royale, 680 de la capitation, 313 des vingtièmes, 432 des impositions accessoires et 110 de l'imposition sur les trois ordres; le revenu des pauvres s'élève à 65 livres, le produit de la 24e partie de la dîme à neuf émines de *consegail* et le budget communal à 214 livres (2).

A la Révolution, la tasque ou quinzain et les censes abolies dégrevèrent considérablement la propriété foncière; bien plus une loi du 10 juin 1793 permit aux communes de

(1) Elle fit donner à St-Maurice le nom de Maurice-Bellefontaine en 1793.

(2) Drôme, C, 5.

revendiquer les terres vagues, landes, pacages, bois communs, etc., et décida que les procès intentés au sujet de ces biens seraient vidés par voie d'arbitrage. St-Maurice en réclame donc aussitôt le partage. M. de Castellane se prête d'abord de bonne grâce à un accommodement et des arbitres sont nommés. Toutefois, comme en mariant son fils Léonard-Joseph, le 3 janvier 1780, à Lavaur, où l'oncle de celui-ci était évêque, avec Marie-Madeleine-Charlotte d'Andrieu de Moncalvel, fille d'un ancien major d'infanterie et de défunte Thérèse de Cambolas, M. de Castellane lui avait cédé ses droits sur St-Maurice (1), et que ce fils avait émigré, il objecta ne pouvoir traiter ni pour lui, ni pour la nation qui le représentait. L'agent national près le district de Nyons ayant reçu l'autorisation d'agir, de nouveaux arbitres furent appelés à terminer l'affaire. Leur décision du 27 brumaire an III (17 décembre 1794) attribua à la commune, outre le four construit par elle en 1334, les bois de la colline de Font-Auzier et de la plaine inférieure, ceux de la montagne du clos du Paradis, de Trivers, de Pétrille et de l'Hubac, les ramières ou relaissées de l'Eygues, comprises dans le partage de 1739, le tènement du Jas, sauf à payer la valeur du bâtiment et une partie de la Grand' Grange.

Un partage, par tête, de ces divers immeubles en 470 lots, suivit immédiatement la sentence arbitrale et des terrains naguères improductifs se couvrirent bientôt de moissons.

La nation, qui avait mis le séquestre sur les biens de M. de Castellane fils, dut les faire vendre aux enchères. « Cette mesure, dit un mémoire imprimé, qui aurait éveillé en tout autre commune des sentiments de cupidité et peut-être même de vengeance, fut pour St-Maurice un sujet d'affliction, parce qu'il en était un pour M. de Castellane,

---

(1) Drôme, B. Supplément à la sénéchaussée de Montélimar.

aucun habitant ne se présenta pour concourir et il resta seul adjudicataire. » Ce fait honore sa mémoire et celle de ses anciens vassaux. Cependant, il manque un peu d'exactitude, car le 11 fructidor an IV (28 août 1796), Joseph Treneule, de Toulouse, mandataire de la famille de Castellane, chargea un notaire de Mirabel d'accepter l'adjudication des biens à vendre, et elle eut lieu le 2 vendémiaire an V (23 septembre 1796) au profit de Marie-Madeleine d'Andrieu de Castellane, de Boniface-Charles-Joseph, de Jeanne-Antoinette et d'Agathe-Joséphine-Suzanne, frère et sœurs de l'émigré, moyennant 49,597 francs 10 sols, avec réserve de la jouissance à M. de Castellane père, sa vie durant.

Joseph-Léonard, émigré, rentré en France sous l'empire, assigna les habitants de St-Maurice devant la cour de Grenoble, en restitution de divers immeubles ; mais un arrêt du 25 juillet le déclara non recevable à attaquer le jugement arbitral du 3 frimaire an III, par la voie de l'opposition simple et par la tierce opposition, le renvoyant sur le chef de nullité devant la cour de cassation. Les mémoires des avocats de la commune existent, mais ceux de M. de Castellane n'ont pu être consultés. En présence d'un procès coûteux à soutenir, les parties transigèrent le 21 août 1817, moyennant 30,000 fr. payés au fils de l'ancien seigneur, et l'accord fut sanctionné par le roi le 1er septembre 1819. Cependant, M. de Castellane réclama encore le cantonnement des cinq articles de bois que l'arrêt de 1812 lui avait attribués et, en 1832, souleva de nouvelles difficultés au sujet du pacage et du bucherage (1). Ces faits presque contemporains ne rentrant plus dans notre cadre, nous terminons là cette étude.

Distances : de Nyons, son chef-lieu de canton, 13 kilom.; de Valence, 98.

---

(1) Drôme, série O. Communes.

Population : 589 habitants en 1830, 625 en 1840, 680 en 1850, 658 en 1860, 662 en 1870, 586 en 1880 et 504 en 1896.

Contenance imposable en 1839, 808 hectares d'un revenu de 32,320 fr., soit 40 fr. l'un, 146 maisons d'un revenu de 4,087 fr. (1).

Contributions directes de 1873, à l'Etat 1,529 fr. 42, au département 1,964 fr. 45, à la commune 2,527 fr. 92, non-valeurs 186 fr. 97.

Productions : Céréales, huile d'olive et vins estimés.

SAINT-MAY

De St-Maurice, on arrive dans cette commune, du canton de Remuzat, en passant à Nyons, aux Pilles et Sahune, sur la route du Pont-St-Esprit à Briançon.

M. Victor Cherbuliez, dans son roman de *Prosper Randoce*, décrit en ces termes le village où nous arrivons : « Placé à l'entrée d'une gorge qui débouche sur la rive droite de l'Eygues, St-May est perché sur une butte, flanquée de courtines et de bastions naturels, précédée d'un rocher arrondi qui s'élève majestueusement en forme de tour, et dont la rivière baigne le pied. Rien de plus romantique que ce colossal donjon et que ce village environné de précipices. C'est un site digne de l'Arioste : quelque château d'Alcine a dû s'élever jadis sur cet emplacement, et l'on ne

(1) La *Statistique de la Drôme*, en 1835, accusait 22 hectares de bois communaux, 180 de bois particuliers. 391 de terres et jardins, 101 de vignes, 17 de prairies, 84 de pâturages, routes, chemins, rivières 75, etc., total 882. — L'*Annuaire officiel* de 1900 donne le même total.

serait pas surpris de voir apparaître au bas du sentier en colimaçon, qui rampe autour du rocher, un écuyer bardé de fer, lequel, sonnant de la trompe, s'en viendrait proposer aux passants quelque hasardeuse prouesse ou la délivrance d'une princesse enchantée. Un pont de pierre fait communiquer la route de Nyons avec le sentier qui monte au village. Près de ce pont se trouve une hôtellerie qui n'a point l'air d'un palais, et en face de l'auberge, de l'autre côté du chemin, une fontaine ornée de cette inscription :

« *Siste, bibe, vale* et *redi.* »

Malgré l'invitation, peu de voyageurs, sans doute, s'arrêtent pour savourer l'eau de cette fontaine, dont la renommée n'a pas encore franchi ce désert. Le pont de pierre a lui-même disparu, emporté par la rivière souvent furieuse, et il ne reste plus que deux culées à 10 mètres l'une de l'autre, distance indicative de l'existence de deux ponts remplacés aujourd'hui par un seul en fer. Quant à la stratification bizarre en forme de fer à cheval du rocher, qui supporte le village, elle est assez curieuse pour attirer l'attention du touriste.

D'autre part, le romancier mieux au courant de l'histoire du pays, aurait vu, en cet endroit, à la place d'un écuyer bardé de fer un moine descendre ou monter la côte. Jamais, en effet, d'après l'histoire, il n'y eut de princesse enchantée dans ces montagnes, mais une abbaye fort ancienne, puisqu'elle existait déjà avant S. Marius, un de ses abbés, qui donna son nom au pays. Elle s'appelait Bodon, *monasterium Bodonense* et *Badonense*, confondu à tort avec Bevons ou Beuvons près de Sisteron et avec Bedoin, au pied du Mont-Ventoux, dépendance de Montmajour-lès-Arles et du diocèse de Carpentras. On n'a, sur son origine, aucun renseignement certain antérieur au saint, dont la vie écrite par Dynamius n'est pas arrivée jusqu'à nous dans son entier. Toutefois, l'importance de cet établissement monastique résulte de ce fait que l'élection de S. Marius fut soumise à l'approbation du roi de Bourgogne, Gondebaud (1).

Cet abbé, enfant d'Orléans, naquit vers la fin du ve siècle et entra à Mici où les religieux de Bodon allèrent le choisir pour les diriger. Ses vertus et son zèle furent bientôt couronnés de succès, comme le prouve la création des obédiences d'Eyroles, de St-Ferréol, de Sahune, de Montaulieu, de Lemps et de quelques autres dans le voisinage. Il mourut vers l'an 550, après avoir défriché une région montagneuse probablement stérile avant lui. Un chemin dit de l'abbaye dont les ornières existent encore sur le roc au milieu des précipices atteste les relations établies entre la maison-mère et ses dépendances. La prospérité du monastère paraît avoir été fort courte, car vingt ans à peine après la mort de S. Marius, les Lombards livrèrent aux flammes les bâtiments qu'il avait construits et dispersèrent ses religieux. Lorsque Bodon eut été restauré, les Sarrasins, vers 734, y portèrent de nouveau la désolation et les ruines. A la vérité, Charles-Martel refoula ces envahisseurs, mais le partage des biens des abbayes entre ses compagnons d'armes ne devait pas en favoriser le rétablissement.

Ce fut Jean, évêque de Sisteron, issu d'une famille riche et puissante de la contrée, qui reconstruisit et dota la maison religieuse de St-May, sous le règne de Charlemagne, fondateur de celle de l'Ile-Barbe, au milieu de la Saône, sur un rocher semblable à un navire échoué, à six kilom. nord de Lyon. Cependant, les épreuves de Bodon n'étaient pas terminées, puisque, vers 925 ou 926, de nouvelles alarmes, suscitées par les ravages des Hongrois dans les Alpes, firent transporter à Forcalquier le corps de S. Marius, où une église prit son nom.

---

(1) L'abbaye de Bodon dans le *Bulletin de la Société d'Archéologie de la Drôme*, par M. le chanoine Isnard, t. Ier et II. — Papon, *Histoire de Provence*. — *Statistique de la Drôme*, au mot May (St-).

Après tant de vicissitudes, il n'est pas étonnant de ne rien savoir de précis sur Bodon, qu'un recueil de Chartes de l'église de Sisteron fait donner à Cluny vers 851, alors que la fondation de cette abbaye date de 910 seulement. Il est plus vraisemblable que l'Ile-Barbe en hérita. Une charte authentique du 11 janvier 1248 nous apprend, en effet, que les évêques de Die et de Sisteron ayant demandé aux Bénédictins lyonnais la production des titres favorables à leurs prétentions, ceux-ci montrèrent un privilège du pape Innocent II du 5 mars 1142 qui plaçait dans le diocèse de Sisteron le monastère de St-May et diverses églises, ses dépendances, deux autres bulles d'Alexandre III du 10 mars 1173 et de Lucius III du 11 mai 1183, confirmatives de la première, et enfin une vie de S. Marius écrite au temps de l'évêque Jean par le patrice Divianus (pour Dynamius) (1).

Ces titres terminèrent un débat que des auteurs ont fait remonter jusqu'au temps de Charlemagne, ils nous révèlent aussi les noms des nombreuses églises sur lesquelles l'Ile-Barbe étendait sa juridiction (2).

Le Laboureur, son historien, parle d'une chapelle de St-Benoît, donnée à l'abbaye par Hugues, évêque de Gap, avec l'assentiment de Conrad-le-Pacifique en 971. De son côté, le *livre vert* de Sisteron mentionne des redevances en monnaies d'Othon, de Melgueil et de Valence, ce qui accuserait le xe siècle.

Bodon construit sur la montagne de St-Laurent, qui se dresse au confluent de l'Oule et de l'Eygues, avait une plaine fertile et une fontaine abondante pour ses jardins. Peu à peu quelques tenanciers groupèrent leurs maisons

---

(1) M. J. CHEVALIER, *Essai sur Die*, II, 351-474.

(2) Voir sur elles le travail de M. le chanoine Fillet intitulé : *Les Colonies de l'Ile-Barbe*, publié dans le *Bulletin d'Histoire ecclésiastique et d'Archéologie religieuse de Valence, Grenoble, etc.*, 19e et 20e années.

plus près de la rivière et donnèrent ainsi naissance au village actuel de St-May.

Dès qu'il y eut une population civile, les seigneurs des Baronnies cherchèrent à se l'attacher; en 1242 et 1251, c'est Raymond de Mévouillon qui se déclarait vassal de l'abbaye de l'Ile-Barbe pour Remuzat, Cornillon, Cornillaç, etc., et ce sont les Montauban, de leur côté, qui, de 1245 à 1265, imitaient leur exemple pour Lemps, Montferrand, Roussieux, etc. Raymond Geoffroy de Castellane, mari de Randonne de Montauban, transigea même, en 1273, avec Pierre de Mison et avec l'abbé auquel il donna des droits sur le château de Lemps.

Bien plus, Charles Ier d'Anjou, frère de S. Louis, devenu comte de Provence par son mariage avec Béatrix, fille de Raymond Bérenger, ayant voulu étendre sa domination sur le pays, négocia avec l'abbé de l'Ile-Barbe un traité de sauvegarde, le 26 avril 1262 ou 1261, dont l'exécution complète eut lieu seulement en 1299 et 1303. L'*Inventaire des archives des Bouches-du-Rhône* analyse ainsi ce document : « L'exercice de la justice souveraine est collectif et indivis entre le comte et l'abbé ; les forfaitures, les crimes de grandes routes et des lieux publics doivent être jugés au nom de l'un et de l'autre ; les chevauchées sont également communes aux deux ; le comte et l'abbé peuvent les ordonner quand il leur plaira, et ceux qui sont tenus de les fournir doivent se rendre au premier appel, et parcourir, s'il le faut, toute la Provence ; en signe de souveraineté, le comte a droit, dans certains châteaux, à une redevance par feu d'une émine d'avoine ; les abbés de l'Ile-Barbe ne sont tenus de reconnaître leur vassalité envers le comte qu'autant que celui-ci les en requiert. Tous les procès des vassaux de l'abbaye doivent être jugés en premier appel par l'abbé, en deuxième appel par le comte et l'abbé en commun ; le comte n'a le droit de donner les terres de l'abbaye à arrière-fief qu'avec l'autorisation de l'abbé ; il est tenu de couvrir, en toute occasion, de sa protection l'abbé et ses moines, quand ils seront dans leurs terres provençales, et les biens et les personnes que la présente charte met sous sa sauvegarde (1). »

Le sénéchal de Provence acquit alors les terres de la Val-d'Oule cédées, en 1350, par la reine Jeanne à Raymond d'Agoult. Il a été question déjà de ces faits dans les notices sur Cornillon et Remuzat ; quant à St-May, il resta sous la juridiction religieuse et féodale de l'Ile-Barbe et de ses prieurs, même après la sécularisation de l'abbaye, en 1551, et son union au chapitre de Lyon vers le milieu du XVIIIe siècle.

A la Révolution, le prieuré ne possédait plus qu'une maison meublée dans le village, des ruines à St-Laurent, deux prés et une terre, vendus ensemble 8,250 fr. en 1791. On ignore l'époque de la dernière dévastation de l'ancien monastère Bodonais, dont il subsiste seulement aujourd'hui le portique du cloître avec ses colonnes et un archivolte roman mutilés, une fenêtre gothique et des figures grimaçantes épargnées par les démolisseurs.

On sait que la communauté faisait partie des *terres adjacentes* de Provence avec Remuzat, Pommerol, Cornillon, Cornillac, la Charce et Lens, au bailliage de Sisteron, et que ces terres, d'abord exemptes d'impôts, furent soumises à toutes les charges qui grevaient la province par un arrêt du conseil du roi (2).

Un rôle de capitation de 1790 y accuse 42 contribuables dont 36 chefs de famille et six domestiques ou bergers et s'élève à 110 livres, à raison de 1 à 15 livres par personne. Le rôle des tailles de la même année, en 72 articles à cause des forains, monte à 1,006 livres (3).

---

(1) B, 1106.

(2) LOUVET, *Hist. de Provence.*

(3) Archives de la Drôme, E, supplément.

D'après un acte d'assemblée communale tenue le 19 mars 1786, devant André, lieutenant de juge, et composée des consuls Mourier et Michel et de 24 habitants, il fut décidé d'interdire le pacage, la coupe des buis et le défrichement sur la haute colline dominant le chemin qui conduit à St-Laurent où se trouvent les meilleurs fonds, à cause des pierres mouvantes ébranlées par les troupeaux. D'un autre côté, le bois de Lautaret, acquis du seigneur par bail emphytéotique, se trouvant dévasté par les étrangers et par les habitants, ne fournit plus le bois nécessaire à la construction et aux réparations des maisons ; le maire demande et obtient qu'il n'y soit plus coupé ni arbre ni arbuste sans la permission écrite des consuls, à peine d'amende.

Le Parlement d'Aix approuva cette double décision le 12 juillet 1786 (1).

Indépendamment de l'intérêt historique offert par St-May, il possède comme curiosités naturelles une fontaine au quartier de Bagneux où vivent les écrevisses, une grotte de 400 mètres de profondeur dans le rocher vif du côté de Villeperdrix, un vent particulier dans le genre du Pontias, et un petit caveau de 6^{m} 50, dans les ruines de l'abbaye où l'on dit la messe le jour de S. Marius.

Les armoiries du lieu sont : *de sinople à 2 rivières au naturel surmontées d'un rocher d'argent.*

Distances : de Remuzat 5 kilom. ; de Nyons 23 et de Valence 113.

Contenance : 1022 hectares dont 986 imposables d'un revenu de 9,870 fr. soit 10 fr. l'un, et, en 1839, 66 maisons d'un revenu de 743 fr. (2).

---

(1) Drôme : communes, supplément.

(2) La *Statistique de la Drôme* donne en bois particuliers 164 hectares, en terres 420, en prés 8, en vignes 43, en pâturages 349.

Le catalogue des manuscrits de Carpentras, par Lambert (t. III, p. 65), indique dans la collection Peirese, plusieurs pièces relatives à St-May (LXXV, p. 532 et 590).

Population : en 1830, 227 habitants ; en 1840 de 307 ; en 1850, de 245 ; en 1860, de 200 ; en 1870, de 185 ; en 1896, de 138.

Contributions de 1873 : Etat 1,152 fr, 31 ; département, 521 fr. 22 ; commune 1,101 fr. 33 ; non-valeurs, 52 fr. 86.

Productions : vin, huile d'olive, soie.

St-May est succursale depuis le 19 avril 1826.

SAINT-SAUVEUR

A l'est de Ste-Jalle et en face de Bésignan, un modeste plateau, dominé par les hauteurs de Grimagne, supporte le village chef-lieu de trois sections, autrefois communes distinctes : St-Sauveur, Gouvernet et la Bâtie-Verdun. Il n'offre guère de bien remarquable que son heureuse situation largement ensoleillée, entre deux collines verdoyantes. Son territoire, traversé par le Rieufrais, du nord au midi et par l'Ennuie (1) de l'est à l'ouest, possède encore plusieurs sources disséminées çà et là, qui le fécondent et le rendent propre aux céréales et aux arbres à fruits de toute qualité. Les traces de l'homme préhistorique et des Médulles ont disparu de St-Sauveur et de Gouvernet ; mais la Bâtie-Verdun, où finit la vallée, a fourni quelques instruments des âges de pierre et de bronze. Sous les Romains, de riches propriétaires s'y établirent et y créèrent des exploitations agricoles. Les

---

(1) Cette rivière s'appelle *Ennuyées* à St-Sauveur et Leynuées sur la carte de Cassini ; elle sort de la montagne de Giffort sur la Fare et se jette dans l'Eygues à Curnier, après un parcours de 7 kilom. Son débit de 3 mètres cubes en temps ordinaire, monte à 80 dans les fortes crues.

inscriptions de Tarendol à Baginus, de Ste-Jalle à un édile ou juge de police, de Curnier aux déesses mères et à Severiola, sont là pour en rendre témoignage. En outre à St-Martin, près du village chef-lieu, on découvrait en 1847, un tombeau formé de dix dalles bien taillées et ajustées, avec une caisse en plomb de 1m90 de long sur 0m50 de large et 0m40 de haut, renfermant un squelette de haute stature, une tuile ordinaire près de la tête, une tuile plate, dite sarrazine, aux pieds, une coupe en verre blanc et deux médailles. Sur l'une paraissait d'un côté un empereur avec ces mots : PIVS PRIMVS PONTIFEX MAXIMVS. Caisse et médaille ayant disparu, le contrôle de cette lecture devient impossible ; toutefois, il n'est pas probable que la légende rappelât le pape Pie I, du IIe siècle, alors que d'Auguste à Gratien, les empereurs romains s'attribuèrent la qualification de pontifes suprêmes.

D'autres tombes en simples pierres brutes ou en pierres taillées ont été mises à nu au même endroit, ainsi qu'un étrier en fonte, portant des traces de dorure, attribué par la tradition à Charlemagne (1), qui n'est jamais venu dans le pays. Pourquoi chaque localité ne recueille-t-elle pas avec soin à la mairie, tous les vestiges du passé exhumés de son sol ? Pareille insouciance, tristement regrettable, tient les curieux à distance et prive l'érudition d'utiles éléments de progrès.

Après les Romains et les invasions barbares, d'épaisses ténèbres couvrent la vallée ; on sait pourtant qu'à une époque fort ancienne, l'abbaye de Bodon y fonda plusieurs églises, et qu'au XIe siècle, la féodalité naissante y multiplia les châteaux et les seigneuries. Les évêques de Die y paraissent en suzerains, en 1291, par suite de la cession du haut domaine de la Bâtie de Gouvernet, de Villar, à l'ouest et près du village de St-Sauveur, et de la seigneurie de ce

---

(1) Archives de la Drôme. — Archéologie, série T.

nom que leur fit un Mévouillon au prix de 6,000 livres tournois. Deux ans plus tard, le même baron concluait un nouveau traité avec les Dauphins de Viennois et un procès né de ce pacte peu scrupuleux se termina par la promesse d'Humbert Ier de La Tour de tenir en fief des évêques de Valence et de Die, les terres et châteaux des Mévouillon (1).

Il suit de là que les deux familles possédèrent les premières les fiefs de la vallée, rétrocédés à des vassaux dévoués et fidèles, comme les Bésignan. En 1332, 1340 et 1349, Guillaume, l'un d'eux, fils de Geoffroy, rendait hommage aux Dauphins pour St-Sauveur et Villar ; en 1353, Didier et en 1540, Gaspard, remplissaient le même devoir ; mais, en 1557, Riffaude de Bésignan vendait ses droits au prix de 800 écus à Guigues de La Tour, dont la famille à cause du mariage, en 1510, de Pierre avec Madeleine Silve, dame de Gouvernet, était venue s'établir dans la région, comme on le verra bientôt. La seigneurie, toutefois, n'appartenait pas tout entière au successeur des Bésignan, puisque en 1582, Jacques de La Tour achetait à noble Pierre de Rousset et à Catherine de Moreton, sa femme, leurs biens de St-Sauveur. Le vendeur, au témoignage de Pithon-Curt, aurait joué un rôle important dans les guerres de la fin du XVIe siècle et obtenu le gouvernement de la Ferté, de la principauté d'Orange et la charge de viguier d'Avignon (2).

Comme les fluctuations du fief de St-Sauveur, faute de documents précis, ne sont pas bien connues, il est utile de rappeler que vers le milieu du XVIe siècle, Girard et François Silve, de Clelles, affermaient leurs droits à St-Sauveur pour 7 sommées de blé, 2 d'avoine et 3 de vin ; ce qui suppose une faible part de la seigneurie et qu'en 1518 ou 1519, Gaspard de Bésignan y recevait l'hommage de Nicolas, de Dau-

---

(1) U. CHEVALIER, *Inventaire des Dauphins.* — Invent. de la Chambre des Comptes. — Notes de Guy Allard.

(2) Notes dues à l'obligeance de M. Paul de Faucher.

phine et de Marie Ollivier, épouses de nobles Gaspard Emeric et d'Antoine Croys, coseigneurs de Gouvernet (1).

Les de La Tour, établis à Gouvernet, ne gardèrent pas Saint-Sauveur au delà de 1664, époque à laquelle René, l'un d'eux, le vendit à Frédéric de Langes, de Montmirail sur Vacqueyras, conseiller au Parlement d'Orange et seigneur de Lubières, pour 57,000 livres, lequel en prêta hommage au roi dauphin, l'année suivante. Guillaume de Nassau, prince d'Orange, avait anobli Louis de Langes, viguier de sa ville capitale, en 1583, et Louis XIII avait confirmé cette faveur. Il laissa deux fils : Frédéric, seigneur de St-Sauveur, et André, avocat au parlement de Grenoble. Un procès engagé contre le premier par Philippe-Guillaume d'Ancezune-Caderousse, prieur du lieu, au sujet de la coseigneurie qu'il tenait probablement des religieux de Bodon, l'engagea à délaisser un fief où ses armoiries : *de gueules au cerf ailé et élancé d'or*, sculptées sur une pierre, rappellent encore sa mémoire. Il l'aliéna avec Villar, le 4 août 1677, à Joseph-Horace de Raffélis, qui le reconnut au roi en 1679.

Barjavel rappelle la tradition qui fait venir cette famille du Milanais au Comtat, au XVIe siècle et cite parmi ses illustrations : Pierre, seigneur de Roquesante, un des plus grands magistrats de son siècle, dont M. Paul de Faucher a récemment écrit la biographie avec une solide érudition ; *Charles-Gaspard-Guillaume*, grand vicaire à St-Pons en 1725 et l'un des premiers membres de l'Académie de Marseille ; Pierre, ancien capitaine de galère, gouverneur du Buis en 1718 ; Esprit, seigneur de Rus, qui servait sous Turenne, fut lieutenant général de l'artillerie en 1669, et capitaine de vaisseau en 1675. Françoise de Soissan, sa veuve, épousa en secondes noces Pierre Arnoul, intendant de la marine, seigneur de Rochegude. Comme elle unit son fils du premier lit avec la mère, et son second fils avec la sœur de son mari, elle créa

(1) Invent. de la Chambre des Comptes.

entre les deux familles des liens de parenté extraordinaires en devenant la belle-fille de son fils aîné et la belle-sœur de son fils cadet (1).

Les seigneurs de St-Sauveur, considérés dans le pays comme la providence des malheureux, n'émigrèrent point à la Révolution et vendirent partiellement leur château en 1796 à plusieurs habitants qui s'y installèrent (2).

Tout à côté des seigneurs laïques, les prieurs, en 1542 et en 1645, rendaient hommage au roi pour une part du fief. On a prétendu que le bénéfice relevait de l'abbaye de Montmajour-lès-Arles ; il semblerait plus logique de le rattacher à l'abbaye de Bodon et à celle de l'Ile-Barbe, son héritière. Effectivement, en 1623, Brusset, prévôt de la cathédrale de Vaison, s'intitulait prieur de St-Sauveur, de Bellecombe, de Tarendol, de Bésignan, de Gouvernet, anciennes dépendances de St-May, comme les églises de St-Michel de Villar et de St-Michel de Dufort près de la Bâtie-Verdun, ce qui avait fait appeler la Vallée de l'Ennuie le *Val-Benoît*, au diocèse de Sisteron.

D'Ancezune de Caderousse, en 1670, et l'abbé de Soissan, vicaire général de Tulle, en 1789, figurent parmi les prieurs et le dernier abandonna tous ses droits au curé. Ils comprenaient 890 livres de revenus, dont 112 pour les décimes dues au roi, et 60 au desservant de Gouvernet. La dîme s'y levait à la côte 18e sur les fonds roturiers et 20e sur les fonds nobles, celle du vin, du chanvre et des agneaux à la côte 16e.

L'église de St-Sauveur, dédiée à S. Sixte, pape et martyr, n'a rien d'architectural ; elle s'écroula en partie le 18 janvier 1654, « le peuple étant assemblé pour entendre les prédications d'un missionnaire. » Une maison offerte par René de La Tour et Gabrielle de Castellane, seigneur et dame du lieu,

(1) Barjavel, *Dictionnaire historique de Vaucluse.*

(2) On y trouva, en 1850, 3 petits canons en bronze du poids de 25 à 30 kilog, vendus à un passant. Lors du siège du château de Bésignan, ceux de St-Sauveur et de Ste-Jalle furent pillés et dévastés.

servit alors aux exercices religieux. Parmi ses curés, le nom de M. Pansin s'est conservé dans le souvenir des habitants ; il se réfugia pendant la Révolution dans les grottes de Gouvernet, et fonda, sous l'empire, dans son presbytère, une petite pension de jeunes gens, un moment florissante (1).

Il y avait au commencement de la Réforme, un pasteur protestant et de nombreux fidèles ; mais comme en 1644, ceux-ci votèrent leur union à Ste-Euphémie, St-Auban et Vercoiran, la destruction du temple de Ste-Euphémie, ordonnée par arrêt du Conseil du 25 juin 1685, les ramena au catholicisme. La succursale date de 1807.

Outre la 24e partie de la dîme, équivalant à 7 émines de blé de 40 livres chacune, les pauvres y jouissaient de deux rentes de 52 livres ensemble et d'un *mont de grains* de 48 émines de blé de roulement. Elles étaient distribuées aux cultivateurs gênés, au moment des semailles, et ceux-ci devaient rendre le prêt à la récolte avec une demi-cosse de plus pour compenser le déchet. M. de Reynier de l'Estournet, vers le milieu du XVIIIe siècle avait donné 150 livres pour cette fondation. Une première et une deuxième fois le recouvrement du blé prêté ne put s'effectuer ; mais en 1769, M. Arnaud, curé, avec le concours du seigneur, du châtelain et des consuls établit un bureau de charité pour surveiller les prêts qui s'élevèrent, en 1770, à 38 émines, et, en 1771, à 40. Pareille institution, réellement philanthropique, disparut à la Révolution, à la demande des habitants, et le prix du blé en dépôt, fut distribué aux pauvres !

La perte des archives communales ne permettant pas d'exposer avec quelques détails la condition du tiers état, nous emprunterons à un mémoire de 1789 divers renseignements utiles. Le seigneur de St-Sauveur percevait les lods au 6e denier pour les ventes d'immeubles de sa directe et, outre les censes, la 20e partie de tous les grains et du vin. Deux

(1) Archives de la Drôme. — Notes de 1860.

consuls annuels, élus par les chefs de famille assemblés, géraient les affaires de la commune, assistés de deux auditeurs pour le contrôle des comptes consulaires et la répartition de la capitation (cote personnelle et mobilière).

Les revenus communaux, de 9 à 10 livres par an, provenaient de la ferme du four abandonné par le seigneur, moyennant une émine de blé par ménage à lui et au prieur; mais le manque de bois et la cuisson gratuite du pain du seigneur et de sa famille, anéantirent cette faible ressource.

Le budget communal s'élevait à 121 livres pour les gages du maître d'école, du garde et du secrétaire. De 1712 à 1734, l'école coûta même de 80 à 150 livres par an, sur lesquelles M. de Soissan en devait 18, sous le nom de cas de droit. Quant aux charges, la capitation de 1761 atteignait 300 livres, les vingtièmes en 1763, 253 livres, la taille, 514, en 1568.

Le territoire de St-Sauveur, placé sur le versant de deux montagnes avait demi-lieue du nord au midi et un quart de lieue de l'est à l'ouest, le fief de Villar compris.

Tout commerce y était rendu impossible par l'absence de chemins praticables ; cependant une foire s'y tenait à la St-Blaise, le 3 février, depuis un temps reculé, et Louis XIV, en 1678, à la demande de Joseph-Horace de Raffélis, en créa deux autres les 6 juin et 9 octobre, ainsi qu'un marché le jeudi.

L'arrosage des terres avec l'Ennuie s'y trouvait presque nul, le moulin seigneurial absorbant l'eau de la rivière du lundi à midi jusqu'au samedi à la même heure. Le manque de fourrage et la cherté du sel, empêchaient l'élevage du bétail et par là même toute culture intensive. Aussi, la population, pour acquitter ses impositions et ses charges féodales, se trouvait-elle réduite à se nourrir plusieurs mois de l'année, d'un pain « fait de mélange de farine de glands et de farine de froment. » Elle était alors de 44 familles ou de 200 personnes environ (1).

(1) Drôme, C, 4.

Section de Gouvernet

A 4 kilom. Est de St-Sauveur, apparaissent un hameau et un ancien château, au nord de la route de Nyons à Sisteron : c'est Gouvernet. Les étymologistes voient dans ce nom un domaine de Vernes, de *gau*, *gow*, *goia* et *ghaia* et de *vernetum*, ce qui ne projette aucune lumière sur l'origine du hameau (1).

Les documents conservés ne les font pas remonter au delà de Randonne de Montauban qui, en 1284, cédait à Ronsolin de Lunel, son fils, les Bâties de Gouvernet, de Verdun et de Pierre Roux ; on a vu déjà qu'en 1293, Raymond de Mévouillon, vendait au Dauphin la seigneurie de St-Sauveur, la Bâtie de Gouvernet, et le tiers de Boisset ; comment expliquer cette mouvance simultanée de si modestes seigneuries des deux maisons puissantes, maîtresses des Baronnies ? Elle fut d'ailleurs de courte durée, Mévouillon et Montauban ayant vendu leurs droits aux Dauphins de Viennois, vers la fin du XIIIe siècle.

Au-dessous des suzerains, diverses familles, moyennant l'hommage percevaient les revenus du fief ; celle des Ollivier déjà rencontrée à Montguers, apparaît la première à Gouvernet, où, en 1334, Bertrand se déclare vassal d'Humbert II pour le fort ou le château, ainsi que pour un quart de Ste-Euphémie et de Boisset. Ses héritiers l'imitent en 1349, 1377, 1404 et 1413.

Reynaud Silve, qui avait épousé Marie Ollivier, albergea, en 1510 quelques fonds et la moitié d'une tour, prête à s'écrouler, du roi Louis XII, acquéreur des consuls de Ste-Euphémie, pour la 8e partie de Gouvernet. Il acquit, vers 1502, la parerie du lieu, de noble Antoine Ferrus (Isère, B.

(1) De Coston, *Etymologies des noms de lieu de la Drôme.*

3511). Pierre de La Tour, en 1520, reçut du roi un autre huitième de la seigneurie (1).

D'après les *Tableaux généalogiques* des La Tour-du-Pin, ce gentilhomme descendait des La Tour de Vinay, proches parents des Dauphins et des La Tour de Clelles. Guigues III, fils de Pierre Ier, laissa Pierre II, mari de Madeleine Silve, qui passa du Trièves dans les Baronnies, où, en 1540, il possédait les trois quarts de Gouvernet, et Jean Ollivier, le quart restant. La mort sans enfants de ce dernier lui valut la seigneurie entière, demeurée aux mains de ses descendants jusqu'à la Révolution.

Dans l'impossibilité d'écrire leur histoire, nous rappellerons :

1° René de La Tour-Gouvernet, surnommé le grand, fils de Guigues et d'Esprite du Bousquet, de Valréas, un des plus célèbres capitaines calvinistes de son temps, gouverneur de Serres, Tallard, Séguret, du Bas-Dauphiné, de Die, Nyons, Crest, Valence, Montélimar, etc., lieutenant-général du roi au Comtat et en Provence, maréchal des camps et armées du roi, conseiller d'État, etc.

2° Jacques, frère et lieutenant de René, seigneur de St-Sauveur, Bellecombe, Tarendol, la Bâtie-Verdun, Verclause, etc.

3° René II, fils de Jacques et de Jeanne de Sade, marié en 1608 avec Gabrielle de Castellane, qui eut Charles, sieur de Broc, Alexandre, sieur du Villar, Jacques-Pompée, sieur de Boisset, Auguste, sieur des Taillades.

4° Charles Ier, fils de René le Grand, marquis de Gouvernet, baron d'Aix en Diois et d'Auberives, sénéchal du Diois et du Valentinois et conseiller d'État.

5° Charles III, fils du vicomte de Paulin, mari d'Esther de Herwart, dont les *Lettres* de La Fontaine mentionnent la société charmante où brillaient Mlles de Gouvernet.

---

(1) Invent. de la Chambre des Comptes.

6° Jean-Frédéric, vicaire général de Lyon et chanoine de Notre-Dame de Paris, auteur, sous le nom d'abbé de Gouvernet, de *Réflexions sur la Genèse*, et connu par sa grande charité.

7° La Tour du Pin-Gouvernet (Jean-Frédéric), comte de Paulin, ministre de la guerre, né à Grenoble en 1727 et son fils, Frédéric-Séraphin, ambassadeur, dont la *Biographie du Dauphiné* parle avec détails.

Le château, vendu à la Révolution, a été naguère racheté par la famille de La Tour-du-Pin.

En elle-même la commune de Gouvernet, en 1789, comprenait un territoire d'un demi-quart de lieue de large sur un quart de long, et un petit hameau habité par des cultivateurs et des manouvriers. Elle récoltait du blé, de l'épeautre et des fruits ; mais les charges royales et féodales, celles-ci à raison d'une émine de blé et une d'avoine pour l'habitation, de demi-émine par personne depuis l'âge de 7 ans, d'une poule et de 2 corvées pour le fournage, réduisaient la population au pain « d'épeautre et de glands de chêne »

La dîme sur tous les grains s'y percevait à la cote 8e. L'église dédiée à St-Georges, relevait de l'Ile-Barbe, et en 1789, du prieuré de St-Sauveur et depuis 1822, de la succursale de la Bâtie-Verdun (1).

Section de la Bâtie-Verdun

Ce nom composé révèle à la fois une maison-forte (bâtie), et un coteau élevé (dune), de sorte que le lieu remonterait à l'époque celtique et à la féodalité tout à la fois. D'après les notes obligeamment fournies par M. Félix Teste, le village placé jadis entre les bois du seigneur et le cimetière,

---

(1) Drôme, C. 5.

aurait été détruit pendant les guerres du XVIe siècle, et reconstruit sur l'emplacement actuel.

On ne trouve aucun renseignement sur ce point, les auteurs et les archives se bornant à signaler le passage de Lesdiguières à St-Sauveur où il coucha en 1587, le 24 janvier et de quelques corps de troupes.

Les Montauban et, après eux, les Dauphins y avaient pour vassaux en 1330 les Raimbaud ou Rambaud, tombés en quenouille chez les de La Villette, de Veynes, vers 1407. Jacques, mari de Briande Rambaud, possédait, en 1413, le fort, la juridiction et les mandements de la Bâtie et de Dullion, ainsi que de la moitié du péage de ce dernier lieu.

Plus tard, en 1445, François, coseigneur de Veynes, transmit la moitié de ses droits à Jean de Layn ou Laynon, du Buis, qui n'étant pas noble, paya 87 livres 1/2 pour incapacité et pareille somme pour les lods (droits actuels d'enregistrement).

En 1540, Antoine Silve, écuyer, s'attribue la moitié du fief et du quinzain des grains, des fourrage, servis, censes et lods, le quart du péage de Dullion, l'autre quart appartenant à M. de Comps, de la famille de Vesc. Le Dauphin jouissait de la moitié restante de la seigneurie.

Cependant Jean de La Villette, seigneur de Creyers, y comptait 6 vassaux et y percevait 35 florins de revenus en 1541.

Marguerite de La Villette, dame de Creyers et Gabriel de La Poype St-Julin, son mari, vendirent, en 1601, leurs droits à La Bâtie-Verdun et Dullion pour 1600 écus, à noble Jacques de La Tour, seigneur de St-Sauveur, capitaine de 50 hommes d'armes des ordonnances du roi, qui en fut investi en 1603. Olympe, sa fille, les porta en dot à noble Claude de Joannis, seigneur de Pierrelongue, fils de Jean, conseiller au parlement de Provence et de Sibylle de La Tour.

Il existe un hommage au roi par Claude de Joannys en 1645 et un arrêt du parlement de Grenoble de l'année suivante sur l'héritage de Jean d'Urre, mort intestat, et réclamé par le même gentilhomme et par les enfants de Bruyères.

D'après Guy Allard, Pierre Silve, frère d'Antoine, aurait laissé une petite-fille, mariée en 1570 avec Esprit d'Urre, et Catherine, née de cette union aurait épousé Pierre de Joannys, de Carpentras.

Après ces familles paraît à la Bâtie celle de Bargeton, anoblie en 1697. Alexandre-Mathieu, capitaine de vaisseau, mourut à Toulon le 19 novembre 1772 et, en l'an III, Augustin de Bargeton demeurait à Uzès ; nous les retrouverons à Verclause (1).

Les châteaux de La Bâtie et de Gouvernet, encore debout avec leurs meurtières, créneaux et bastions, grâce à la solidité de leur construction, ne sont séparés l'un de l'autre que par le lit de l'Ennuie, large et bordé de rochers à pic. Celui de Gouvernet fut démoli en partie à la Révolution, et celui de La Bâtie est devenu une belle ferme.

Des ruines au nord de ce dernier et au levant de celui de Gouvernet, indiquent un troisième château qui, d'après la tradition, attaqué par deux autres seigneurs voisins aurait péri avec son propriétaire.

Il existe d'autres débris de construction sur le *Rocher Troué*, et au Chastelas ou Jas du seigneur.

L'église, dédiée à St-Arnoul, interdite vers 1740, par l'évêque de Sisteron, fut remplacée par celle d'aujourd'hui, aux frais des habitants qui auraient reçu, dit-on, quelques immeubles à Giffort, à titre d'indemnité. Elle a été érigée en succursale le 4 septembre 1822, avec Gouvernet pour annexe.

La Bâtie où se termine la vallée a eu des habitants dès l'époque préhistorique, témoin, les haches en silex taillé et poli qu'on y rencontre fréquemment ; des tombes en tuiles plates, parfois en plomb, y rappellent une époque moins ancienne.

---

(1) Invent. de la Chambre des Comptes.

MM. Teste et Chauvet ont découvert à Rouveyrolle, des pointes de flèches et de javelots en os et en bronze, des fragments de colliers de même nature.

Indépendamment des fossiles et de la fontaine vineuse de la légende, la Bâtie offre comme curiosité le Rocher Troué, la Grotte du grand bois à Gouvernet ou Chambre des Turcs, celle du trou du Mal-Perdu, actuellement inhabitables, mais d'une remarquable structure.

La situation du village permet de jouir d'une vue splendide sur la vallée.

Enfin, les environs rappellent des souvenirs historiques et des légendes, Ainsi, la route de Nyons à Sisteron, après de nombreux lacets, arrive au Col de Peluerge, Peruerge ou Peyruergue, où le nom actuel de la Poste semblerait indiquer un relai de messageries entre Rosans et le Buis. Une auberge établie en ce désert, était comme à Peirebelle, un asile de mort. On ajoute même que l'hôtelier assassin fut dénoncé à la Justice, pour avoir vendu de la chair humaine.

Tout ce qui est certain, c'est qu'il y avait là une habitation, dont l'âtre d'une cheminée et le carrelage ont été découverts récemment ; bien plus, vers 1630, M. de La Tour-St-Sauveur y possédait une grange alors « découverte » et au Clos d'Ausette une grange « rompue » (1).

Le fort et le péage de Dullion, Dollion, Dorion, du Lion et de Lionz, devaient se trouver près de là : les Rambaud l'acquirent, en 1268, des Condorcet et il échut ensuite aux seigneurs de la Bâtie.

Il y avait encore entre la Bâtie, Dullion et St-Sauveur, le fief de Boisset, Buxet ou Borset, qui passa des Mévouillon aux Dauphins, avec les Ollivier pour vassaux.

Au rocher de St-Mathieu se voient aussi des gonds et des traces d'habitation et enfin, sur les limites de St-Auban,

(1) Inventaire des biens du seigneur de St-Sauveur, Mollans, etc., au XVIIe siècle. Série E, familles, supplément.

Lemps et La Fare, au quartier de Gisfort, existèrent jadis un château, un cimetière et une église dédiée à St-Michel, sous le nom de Durfort. Les Rambaud et les Durfort se partageaient le fief en 1277 ; il passa plus tard aux Monteynard, aux Remuzat, en 1334, aux d'Aspres, en 1422, et aux Maubec en 1540 qui l'unirent à Bellecombe.

Ne quittons pas La Bâtie sans parler de son climat et de sa grande quantité d'arbres, depuis le grand pin des Alpes, jusqu'à l'olivier et au laurier.

Cette section fut en 1790 unie avec Gouvernet pour former une commune, et englobée en 1800 dans celle de St-Sauveur.

Distance de la mairie de St-Sauveur au Buis 16 kilom., à Nyons, 24, à Valence, 114.

Population en 1820, 326 habitants ; en 1840, 441 ; en 1850, 510 ; en 1860 et 1870, 476 ; en 1880, 419 ; en 1892, 397 ; en 1896, 375.

Contenance ; 325 hect. de bois particuliers, 810 de terres, 20 de prés, 45 de vignes, 745 de pâturages, 40 de rivières et chemins, etc., total 1,996. — *L'Annuaire* officiel de 1900, la porte à 1,932 ; M. Mermoz, en 1839, à 1,861 hectares imposables d'un revenu de 23,262 fr., soit 12 fr. 50 par hectare et donnait à ses 110 maisons un revenu de 1,551 fr.

Contributions directes en 1873, part de l'État 2,525 fr. 89 ; part du département 461 fr. 43 ; part de la commune 2,515 fr. 31 ; fonds de non-valeurs 123 fr. 95.

Productions : blé, seigle, avoine, noix, pommes de terre, soies, pâturages (1).

---

(1) Ont été consultés : l'*Inventaire des Archives de l'Isère*, B, 111, 1185 et 2941 ; le *Dictionnaire* de BARJAVEL ; COLUMBI, *Derebus gestis episcop, Valent. et Diens.* p. 148 ; *Actes et Correspondance de Lesdiguières*, II, 129 ; Inventaire des archives de la Drôme, C, 31, E ; Notaires de Ste-Jalle, et archives de St-Sauveur.

SÉDERON

Ce chef-lieu de canton à 54 kilom. sud de Nyons et à 143 de Valence, dépendit de la Provence, de 1309 à 1790, son nom *Castrum de Sedarone* de *Saderono* paraît être un diminutif de *Sedes*, *Sedius*, *Sedium*, et *Sedia* signifiant maison, domaine ou emplacement et ne révèle ainsi aucune origine bien ancienne. La tradition locale veut, il est vrai, qu'une colonie d'émigrants étrangers y soit venue fixer sa demeure, mais elle se tait sur son point de départ et sur les causes de son exode (1).

Aujourd'hui la Meuge, Méauge ou Méouge affluent du Buesch, traverse le bourg et féconde sa vallée. Cette rivière sort de Barret-de-Lioure, situé en face du Mont-Ventoux ; sa largeur moyenne atteint 20 mètres et son débit varie entre 0m68 et 175 mètres cubes

L'auteur de la *Statistique minéralogique de la Drôme* fait naître la vallée, fermée de tout côté par une enceinte de rochers élevés, des croisements de montagnes qui se dirigent de l'est à l'ouest. Le bourg est bâti, dit-il, sur son bord septentrional à l'entrée même d'une gorge resserrée par laquelle toutes les eaux sont obligées de s'écouler. L'aspect de ce bassin ne manque jamais d'exciter l'attention des voyageurs. Ses prairies, en effet, contrastent merveilleusement avec les montagnes et les collines voisines d'un aspect monotone.

Une page de géographie, publiée par M. U. Chevalier, confirme la description de M. Scipion Gras et ajoute qu'au

(1) De Coston, *Etymologie des noms de lieu de la Drôme*. — Delacroix, *Statistique de la Drôme*. — *Choix de documents inédits*.

sommet de l'un des deux rochers qui ferment l'accès de la vallée, une grosse tour carrée protégeait le passage et le bourg appartenant à la comtesse d'Avellin (1).

Achard attribue « à cette petite paroisse de 125 habitants, » située dans la viguerie de Sisteron et le diocèse de Gap, un sol fertile en blé et en pâturages, un climat sain, pur et froid en hiver (2) ; mais il garde un silence absolu sur son histoire. Cette lacune doit être comblée. Sans remonter aux Médulles, ni même aux Romains, il est permis de croire que l'agglomération primitive dut sa naissance aux Mévouillon premiers seigneurs du voisinage. On ne les y trouve pourtant qu'au XIIIe siècle avec Raymond qui, en 1242, la donna à sa fille Galburge et six ans plus tard l'aliéna au comte de Provence. Toujours en quête d'argent, les Mévouillon avaient également cédé le haut domaine de Séderon aux évêques de Valence et Die et aux Dauphins, témoin leurs hommages, en 1291, à l'un de ces prélats, et en 1293 et 1297, aux comtes d'Albon (3).

Par suite d'arrangements ultérieurs, évêques et Dauphins laissèrent bientôt un fief si éloigné de leur demeure, et les comtes de Provence y firent acte d'autorité dès le siècle suivant (4). Ainsi, le roi Robert donnait, en 1334, Séderon, Pertuis et Meirargues à Raymond d'Agoult, et à la mort de ce gentilhomme, à Charles, duc de Calabre, remplacé à son

---

(1) *Choix de documents inédits relatifs au Dauphiné*, par M. U. Chevalier.

(2) *Description historique, géographique, etc., des villes et bourgs de la Provence, 1787-88.*

(3) *Inventaires des archives de l'Isère*, B, 3654 ; *des Bouches-du-Rhône*, B, 436. — VALBONNAIS, I, 34-36.

(4) Voici la liste de ces comtes : Charles de France Ier (1245) ; Charles II, roi de Naples et de Sicile (1285-1309) ; Robert (1309-1343) ; Jeanne, reine de Naples (1343-1382) ; Louis Ier, roi de Naples et Marie de Blois, comtesse de Provence (1382-1384) ; Louis II (1385-1417) ; Louis III (1417-1434) ; René (1434-1480) ; Charles III, neveu et héritier du roi René (1480-1481) ; Louis XI, roi de France.

tour, en 1357, par le comte d'Armagnac et par Guillaume-Roger de Beaufort, vicomte de Turenne, qui jouissait d'un grand crédit à la cour de la reine Jeanne, en sa qualité de frère de Clément VI et de père de Grégoire XI, alors papes à Avignon. Celui-ci eut un fils de même prénom, marié en 1349, avec Eléonore de Comminges qui lui donna Raymond, vicomte de Turenne, surnommé le *fléau de la Provence* à cause des guerres qu'il y excita contre le pape Clément VII, contre le prince de Tarente, contre Louis Ier, duc d'Anjou et contre Louis II de Poitiers, comte de Valentinois, époux de Cécile de Beaufort. La cause des ravages qu'il exerça venait de la réunion au domaine comtal « de toutes les aliénations que la reine Jeanne avait faites mal à propos à son père. » Il fut déclaré rebelle, vit tout son bien confisqué en 1389 et mourut dix ans après.

Sa fille porta en dot la baronnie de Meirargues, dont Séderon dépendait, à Geoffroy le Meingre de Boucicaut, frère de Jean, maréchal de France, qui en fut dépossédé à son tour en 1430 pour crime de félonie (1).

Vers ce temps, Alix de Baux d'Avellin, fille de Raymond Ier, réclamait ces fiefs, comme ayant appartenu à Bertrand, un de ses ancêtres, tout puissant à la cour de Charles Ier, et à sa femme Agathe de Mévouillon. Guillaume Roger, tuteur de la comtesse d'Avellin, l'avait mariée de force à Odon de Villars-Thoire, d'une ancienne famille du Genevois, et celui-ci, en 1399, rendit hommage pour Séderon au roi Louis II. Alix, devenue veuve, s'unit avec Conrad, comte de Fribourg et de Neuchâtel, testa en 1426 et mourut peu après sans postérité. Comme elle avait institué héritiers Guillaume de Baux, duc d'Andrie, Jean-Antoine et Gabriel de Baux des Ursins et Louis de Chalon, prince d'Orange, « tous aubains et étrangers, » les officiers du roi Louis se saisirent de toutes ses terres (2).

---

(1) *Inventaire des archives des Bouches-du-Rhône*, B, 436, 548 et 1107 ; — LOUVET, *Abrégé de l'histoire de Provence.*

(2) *Inventaire des Bouches-du-Rhône*, B, 777 et 778.

Il paraît qu'Eléonore Adhémar, femme de Pierre Mévouillon-Lachau, hérita de Séderon à cette époque, témoin les hommages rendus au comte de Provence en 1437 par Pierre de Mévouillon, dit seigneur de Séderon, pour Lauris, et par Guillaume de Mévouillon pour Séderon même (1).

Les premiers seigneurs de cette maison ayant quitté le monde pour le cloître, la branche de Lachau continua la famille, dont un tableau imprimé indique les degrés :

I. Pierre, 1274.

II. Baudoin, Guillaume Ier, Lambert et Pierre.

Baudoin a pour fils Guillaume II.

Guillaume Ier laisse Pierre II, Guillaume III et Béatrix, épouse de Jean de Grolée, tige des Grolée-Mévouillon.

M. Edmond Maignien a publié et annoté les curieux mémoires de Guillaume Ier, sénéchal de Beaucaire et de Nîmes, mari de Louise de Grimaldi, fille du seigneur de Lauris et ensuite de Marguerite Aimar (2). De ses six enfants, Pierre et Guillaume appartiennent seuls à cette étude : Pierre seigneur de Ribiers, bailli de Sisteron et de Digne, conseiller et écuyer du roi René, chevalier de l'ordre du Croissant en 1448, gouverneur de Marseille en 1451 et amiral de l'armée navale envoyée à Naples en 1460 ; et Guillaume seigneur de Vaucluse et Séderon, témoin l'hommage de 1437. L'un et l'autre moururent sans postérité et leur succession échut aux Grolée-Mévouillon, à cause du mariage de Béatrix avec Jean, l'un d'eux. En effet, Antoine, dit le lieutenant, en épousant Hélène d'Angest de Genlis lui assignait pour douaire la seigneurie de Séderon. Aimar-Antoine, leur fils, surnommé le vendeur, à cause de l'aliénation de plusieurs de ses terres, dut vendre celle-ci à Pierre de La Baume, qui reconnut la tenir du roi de France au commencement du XVIe siècle (3).

---

(1) Archives de la Drôme, E, 1180.

(2) *Faits et gestes de Guillaume de Meuillon*. Grenoble, 1897.

(3) Archives des Bouches-du-Rhône, B, 30.

Comment les de Bosches surnommés Bouchon, à cause de la petite stature de l'un d'eux, succédèrent-ils à ce gentilhomme ? Nostradamus qui a donné leur généalogie ne s'explique pas sur ce point, se bornant à nous apprendre que Jean, issu de Jérôme, gentilhomme d'Arles, vers 1400, eut deux fils, Honoré et Brémonet, auteurs chacun d'une branche. A Brémonet, seigneur de Vers, succédèrent en ligne directe, Antoine, puis Joseph, mari de Marguerite de Quiqueran-Beaujeu vers 1517 et seigneur de Séderon, et Jacques, baron des Baux, sénéchal de Beaucaire, décédé sans enfants. La branche d'Honoré recueillit de la sorte l'héritage de celle de Brémonet (1).

D'après Guy Allard, une descendante des de Bosches entra chez les Simiane et Louis, l'un d'eux, en 1601, se déclarait vassal du roi pour Séderon. Après les Simiane y paraissent les de Sade et les Astouaud de Murs, familles de Provence aussi anciennes que distinguées, et enfin Joseph-Jacques de Second, conseiller à la cour des Comptes d'Aix, né et mort à Beausset (Var). Comme il avait émigré, ses biens furent vendus à la Révolution : ils comprenaient un moulin à farine à deux tournants, avec gruaire et dépendances, le domaine de Guisset ou Gueysset, un four et une maison (2). Josèphe-Caroline de Second, fille unique de Joseph-Jacques, épousa Jules, comte de Seran, colonel de cavalerie, et ils reçurent en 1826 une indemnité pour leurs biens vendus.

A ces grandes familles provençales, une fort gracieuse communication de M. le comte de Bacourt, qui s'intéresse à la biographie d'Antoine de La Sale, nous avait fait espérer l'admission parmi les seigneurs de Séderon du spirituel auteur de l'*Hystoire et plaisante chronique du petit Jehan de Saintré et de la jeune dame des belles cousines*, des *Quinze joyes du mariage* et de la *Salade* ; mais la place a toujours

---

(1) Nostradamus, *Histoire et Chronique de Provence.*

(2) Drôme, série des biens nationaux.

manqué pour cela, au point qu'il a fallu laisser Arteluche de Allegonia, illustre et puissant seigneur de Sicile, qui reçut, vers 1443, la capitainerie et les droits royaux de Meirargues en récompense de ses services, et peut-être d'autres encore.

Il eût été intéressant, à côté de ces mutations fréquentes de seigneurs, de connaître la condition sociale des vassaux, si les archives communales s'étaient prêtées à semblable étude. Tout ce qui est connu se réduit à un passage de l'*Inventaire des archives* des Bouches-du-Rhône, y mentionnant en 1324, 30 feux, 7 moulins, 8 foulons, une citadelle ayant coûté environ 500 livres, un péage affermé 25 et un quintal de cire; 90 charges de grains des tasques, cinquains, vingtains et censes ; 35 des pacages, bans, leyde, éminalage, lods, relief, lates, poids et chasse ; 8 sols des services fonciers ; 12 sols 5 livres 1/2 de cire, 18 poules et trois quarterons de gingembre, des services personnels ; 50 livres de la justice et des confiscations ; 20 sols du fournage ; 100 charges de grains des moulins et foulons.

Ajoutons que la reine Jeanne y avait établi en 1370 un marché le lundi et les foires d'octobre, et que le 2 août 1747, un arrêt du conseil d'Etat y abolit le péage de M. d'Astouaud, marquis de Murs (1).

Au point de vue religieux, l'*Inventaire des Hautes-Alpes* nous apprend qu'en 1551, l'église de Notre-Dame (de la Brune) et celle de St-Baudile menaçaient ruine faute de réparations et que les revenus du prieuré atteignaient 80 écus ; qu'en 1599, l'église de St-Baudile, fort éloignée du village, était en ruines, que le service paroissial se faisait à Notre-Dame et que le prieur affermait ses biens 200 livres « hors le décime. » Une visite pastorale de 1641 parle de l'église de Gueisset (2), fort petite et non voûtée, sauf au

(1) Drôme, E, 3321.

(2) *Inventaire des Hautes-Alpes*, t. III, 7-48. Gueysset ou Guisset formait jadis une communauté distincte de Séderon ; mais au temps d'Achard (1787-88), il n'y avait plus que trois familles établies sur une colline, au midi de Séderon et un demi de feu.

« presbytère » et de la chapelle de St-Baudile, fondée dans l'église paroissiale par Baudile Dupré, appelée en 1662, chapelle « de maistre Pierre, » du juspatronat des consuls. D'après une autre visite de 1740, il y avait 140 anciens catholiques, soit 450 communiants environ et 12 nouveaux convertis.

Les archives communales fort peu nombreuses révèlent, en 1612, l'existence d'un hôpital et d'une école tenue par Dupuy, à 16 écus par an, en 1614 et par Raspail, à 4 livres par mois, en 1628 et 1636 ; d'un cimetière pour les réformés et une allocation par le prieur d'une pistole « pour les joyes ou fêtes de St-Baudile, » distribuée par les consuls et abbés de la jeunesse et l'attribution aux pauvres de la 24e partie de la dîme.

Deux consuls et dix conseillers administraient la commune et, en 1697, leurs recettes arrivaient à 4,163 livres contre 4,893 de dépenses.

Un document du milieu du XVIIIe siècle ajoute à ces renseignements que la seigneurie appartenant au marquis de Murs s'affermait 1,400 livres à cause du vingtain de tous les grains et des terres « gastes », qu'une partie du territoire dépendait de la commanderie de Malte établie aux Omergues (Vaucluse), que bon nombre de maisons et de jardins relevaient du prieur, auquel la dîme était payée à la cote 13e; qu'il n'y avait ni murs d'enceinte ni fossés (1) ; enfin, que vers 1780, on projetait une route d'Aps à Séderon par la vallée de Sault, plus courte que par Ferrassières (2).

Aujourd'hui, Séderon a 2,030 hectares de superficie, dont 1976 imposables en 1839, d'un revenu de 15,413 fr., soit 7 fr. 80 l'un et 81 maisons d'un revenu de 3,376 fr. (3).

(1) Drôme, E, 3321.

(2) Drôme, E, 1797.

(3) M. Delacroix lui donne 144 hectares de bois communaux, 261 de bois particuliers, 921 de terres et jardins, 51 de prés, 586 de pâturages, 54 de routes et rivières, 10 de terres incultes, etc. Total : 2,030.

Contributions de 1873 : Pour l'Etat 3,054 fr. 49, pour le département 1,217 fr. 17, pour la commune 2,136 fr. 32, non-valeurs 146 fr. 83.

Population : 690 habitants en 1830 ; 751 en 1840 ; 720 en 1850 ; 601 en 1860 et 1870 ; 667 en 1880 et 603 en 1900.

Distance : de Nyons, 54 kilom. ; de Valence, 143.

VALOUSE

L'ordre alphabétique nous ramène dans le canton de Nyons et dans cette petite commune dépendante avant la Révolution du Comtat-Venaissin, absolument dépourvue d'archives anciennes. Elle occupe le versant méridional d'une colline étendue, dont l'altitude, au sommet, dépasse 1,000 mètres et coupée de petits vals qui, sans doute, lui valurent son nom. Des rochers, rattachés aux montagnes de Teyssières, la terminent au nord et ses bois, de 245 hectares d'étendue, dominent la verte vallée de Saint-Ferréol. Il n'y a point de village, mais des fermes isolées (au nombre de 15 en 1839), d'où résulte pour nous la difficulté d'écrire son histoire, d'autant que les seigneurs et coseigneurs n'y résidaient pas. On y trouve, vers 1415, un jurisconsulte qui en prenait le nom (*Giraldus de Vallosis*) et, d'après des hommages rendus à la Chambre apostoliques de Carpentras, Jacques de Crillon, au XIVe siècle, puis les Remuzat dont les biens passèrent, en 1446, aux Pelissier de St-Ferréol, héritiers de leur nom, devisés en plusieurs branches et notamment celle d'Eyroles. Rodulphe II, en 1490, en rendit hommage à la Chambre apostolique, et Michel, son fils, en 1509-1514, vendit tous ses droits à Martin de Pelissier, qui s'était reconnu vassal de l'Eglise romaine en 1506. Jacques, un de ses descendants, testa en 1546, ayant épousé Françoise de Gandelin, Gaudelin ou Gaucelin, fille de Pierre, seigneur des Pilles et coseigneur de Valouse. Après ces familles on y rencontre les Baron et les Boutin, véritables illustrations du pays.

Claude Baron, sieur de Valouse, anobli par Henri IV en 1592 et maintenu en 1606, figure parmi les gentilshommes de la chambre du roi en 1595, commande une compagnie de chevau-légers en France en 1697, de cavalerie en Suède en 1615 et devient lieutenant-colonel d'un régiment du duc de Savoie en 1624. Chorier l'appelle « un des plus vaillants « hommes de nostre nation, en grande estime dans la Suède « et dans la Moskovie entre les plus braves. » Il eut de Marguerite Duclaux Jacques et Antoine. Le premier s'unit avec Lucrèce de Vérone, qui lui donna René, seigneur de Mollans, oncle d'un autre René, sieur de la Maria sur Vinsobres.

On croit les Boutin sortis de Cavaillon et Cathelin, l'un d'eux, acquit Valouse des héritiers des Baron. Il était écuyer et chevalier de l'ordre du Pape et prit alliance chez les Sobirats en 1587. Leur fils s'établit à Malaucène et y testa en 1639 ; son héritier et successeur, Esprit, épousa en 1630 Geneviève-Marguerite de l'Espine et François-Baltazar, né de cette alliance, s'unit à Marie de Martinel. Hyacinthe Boutin, fils de ces derniers, passa en Espagne où il devint écuyer et chevalier de l'ordre de la Toison d'or, avec le de titre de marquis, et premier gentilhomme de la Maison du roi vers 1690 ; Joseph-Guillaume, son frère, dit le comte de Valouse, fut colonel d'infanterie et brigadier des armées de Louis XIV. Retiré à Malaucène après la paix générale, il se maria avec Marie-Madeleine-Gasparde de la Baume-Pluvinel et laissa Joseph-Hyacinthe-Bernard, mort sans postérité en 1790.

Marie-Louise, sœur de Joseph-Guillaume et d'Hyacinthe,

avait épousé Benoît-Ambroise de Labeau de Bérard de Maclas, dont le neveu hérita du nom et des biens des Boutin et perdit, à la Révolution, une bonne partie de sa fortune.

Tout ce qu'on sait sur la localité se réduit à une réclamation au sujet du passage des troupes envoyées contre Charles-Quint à travers le Comtat, vers 1532, et au fait suivant rapporté par le P. Justin : « Le marquis de Longiano « (Rangoni), gouverneur du Comtat, parcourut, en 1565, tous « les quartiers où de petites troupes de huguenots qui rô« doient sans chefs, pilloient les métairies et faisoient sou« vent des meurtres. Il s'avança jusqu'à Valréas sans faire « aucune découverte ; mais un détachement de chevau« légers et d'arquebusiers qu'il envoya du côté de Valouse « aperçut, le 7 juillet, une de ces troupes ; il l'attira dans « une embuscade, tua 30 de ses coureurs et en prit d'autres « qui furent conduits à Valréas. L'attaque avoit été faite si « à propos qu'il n'y eut pas même de blessés du côté des « catholiques. »

Il y avait un prieuré à Valouse, au XIVe siècle, et une église dédiée à S. Etienne. Comme l'inventaire de l'abbaye de St-Ruf mentionne des provisions de titulaires de 1507 à 1617, il est probable que le bénéfice dépendait de cet ordre. En 1719, une visite de l'évêque de Die y trouvait pour prieur l'abbé Guastaldi, d'Avignon, et pour desservant de la paroisse le curé de St-Ferréol, qui moyennant 75 livres s'y rendait le dimanche, de 15 en 15 jours. La dîme à la cote 20e s'y affermait 125 livres avec une terre et servait à payer les frais du service paroissial. Il y avait alors 10 ménages épars et 40 communiants.

Distances : de Nyons 17 kilom. ; de Valence 80.

Superficie : 632 hectares, dont 601 imposables en 1839, d'un revenu de 4,471 fr. soit 7 fr. 20 l'un et 15 maisons d'un revenu de 196 fr. A cette date M. Mermoz y constatait 591 hectares inexploitable ou stériles et M. Delacroix 12.

Contributions : en 1873, à l'Etat 419 fr. 44 ; au département, 204 fr. 15 ; à la commune, 457 fr. 55 ; aux non-valeurs, 16 fr. 95 ; total : 1,098 fr. 07.

Population : en 1830, 74 habitants ; en 1840 et 1850, 95 ; en 1860, 107 ; en 1870, 84 ; en 1889, 98 ; en 1900, 106.

VENTEROL

De Nyons son chef-lieu de canton, une belle route conduit par une pente légère, à l'agglomération principale de cette commune, qui renferme, outre les anciennes seigneurie et paroisse de Venterol, celles de Noveysan et les hameaux de Lestang, de Font-Barral, de Combe-Sauve et des Echerrons. La partie située dans la vallée, compense heureusement la stérilité des montagnes du nord et de l'est, dernières assises de la Lance. Elle est couverte d'oliviers, de mûriers et d'arbres à fruits, dont la verdure contraste agréablement avec le ton grisâtre des rochers voisins. Le torrent de Sauve, fort dangereux en ses crues, la traverse du nord au midi et couvre souvent ses rives de pierres et de graviers. On trouve dans un ravin, à 3 ou 400 mètres de sa rive occidentale, de nombreuses couches de coquillage fossiles, remarquables par la variété infinie des espèces et par leur belle conservation ; la grotte des Andriés en renferme aussi beaucoup. Enfin, au Trou d'Eybelle, une source minérale purgative, utilisée seulement par les gens du pays, mériterait l'attention des malades étrangers.

Le village de Venterol n'est pas sur la route de Montélimar à Nyons, ni près de la gare de Venterol-Rousset, sur la voie ferrée de Pierrelate à Nyons. Il est assis au pied d'un rocher et au sommet d'une petite colline, dans une sorte de demi-cirque ; ses rues sont étroites et mal alignées ; des ruines éparses y révèlent un passé lointain.

Noveysan, qui aura sa notice à part, occupe plus au nord le versant d'une colline fertile.

I. — Venterol

Le savant évêque de Vaison, Suarès, lui a consacré le distique suivant :

Ara Venterolii, à Vento sic dicta, propinquo
Undique olivifero vertice cincta, viret.

ainsi traduit par le P. Boyer :

Le lieu de Venterol tire son nom du vent,
Qui ne vient pas de loin et qui souffle souvent.
Le fécond olivier enrichit sa campagne,
Et fait tout l'ornement de sa belle montagne (1).

Malgré l'autorité du prélat et malgré l'existence d'un vent topique spécial, mentionné par Chorier, M. de Coston ne croit pas à l'influence du vent sur l'étymologie du lieu et la dérive d'un radical gaulois commun à Ventadour, Ventavon, Ventaillac, etc., et d'Airolium signifiant champ, domaine et jardin. Ses formes latines sont : *Ventairolium* en 1284, *Venteriolum* en 1060, *de Venterolio* en 1276, *de Venteyrolio* en 1277, *Vinterolio* en 1276, *de Venteyrono* en 1314.

La commune n'ayant pas été explorée au point de vue préhistorique, remonte certainement à l'époque romaine, car sans parler ici du bas-relief et de l'inscription de Noveysan, elle a fourni à la collection de M. Raspail de Gigondas, un cippe de 1 mètre de haut, sur 0m50 de large, décoré d'un couronnement cintré que surmonte un cône. L'inscription

(1) *Histoire de l'église de Vaison.*

suivante nous apprend que Marcella l'avait consacré à Marcellus son excellent père :

D M	
ET Memori	*Diis Manibus*
AE Marce	*et Memoriæ*
LLI Marce	*Marcelli*
LLA PAtri pi	*Marcella*
ENTISSimo	*Patri Pientissimo* (1).

Depuis les Romains jusqu'à la naissance de la féodalité, on ne sait rien sur Venterol. Dès 1060, une famille qui en prit le nom, dut le posséder et le quitter ensuite pour s'établir ailleurs, car on la rencontre dans les Cartulaires de St-Victor de Marseille et des Templiers de Roaix, aux XIe, XIIe et XIIIe siècles, sans indication de seigneurie jointe aux noms de Rostaing, de Pierre et d'Arnoul ; en 1276, Raymond, damoiseau, n'en possède plus que la 17e partie, ou le quart selon d'autres, et en 1363, un autre Raymond se qualifie seigneur de Piégon.

Au sommet de l'échelle féodale se trouvaient les Isoard, Comtes de Die, et en 1239, Isoard d'Aix, seigneur de Châtillon, un de leurs héritiers et Draconette, son épouse, en dotaient leur fille Malbérionne, Malberjonne ou Malbergonne, avec Noveysan, en la mariant avec Raymond Ier de Baux, prince d'Orange. Trois ans plus tard, une sentence arbitrale sur le différend survenu entre Draconette, fille de Draconet de Montdragon, femme d'Isoard d'Aix, Malbérionne épouse de Raymond Ier de Baux et Raymond de Montauban, son frère, d'une part, et Draconet de Montauban, de l'autre, attribuait à ce dernier leurs droits et actions sur Venterol, Noveysan, etc., à la condition de le tenir quitte de tous dommages et revenus perçus depuis qu'il avait envahi à main armée le château de Condorcet, propriété de leur père. Ce

(1) *Bulletin de la Société d'Archéologie de la Drôme.*

Raymond de Montauban ne paraît pas avoir eu de postérité et son héritage dut faire retour à la famille de Montauban. Aussi voit-on Randonne, fille de Draconet, y recevoir l'hommage, en 1376, de Hugues Pons de Venterol et de Falcon de Montoison, ainsi que de Falcon le Vieux, pour le quart du château de Venterol et de Raymond de Venterol pour un autre quart.

On sait que Randonne eut un fils, Roncelin de Lunel et que les Adhémar, ses héritiers, vendirent leurs droits aux Dauphins ; ce qui explique l'intervention dans la seigneurie, en 1313 et 1314, d'Henri et de Guy, seigneurs de Montauban et fils du dauphin de Viennois.

Parmi les possesseurs du domaine utile figurent en première ligne les chevaliers de Saint-Jean de Jérusalem qui avaient des relais ou stations sur les voies principales et notamment à Chabeuil, Crest, Manas, Poët-Laval, Venterol, Noveysan et Mirabel. En 1540, le commandeur y jouissait de la juridiction haute, moyenne et basse, par indivision avec Aimar d'Urre, seigneur de Teyssière, sur 67 vassaux (1). On croit qu'ils cédèrent leurs droits vers ce temps, à la famille d'Urre, car Aimar, l'un de ses membres, y dénombrait en 1542, l'entière juridiction de Venterol et Noveysan, indivise avec le commandeur, un château et une forteresse pour chacun, 70 livres de revenu et la 6e partie de Noveysan. En 1621, Louis d'Urre portait son revenu à 200 livres et jouissait de deux dixièmes de la seigneurie et de la juridiction de Noveysan, évaluées à 50 livres.

Georges d'Urre, seigneur de Venterol, avait épousé Marguerite de Broye, comtesse de Nanteuil le Hondoin, qui

---

(1) *L'Armorial du Dauphiné* fait remonter la possession du fief par les d'Urre-Brotin, à Pierre, fils de Guillaume et d'Aigline, dame de Venterol. Pierre combattit à Crecy en 1345, et l'on trouve un Jean d'Urre, coseigneur du lieu en 1471 (*Annales du Midi,* octobre 1890, et Archives de la Drôme, E, 2633, 2619 ; BARTHÉLEMY, *Inventaire des titres des de Baux.* M. U. CHEVALIER, *Inventaire des Dauphins*).

mourut à Avignon en 1556 ; Anne de Brotin vivait vers 1590, et Antoine d'Urre, mari de Louise de Morges en 1635 ; le vibailli du Graisivaudan, en 1685, condamnait Louis-Gabriel d'Urre, marquis de Bressieux et seigneur de Venterol, à restituer une forte somme à Marie d'Urre, provenant d'un legs de Louise de Morges. Ce Louis-Gabriel mourut le 29 mars 1700, à Venterol (1).

Les Philibert de Perdeyer y paraissent à côté des d'Urre, vers 1652. Ils sortaient d'une famille de petite bourgeoisie des Hautes-Alpes ; mais François dit le capitaine cadet de Charence, prit la carrière des armes, servit d'abord les catholiques et ensuite les protestants et se distingua si bien à la bataille de Pontcharra, qu'il fut anobli en 1592. Son fils Henri, seigneur de Venterol, capitaine des gardes de Lesdiguières, se signala aussi à Pontcharra et eut de Jeanne de Perdeyer, François et Henri, marié en 1659 avec Françoise d'Agoult, fille du seigneur de Piégon. François, l'aîné, seigneur de Venterol, vivait encore en 1714. Laurent-François vers 1670, prenait le titre de marquis de Venterol.

Les Alrics, qui reparaîtront à Noveysan et à Vinsobres, possèdent ensuite le marquisat de Rousset. Hector-François d'Agoult, seigneur de Voreppe, en s'alliant en 1742, avec

---

(1) Le savant ouvrage de M. le marquis de Boisgelin intitulé : *Esquisses généalogiques sur les familles de Provence*, qui vient de paraître, donne la filiation suivante des d'Urre, seigneurs de Montanègue et de Venterol.

I Aimar (1425-1450) ; — II Dalmas (1450), père de Claude, seigneur de Venterol, et d'Antoine ; — III Antoine ; — IV Jean (1487) ; — V Aimar (1504-1546) ; — VI Georges, lieutenant général des armées du roi (1555-1571), père de François, de Louis, mestre de camp, de Claude, grand prieur de St-Gilles, etc. ; — VII François (1590-1626), qui laissa Laurent et Antoine, mari de Louise-Gabrielle de Morges ; De cette union naquirent : Louis-Gabriel, seigneur de St-Maurice, Venterol, marquis de Bressieux ; Marie, etc. ; — VIII Laurent (1614-1659) ; — IX Jean (1686) ; — X Jean-Baptiste (1678-1761) et XI Joseph-Constantin, décédé en 1748.

Mabille-Olympe de Durand de Pontaujard, veuve de Jean-François des Alrics, devint seigneur de Venterol et sa veuve, en 1778, n'ayant pas de postérité, fit héritière sa nièce, Jeanne-Madeleine de Calvière-Boucoiran, mariée en 1775, avec Charles-Philippe d'Armand de Forez de Blacons. Cette dame obtint, en l'an IV, la restitution de ses biens, ainsi que le four et le moulin de Venterol dont les habitants s'étaient emparés en 1790 et 1791 (1).

II. — Noveysan

M. Sagnier, archéologue distingué d'Avignon, dans une savante étude sur le bas-relief découvert vers 1895, décrit le lieu en ces termes :

« Noveyzan est situé à l'extrémité du grand massif de montagnes où viennent finir la région alpine et l'ancien territoire Voconce...,et présente une grande analogie avec les villages du Pègue et de Séguret... Comme eux, il est placé sur les dernières pentes d'une colline boisée, dépendant des contreforts de ces montagnes et comme eux aussi, il a son territoire fécondé par des sources nombreuses... »

De son côté, le célèbre Suarès, évêque de Vaison, lui avait consacré ce distique :

Dispersa inclivis apparent tecta Novati,
Haud procul et castri rudera prisca Rati.

ainsi traduit et amplifié par le P. Boyer de Sainte-Marthe :

Sur le penchant d'un mont me paraît Noveyzan ;
Ses taudis ne sont bons que pour le paysan,
Ses étroites maisons sont beaucoup dispersées,
Celles du château Rat me paraissent brisées.

---

(1) *Armorial du Dauphiné.* — Archives de la Drôme, E, 1449, et série des biens nationaux.

Ce château Rat ou Rattier n'est autre chose que la tour en ruines, d'un aspect farouche, défendant l'accès du territoire Voconce; « sa cîme découronnée et sa large brèche béante, noire comme l'abîme, à travers des murs ruisselant de soleil, semblent indiquer que la foudre bien des fois, a dû passer par là. »

M. Sagnier y voit une tour à signaux de l'époque romane, avec des restes de blocs d'appareil romain, reconstruite ou réparée au moyen âge. De là, un riche panorama embrasse une plaine immense et les montagnes de l'Ardèche.

Le but de son voyage était de découvrir une pierre sculptée signalée par un ami. Avec l'aide du propriétaire, il ne tarda pas à se trouver en face du monument qui mesure 1 m. 70 de long, et l'intérieur du sacophage 1 m. 55. Il en conclut qu'il a pu servir seulement à un enfant ou à une femme. Une petite ouverture du côté des pieds, d'environ 20 centim. carrés, ressemble à celles des dolmens du centre de la France.

Malgré l'état de vétusté et de dégradation de la sculpture en bas-relief, on y découvre aisément la figure d'une jeune femme « drapée à la romaine et dont la tunique ou *stola* et le *peplum* étaient larges et flottants ; son bras droit est étendu et la main tient une coupe. Sa main gauche semble donner à manger à un grand serpent dont les longs replis, passant sur sa tête et ses épaules, lui font comme une espèce de coiffure, comme une bandelette, *infula*, et surmontent ses cheveux. » Pour l'auteur, c'est là une icone de la déesse Hygie ou déesse de la santé, la fille et la parèdre d'Esculape.

« Le bas relief est sculpté dans une niche rectangulaire de 1 m. 25 de hauteur et de 0 m. 40 de largeur, et la statue présente une hauteur de 1 m. 05 et une saillie de 4 centim. dans œuvre.» Malgré son apparence un peu rustique et malgré l'état délabré de quelques parties frustes, « l'ensemble a un grand air et le monument appartient bien à l'antiquité romaine. » A la vérité, la tête est un peu petite mais non sans grâce ; le bras droit paraît un peu court ; la tête et les replis du serpent sont mal définis et le relief n'est pas assez accusé ; mais ces défauts n'empêchent pas notre habile explorateur d'y reconnaître la main des artistes de Vaison, qui au IIIe siècle travaillaient pour la cité et ses alentours (1).

Indépendamment de cette œuvre d'art, il existe au musée Calvet, un sarcophage mutilé, découvert à Noveysan en 1835, avec une tête de Méduse figurée sur chaque face latérale et l'inscription suivante placée dans un cartouche que soutiennent deux génies.

D M
Q. IVLIO QVINTILI
ANI FILIO QVINTI
ANO DEF/// ANNOR
/// XI ET /// VII ET
D II IVLIVS QVIN
TILIANVS ET AT
TIA AVITA FILIO
DVLCISSIMO ET
OMNIBVS ORIS
DESIDE.....

En voici la transcription et la traduction, d'après M. le capitaine Esperandieu :

D(iis) m(anibus). Q(uinto) Ivlio, Quintiliani filio, Quintian(o) def(uncto) annor(um) XI et (mensium) VII et d(ierum) II, Iulius Quintilianus et Attia Avita filio dulcissimo et omnibus (h)oris deside(rantissimo).

Aux dieux Mânes. A Quintus Julius Quintianus, fils de Quintilianus, mort âgé de 11 ans, 7 mois, 2 jours, Julius

(1) A. Sagnier, *Etude sur le bas-relief de Noveysan*. Avignon, F. Seguin, 1895, br. in-8°, 13 p.

Quintilianus et Attia Avita, à leur fils bien-aimé, regretté à chaque instant (1).

Ces divers renseignements montrent assez la présence des Romains à Venterol et Noveysan ; l'étymologie de ce dernier nom pourrait même au besoin la confirmer. En effet, si *Novaisanum*, en 1191, *Novayssanum*, en 1320, signifient *Nova aysia* ou nouvelle maison, *Noveysianum*, en 1280, peut très bien rappeler le domaine d'un *Noveysius* inconnu (Noveysii anum fundus).

Il a été question à Venterol des Isoard, comtes de Die, et d'Isoard d'Aix, leur héritier en partie, qui fit entrer Noveysan dans la dot de Malbérionne, sa fille, épouse de Raymond de Baux, prince d'Orange, en 1239. La haute seigneurie échut ensuite à Draconet de Montauban et à Randonne, sa fille, qui la transmit à Roncelin de Lunel, dont les Adhémar furent héritiers. Ils la vendirent aux Dauphins, et ceux-ci, en 1341-42, en investirent Raymond V de Baux, prince d'Orange, qui se reconnut vassal d'Humbert II, l'année suivante ; cependant il existe des hommages de Bertrand IV, prince d'Orange, au recteur du Comtat, en 1297, et au pape, en 1299 et 1317, sans pouvoir en expliquer la cause.

Sous la féodalité, les chevaliers de St-Jean-de-Jérusalem y créèrent un asile pour les pèlerins, et les princes d'Orange en annexèrent le fief à celui de Venterol. Toutefois, à côté d'eux, une famille qui avait pris le nom de la localité, y conserva jusqu'en 1340 des droits, échangés à cette date, avec le dauphin de Viennois contre des censes à Visan. Guillaume, un de ses membres, servait de témoin aux Templiers de Roaix en 1191; Bertin et Huguet y reconnaissaient la suzeraineté delphinale en 1292 et 1334.

Humbert II abandonna, en 1341, sa part de seigneurie à Raymond de Baux, prince d'Orange, et à Guillaume Faure,

(1) *Mémoires de l'Académie de Vaucluse*, XVIII, 2e et 3e livraisons, n° 146.

seigneur de Rousset. Les maisons de Chalon et de Nassau, en succédant aux de Baux, conservèrent leurs droits, malgré diverses vicissitudes, jusqu'en 1692, témoin les hommages de cette date et de 1428, 1475, 1507 et 1540.

Quant aux Faure, que le mariage de Benoît avec Claire Bologne, autorisa à prendre ce dernier nom, ils se qualifiaient encore en 1540, 1554 et 1556 de coseigneurs de Noveysan et de seigneurs de la Roche-St-Secret. Ils eurent pour héritiers les Durand de Pontaujard et ceux-ci, les Forez d'Armand de Blacons.

A la fin du XIVe siècle et pendant le XVe, le fief morcelé appartient à la fois à tant de familles qu'il faudrait un véritable nobiliaire pour en écrire l'histoire. Ainsi, Guillaume Eschaffin, de Vaunaveys, acquit, en 1486, la part d'Henri Gruel, seigneur de Laborel et, en 1495, Charles Seytres, celle de Guillaume de Chalon. La famille de ce Charles sortait de Crest et il devint, en 1499, lieutenant général en Dauphiné. Au XVIe siècle, Josserand et Alain servirent dans les armées. Les autres coseigneurs en 1540 et 1541 s'appelaient Guillaume Granatier, écuyer, de Nyons ; Reynier des Alrics, fils d'Hector et de Françoise Diez ; Louis de Lattier, seigneur de Souspierre ; Aimé ou Aimar d'Urre-Venterol, sans parler de Benoît Faure, du prince d'Orange, du commandeur de Poët-Laval et de Guillaume de Caderousse.

Une généalogie de la maison de Castellane attribue à Pompée, fils puîné du seigneur d'Esparron, des droits à Noveysan, dès la fin du XVe siècle ; mais Scipion, fils de Jean, premier écuyer de la reine Marie de Médicis, paraît être l'auteur de la branche de ce nom, illustrée par Michel-Ange, ambassadeur à Constantinople, de 1740 à 1748, et par le maréchal de Castellane, décédé en 1862.

L'inventaire de la Chambre des Comptes et celui des Archives de l'Isère mentionnent encore des hommages au roi en 1601, de Guillaume de Laure et de Lucrèce de Claret, épouse d'Antoine de Simiane, seigneur de Séderon et, en

1621, ceux de Joachim de Suffise et de Scipion de Castellane. M. de Coston a fait connaître avec détails l'histoire des Suffise, originaires de Donzère, et surtout Joachim anobli en 1593, gouverneur de Pierrelatte, dont la fille porta Noveysan aux Ripert d'Alauzier, seigneurs de Rac.

En 1766, la terre n'a plus que deux possesseurs : les d'Agoult et les de Bruges et, en 1790, les de Bruges et les Forez-Blacons. Les de Bruges vinrent d'Angleterre en Dauphiné vers 1500, et à Noveysan au XVIIIe siècle, lors du mariage de Jean-Baptiste avec Gabrielle-Gasparde de Castellane, sœur de l'ambassadeur. Ils perdirent leurs biens à la Révolution.

Un si grand nombre de seigneurs d'une terre peu étendue rend impossible, on le conçoit, toute étude sur les droits de chacun et par là même, de la condition des habitants.

En 1789, les administrateurs de Venterol accusaient deux paroisses avec un seul village dans chacune; une population de 7 à 800 personnes; un sol ingrat, favorable cependant à l'olivier dont l'huile allait à Lyon, par la voie de terre; de faibles récoltes en céréales; peu d'arbres à fruits et peu de bétail; une administration municipale composée du châtelain, de deux consuls et de douze conseillers; des charges locales de 500 livres dans lesquelles entraient les gages de « l'éducateur public »; des dettes s'élevant à 4,500 livres et des revenus de 100 livres distribués aux pauvres chaque année.

Au point de vue religieux, Venterol avait un prieuré du diocèse de Vaison qui appartint à l'ordre de St-Ruf, et Noveysan une église desservie par un prêtre que le commandeur de Poët-Laval y envoyait.

A partir de 1614, Venterol fut autorisé à bâtir un temple entre le village et Noveysan et il resta ouvert jusqu'à la révocation de l'édit de Nantes. Elie Saurin y exerça de 1661 à 1663.

Pendant les guerres du XVIe siècle, Glandage, parti

d'Orange avec Montbrun vint, en 1573, s'y faire surprendre par Favier, lieutenant du gouverneur de Valréas, et le 18 avril 1587, le bourg, par crainte du canon, se rendit à Gouvernet, à la condition que le château serait conservé et le lieu exempt de pillage, laissant les murailles à la discrétion du vainqueur. Deux ans plus tard, Lesdiguières y conférait avec Châteauvilain et Mure au sujet de la trêve de Dauphiné (1).

Avant de quitter cette commune, il reste à mentionner un fait singulier se rattachant à son histoire. Le 17 août 1799, deux ouvriers, en creusant une fosse au cimetière, découvrirent, près d'un mûrier, planté là depuis 50 ans environ, un cercueil neuf encore, bien que cerclé par la grosse racine de l'arbre voisin, et, à l'intérieur, le corps d'une femme bien conservé, ne répandant aucune odeur. Il y eut bientôt foule auprès de la sainte, ainsi qu'on l'appela, mais comme alors les manifestations religieuses n'étaient pas tolérées, l'Administration centrale de la Drôme, avertie par le directoire de Nyons, ordonna l'inhumation du cadavre. Or, il avait été enlevé secrètement et placé dans le tuyau de la cheminée d'une maison déserte. Le général Merck eut ordre d'aller le chercher et à la suite de menaces, il le retrouva et l'envoya à Valence, où il fut déposé sans bruit dans un galetas de la préfecture, au milieu des archives. Il resta là jusqu'en 1822, date de son transfert à Venterol, où il existe encore à l'état d'ossements dans un caveau de l'église, sous la chaire.

Un témoin oculaire qui le vit alors raconte que le squelette, noir de poussière, était encore bien conservé, mais desséché entièrement. Les recherches, faites pour découvrir l'identité de la défunte, semblent établir qu'elle s'appelait Louise Nicoleau et qu'elle mourut en 1748, après avoir partagé son temps entre la prière et le travail.

Les registres paroissiaux de St-Paul-Trois-Châteaux, à la

(1) *Actes et correspondance de Lesdiguières.*

date du 25 mai 1743, mentionnent un fait semblable « au grand étonnement de la ville, » mais qui fut bien vite oublié.

Distances : de Nyons, son chef-lieu de canton, 5 kilom.; de Valence, 88.

Population : 915 habitants en 1830 ; 1,060 en 1850 ; 1,039 en 1870 ; 930 en 1880 et 1,011 en 1897.

Contenance : 3,063 hectares imposables en 1839, d'un revenu de 31,545 fr., soit 10 fr. 20 chacun et 252 maisons, d'un revenu de 5,044 fr. La *Statistique de la Drôme* y accuse (1835) 1,046 hectares de bois particuliers, 751 de terres et jardins, 83 de vignes, 25 de prairies, 1,105 de pâturages, 103 de routes et rivières et 49 de rochers.

Contributions de 1873 : 5,064 fr. 20 pour l'Etat, 2,090 fr. 53 pour le département, 4,340 fr. 67 pour la commune et 244 fr. 50 pour le fonds des non-valeurs.

Productions : céréales, vin, soie, olives et truffes excellentes.

(Sources : Inventaire manuscrit de la Chambre des Comptes ; *Inventaires des archives de l'Isère et de la Drôme ; les Adhémar d'Urre*, par M. le marquis de Boisgelin ; — M. U. Chevalier, *Inventaire des Dauphins ; Dictionnaire topographique de la Drôme*, par M, Brun-Durand ; — *Louise ou la Sainte de Venterol*, par M. Blaïn, vicaire général, tirage à part du *Bulletin d'histoire ecclésiastique et d'archéologie religieuse des diocèses de Valence, Grenoble, etc.*, 2e année.)

VERCLAUSE

Le chef-lieu de cette commune du canton de Remuzat, placé sur la rive droite de l'Eygues et de la route nationale du Pont-St-Esprit à Sisteron et au pied d'une montagne élevée, présente une assez agréable situation, embrassant au midi les collines de Montferrand, Roussieux et Chauvac. Elle a un seul hameau dans la direction de Remuzat, appelé Clermont, autrefois seigneurie.

En l'absence d'archives locales, village et hameau ne sauraient fournir à l'historien des renseignements variés.

M. de Coston voit dans le nom les mots *Clausa* ou *Clausaria* équivalant à clos, écluse ou closerie et *Ver* qui, dans Vercors, signifie grand, dans Vérone, maison, et dans Vers, bois, verger, prairie et jardin. Il y a bien de tout cela aux alentours ; mais rien n'y annonce une origine antérieure à la féodalité. Les Mévouillon, ses premiers seigneurs, en transmirent la possession aux Dauphins vers la fin du XIIIe siècle, et ceux-ci aux Mévouillon de Barret et Ribiers, éteints chez les Grolée, seigneurs de Bressieux (Isère).

L'inventaire de la Chambre des Comptes reporte à 1397 et 1400 la donation faite par le roi-dauphin à Guillaume de Mévouillon et cite des hommages en 1400 et 1433 de Pierre, fils du donataire, et en 1505 d'Antoine, chambellan de François Ier.

Le fief passa de cette famille, en 1529, à Mathieu de L'Homme, du Buis, au prix de 1,200 livres, et l'acquéreur, étant roturier, paya 200 livres de lods et de droit d'incapacité. Ce nouveau maître, en 1541, y déclarait 50 chefs de famille.

Louis d'Allegonia (d'Arteluche), seigneur de Meirargues, déjà vu à Séderon, ayant obtenu arrêt du parlement contre les enfants de François de L'Homme, vendit ses droits, en 1592, à Jacques de La Tour, de St-Sauveur, pour 3,500 écus. A la mort de ce gentilhomme, un inventaire signale au château de Verclause une salle, une cuisine avec chambre au-dessus, une autre chambre appelée l'Etude et une troisième au-dessus avec trois bancs en noyer, deux caisses servant de table et d'archibanc, « deux chères » hautes, deux « chalits » en chêne, une « petite litoche en noyer avec son fonds », sept piques ferrées, deux cuves et dix tonneaux, contenant 78 charges de vin, une grange et quelques pièces de terres, vignes et prés : ce qui, dans son ensemble, ne révèle pas une habitation bien luxueuse et une seigneurie bien riche.

De tous les droits seigneuriaux, le même document se borne à rappeler la « juridiction haulte, moyenne et basse, miste, mère et impère », avec pouvoir d'instituer et de destituer les officiers ; mais, en 1735, Alexandre-Hector de La Tour-Gouvernet y percevait six charges de blé pour le vingtain, cinq d'épeautre, quatre émines d'orge, deux charges et demie d'avoine et douze charges de vin ; pour une cense personnelle avec le fournage, quinze charges de blé, et vingt émines pour le droit de mouture à la cote 60e, soit en argent 344 livres.

La seigneurie de Clermont, entre Verclause et Remuzat, relevait des Mévouillon et appartenait à Jourdan de Rosans en 1259 et 1276. On y voit dans la suite, en 1334, Eynard de Thorane, les de Morges et Raymond de Montauban, vassaux des Dauphins.

Un accord de 1269 entre Raymond de Mévouillon le jeune et l'abbé de l'Ile-Barbe, prieur de St-May, nous apprend que ce dernier y avait quelques droits. Le *Dictionnaire topographique de la Drôme* fait acquérir le fief, plus tard, par les Thollon de Ste-Jalle et, en 1718, par les Taxil. Les Thollon le recouvrèrent et en firent don aux Fortia des Pilles, dont l'héritière, en épousant un Coriolis de Limaye, le transmit à cette famille.

Il existe un Mémoire adressé à la Commission intermédiaire par les habitants de la commune, en 1789, où la situation de Verclause est présentée sous d'assez tristes couleurs. En voici l'analyse (1) :

Verclause a demi-lieue d'étendue dans tous les sens et

---

(1) Drôme, C, 5.

forme une paroisse avec le village et quelques maisons éparses ; Clermont renferme seulement des maisons dispersées sur demi-lieue de l'est à l'ouest et sur un quart de lieue du midi au nord, appartenant à la paroisse de Remuzat.

Les deux sections réunies, au lieu de 70 familles, comme autrefois, n'en comptent plus que 60, soit 300 personnes environ. Sur ce nombre, dix ont déjà quitté le pays et 15 autres menacent de les suivre.

Il y a deux natures de sol ; celui qui produit le blé et celui des gros grains. Le premier, le moins étendu, est argileux, grossier, compact et d'un labour difficile, le second plus léger, placé sur le versant de la montagne se trouve exposé à la fois à la sécheresse et aux ravages des eaux pluviales qui laissent d'ordinaire « une roche morte à découvert. » En certains endroits, des domaines entiers ont ainsi disparu.

Les récoltes comprennent le blé, l'épeautre, l'avoine, les petites fèves et les pommes de terre, le vin et l'huile de noix à Verclause, et les céréales seules à Clermont. Comme elles ne suffisent pas à la consommation ordinaire, nul ne s'y nourrit de pain de blé pur ; les moins pauvres y font entrer la moitié, les 2/3 et les 3/4 de farine d'épeautre et les plus pauvres « font un mélange d'espaulte, de pommes de terre, de glands et même de quinodon (1). » Dans les années de disette, on s'approvisionne au Buis, à Nyons et à Serres. Le vin et l'huile de noix se vendent dans les environs ; mais, à cause des gelées de printemps, les noyers ne produisent guères qu'un an sur six ans et le vin, petit, vert et de peu de conserve, est d'ordinaire d'un prix infime.

Il y a deux bois, l'un de chênes et l'autre de hêtres, lequel est habituellement dévasté par les habitants de Pelonne, avec lesquels un procès est pendant.

Les ruisseaux de Rosans, de Verclause et de Lens et

---

(1) A Vercoiran, le fruit du rosier sauvage s'appelle *Chinorodon ;* c'est probablement le quinodon de Verclause.

l'Eygues même n'arrosent qu'une faible partie des prairies et des terres et souvent y laissent un limon vénimeux ou des graviers encombrants.

Par suite du manque de fourrage et de la cherté du sel, il s'y trouve seulement 15 paires de bœufs, 10 ou 12 mulets et 400 bêtes à laine. A cause de leur pauvreté, les familles s'associent pour avoir des bestiaux, à raison de la moitié, du tiers ou du sixième de la dépense. En outre, le prix élevé du sel occasionne souvent des poursuites pour fait de contrebande, ce prix étant moins élevé dans les terres de Provence, voisines du lieu.

Privée de biens communaux, de commerce et d'industrie, la population retire du four de 80 à 100 livres de revenu par an qu'elle emploie de son mieux ; toutefois, la construction de fours particuliers a fortement réduit cette ressource et le village payant seul la redevance prétend seul en jouir également.

Les charges locales vont de 230 à 240 livres dont 22 et demie aux pauvres, 120 au peseur établi au moulin, 36 au garde-terre, autant au maître d'école pour les six mois d'hiver, 15 de pension au seigneur. Les réparations urgentes au pont de bois jeté sur l'Eygues sont faites par corvées. Or, ce pont, indispensable aux communes voisines et aux routes du Languedoc, de la Provence et du Comtat, devrait être entretenu par la province. Les impôts et charges ordinaires comprennent 900 livres de taille royale, 300 des deux vingtièmes et 350 de la capitation; 780 livres pour la dîme due au prieur à la cote 17e ; 11 charges et demie de blé pour censes au seigneur, outre la pension de 15 livres ; 13 charges de blé pour le fournage, à raison de cinq civayers par personne, dès l'âge de sept ans ; cinq charges de vin pour cense foncière et les lods au denier six sur le prix des immeubles vendus ; soit en tout 3,300 livres par an. Comme la population et la contenance imposable ont diminué, il serait juste de les réduire aussi.

Les pauvres reçoivent 22 livres 1/2 d'intérêts pour les 900 livres léguées par un nommé Cousin ; la distribution en est faite par le curé, le châtelain et les consuls, et les 10 émines de blé de la 24ᵉ partie de la dîme leur sont livrées le Jeudi-Saint.

Quant à l'administration municipale, elle comprend le châtelain nommé par le seigneur, deux consuls annuels élus par les chefs de famille assemblés, deux péréquateurs et auditeurs des comptes et un secrétaire.

A cette époque, les archives existaient encore dans une armoire fermée à deux clefs ; mais depuis, elles ont disparu et avec elles les renseignements utiles à consulter.

La paroisse, du diocèse de Gap, comptait, en 1740, 66 familles, soit 270 personnes et 225 communiants. Sainte Madeleine était la patronne de l'église.

Distances : de Remuzat 10 kilom.; de Nyons 36 et de Valence 136.

Contenance : 2,505 hectares imposables en 1839, d'un revenu de 16,126 fr., soit 6 fr. l'un et 101 maisons d'un revenu de 1,096 fr. La *Statistique de la Drôme*, en 1835, y constatait 45 hectares de bois communaux, 639 de bois particuliers, 864 de terres et jardins, 57 de vignes, 20 de prés, 874 de pâturages, 106 de rivières et de chemins, 14 de terres incultes, etc., total 2,614.

Population : en 1830, 350 habitants; en 1850, 452; en 1860, 414; en 1870, 353; en 1880, 357; en 1896, 260.

Contributions en 1873 : à l'Etat 1,754 fr. 83; au département 790; à la commune 2,388 fr. 26; au fonds des nonvaleurs 98 fr. 78.

(Sources : Inventaires de la Chambre des Comptes (manuscrit) de la Drôme, de l'Isère et des Hautes-Alpes ; des Dauphins (imprimés).

VERCOIRAN

Sur la rive droite de l'Ouvèze et au-dessus de cette rivière et de la route du Buis à Orpierre, des blocs de rochers couchés ou debout dissimulent ce village, placé sur le versant d'un coteau et au pied d'un château en ruines, n'offrant guères que des rues étroites et des maisons de chétive apparence.

Se trouvait-il parmi les roches voisines un monument mégalithique quelconque? De plus habiles pourront nous l'apprendre. Ce qu'il y a de certain, c'est que le pays, à l'époque romaine, avait au moins un dévot aux Nymphes. En effet, lors d'un voyage à Vercoiran, on me montra sur le manteau d'une cheminée une pierre portant une inscription, trouvée à Pampellegrin. Je la signalai à M. Vallentin, président actuel de la Société d'Archéologie, et il l'acquit pour son musée épigraphique. La hauteur totale de ce petit autel carré atteint 33 centimètres et son inscription porte :

NYMPHIS	Nymphis
L. CARINI	Lucius Carinius Carus
VS CARVS	Votum solvit libens merito
V. S. L. M.	

Ou en français : Lucius Carinius Carus a volontairement et avec reconnaissance accompli son vœu aux Nymphes (protectrices de l'agriculture et de la santé publique).

M. de Coston voit dans *Castrum Vercoirani* les mots *Ver* de Vercors et *Coiran*, montagne, et il traduit le tout par grande montagne ; ce qui supposerait une population antérieure aux Romains.

Quoi qu'il en soit, il faut remonter aux âges féodaux pour trouver des preuves de son existence.

Comme dans toutes les autres terres des Baronnies, les Mévouillon, les Montauban, les Adhémar et les Dauphins sont les premiers maîtres de Vercoiran et d'Autane. Dès 1276, Amic, chevalier, prend la qualification de coseigneur de Vercoiran ; viennent ensuite, en 1278 et 1284, Raymond-Geoffroy de Castellane, mari de Randonne de Montauban ; en 1291, Ronsolin de Lunel, fils de Randonne ; en 1294, Hugues Adhémar, et après lui, les Dauphins.

Un de ces princes, en 1316, l'inféode à Guy ou Guigues de Tullins, à la condition que la seigneurie resterait unie à Autane. Or, cette clause ne fut pas observée et la fille de Guy, en épousant Guigues de Morges, en 1318, lui attribua Vercoiran. La famille de celui-ci, déjà rencontrée à St-Auban, Ste-Euphémie et Clermont, conserva le fief jusqu'en 1432, époque de la vente qu'elle en passa à Aimar d'Ambel, au prix de 1,800 florins, Autane compris. Coquette d'Ambel, fille d'Aimar, s'unit avec Claude d'Urre, qui devint ainsi possesseur de Vercoiran. De ce mariage naquit André d'Urre, époux, en 1472, d'Antoinette Adhémar, des seigneurs de Grignan. Ils eurent Jean qui testa, en 1511, en faveur de sa mère, avec des legs à Françoise, sa sœur, et à Blanche des Massues, sa nièce ; Françoise d'Urre, épouse de Jacques des Massues, étant veuve en 1550, affermait ses droits à Jacques Albi, marchand de Valence, pour 200 écus d'or au soleil par an (1), Christophe, un de ses fils, périt dans une rixe des habitants avec ceux de Ste-Euphémie, et François des Massues, dit d'Urre, s'allia, vers 1580, avec Justine Dupuy-Montbrun.

On a vu déjà que Mabille des Massues, femme de Guy Pape, seigneur de St-Auban, lui avait donné le titre de seigneur de Vercoiran et que Marie-Françoise-Emilie de Bimard, devenue Mme de Sade, possédait à la Révolution ces deux seigneuries qu'elle tenait de sa mère, une Pape St-Auban.

(1) Drôme, E, 2989.

Autane, hameau de 15 maisons bâti au sommet d'une colline fort élevée, du côté de Bésignan, tire son nom de cette haute position, *altus*, haut, et *tan*, clos, champ, domaine. Ses premiers possesseurs connus, Armand, Rostaing et Ripert d'Autane, figurent dans un acte du 27 juillet 1215 muni d'un sceau en plomb à leurs armes et représentant un cavalier, bardé de fer, la lance à la main. Comme Armand et Pelestort de Bourdeaux, son gendre, avaient injurié Rostaing, Rolland et Ripert, détruit leurs maisons et commis des homicides et divers méfaits, Dragonet et Raymond de Mévouillon, arbitres, condamnèrent Armand et Pelestort à 5,000 sols viennois de dommages-intérêts et annulèrent la convention relative à la non-aliénation d'Autane. Quant aux homicides, la composition à payer fut renvoyée à trois autres arbitres.

La même famille reparaît, en 1260, à Lus-la-Croix-Haute, à Piégon en 1543, à Bonneval dix ans plus tard, à Bésignan en 1738; mais, à côté d'elle et ensuite à sa place, se trouvent, en 1329, Raymond d'Agoult; en 1332, Guillaume de Bésignan; en 1334, Ponce de Remuzat; en 1346, Rican Adhémar; en 1350 et 1377, Guillaume de Morges; en 1422, Béatrix d'Aspres; en 1447, Claude d'Urre; en 1540, Aimar de Maubec et Jean de Pierre ou de Peyre, et vers 1680, la veuve de Samson Pape.

La plupart de ces familles, vues déjà dans les communautés voisines, ne sauraient retarder notre marche, et il convient d'aborder ici l'étude de la condition de leurs vassaux.

Un bail à ferme du 28 avril 1735, passé par le mandataire de Guy-Antoine Pape, chevalier, seigneur, marquis de St-Auban, Ste-Euphémie, Vercoiran, Autane et autres lieux, aux frères Delachau, comprend les seigneuries de Vercoiran et d'Autane, la pension de sa grange d'Ubrieux, les rentes, censes, lods, dîmes, sauf la chasse réservée au seigneur. Sa durée est de huit ans et le prix annuel de 1,900 livres payables à Montélimar ou à Allan. Le preneur devait faire habiter le château et la grange de Colobrette, cultiver les fonds en bon père de famille, préserver les bâtiments du feu et des « goutières », avoir un semeur nourri par eux et payé par le bailleur, nourrir un mois ses chasseurs, fournir aux pauvres de Vercoiran et d'Autane six charges de blé, dont le prix, à 12 livres chacune, serait déduit de celui du bail, et donner pour les épingles de Mme la marquise, 72 livres.

En 1742, M. de Montbrun-St-Auban, père de Guy-Hippolyte Pape, alors « guidon de gendarmes », mentionne le bail de 1735, allant à 1,900 livres, celui du moulin, du 10 mai 1735, à 333 livres pour dix-huit charges de blé, celui du four de Vercoiran à 48 livres, le four d'Autane n'étant pas affermé, avec diminution d'un quart pour les réparations, les censes ou dîmes représentant les droits seigneuriaux, à 540 livres pour 30 charges de blé. Comme il avait été imposé à 398 livres pour le dixième, il réclamait une diminution de 219 livres.

Arrivant à 1789, époque où les officiers municipaux des communautés exposèrent leur situation aux procureurs généraux syndics des Etats, ceux d'Autane donnent environ 600 sétérées à leur territoire ; un seul village ou hameau de 16 familles ou 40 personnes environ ; un sol généralement mauvais, quelques prairies et de petites terres labourables assez bonnes ; des récoltes en vin, en blé et épeautre, un peu de chanvre, de l'huile d'olive et des noix ; des grains insuffisants à la consommation ; quelques poiriers et pommiers. Le vin et l'huile se vendent pour acheter des grains et pour acquitter les charges royales et seigneuriales. Il y a très peu de biens communaux et aucune industrie ni commerce. Le bétail s'y réduit à 12 ânes ou mulets et 300 bêtes à laine. Des consuls annuels gèrent les affaires et rendent compte chaque année de leur administration. Trois émines de blé de la 24e partie de la dîme forment le seul revenu des pauvres.

A Vercoiran, le territoire offre 3/4 de lieue en carré, une seule paroisse, un seul village et quelques granges avec 60 familles en tout. Chaque année, des fièvres putrides y sont occasionnées par l'eau de la fontaine publique, mal entretenue par le seigneur, et, sur la demande du prieur, un médecin et un chirurgien du Buis viennent visiter les malades pauvres. Le village est situé sur un rocher d'accès difficile et le sol, sur le versant de deux montagnes, est exposé aux ravages des eaux pluviales. A force de travail, on y récolte de l'épeautre, du seigle et de l'avoine, mais peu de blé et de chanvre, du vin et des pommes de terre. Les arbres à fruits sont les noyers et les poiriers auxquels on doit joindre les chênes blancs « que chaque particulier élève avec « soin pour pouvoir mettre le gland dans son pain. » Comme la production des céréales est insuffisante, « la nourriture « ordinaire consiste en pain d'épeautre ou d'orge, mêlé avec « du gland moitié par moitié, ou bien de la farine du fruit « d'aubépin ou des fruits des rosiers sauvages nommés « chinorodon. » Le paiement des charges publiques, l'achat du sel et des grains exigent cette nourriture primitive. Les bois se réduisent à quelques broussailles, dans des quartiers éloignés où les villages voisins les ravagent. Les biens communaux ou terres gastes, situés sur les montagnes, ne peuvent être améliorés. L'Ouvèze qui traverse le pays est bordée de quelques coins de prés, de cheneviers ou de jardins ; mais son eau est trop rude et ses crues funestes aux riverains ; du reste, le seigneur s'en attribue l'arrosage. Le bétail agricole se réduit à trois ou quatre paires de bœufs, à quelques ânes et mulets et à 400 brebis ou moutons. La cherté du sel et les dégâts causés par les troupeaux du voisinage empêchent toute amélioration de ce côté. Aucune industrie, aucun commerce. Les dépenses ordinaires embrassent le traitement du garde, du maître d'école, du secrétaire, l'entretien de l'église, de la cure et du pont sur l'Ouvèze, les honoraires des deux consuls annuels, les ports de lettres, papier et contrôle des délibérations; les dépenses extraordinaires portent sur l'agrandissement de l'église qui est insuffisante. La population paie au seigneur le vingtain de tous les grains et du vin, un autre vingtain au four, un troisième au moulin et un quatrième au prieur-curé, plus au seigneur des censes pour toute espèce d'arrosage et les lods.

Une rente de 42 émines de blé, due aux pauvres par le seigneur, constitue, avec la 24e partie de la dîme, leurs seules ressources. Une fondation pour les petites écoles, à cause de la négligence des instituteurs, ne rapporte plus qu'un louis d'or.

Comme il n'y a pas de maison commune, les archives ont disparu. Ce qui en restait ayant été remis au prieur pour les analyser (1).

Vercoiran, on le voit, n'avait rien à envier à Verclause. Au point de vue religieux, la paroisse dépendait du diocèse de Sisteron et devint succursale, en 1807, avec Sainte-Euphémie et Autane pour annexes. La vieille église est en mauvais état et la chapelle de Notre-Dame-des-Champs renommée.

Distances : du Buis, son chef-lieu de canton, 9 kilom.; de Nyons 34 ; de Valence 122.

Contenance actuelle : 1,994 hectares ; en 1839, M. Mermoz attribuait à ses 1,938 hectares imposables un revenu de 23,256 fr. et à ses 94 maisons un revenu de 980 fr.

La *Statistique de la Drôme* lui donne 290 hectares de bois communaux, 270 de bois particuliers, 598 de terres et jardins, 60 de vignes, 21 de prés, 710 de pâturages, 40 de rivières et chemins, 9 incultes, etc., total 2,000.

Contributions de 1873 : à l'Etat 2,358 fr. 13, au département 1,121 fr. 12, à la commune 2,482 fr. 13, au fonds des non-valeurs 105 fr. 96.

---

(1) Drôme, C, 5.

Population : 469 habitants en 1830 ; 461 en 1850 ; 418 en 1899.

Sources : Inventaires de la Chambre des Comptes (manuscrit), des Archives de l'Isère et de la Drôme. M. le marquis de Boisgelin, *Les Adhémar. Inventaire des Archives dauphinoises*, de M. Morin-Pons.

VERS

La rivière de Méouge, Meauge ou Meuse, sortie de Barret-de-Lioure, après avoir coupé en deux le bourg de Séderon, suit une vallée agréable jusque dans les Hautes-Alpes et au Buesch. Elle est souvent couverte de prairies et de hautes collines la protègent. Sur l'une d'elles, dans un terrain de couleur jaunâtre, tout crevassé par les eaux pluviales, apparaît un modeste village appelé *de Verdis* et *de Viridibus* en latin, et Vers en français, à cause vraisemblablement de la verdure des prairies qui s'étendent au midi sur la limite de son territoire. Rien de curieux n'y attire le voyageur et son histoire, faute d'archives, ne saurait l'y arrêter longtemps.

Les Mévouillon, établis de bonne heure tout à côté, le firent entrer dans leurs domaines et l'en détachèrent en 1247, lorsque Lambert Adhémar, fils d'Hugues, seigneur de la Garde-Adhémar, épousa Galburge de Mévouillon, dame de Ballons, Curel, Montfroc, Vers, etc., fille de Raymond dit le Bossu. Béatrix, nièce de Galburge, s'unit avec Bertrand Raimbaud, seigneur de Lachau, et celui-ci fit rendre, en 1254, une sentence arbitrale qui réglait les droits de ses vassaux et de ceux de Lambert Adhémar à Gaudissard (Eygalayes) et Vers.

Un autre Lambert, vers 1309, se qualifiait seigneur de la même terre, ainsi que Hugues vers 1425 et Charles vers 1460. Anne Adhémar, fille de ce gentilhomme, épousa, en 1505, Antoine Boche, fils de Bremond, et ils formèrent la branche de Vers, rencontrée déjà à Séderon.

Après elle, les Porcellets y paraissent, et la veuve de Jean, l'un d'eux, Marguerite de Thieulon d'Ubaye, le 30 juin 1630, vend à Jean-Alleman Dupuy, marquis de Montbrun, conseiller du roi en ses conseils, et à Charles, son fils, la seigneurie de Vers, pour 24,423 livres, dont 13,000 revenaient à noble Gabriel de Grillet, colonel de l'infanterie du Comtat, mari de Jeanne des Porcellets. L'acte, ratifié en 1639, explique l'aliénation de la terre dauphinoise par son éloignement d'Arles et de Beaucaire, par sa dépopulation, par la ruine de la maison seigneuriale et la diminution de ses revenus jusqu'à 500 livres, que les guerres, les passages de troupes et autres avaient occasionnée.

Le mariage, en 1663, d'Alexandre de La Tour-Montauban, fils d'Hector, avec Justine-Lucrèce Dupuy-Montbrun, fille de René, marquis de Villefranche, maréchal de camp et d'Isabeau de Forez de Mirabel-Blacons fit passer Vers dans cette famille, qui le perdit à la Révolution.

D'après la déclaration de 1789, la population de 240 personnes environ habitait des maisons couvertes en tuiles et quelques-unes en paille, récoltait des céréales et vivait d'épeautre, sans industrie ni commerce et même sans espoir d'amélioration, à cause des mauvais chemins et de sa pauvreté. Deux consuls et un lieutenant de châtelain pour le seigneur administraient la commune, privée de tout revenu et obligée d'entretenir la fontaine et la maison consulaire, l'église et la cure. Aucune fondation de bienfaisance n'y existait, sauf la 24e partie de la dîme. Les biens communaux, en majeure partie boisés, offraient peu de ressources. On y comptait 60 têtes de gros bétail et 200 de menu. Il s'y trouve plusieurs hameaux : le Plan, Voului, St-Côme, Carret, Guintrand, l'Hôpital et la Bataille, et une montagne élevée.

Au point de vue religieux, la paroisse dépendait du diocèse de Gap ; une église en 1599, entièrement ruinée, était couverte « de cluis », sans voûte en 1612, avec un sanctuaire, voûté et non couvert. Elle comptait 412 habitants, tous anciens catholiques, faisant 170 communiants environ en 1740. L'abbé de St-Ruf, prieur de Mévouillon, affermait les dîmes à Pansin pour 400 livres, avec obligation de payer la 24e des pauvres et les *joies* à la jeunesse en 1681.

Population : 273 habitants en 1830, 260 en 1850, 226 en 1860, 252 en 1870, 231 en 1870 et 187 en 1897.

Contenance actuelle : 1,381 hectares ; M. Mermoz, en 1839, lui donne 1,317 hectares imposables d'un revenu de 13,829 fr., soit 10 fr. 50 l'un et 36 inexploitables, avec 53 maisons, d'un revenu de 688 fr. La *Statistique de la Drôme* y accuse, en 1835, 199 hect. de bois communaux, 92 de bois particuliers, 446 de terres et jardins, 3 de vignes, 23 de prés, 496 de pâturages, 64 de rivières et chemins, etc.

Contributions de 1873 : 1,397 fr. 25 à l'Etat, 655 fr. 71 au département, 1,350 fr. à la commune et 61 fr. 94 au fonds des non-valeurs ; total 8,464 fr. 94.

Productions : blé et seigle.

Sources : Inventaires de la Chambre des Comptes et de St-Ruf (manuscrits), des Archives de l'Isère, de la Drôme et des Hautes-Alpes (imprimés).

VILLEBOIS

Cette commune, la plus orientale de l'arrondissement, est située entre Laborel et Laux-Montaux, à l'entrée d'une vallée monotone que des coteaux couverts de hêtres et de sapins enserrent : de là vient son nom de *Villabosco*. Le plus ancien document de son histoire paraît être l'hommage rendu, en 1256, au sénéchal de Provence pour Charles II d'Anjou, par Guillaume de Baux, prince d'Orange, et par Galburge de Mévouillon, son épouse. L'un et l'autre, comme possesseurs de Laborel, Villebois et Izon, s'engagent à faire pour lui les courses à cheval appelées cavalcades ou chevauchées dans le diocèse de Gap. Quatorze ans plus tard, Galburge de Mévouillon, fille de Bertrand, se déclarait vassale de Béatrix, dauphine de Viennois, pour les mêmes terres; ce qui indiquerait un changement de seigneur direct (1). Il existe un accord de 1297 entre Catherine d'Orpierre, épouse de Bertrand de Taulignan, et Raymond de Mévouillon au sujet d'une créance sur les châteaux d'Etoile, Villebois et Laborel et une sentence arbitrale de 1303, rendue pour aplanir le différend survenu entre Galburge, dame de Lachau et d'Izon, et Raymond de Mévouillon, condamnant ce dernier à rendre les mêmes châteaux, à la condition toutefois d'en recevoir l'hommage; aussi Raybaud ou Raimbaud de Lachau remplissait-il ce devoir, peu de temps après, envers Henri, dauphin, seigneur de Montauban, successeur des Mévouillon (2).

Un nouveau maître de Villebois paraît, en 1333, avec Bertrand Ollivier. L'acte d'affranchissement, concédé par lui à ses vassaux, nous révèle leur condition antérieure tout à fait servile. Il leur permet, en effet, lorsqu'ils n'ont pas d'enfants, de disposer librement de leurs biens par testament ou donation et à leurs parents les plus proches de recueillir leur héritage, sous la réserve des censes et services personnels qui le grèveraient. Les six cas impériaux, achat de terre, chevalerie, mariage des filles, voyage en cour ou en Terre-Sainte sont réduits à un seul : la détention comme prisonnier du seigneur ou d'un membre de sa

(1) Barthélemy, *Inventaire des titres des de Baux.*
(2) Isère, B, 3648, 3661 et 3666.

famille. Il défendait à ses officiers de prendre les poules et les brebis des habitants sans les payer, de se servir de leurs ânes et autre bétail, de leurs sacs et cordes pour le transport des fardeaux, sans acquitter le louage dû, comme aussi de les contraindre à garder les prisonniers ou détenus aux arrêts. Par le même acte, il les exonérait de la fourniture de lits et de linge à ses hôtes et d'étables à leurs chevaux, du curage et de la reconstruction des canaux de ses moulins et du port de ses lettres et messages, sans indemnité. Enfin, il les autorisait à sortir du territoire leurs denrées et comestibles, sauf à lui, s'il les retenait, d'en payer le prix et s'engageait à n'introduire dans sa terre aucun bétail étranger pour le pâturage. A titre de compensation, les habitants s'obligeaient à lui fournir des soldats en cas de guerre et à lui livrer la 25e partie de leurs grains et récoltes ; les laboureurs avec bœufs, 2 sétiers de gros blé et 2 de blé ordinaire ; les cultivateurs sans bétail de labour, un sétier de l'un et de l'autre grain ; toutefois, le vingtain, qui lui avait été promis antérieurement pour 15 ans, cesserait d'être exigé.

Le 16 janvier 1418, Hugues Osasèche, coseigneur d'Argenson et successeur de Bertrand Ollivier, confirmait les franchises de 1333 (1).

Après lui, Villebois, vers 1452, passe aux mains des Davin, et Catherine, fille de Jean, le porte en dot à Henri de Gruel, son mari, dont les ancêtres possédaient, depuis 1396, la seigneurie d'Etoile dans le voisinage, par achat de Guillaume de Mévouillon-Lachau. Parmi les membres de cette famille, déjà rencontrée à Montferrand, figurent Etienne qui, en 1661, poursuivit les habitants pour avoir défriché son devès ou réserve, pendant qu'il était à la guerre, et M. du Saix, possesseur d'un péage supprimé par arrêt du Conseil d'Etat de 1741 (2).

(1) Drôme, E, 3323.

(2) Id., collection d'affiches, 1771.

Au point de vue religieux, Villebois et Etoile formaient une seule paroisse en 1516. Cent ans plus tard, l'évêque de Gap ordonnait de couvrir de tuiles l'église de St-Paul, où, en 1641, il n'y avait pas de service ; toutefois, en 1698, la dîme perçue par le curé en indique le rétablissement (1).

Distances : de Séderon, son chef-lieu de canton, 20 kilom.; de Nyons 65 et de Valence 155.

Population : 112 habitants en 1830 ; 127 en 1840 ; 142 en 1850 ; 121 en 1860 et 1880 ; 140 en 1870, et 96 en 1897.

Contenance en 1835 : bois communaux 66 hectares, bois particuliers 253, terres 275, prés 13, pâturages 416, chemins et rivières 32, etc.; total 1,086. En 1839, le revenu des 1,048 hectares imposables atteignait 5,030 fr., soit 4 fr. 80 l'un, et celui de ses 25 maisons 279 fr. Actuellement, la contenance totale est de 1,080 hectares.

Contributions directes de 1873 : à l'Etat 581 fr. 90 ; au département 262 fr. 10 ; à la commune 696 fr. 55 ; aux non-valeurs 29 fr. 45 ; total 1,570 fr.

Productions : céréales.

VILLEFRANCHE

Selon Ducange, *Villafranca* indique une localité exempte de certaines charges, et il cite à ce propos une charte de 1256 par laquelle Guillaume de Beauvoir en Royans exemptait ses vassaux de toute saisie de leurs biens et détention de leur personne, sauf pour crimes graves.

En ce cas, les Mévouillon, désireux de rendre productifs la petite plaine et les coteaux situés entre leur château et

---

(1) *Hautes-Alpes*, t. III, p. 15, et M. Roman, *Tableau historique des Hautes-Alpes*.

Séderon, auraient concédé pareilles franchises aux habitants de Villefranche. Leur espoir ne se réalisa pas entièrement, car un acte de 1465 y constate seulement « un vieux « village inhabité, où ne demeure homme quel qu'il soit », et aujourd'hui même, ces deux hameaux présentent à peine 3 ou 4 maisons chacun. Cependant, il y était levé un péage, supprimé le 3 février 1733 (1).

Faute d'archives locales, il est peu aisé d'écrire l'histoire de la commune. Comme seigneurie, elle passa des barons de Mévouillon, des Isoard et des évêques de Die aux de Baux, qui en rendirent hommage aux Dauphins depuis Agout jusqu'à la comtesse d'Avellin, dame de Séderon, de 1324 à 1426. C'était alors un fief franc et noble avec un antique château.

Les historiens dauphinois racontent que le prince d'Orange, ayant inutilement tenté d'enlever Mérindol à Raymond de Mévouillon, s'entendit avec ses neveux pour le faire périr. Son cuisinier aurait mê[illegible] promis de l'empoisonner ; mais il fut dénoncé, jugé et condamné à la potence, après avoir été attaché par les pieds sur un ais à la queue d'un cheval et traîné depuis la porte de Mévouillon jusqu'aux jardins de Villefranche. On ignore si l'exécution de cette sentence barbare eut lieu (2).

Salvaing de Boissieu mentionne sans détails une enquête contre Bertrand de Baux qui, malgré l'abolition du droit de main morte, l'avait exercé à Villefranche, et un arrêt du parlement de Toulouse, en 1640, obligeant Charles de Léberon, évêque de Valence et Die, à prouver que l'Eglise pouvait retenir par droit de prélation la baronnie de Mévouillon, acquise par Charles-René Dupuy, marquis de Montbrun (3).

Des de Baux, Villefranche passa aux Poitiers-St-Vallier

---

(1) *Cartulaire de Mévouillon.*

(2) *De l'allodialité dans la Drôme et* VALBONNAIS.

(3) *De l'usage des fiefs*, Ier, 161, et au mot *prélation*.

ou aux de La Baume-Suze, par suite d'alliances entre Polyxène de Ruffo, de Calabre, et Louis de Poitiers, aïeul d'Aimar, et Anne de Saluces, héritière des de Baux, aïeule du seigneur de Suze-la-Rousse. Quoi qu'il en soit, Aimar de Poitiers échangea la seigneurie, en 1489, avec Bertrand de La Baume contre La Garde-Paréol et Pierre, fils de ce dernier, en fut investi l'année suivante (1).

Quant au tiers état, sa condition reste ignorée ; on sait toutefois qu'une sentence arbitrale de 1399 assura aux habitants de Mévouillon le droit de conduire leur bétail dans le territoire de Villefranche à charge de réciprocité, comme l'avait permis le dauphin Humbert II en 1339, et que Guillaume de La Baume, en 1543, dut maintenir cette concession, ainsi que le droit de bûcherage et l'exemption de la leyde sur toute marchandise vendue dans sa terre. Déjà, en 1510, Pierre de La Baume avait réglé le pacage avec Vers et Mévouillon (2).

D'autre part, on trouve Villefranche annexé à cette dernière commune pour le paiement des subsides delphinaux, à raison de 3 feux ensemble, de 1462 à 1465.

Un document de 1735 évalue à 60 livres le droit de tasque appartenant au seigneur sur une partie du territoire, sans autres redevances, et déclare que le clergé n'y possède rien.

En 1789, la localité, d'un quart de lieue d'étendue et de 60 habitants environ, présente un sol peu fertile, ne produisant que des céréales, en quantité insuffisante pour la population, obligée à se nourrir d'épeautre et à émigrer au dehors. Il n'y avait alors que 20 têtes de gros bétail et 100 de menu, et avec cela, nul arrosage, nul commerce, nulle industrie et nul revenu (3).

---

(1) Barthélemy, Ouvr. cité ; — Guy Allard, Notes ; — Inventaire de la Chambre des Comptes ; — Courtet, *Dictionnaire de Vaucluse ;* — *Dictionnaire topographique de la Drôme.*

(2) Cartulaire de Mévouillon, Drôme. — Vers (supplément).

(3) Drôme, série C.

La paroisse dépendait de Mévouillon, et son histoire se trouve de la sorte intimement liée à la sienne. En 1599, l'église de Ste-Marie-Madeleine était entièrement ruinée; en 1712, il y avait un curé, et en 1736, c'était une annexe de Mévouillon.

Distances : de Séderon, son chef-lieu de canton, 3 kilom.; de Nyons 50; de Valence 140.

Population : 94 habitants en 1830, 99 en 1840, 101 en 1850, 96 en 1860, 91 en 1870 et 80 en 1896.

Contenance en 1835 : bois communaux 163 hectares, bois particuliers 146, terres 172, prairies 9, pâturages 228, rivières et chemins 15; total 742. Le revenu des 727 hectares imposables y atteignait, en 1839, 2,908 fr. soit 4 fr. l'un et celui de ses 21 maisons 224 fr

Impôts directs de 1873 : à l'Etat 323 fr. 30; au département 154 fr. 16; à la commune 720; aux non-valeurs 21.

Productions agricoles : céréales.

VINSOBRES

La dernière commune de l'arrondissement, située dans la vallée de l'Eygues, en face de Mirabel, tire son nom latin *de Vinsobriis*, *de Vinsobris* et *de Vinsobrio*, de vigne ou de vin et de *sobra* pour *supra* ou de *sobra*, œuvre, travail et mesure de superficie, le tout équivalant à coteau des vignes ou du vin (1). Suarès, évêque de Vaison, avait déjà dit de cette localité qui produit un vin excellent :

Vitiferi colles genuerant mitia Bacchi
Munera, vinosum nomen et inde tulit

... Le village est sur une colline.
Son territoire porte un vin doux et picquant
Vin sobre ou sobre vin, prenès-le sobrement (2).

Comme antiquité locale, on y connaît seulement une plaque de plomb, avec les noms Thérapius, Lucanus ou Euganus et Cign(us), que M. Allmer qualifie d'ornement du tombeau de Thérapius, avec les noms de deux gladiateurs, défigurés un peu par le frottement du métal.

Des Romains et Gallo-Romains, il faut arriver au XIIe siècle pour trouver une mention de Vinsobres : la première rappelle une famille du nom de la localité, dont un membre, de 1137 à 1139, appartenait au chapitre de chanoines de Vaison, et la seconde figure dans un diplôme de Conrad II en faveur de l'archevêque d'Arles, en 1144. Or, on trouve là

---

(1) *Etymologies des noms de lieu de la Drôme*, par M. Coston.
(2) *Histoire de l'église de Vaison*, par BOYER DE STE-MARTHE.

l'explication assez plausible des droits du prévôt de la cathédrale diocésaine sur la prieuré et la seigneurie de Vinsobres et de ceux des religieuses de St-Césaire établies à Nyons. Dès 1206, elles cédaient à Draconet de Montauban quelques-uns de leurs tenanciers de Vinsobres, comme Rican de Venterol, Giraud de Camaret, Guillaume et Raymond de Caderousse, entre autres. Le *Dictionnaire* des Gaules nous apprend qu'elles y possédaient encore, en 1766, des redevances foncières, ainsi que le prieur, déjà qualifié prévôt de Vaison en 1604 (1).

La notice sur Nyons ayant révélé les difficultés survenues entre les religieuses, les Montauban, les Dauphins et les princes d'Orange qui abandonnèrent, en 1318, leurs droits sur Vinsobres au dauphin Jean II, pour 10,000 livres, il semble inutile de les raconter de nouveau. D'ailleurs, Humbert Ier, père de Jean II, et successeur des Montauban, avait inféodé la même terre, en 1302, à Guillaume de Plaisians, chevalier, et sa fille, Polie, par son mariage avec Jean de Grandis la transmit à ce gentilhomme, malgré les prétentions de la comtesse de Valentinois et de Guichard de Loras, en 1330. Vers 1352, de Grandis la vendit à Albert de Cornillan, dont une commune, voisine d'Upie et d'Ourches, a conservé le nom (la Baume-Cornillane). Les d'Urre héritèrent, par suite d'une alliance, de la seigneurie de Vinsobres où les branches de la Touche et de St-Nazaire-le-Désert, Venterol et Petit-Paris se créèrent d'assez beaux domaines. M. le marquis de Boisgelin a fort bien éclairci leur histoire dans une publication récente, œuvre de grande érudition critique, et remplie de recherches. On y trouve l'indication du mariage, vers 1500, de Thiers ou Thierry d'Urre avec Catherine de Cornillan, fille d'Albert, de celui d'Honorade, sœur de ce Thiers ou Thierry, avec René des Alrics, seigneur de Rousset, de celui de Jean d'Urre, sei-

(1) Drôme, série G.

gneur de Venterol, avec Meinarde ou Menjarde de Ste-Jalle, fille de Michel, coseigneur de Vinsobres, en 1471 (1).

Les des Alrics conservèrent Vinsobres un siècle environ, et François, l'un d'eux, institua héritier universel, par testament de 1647, noble Jacques-Joseph de Rocquard, son neveu, avec substitutions au profit de Louis et de Marguerite de Rocquard, de François de Grolée, comte de Viriville, et de Joseph des Alrics, seigneur de Rousset (2).

On trouve après Joseph de Rocquard, les Feautrier, originaires de St-Paul-Trois-Châteaux. Nicolas, avocat, fils d'un marchand de soie à Montélimar en 1570, eut Pierre, consul de la même ville, en 1648. Suzanne, fille de ce dernier, s'unit, en 1656, avec Jean Amieu, de Vinsobres, avocat et protestant. De ce mariage naquirent : Marie, épouse de Charles de Marsane, décédée à Genève en 1734 ; Judith, qui donna sa main à Antoine de Caritat, seigneur de Condorcet, et Daniel Amieu dit Feautrier, en sa qualité d'héritier de Nicolas, son grand-oncle.

Marie-Françoise Amieu Feautrier, fille de Daniel et dame de Rac, s'allia d'abord avec Samson d'Agoult, marquis de Montmaur, vers 1715, et ensuite, vers 1729, avec Charles-François Bernard de Blégier, marquis de Taulignan.

Marie d'Agoult, issue du premier lit, épousa Jean-Joseph-Antoine de Trémolet, marquis de Montpezat, et fut mère de trois filles, dont la triste situation est révélée par deux mémoires de 1747-48 sur procès relatifs à la dévolution de biens substitués, au compte de tutelle de la marquise de Montpezat, à l'irrégularité de son mariage et de celui de ses auteurs tenus secrets pour cause de religion, à leur long séjour en Suisse qui les avait privées de leurs droits civils, enfin aux intérêts accumulés des dettes grevant les biens substitués dont jouissait la marquise de Montmaur. « Son

(1) *Les Adhémar*, 1 vol. in-4°, p, 360.

(2) Inventaire manuscrit de la Chambre des Comptes.

mari était ruiné et son beau-père, réfugié à Genève en 1705, après avoir vendu jusqu'aux portes et aux fenêtres de ses châteaux de Piégon et de Montmaur, n'avait laissé à son fils que des procès (1). »

Est-ce à cause d'eux que la seigneurie majeure de Vinsobres fut aliénée? Tout semble l'indiquer. Jean-François Doyze, du Bourg-St-Andéol, l'acquit vers 1735. D'après les lettres patentes de janvier 1753 qui l'érigèrent en comté, un membre de sa famille, venu en France sous François Ier, avec San Pietro Bastelica, frère du maréchal d'Ornano, servit dans les troupes corses et s'établit au Pont-St-Esprit, où il forma deux branches. La sienne sortait de Pierrelate et fournit à l'armée plusieurs capitaines de mérite. Lui-même devint syndic perpétuel du Vivarais et président de la Chambre des Comptes de Dauphiné. Il mourut intestat au Bourg-St-Andéol en 1758 ; d'autres disent qu'une tuile lui tomba sur la tête pendant la procession de la fête-Dieu à Grenoble. Son héritage échut à ses frères Jean-Baptiste, capitaine, et Antoine, seigneur de Pigeron sur Valréas. Le dernier comte de Vinsobres, très populaire au Bourg-St-Andéol y devint, en 1789, colonel de la garde nationale et mourut en 1791, après avoir légué ses biens à Antoine Fabry, son cousin, et à Jean Chaussy, officier d'infanterie, époux de Marie-Thérèse Fabry, auxquels M. de Coston ajoute le lieutenant-colonel Pichot de Lespinasse (2).

Il ne paraît pas que ces divers seigneurs aient habité Vinsobres, sauf les d'Urre dont la tour de Paris rappelle le souvenir ; mais quelques-uns des coseigneurs y résidèrent comme les Vérone et leurs successeurs, les Moreau.

Selon Guy Allard, la seigneurie, en 1281, se trouvait morcelée entre vingt possesseurs différents, dix-sept plus tard et quatre en 1766.

---

(1) De Coston, *Histoire de Montélimar*, t. II.

(2) Archives de Vinsobres et *Hist. de Montélimar*.

L'inventaire Marcelier cite, en 1381, Pierre Cornillan, fils d'Albert, le commandeur de Venterol, Guillaume d'Urre, mari d'une fille de Pierre de Venterol, Nicolas de Vérone, Pierre Bérenger, les héritiers de Guillaume de Vinsobres, Hugues Laugier, notaire de Nyons, Randonne d'Alason, Humbert d'Hostun, Pons de Remuzat, Humbert de Ste-Jalle, au nom de sa femme, Bertrand Cornillan, Antoine Bertrand, Rostaing de Durfort, Pons Alzon et trois ou quatre autres coseigneurs (1).

Un acte de 1433 énumère Bertrand d'Urre, prévôt de Vaison et prieur de Vinsobres, Maximin de Ste-Jalle, Jean d'Urre, Rostaing Guers, Pierre de Vérone et Jacques Laurent, et les archives locales rappellent Thomas de Cliou en 1634 ; Louis de Thollon, seigneur de la Laupie, en 1614 ; Hercule de Thollon en 1616 ; Denis Moreau, capitaine de la Tour de Paris, en 1626 ; René de Vérone en 1628 ; Pierre de La Tour, marquis de la Charce, en 1666, successeur du seigneur de la Laupie, qui lui-même représentait Clarette et Isabeau de Ste-Jalle (2).

De ces différents coseigneurs, les Moreau, anoblis par Henri IV, furent sans contredit les plus illustres. Denis Ier eut la charge de gouverneur de Serres ; Denis III, celle de vibailli du Buis en 1755 ; Charles, celle de greffier en chef du parlement de Grenoble et de secrétaire du roi, maison et couronne de France en 1742, et Martin-Bruno, celle de président de la Chambre des Comptes de 1779 à 1789. La *Biographie du Dauphiné* nous apprend que cet archéologue distingué naquit à Vinsobres le 28 janvier 1739, fit exécuter des fouilles à Vaison et St-Paul-Trois-Châteaux qui lui permirent de créer au château de Vérone un musée curieux. Il recueillit aussi, dans les archives de la Chambre des

(1) GUY ALLARD, Notes manuscrites ; — Inventaire de la Chambre des Comptes.

(2) Archives de Vinsobres, Drôme. T. IV de l'*Inventaire sommaire*.

Comptes, des notes historiques sur la province, formant 23 volumes manuscrits in-4°. La liste de ces recueils, publiée par Jules Ollivier et M. Rochas, révèle de nombreuses recherches numismatiques, historiques, littéraires, biographiques, épigraphiques et bibliographiques. Son histoire des Voconces a été seule reproduite, en 1837, dans le *Bulletin de la Société de Statistique de la Drôme* (t. Ier), avec une notice sur l'auteur, décédé au château de Vérone, le 25 décembre 1796 (1). Chalvet a écrit sa vie sous le titre d'*Eloge historique*. M. d'Archimbaud lui succéda.

Si l'on étudie les documents relatifs aux droits de ces divers seigneurs et coseigneurs, on est surpris d'en constater la faiblesse du produit. Ainsi, en 1735, M. Doyze, seigneur majeur, affermait seulement 1,712 livres et demie ses censes, lods au 6e et même 12e denier, 2 émines d'épeautre mondé, 150 livres d'huile d'olive, son moulin avec droit de mouture au 20e et le domaine de Pigeron sur Valréas. En 1742, la distraction de 500 livres pour le domaine de Pigeron, de 100 pour 6 sétérées de terre, de 50 pour 2 sétérées de pré, de 50 pour l'albergement de l'eau du moulin, réduisait son revenu à 762 livres et demie. Bien qu'il eût toute justice, il est à présumer que cette source de revenus couvrait à peine les dépenses occasionnées par le traitement du juge.

La marquise de Montmaur, de 1720 à 1732, y percevait seulement pour deux coseigneuries 100 livres pour ses lods et censes et, en 1733, elle en fit abandon à M. de Condorcet pour 106 livres.

M. de Taulignan, pour les droits de Marie-Françoise Amieu Feautrier, veuve de M. de Montmaur et pour ceux de M. de Condorcet, retirait, en 1742, du domaine de la Touche sur Vinsobres, de celui des Crottes sur St-Maurice,

---

(1) Rochas, *Biographie du Dauphiné* et Archives de Vinsobres.

1,248 livres, 96 d'épingles (étrennes) et 8 de réserves en œufs et volailles, et 450 du domaine de Roane, soit en tout 1,707 livres.

De son côté, M. Moreau (Charles), à la même date, évaluait ses censes à 1 sétier de blé mêlé et 1 d'orge ; ses droits seigneuriaux à 7 cosses de « conségail » (méteil), à raison de 40 sols l'émine et 1 émine d'orge du prix de 25 sols ; sa 18e partie des grains récoltés dans les vergers d'oliviers à 6 livres ; à 25 ses lods et à 60 son foulon ; le tout réuni ne dépassait pas 600 livres, déduction faite des charges.

Enfin, M. Darut de Grandpré avait alors un domaine noble de 485 livres de revenu (1).

Le total de 3,652 livres pour la noblesse n'a rien d'exorbitant et celui du clergé n'est pas connu.

Il y avait, cependant, autrefois une maison de Templiers dont les chevaliers de St-Jean-de-Jérusalem héritèrent au XIVe siècle et une part de coseigneurie appartenait au prieur et une autre aux religieuses de St-Césaire de Nyons.

Les renseignements sur le tiers état combleront heureusement les lacunes de l'histoire des deux premiers ordres.

En l'absence de documents anciens, le mode d'administration communale nous est inconnu et s'il existe, en 1377, une élection de mandataires pour plaider, leur mission devait être restreinte, car avant Louis XI et l'établissement de l'impôt foncier annuel, la population avait peu d'affaires importantes à résoudre. Les délibérations consulaires conservées ne dépassent pas 1610, les comptes 1575, les pièces militaires 1588 et l'état civil 1598. Au XVIIIe siècle, il y avait deux consuls, un trésorier, deux péréquateurs et un secrétaire pour l'exécution des mesures votées en assemblées des chefs de famille. Ces assemblées choisissaient, le premier janvier, les deux consuls, à l'unanimité ou à la pluralité des voix, en présence du châtelain ou représentant du

---

(1) Drôme, série C. Dixième.

seigneur supérieur. Toutefois, la coexistence de deux cultes nécessita, à différentes reprises, l'intervention de l'autorité, bien que chacun eût son consul et douze conseillers, avant la révocation de l'édit de Nantes et avant l'exclusion des réformés du consulat et du conseil. L'intendant de la province, le 28 février 1712, y créait deux assemblées délibérantes, l'une de 12 ou de 6 membres au moins, pour traiter les affaires urgentes et l'autre de 30 ou de 15 au moins pour les affaires d'importance. Cette organisation fut modifiée en 1743, et le nombre des conseillers réduit de 42 à 24, avec faculté aux habitants d'assister aux délibérations. Avant 1751, le roi nommait le premier et le deuxième consuls, mais leur élection devint, dès lors, entièrement libre. Cependant, en 1767, une cabale voulut porter au consulat deux nouveaux convertis; mais le subdélégué de St-Paul-Trois-Châteaux ordonna d'élire d'anciens catholiques et, en cas d'émeute, de réclamer la force armée. On cite sans détails d'autres difficultés en 1783.

La vente de l'office de secrétaire-greffier en créa d'autres un des titulaires, accusé d'abus d'autorité et de malversations, suscita un procès que la commune gagna au parlement de Grenoble, et qu'elle perdit à la cour des aides de Vienne en 1650. A un siècle de date, elle se plaignait encore de Gabriel Boule, conseiller et historiographe du roi, empiétant sur les attributions des consuls, du secrétaire, des notaires, procureurs et huissiers, en qualité de liquidateur des dettes communales. Le compte de ses frais, en trois ou quatre ans, n'atteignait pas moins de 2,700 livres.

Les préoccupations principales des consuls et conseillers naissaient de la délimitation des bois et des pâturages, du paiement des tailles par tous les propriétaires du sol, de la conservation des biens et revenus communaux et de l'entretien des fontaines, souvent onéreux. Vers 1630, Louis de Simiane de Claret et ensuite Alexandre de St-Ferréol excipaient de leur ancienne noblesse pour s'exonérer des tailles;

les Baron, de Valouse, dont les lettres d'anoblissement dataient seulement de 1591, furent aussi poursuivis en paiement de l'impôt foncier de leur domaine de La Maria, acquis, en 1601, d'Hercule de Thollon, seigneur de La Laupie. Mais, comme ils étaient créanciers de la commune, un accord réduisit leurs droits à 13,700 livres. A son tour, en 1746, Moreau de Vérone, vibailli du Buis, refusait de payer les charges locales, et en 1731, Declaissé, les tailles des Iles de Barnier, autrefois tenues par des nobles ; la décision intervenue n'est pas connue. Dans les biens communaux entraient un four banal, les poids et mesures, un moulin à grignons ou pressoir des noyaux d'olives et, pendant quelque temps, un moulin à farine. En 1602, Hercule de Thollon réclama la démolition de ce moulin, comme nuisible au sien, qu'il fit déclarer banal en 1608. Un procès à ce sujet, qu'il gagna en 1623, ne l'empêcha pas de vendre, de concert avec M. de Vérone, cette usine à la commune qui en retirait près de 3,000 livres de revenu. On ignore pourquoi elle la céda, en 1644, à François des Alrics au prix de 19,500 livres.

La *Statistique de la Drôme*, publiée en 1835, y mentionne des débris de remparts annonçant une place très forte aux XVe et XVIe siècles, qui aurait joué un rôle actif dans les troubles civils et religieux, et une maison seigneuriale flanquée d'une tour appelée *tour de Paris*, à cause des d'Urre, seigneurs de Petit-Paris, Venterol, etc. Il fallut la présence des comtes de Tende et de Suze, avec des forces considérables pour l'enlever en 1568. Les protestants ne tardèrent pas de la reprendre et elle ne retourna à l'obéissance du roi qu'en 1629.

Le P. Justin y fait disperser, en 1563, par Geoffroy de Bonnieux, une centaine de personnes armées et entrer, en 1568, le comte de Suze. Il ajoute qu'en 1573, une troupe de religionnaires la surprit par trahison et y commit « un effroyable massacre de catholiques. » L'année suivante, Palazuol étant venu avec de la cavalerie pacifier le Haut-

Comtat, offrit aux protestants de restituer le butin pris sur eux, s'ils voulaient laisser le pays tranquille : ils acceptèrent et, le même jour, violèrent leur promesse. Les archives locales, muettes sur ces événements, nous apprennent la démolition, en 1633, de la grande porte et de celle de Boutin, au nord, des tours de Vérone, de Paris et de M. de Vinsobres, des murailles du nord et de celles comprises entre la maison de M. de Vérone et celles de Julien et Pradier.

On manque de renseignements sur les passages de troupes au XVIe siècle ; mais on y trouve six compagnies en 1628, cinq en 1632, trois en 1654, deux en 1656, une en 1672, 1678 et 1680, deux en 1688, quatre en 1692, deux en 1732, sept en 1747, quatre en 1749 et deux en 1754, et un régiment en 1649. Aux dépenses causées par ces logements, il faut joindre les aides payées aux communes voisines et les levées de miliciens.

La seigneurie avait un juge, nommé par le seigneur, qui résidait au Buis ; de là des plaintes au sujet des frais pour délits ruraux, injures verbales et inventaires des biens des défunts. Une requête au parlement de 1618 se plaint encore des fermiers de la seigneurie appelant les habitants devant le juge de Chabeuil, au lieu du juge local.

Bien qu'un membre du chapitre de Vaison possédât le prieuré, ses remplaçants y laissèrent entrer la Réforme et l'on y trouve Mogius, pasteur en 1603, dont les fidèles se plaignent.

L'église avait dû être endommagée pendant les guerres, puisqu'en 1624, la reconstruction en était réclamée. L'année suivante, le curé demandait la restitution de l'argent payé au ministre, et ses paroissiens traitaient pour 104 livres. En 1685, la plus grande partie de la population protestante déclara « vouloir donner satisfaction au roy et se joindre à la religion catholique », et, pour gagner du temps, demanda une église plus vaste et plus commode. Le gouvernement, de 1685 à 1700, fit donc construire l'église actuelle ; l'ancienne y est devenue, au commencement de ce siècle, le temple des Réformés.

Une population, ainsi divisée dans ses croyances, eut des écoles confessionnelles, au XVIIe siècle, avec le curé ou ses vicaires pour directeurs ou avec des diacres protestants. Plus tard, on y trouve des laïques des deux sexes avec des traitements annuels compris entre 75 et 240 livres.

M. Bremond, capiscol de la cathédrale de Vaison, y fonda, le 6 septembre 1745, une mission tous les dix ans, au moyen d'un capital de 600 livres, et, en 1758-61. M. Barbier, prévôt de Vaison, vicaire et official de l'évêque, y assura une dotation annuelle de 103 livres, au moyen d'un capital de 2,300 livres au 4 % pour l'apprentissage gratuit d'un état, la 1re année à un garçon de Vaison, la 2e à un garçon de Vinsobres, la 3e à une fille de Vaison et la 4e à une fille de Vinsobres et ainsi de suite.

Une autre institution à signaler fut la création, en 1721, par l'évêque de Vaison d'un mont de grains pour faciliter aux cultivateurs peu aisés l'ensemencement de leurs terres, au moyen de prêts à une cosse par émine ou au 5 %. En 1782, on y affecta l'argent des pauvres pour rétablir cette banque utile.

La vallée de l'Eygues et le coteau sur lequel est bâti le bourg forment les meilleures parties du territoire où olivier, mûrier, vigne et céréales prospèrent ; dans les autres, le sol est aride, sec et caillouteux. Sur la rive droite de l'Eygues, à Vinsobres et St-Maurice, un marais fort étendu, appelé *Palus*, n'a pas encore été desséché, malgré l'avantage que l'agriculture en retirerait.

Avant l'hiver de 1717 qui fit périr les oliviers, la commune produisait 1,600 moulins d'olives rendant chacun 6 émines du poids de 24 livres chacune et de la valeur vénale de 4 livres et demie, soit 43,300 livres ou francs. Le froid y sévit également en 1624, 1766 et 1758. Quant aux orages, grêles et tempêtes, ils sont fréquemment cités dans les archives.

Distances : de Nyons, son chef-lieu de canton, 9 kilom.; de Valence, 99.

Population : en 1830, 1,497 habitants ; en 1840, 1,620 ; en 1850 et 1880, 1,586 ; en 1860, 1,613 ; en 1870, 1,611 ; en 1901, 1,228 ; en 1724, 300 familles roturières et point de noble ; en 1746, un village non clos de 200 ménages, quelques fabricants d'étoffes de laine.

Contenance : en 1901, 3,474 hectares ; en 1839, 3,278 imposables d'un revenu de 78,672 fr., soit 24 fr. l'un et 379 maisons d'un revenu de 9,284 fr ; en 1835, 26 de bois communaux et 789 de bois particuliers, 1,532 de terres et jardins, 280 de vignes, 99 de prés, 546 de pâturages, 196 de rivières et chemins et 6 de bâtiments communaux.

Contributions de 1873 : 9915 fr. 59 à l'Etat, 4,368 fr. 63 au département, 10,262 fr. 08, à la commune, 461 fr. 13 pour les non-valeurs ; total 25,007 fr. 43. En 1641, il y avait 4 feux 1/2 ; vers 1789, 2,052 livres de tailles, 2,040 d'impositions accessoires, 1,800 de la capitation et 1,220 des vingtièmes ; total 7,148.

Sources : Inventaire des archives de la Drôme, t. IV, Valbonnais, doct. Barthélemy ; marquis de Boisgelin, *les Adhémar*. — *Inventaire des Dauphins*, par M. U. Chevalier, et de la Chambre des Comptes, manuscrit.

Productions : vers 1735, 1,000 charges de grains, celle de blé de 8 émines, pesant 340 livres, celle « de conségail », 300, le barral de vin, 96 livres et l'émine d'huile, de 24 à 25.

Ici finit notre longue course dans l'arrondissement.

TABLE DES MATIÈRES

DU TOME II

Mollans	1
Montauban.	35
Montaulieu.	53
Montbrun-les-Bains	61
Montferrand	93
Montfroc	97
Montguers	102
Montréal	107
Nyons	113
Ollon.	205
Pelonne	209
Penne (La).	213
Piégon	219
Pierrelongue	225
Pilles (Les).	229
Plaisians.	238
Poet-en-Percip.	246
Poet-Sigillat	249
Pommerol	253
Propiac.	257
Reilhanette.	263
Remuzat	268
Rioms	280
Rochebrune	285
Roche-sur-Buis	290
Rochette (La).	325
Roussieux	333
Sahune.	337
Saint-Auban	355
Sainte-Euphémie.	376
Saint-Ferréol.	384
Sainte-Jalle	390
Saint-Maurice	405
Saint-May	419
Saint-Sauveur	426
— Gouvernet	433
— Batie-Verdun. . . .	435
Séderon	440
Valouse.	447
Venterol	450
— Noveysan.	455
Verclause.	462
Vercoiran	468
Vers	474
Villebois	476
Villefranche	479
Vinsobres	483

www.ingramcontent.com/pod-product-compliance
Lightning Source LLC
LaVergne TN
LVHW011258110826
845149LV00001B/181

* 9 7 8 2 0 1 9 5 7 5 6 6 3 *